JN226240

TAKESHOBO

B.MEDIA
BOOKS
Special

「ガンプラ」三十八年の歩み

ガンプラ画報

The GUNPLA Chronicles

The History of GUNDAM Plastic Models
Produced by BANDAI

1980-2018

制作　竹書房
編集　メガロマニア

ガンプラ画報・目次 INDEX

本書の見方
●各商品は出典元となる映像作品の発表年期に掲載されています。
●通常販売品とは異なる商品（プレミアムバンダイ専売品、各イベント限定品、店舗限定販売品等）は掲載しておりません。

●主なアイコン（対応は以下のとおりです）

1/60 ＝1/60 スケールモデル	**1/100** ＝1/100 スケールモデル	**1/144** ＝1/144 スケールモデル　**1/220** ＝1/220 スケールモデル　**1/550** ＝1/550 スケールモデル

AG ＝アドバンスグレード　**EX モデル** ＝EX モデルシリーズ　**FG** ＝ファーストグレードモデル　**Figure riseBust** ＝フィギュアライズバスト　**Figure riseLABO** ＝フィギュアライズラボ　**FW** ＝新機動戦記ガンダム W フィギュア Ver.　**HG** ＝ハイグレードモデル　**HGAC** ＝ハイグレードアフターコロニー　**HGAW** ＝ハイグレードアフターウォー　**HGBC** ＝ハイグレードビルドカスタム　**HGBD** ＝ハイグレードビルドダイバーズ　**HGBF** ＝ハイグレードビルドファイターズ　**HGCC** ＝ハイグレードコレクトセンチュリー　**HGCE** ＝ハイグレードコズミックイラ　**HGFA** ＝ハイグレードファイティングアクション　**HGFC** ＝ハイグレードフューチャーセンチュリー　**HGPG** ＝ハイグレードプチッガイ　**HGUC** ＝ハイグレードユニバーサルセンチュリー　**HG メカニクス** ＝ハイグレードメカニクス　**HiRM** ＝ハイレゾリューションモデル　**HQ** ＝ハイクオリティモビルスーツバリエーション　**LM** ＝リミテッドモデル　**MECHA** ＝メカニックモデル　**MEGA SIZE** ＝メガサイズモデル　**MG** ＝マスターグレードモデル　**PG** ＝パーフェクトグレードモデル　**RE/100** ＝RE/100 シリーズ　**RG** ＝リアルグレードモデル　**SDBF** ＝SD ビルドファイターズ　**SGC** ＝スピードグレードコレクション　**U.C. HARD GRAPH** ＝U.C. ハードグラフシリーズ　**ハロプラ** ＝ハロプラシリーズ　**フル メカニクス** ＝フルメカニクスシリーズ

The GUNPLA Chronicles

アニメ史に、
そしてプラモデルの歴史に
名を刻む伝説が始まる。

01
CHAPTER
1979 ▶▶▶ 1989

機動戦士ガンダム　MOBILE SUIT GUNDAM

記念すべきガンダムシリーズの第１作。宇宙世紀0079年に勃発した「一年戦争」が舞台の戦争ドラマ。地球連邦軍の最新モビルスーツ、ガンダムに偶然乗り込んでしまったアムロ・レイたちの戦いを通して、人類の革新であるニュータイプの存在が描かれる。
放送期間：1979年4月〜1980年1月／全43話／劇場版『機動戦士ガンダムＩ』(81年3月公開)、『機動戦士ガンダムＩＩ 哀・戦士』(81年7月11日公開)、『機動戦士ガンダムＩＩＩ』(82年3月13日公開)

日本の模型史を変えた「ガンプラ」の元祖

『機動戦士ガンダム』のプラモデルは、テレビシリーズの放送終了から約半年が過ぎた、1980年7月に発売された。第１弾アイテムであったガンダムは、1/144スケールと1/100スケールの２アイテムが同時発売。1/100スケールはそれまでのアニメプラモデルと同様の「廉価版玩具」的な「遊ぶ」ことを前提としたギミックを搭載。一方、1/144スケールは、劇中での兵器的な使われ方を意識し、玩具的なギミックを廃し、可動性を重視したキットとなっていた。この1/144スケールのアプローチは、ファンの求めていた商品イメージと合致し、1981年の劇場版の公開と重なって社会現象ともよべる大ヒットを記録。結果、劇中に登場した全てのモビルスーツの商品化がなされた。さらに、その商品展開は多岐に亘り、大型サイズの1/60スケールに加え、多数のバリエーションや劇中未登場の機体までもキット化されていった。

さらなる新シリーズのフラグシップとなるガンダム

ガンプラは技術の進歩とともにリニューアルを重ね、「ハイグレード(HG)」や「マスターグレード(MG)」、「パーフェクトグレード(PG)」などのさまざまなシリーズが生み出されていく。そうした流れの中で、ガンダムやザクをはじめとする『機動戦士ガンダム』のモビルスーツは、新たなトライアルを盛り込んだフラグシップとしてキット化されることとなる。そして、ガンプラの歴史が始まって35年以上が経過した現在でも、『機動戦士ガンダム』に登場したモビルスーツは象徴的な存在としてガンプラの中心に存在し続けている。

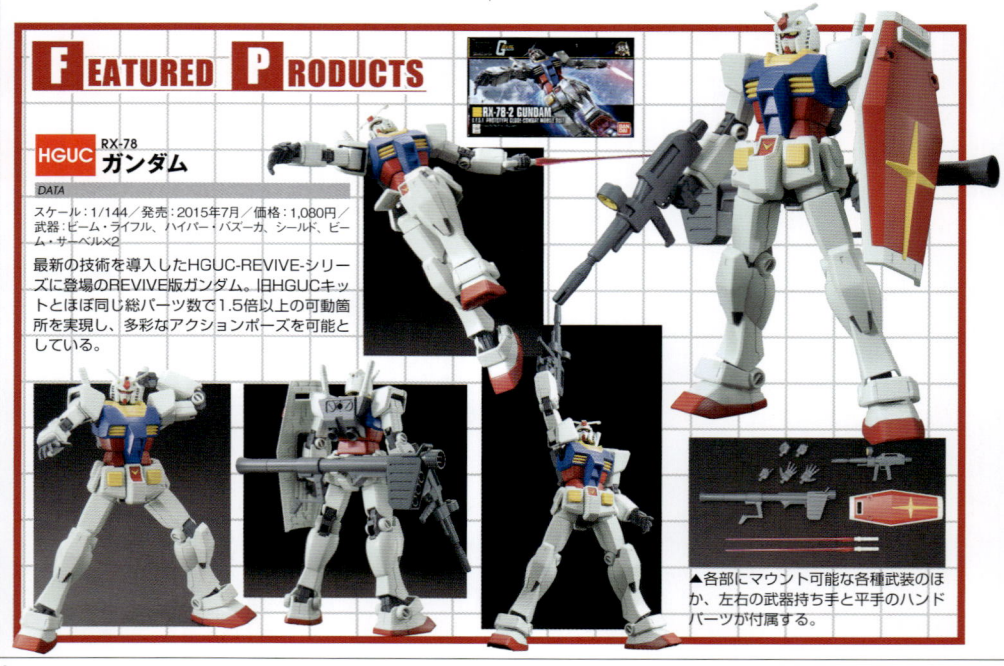

FEATURED PRODUCTS

RX-78-2 GUNDAM

HGUC RX-78
ガンダム

DATA
スケール：1/144／発売：2015年7月／価格：1,080円／武器：ビーム・ライフル、ハイパー・バズーカ、シールド、ビーム・サーベル×2

最新の技術を導入したHGUC-REVIVE-シリーズに登場のREVIVE版ガンダム。旧HGUCキットとほぼ同じ総パーツ数で1.5倍以上の可動箇所を実現し、多彩なアクションポーズを可能としている。

▲各部にマウント可能な各種武装のほか、左右の武器持ち手と平手のハンドパーツが付属する。

■ 地球連邦軍

1/144 RX-78 ガンダム

DATA

スケール：1/144／発売：1980年7月
／価格：324円／武器：ビーム・ライ
フル、シールド、ビーム・サーベル×4

手頃な価格と忠実なディテール
再現によってガンプラの基礎を
打ち出した、記念すべきガンダム
の初キット。ビーム・サーベルは柄
とビーム刃が一体成形のものが4本付属
する。

1/100 RX-78 ガンダム

DATA

スケール：1/100／発売：1980
年7月／価格：756円／武器：ビー
ム・ライフル、ハイパー・バズーカ、
シールド、ビーム・サーベル×2、
ロケット砲

コア・ブロックを中
心とした分離・合体
を再現し、コア・ファ
イターへの変形も可
能。玩具的な側面も
あり、弾体を発射可
能なロケット砲が付
属する。

1/60 RX-78 ガンダム

DATA

スケール：1/60／発売：1980年12月／価
格：2,160円／武器：ビーム・ライフル、
ハイパー・バズーカ、シールド、ビーム・サーベ
ル×2、ガンダム・ハンマー

変形可能なコア・ファイターを胴体
内に収納でき、ビーム刃の着脱が可
能なビーム・サーベルやハイパー・
バズーカの弾体なども付属する。

1/100 RX-78 ガンダム リアルタイプ

DATA

スケール：1/100／発売：
1982年3月／価格：756円
／武器：ビーム・ライフル、ハイ
パー・バズーカ、シールド、ビー
ム・サーベル×2、ロケット砲

成形色と専用デカールで
ミリタリー色を表現した
1/100「ガンダ
ム」のカラーバ
リエーション。
ベースキットと
同じ各種武装
が付属する。

MECHA RX-78 ガンダム メカニック・モデル

DATA

スケール：1/72／発売：1981年
11月／価格：2,700円／武器：
ビーム・ライフル、ハイパー・バズー
カ、シールド、ビーム・サーベル×2、
ビーム・ジャベリン

内部メカをリアルに造形した
ディスプレイモデルで、右半
身のカバーが着脱可能。別売
りのムギ球による発光ギミッ
クも盛り込まれ
ている。

HG RX-78 ガンダム

DATA

スケール：1/144／発売：1990年3月／価格：
1,080円／武器：ビーム・ライフル、ハイパー・バ
ズーカ、シールド、ビーム・サーベル×3

ガンプラ10周年に合わせ、システ
ムインジェクションによる多色成形
と内部フレームのMSジョイントⅡ
を採用した意欲的なキット。コア・
ファイターの変形・
合体ギミックも再現
されている。

SGC RX-78-2 ガンダム

DATA

スケール：1/200／発売：2007年9月
／価格：802円／武器：ビーム・ライフル、
ハイパー・バズーカ、シールド、ビーム・サー
ベル×3

工具を使用せずに組み立て可能な
彩色・マーキング済みモデル、ス
ピードグレードコレクションで再
現されたガンダム。各部関節が可
動し、付属のスタンドを用いて自
由なポージングでディスプレイで
きる。

■ 地球連邦軍

MG RX-78-2 ガンダム

DATA
スケール：1/100／発売：
1995年7月／価格：2,700円
／武器：ビーム・ライフル、ハ
イパー・バズーカ、シールド、ビー
ム・サーベル×2

MGシリーズの第1作とし
て、良好なプロポーション
と精巧なディテール、様々
なギミックを実現したキッ
ト。コア・ファイターの変
形とドッキングを再現し、
非変形のコア・ブロックが
付属。細部まで作り込ま
れた各種武装のほか、ディ
テールアップパーツも付属
する。

▶頭部と前腕部、
腰部はハッチが
開閉し、内部メカ
が精密に再現され
ている。

PG RX-78-2 ガンダム

DATA
スケール：1/60／発売：
1998年11月／価格：
12,960円／武器：ビーム・
ライフル、シールド、
ビーム・サーベル×2

究極を目指したPGシリー
ズのガンプラ第1作
で、着脱可能な外部装甲
の内側に造形された可動
式内部骨格が特徴のひと
つ。コア・ファイターは
完全変形が可能で、内部
構造まで再現された非変形
のコア・ブロックも付
属する。頭部にはLED
による発光ギミックが盛
り込まれている。

FG RX-78-2 ガンダム

DATA
スケール：1/144／発売：
1999年7月／価格：324円
／武器：ビーム・ライフル、シー
ルド、ビーム・サーベル×3

『機動戦士ガンダム』生誕20周年を記
念し、旧1/144をリメイクしたキッ
ト。PGを参考にしたプロポーション
とディテールが特徴。

PG RX-78-2 ガンダム カスタムセット1

DATA
スケール：1/60／発売：1998年12月／
価格：3,240円／武器：ビーム・サーベル

PG「ガンダム」
の頭部と胴体、
腰部、左腕と右
脚の装甲をクリ
ア化したパーツ
と、発光ギミッ
クを内蔵したビー
ム・サーベルの
セット。

PG RX-78-2 ガンダム カスタムセット2

DATA
スケール：1/60／発売：1999年4月／価格：
3,240円／武器：ビーム・ライフル、ハイパー・
バズーカ×2、ビーム・ジャベリン、ガンダム・
ハンマー

肩部と腰部のアー
マー、右腕、右脚
のクリア装甲と、
ハイパー・バズー
カなどの武装が
セットとなった
PG「ガンダム」用
オプション。

MG RX-78-2 ガンダム Ver.1.5

DATA
スケール：1/100／発売：
2000年6月／価格：3,240円／
武器：ビーム・ライフル、ハイ
パー・バズーカ、ビー
ム・サーベル×2、ビーム・ジャ
ベリン、ガンダム・ハンマー

MGシリーズ初のバージョンアップキッ
ト。伸縮式のダンパー機構と一体成形さ
れた脚部フレームをはじめとする新技術
を採用している。

MG RX-78-2 ガンダム Ver.Ka

DATA
スケール：1/100／発売：2002年11
月／価格：3,456円／武器：ビーム・
ライフル、ハイパー・バズーカ、シールド、
ビーム・サーベル×2

付属の各種武装はVer.Ka
仕様の形状が精巧に再現
されている。

コクピットハッチは開閉
可能で、専用マーキング
シールが付属。

HGUC RX-78-2 ガンダム

DATA
スケール：1/144／発売：2001年5
月／価格：1,080円／武器：ビーム・
ライフル、ハイパー・バズーカ、シール
ド、ビーム・サーベル×2

劇中イメージのプロポーションを
HGUCシリーズのクオリティで再
現。ビーム・ライフルやハイパー・
バズーカといった各種武装に加え、
スタイリングを追求したコア・ファ
イターのディスプレイモデルが付属
する。

カトキハジメ氏のプロデュースによるデザイ
ナーバージョンのMGキットで、同氏のデザ
インに準じた各部のディテールが再現されて
いる。コア・ファイターは変形と格納が可能
で、内部メカが精密に造形された非変形のコ
ア・ブロックも付属している。

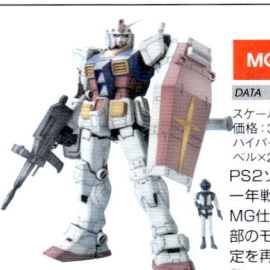

MG RX-78-2
ガンダム Ver.ONE YEAR WAR 0079

DATA

スケール：1/100／発売：2005年3月／価格：3,456円／武器：ビーム・ライフル、ハイパー・バズーカ、シールド、ビーム・サーベル×2、ガンダム・ハンマー

PS2ソフト『機動戦士ガンダム一年戦争』に登場したガンダムのMG仕様。淡い色調の成形色と各部のモールドなどでゲーム内の設定を再現している。

MG RX-78-2
ガンダム
Ver.ONE YEAR WAR 0079 アニメーションカラー

DATA

スケール：1/100／発売：2007年7月／価格：3,456円／武器：ビーム・ライフル、ハイパー・バズーカ、シールド、ビーム・サーベル×2、ガンダム・ハンマー

MG『ガンダム Ver.O.Y.W.0079』の成形色をアニメ設定に近い色調に変更したキット。カラーリング以外はベースキットと同じ内容となっている。

MG RX-78-2
ガンダム Ver.2.0

DATA

スケール：1/100／発売：2008年7月／価格：4,536円／武器：ビーム・ライフル、スーパー・ナパーム、ハイパー・バズーカ、シールド、ビーム・サーベル×2、ビーム・ジャベリン、ガンダム・ハンマー×2

TVアニメ版のプロポーションを意識したフォルムと、アウター式可動を採り入れたフルアクションインナーフレームが特徴のVer.2.0仕様。

MEGA SIZE RX-78-2
ガンダム

DATA

スケール：1/48／発売：2010年3月／価格：8,424円／武器：ビーム・ライフル、シールド、ビーム・サーベル×2

ガンプラ生誕30周年を記念した全高375mmのビッグサイズモデル。ランナーごと組み立てるランナーロック方式や、パーツがランナーから外しやすいくさびゲート構造などによって組み易さを追求。また、大型モデルの重量を支えるため、クリック式のポリキャップを採用して関節部の保持力を高めている。各種武装や水転写式デカールのほか、How to記事を掲載した小冊子が付属する。

RG RX-78-2
ガンダム

DATA

スケール：1/144／発売：2010年7月／価格：2,700円／武器：ビーム・ライフル、ハイパー・バズーカ、シールド、ビーム・サーベル×2

ガンダムの全設定を1/144スケールに詰め込んだRGシリーズの第1作。コア・ファイターの完全変形を再現し、組み立て済みインナーフレームのアドヴァンスドMSジョイントによりコア・ブロックの格納と可動性を両立。また、金属の質感を再現したリアリスティックデカールが付属する。

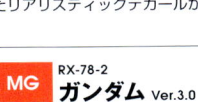

▲リアリティを追求したハイディテールに加え、インナーフレームによるダイナミックな可動を実現。

MG RX-78-2
ガンダム Ver.3.0

DATA

スケール：1/100／発売：2013年8月／価格：4,860円／武器：ビーム・ライフル、ハイパー・バズーカ、シールド、ビーム・サーベル×2

最新のガンダムのデザインを完全再現したMGモデルのVer.3.0仕様。Ver.2.0から受け継がれたインナーフレーム構造に加え、装甲パーツに内部と連動した可動性を付加した「ムーバブルアーマーシステム」を採用。自由度の高いアクションポーズが可能となっている。また、MGでは初となるリアリスティックデカールによって、金属の質感や機体の密度感を表現。別売りのLEDユニットを用いることで、カメラアイの発光も再現できる。

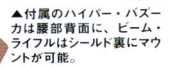

▲付属のハイパー・バズーカは腰部背面に、ビーム・ライフルはシールド裏にマウントが可能。

■地球連邦軍

U.C. HARD GRAPH 地球連邦軍 多目的軽戦闘機 FF-X7 コア・ファイター

DATA
スケール：1/35／発売：2011年2月／価格：4,860円／武器：AIM-77D 空対空ミサイル×2

写実的な表現が特徴のU.C.HARD GRAPHシリーズでコア・ファイターをリアルに再現。現用ジェット戦闘機を想定した考証を加えたディテールを精巧に造形。オリジナル設定のミサイルなどのほか、G-3ガンダム用コア・ファイターを再現できるデカールが付属する。

◀同シリーズの世界観を表現したパッケージイラストも特徴のひとつ。

▲多彩なアクセサリーとアムロ・レイ、セイラ・マスなどのフィギュア4体が付属。

◀コア・ブロックへの変形とコクピットの回転構造が忠実に再現されている。

1/144 コアブースター

DATA
スケール：1/144／発売：1982年8月／価格：324円／武装：——

Gアーマーに代わって劇場版に登場したコア・ブースターを忠実に再現。ランディングギアは展開と収納の選択式で、同スケールのコア・ファイターが付属する。

1/144 G・アーマー

DATA
スケール：1/144／発売：1984年8月／価格：648円／武器：シールド×2、ビーム・サーベル×2

各パーツの差し替えによって5種類の形態を再現できるGアーマーのキット。A、Bパーツに分割可能なガンダムとディスプレイスタンドが付属する。

1/250 G・アーマー

DATA
スケール：1/250／発売：1984年8月／価格：648円／武器：シールド×2、ビーム・サーベル×2

4色同時成形のスーパーインジェクションを採用し、差し替えによってGアーマーの各形態を再現。コア・ファイターはコア・ブロックへの変形とガンダムとのドッキングが可能。

Gスカイなど各形態を再現でき、角度調節が可能なスタントが付属する。

HGUC G・アーマー

DATA
スケール：1/144／発売：2004年10月／価格：3,024円／武器：ビーム・ライフル、ハイパー・バズーカ、シールド×2、ビーム・サーベル×2

カトキハジメ氏によるリニューアルデザインで再現されたガンダムとGファイターのセット。ガンダムには足首の折り畳み構造などが盛り込まれ、Gファイターはキャタピラの収納ギミックが再現されている。

MG G アーマー リアルタイプカラー

DATA
スケール：1/100／発売：2009年6月／価格：10,584円／武器：ビーム・ライフル、スーパー・ナパーム、ハイパー・バズーカ、シールド×2、ビーム・サーベル×2、ビーム・ジャベリン、ガンダム・ハンマー、ハイパー・ハンマー

『MSV-R』に登場したリアルタイプカラーを成形色で再現したバリエーションキット。MG「ガンダム Ver.2.0」と「Gファイター」のセットで、リアルタイプカラーの設定に準じたガンダムデカールとマーキングシールが付属する。

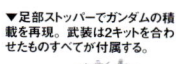

▼足部ストッパーでガンダムの積載を再現。武装は2キットを合わせたものすべてが付属する。

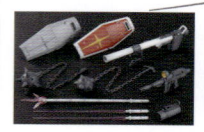

MG RX-78-2 G ファイター ガンダム Ver.2.0 用 V 作戦モデル

DATA
スケール：1/100／発売：2009年1月／価格：6,048円／武器：シールド、ハイパー・ハンマー

MG「ガンダム Ver.2.0」に対応したGファイターをフルスペックで再現。別売りのガンダムVer.2.0と組み合わせてGアーマーを含む各形態を再現可能で、Gファイター本体には内部構造の造形や各部ミサイル発射口のギミックなどが盛り込まれている。

◀コクピットのキャノピーは開閉、同スケールのフィギュア計6種が付属する。

1/100 RX-77 ガンキャノン

DATA
スケール：1/100／発売：1981年3月／価格：756円／武器：ビーム・ライフル、スプレー・ミサイル・ランチャー×2

肩部のキャノン砲はスプレー・ミサイル・ランチャーとの換装が可能。また、コア・ブロックに変形可能なコア・ファイターが付属し、胴体内への格納を再現できる。ビーム・ライフルは持ち手と一体成形となっている。

▶腕部と脚部の関節が可動し、股関節には左右の開閉軸が設けられている。

1/144 RX-77 ガンキャノン

DATA
スケール：1/144／発売：1981年5月／価格：324円／武器：ビーム・ライフル

ガンキャノンの特徴的なプロポーションを1/144スケールで忠実に再現したキット。右手パーツは持ち手と一体成形されたビーム・ライフルに加えて平手が付属し、差し替えが可能。肩部キャノン砲は上下に可動する。

▶連邦軍 MS の1/144スケールキットで初めて股関節に開閉軸を採用している。

HGUC RX-77-2 ガンキャノン

DATA
スケール：1/144／発売：1999年5月／価格：864円／武器：ビーム・ライフル、スプレー・ミサイル・ランチャー×2

▲肩部キャノン砲はスプレー・ミサイル・ランチャーとの交換が可能。

HGUCシリーズの1作目を飾った記念すべきキット。劇中イメージのプロポーションを再現する一方、関節部などに独自のアレンジを加えている。アニメオープニングのキャノン砲発射シーンを再現できる平手パーツが付属する。

1/100 RX-77 ガンキャノン
リアルタイプ

DATA
スケール：1/100／発売：1982年4月／価格：756円／武器：ビーム・ライフル、スプレー・ミサイル・ランチャー×2

ミリタリー調のカラーリングを成形色で表現した1/100「ガンキャノン」のバリエーションキット。コア・ファイターの変形・格納や肩部武装の差し替えが可能で、専用デカールが付属する。

▲TV アニメ版のキットとは雰囲気の異なるパッケージイラストが特徴。

MG RX-77-2 ガンキャノン

DATA
スケール：1/100／発売：2001年12月／価格：3,240円／武器：ビーム・ライフル、スプレー・ミサイル・ランチャー×2

▶スプレー・ミサイル・ランチャーが付属し、キャノン砲との差し替えが可能。

HGUC版のディテールをベースに力強いイメージを表現したキット。脚部とランドセルの外装は着脱式で、内部構造を精密に造形。変形と格納を再現したコア・ファイターと非変形のコア・ブロックが付属する。

▲手首パーツの可動により、手をついたキャノン砲発射姿勢を再現可能。

HGUC RX-77-2 ガンキャノン

DATA
スケール：1/144／発売：2015年6月／価格：1,296円／武器：ビーム・ライフル

▲可動性の向上によって立て膝をついたポーズなども可能となっている。

メリハリの効いたマッシブなプロポーションにリファインされたREVIVE仕様のキット。肘と膝の二重関節や腰部の前屈可動、踵の角度調節機構などによって迫力あるアクションポーズを実現している。低姿勢の射撃ポーズを再現する左右の平手パーツや、劇場版の機体番号を表現できるマーキングシールが付属する。

■ 地球連邦軍

RX-75
1/144 ガンタンク

DATA
スケール：1/144／発売：
1981年5月／価格：648円／
武器：——

戦闘車輌から発展したガンタンクの独特のフォルムとディテールを1/144スケールで忠実に再現したキット。特徴のひとつである肩部のキャノン砲は上下に可動し、キャタピラはラバーパーツで質感を表現している。

◀腕部は肩と肘の関節部にある程度の可動範囲を備えている。

RX-75
MG ガンタンク

DATA
スケール：1/100／発売：2009年9月
／価格：5,184円／武器：——

TVアニメ版をイメージしたプロポーションを再現しつつ、様々なギミックを盛り込んだキット。プラ製スプリングを組み込んでダンパーを再現したキャノン砲や、ジョイントアームを介した履帯ユニットの可動ギミックなど、多彩な機構を採用。また、MG「ガンダム Ver. 2.0」と共通のコア・ファイターを用いたコア・ブロック・システムも採用されている。

▲胸部にはキャノン砲を支持するためのトラベリングロックの展開ギミックが内蔵されている。

▲頭部コクピットは付属のLEDユニットによる点灯が可能。計器盤の表示パネルはマーキングシールで再現されている。

RX-75
HGUC ガンタンク

DATA
スケール：1/144／発売：2000年1月／価格：864円／武器：——

最初期のMSらしい特徴的な機体構造をHGUCのフォーマットで精巧に造形。肩部キャノン砲の上下可動と腕部各関節の可動を再現し、腰部にも回転軸を設けている。腕部4連装ポップ・ミサイル・ランチャーは回転が可能。色分けの精度も高く、劇中のカラーリングを忠実に再現している。

▲頭部コクピットはキャノピーにクリアパーツを用い、内部のディテールも再現している。

◀キャタピラには軟質素材を使用し、機体底部はリファインされたディテールを精巧に表現。

RGM-79
1/144 ジム

DATA
スケール：1/144／発売：1981年4月／価格：324円／武器：ビーム・スプレーガン、シールド、ビーム・サーベル×2

量産機ならではのシンプルなフォルムを忠実に再現したジムの1/144スケールキット。ビーム・スプレーガンは持ち手と一体成形で、差し替え用のビーム・サーベル用持ち手と長短2種のビーム・サーベルが付属する。

◀パッケージイラストには劇中でビグ・ザムに遭遇したシン少尉がパイロットとして描かれている。

RGM-79
1/100 ジム

DATA
スケール：1/100／発売：1983年4月／価格：756円／武器：ビーム・スプレーガン、シールド、ビーム・サーベル×2

頭部と腕部、脚部の各関節が可動し、股関節はハの字に開脚も可能となっている。ビーム・スプレーガンは持ち手とのセットで、ビーム・サーベルはビーム刃と一体成形のものと収納状態の2種が付属。また、左右の握り手と平手も同梱されている。

▲武器を構えたパッケージイラストのカラーリングを、キットでは3色の成形色で再現している。

RGM-79
1/100 ジム リアルタイプ

DATA
スケール：1/100／発売：1983年4月／価格：756円／武器：ビーム・スプレーガン、シールド、ビーム・サーベル×2

基本色を鮮やかな白に、それ以外の成形色をダークトーンのミリタリー調に変更した1/100「ジム」のカラーバリエーションキット。ベースキットと各種武装などのほか、専用のマーキングデカールが付属する。

◀ミリタリー色を押し出したパッケージイラスト。各部のマーキングやナンバーは専用デカールで再現できる。

MG RGM-79 ジム

DATA
スケール：1/100／発売：1999年2月／価格：2,700円／武器：ビーム・スプレーガン、ビーム・ライフル、ハイパー・バズーカ、シールド、ビーム・サーベル×2

独自のアレンジを加えた精悍なプロポーションが特徴のMGキット。ランドセルのパーツ交換によって、ビーム・サーベルを2本装備したタイプやバズーカラック装備状態に換装が可能。また、新規設定の胴体内コクピットブロックも精巧に再現されている。

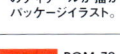
▲腰部の構造など独自のディテールが描かれたパッケージイラスト。

▲コクピットハッチは開閉式で、内部のパイロットも再現されている。

▲ビーム・ライフル以外の付属武装は機体各部にマウントが可能。

HGUC RGM-79 ジム

DATA
スケール：1/144／発売：2001年4月／価格：756円／武器：ビーム・スプレーガン、シールド、ビーム・サーベル×2

TVアニメ版の量産機然としたイメージを再現したHGUC仕様。腰部のロールと左右傾斜や腰部アーマーの可動による良好な可動性を確保。シールドはランドセルにマウント可能で、各種武装のほかに表情豊かな左平手パーツも付属する。

▲量産機らしさを残しつつもディテールアップされたパッケージイラスト。

▲ビーム・サーベルは刃が展開状態と収納状態の2種が付属。シールドは前腕部に装着できる。

▲頭部カメラアイはクリア成形で、内部ディテールも精密に再現。

MG RGM-79 ジム Ver.2.0

DATA
スケール：1/100／発売：2009年2月／価格：3,780円／武器：ビーム・スプレーガン、ハイパー・バズーカ、シールド、ビーム・サーベル×2

TVアニメ版のイメージを意識したプロポーションが特徴のVer.2.0仕様。MG「ガンダムVer.2.0」と一部パーツを共用し、設定に準じた内部構造を再現しながらも優れた可動性を確保。腰部フロントアーマーはセンターブロック有無の2種を選択可能で、代表的な部隊マークを再現したオリジナルマーキングシールなどが付属する。

▲新解釈の関節機構によって、片膝をついた射撃姿勢などのダイナミックなアクションポーズが可能。

◀インナーフレーム構造を採用し、精密に造形されたコクピットユニットを内蔵。

◀パッケージイラストには地上戦の情景が描かれている。

1/144 ボール

DATA
スケール：1/144、1/250／発売：1981年9月／価格：324円／武器：─

1/144スケールと1/250スケールの2体セット。両スケールともキャノン砲が上下左右に可動し、1/144はアームも可動する。1/144スケール用のディスプレイスタンドが付属する。

▲パッケージイラストにも、ボールの特徴的なフォルムが忠実に描かれている。

HGUC RB-79 ボール ツインセット

DATA
スケール：1/144／発売：2010年9月／価格：1,404円／武器：180mm低反動砲×2、2連装キャノン砲×2

TVアニメ版を意識したフォルムのHGUC版ボールの2体セット。武装は180mm低反動砲と2連装キャノン砲の2種類が付属し、選択して装備可能。アームは基部のボールジョイントで可動する。

MG RB-79 ボール Ver.Ka

DATA
スケール：1/100／発売：2004年12月／価格：2,160円／武器：180mm低反動砲

カトキハジメ氏の監修によるボールをMGクオリティで再現。外装とトラス＆コアフレームの三重構造が特徴で、作業用ポッドとしてのリアルな造形を追求している。ディスプレイスタンドとフィギュア2体が付属する。

▲外装とトラスフレームは着脱式で、サブアームの展開も再現している。

◀パッケージイラストのディテールを再現できるマーキングシールなどが付属。

▲ハッチのキャノピーはクリアパーツで再現。ディスプレイスタンドが付属する。

1980年12月

ガンプラ初の1／60スケール。1／60「RX・78ガンダム」が発売。関節などに計20個のポリキャップが使用された。

■ 地球連邦軍

1/1200 ホワイトベース

DATA
スケール：1/1200／発売：1980年12月／価格：1,080円／武器：──

中央格納庫のハッチは開閉式で、両舷MS格納庫のハッチと主砲のカバーは着脱可能。付属する同スケールのガンダム、ガンキャノン、ガンタンク、ガンペリーを内部に収納でき、ガンペリーはローターの折り畳みが可能。専用ディスプレイスタンドが付属する。

1/1700 SVC-70 ホワイトベース
EX MODEL

DATA
スケール：1/1700／発売：2006年11月／価格：4,104円／武器：──

精密なディテールが特徴のEXモデル版ホワイトベース。格納庫のハッチは差し替えで開閉し、両舷格納庫は上部カバーが着脱式で内部構造を再現。各部の武装やエンジンカバーも差し替えで再現されており、ガンダムをはじめとする同スケールの艦載機が付属する。

1/1700 サラミス＆マゼラン
EX MODEL

DATA
スケール：1/1700／発売：2005年8月／価格：4,320円／武器：──

サラミスとマゼランのEXモデル版セット。サラミスは差し替えでカタパルトデッキ仕様を再現でき、大気圏突入カプセルはともに着脱可能。ジムとボールが各3体と、専用のディスプレイスタンドが付属する。

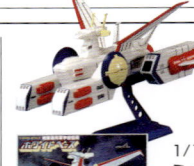

1/2400 ホワイトベース

DATA
スケール：1/2400／発売：1981年4月／価格：324円／武器：──

1/1200スケールキットのようなギミックを省略し、独特のフォルムを忠実に再現した1/2400スケールキット。専用スタンドが付属する。

1/1200 マゼラン

DATA
スケール：1/1200／発売：1983年3月／価格：540円／武器：──

大気圏突入カプセルは着脱可能で、同スケールのジムとボールが2体ずつ、ディスプレイスタンドが付属する。

1/1200 サラミス

DATA
スケール：1/1200／発売：1983年1月／価格：432円／武器：──

着脱可能な大気圏突入カプセルと各3体のジムとボール、専用のディスプレイスタンドが付属する。

1/144 ガンダムトレーラー
EX MODEL

DATA
スケール：1/144／発売：2001年7月／価格：3,240円／武器：──

劇中冒頭に登場したMS運搬用トレーラーをEXモデルで再現。新解釈の専用ハンガーも造形されている。

1/550 ミデア

DATA
スケール：1/550／発売：1983年1月／価格：432円／武器：──

機体下部のコンテナは着脱可能で、後部ハッチの開閉状態を選択して再現できる。同スケールのドムのミニフィギュア3体が付属。

1/144 ガンペリー
EX MODEL

DATA
スケール：1/144／発売：2002年6月／価格：7,020円／武器：ミサイル×6

カーゴコンテナの左右ハッチは開閉式で、HGUC「ガンダム」の搭載や付属のミサイルの装備が可能。ローターは差し替えで折り畳みを再現。

HGUC ガンダムV作戦セット

DATA
スケール：1/144／発売：2001年8月／価格：2,808円／武器：ビーム・ライフル、ハイパー・バズーカ、シールド、ビーム・サーベル×2(RX-78-2 ガンダム)、ビーム・ライフル、スプレー・ミサイル・ランチャー×2(RX-77-2 ガンキャノン)

HGUC「ガンダム」「ガンキャノン」「ガンタンク」のRXシリーズMS3体をセットにした特別仕様。成形色をキットオリジナルの色調に変更し、特製マーキングシールと特別版解説書が付属。その他のキット内容は各ベースキットと同じで、同スケールのコア・ファイターも付属する。

HGUC ガンプラスターターセット

DATA
スケール：1/144／発売：2010年7月／価格：2,160円／武器：ビーム・ライフル、ハイパー・バズーカ、シールド、ビーム・サーベル×2(RX-78-2 ガンダム)、ザク・マシンガン、ザク・バズーカ、3連装ミサイル・ポッド(ミサイル×3)×2、ヒート・ホーク(MS-06 量産型ザク)

成形色をアニメカラーに変更したHGUC「ガンダム」と「量産型ザク」の2体セット。両キットの各種武装のほか、初心者向けの小冊子「ガンプラHowtoガイド」が同梱されている。

HG ガンプラスターターセット vol.2
ガンダム＋ガンダムマーカー

DATA
スケール：1/144／発売：2011年3月／価格：1,512円／武器：ビーム・ライフル、ハイパー・バズーカ、シールド、ビーム・サーベル×3

HG「ガンダム Ver.30th」の成形色をアニメイメージカラーに変更し、ガンダムマーカーやブックレットとセットにした初心者向けキット。それ以外の内容はベースキットと同じで、代表的な各種武装が付属する。

■ ジオン公国軍

1/60 MS-06 量産型ザク

DATA
スケール:1/60／発売:1980年12月／価格:2,160円／武器:ザク・マシンガン、ヒート・ホーク

1/60の大スケールで再現された量産型ザク（ザクⅡ）の初キット。別売りのムギ球を用いてモノアイを点灯させることが可能。ヒート・ホークは腰部サイドアーマーにマウントでき、同スケールのジオン公国軍兵士フィギュアが付属する。

▶ヒート・ホークを構えたパッケージイラストを再現可能な持ち手と平手が付属する。

1/144 MS-06 量産型ザク

DATA
スケール:1/144／発売:1981年1月／価格:324円／武器:ザク・マシンガン

成形色にグリーンを用い、量産型ザクを1/144スケールで再現したキット。頭部と腕部、脚部の主な関節が可動し、上腕と肩の接続部にはロール軸が設けられている。付属のザク・マシンガンを両手で構えることも可能となっている。

▶最初期の1/144キットらしく足首は下脚部と一体成形になっている。

1/100 MS-06 ザク リアルタイプ

DATA
スケール:1/100／発売:1982年2月／価格:756円／武器:ザク・マシンガン、ザク・バズーカ、ヒート・ホーク

成形色にミリタリーアレンジの暗色系を採用した量産型ザクのキット。頭部はブレードアンテナの装着が選択可能で、モノアイはシールで再現。付属のヒート・ホークは腰部にマウントが可能。

▶付属の専用デカールで、パッケージイラストのマーキングを再現できる。

1/100 MS-06 量産型ザク

DATA
スケール:1/100／発売:1982年9月／価格:756円／武器:ザク・マシンガン、ザク・バズーカ、ヒート・ホーク

1/100「シャア専用ザク」を基に成形色などを変更したキット。TV版のカラーリングを3種の成形色で再現している。頭部の上下スイングや股関節の開閉など、各部が可動する。ブレードアンテナの装着で指揮官機も再現可能。

▲パッケージイラストのようにザク・マシンガンなどの両手持ちも可能。

MG MS-06F/J ザクⅡ

DATA
スケール:1/100／発売:1995年7月／価格:2,700円／武器:ザク・マシンガン、ザク・バズーカ、MMP-80マシンガン、予備マガジン×2、クラッカー×2、3連装ミサイル・ポッド×2、ヒート・ホーク

地上用のJ型と宇宙用のF型を選択して再現できる、コンパチブル仕様のMG版ザクⅡのキット。各部には精巧なディテールとモールドが施され、オプションとしてグレードアップパーツが付属。また、選択式の頭部ブレードアンテナ2種と、J型とF型のそれぞれで用いられた豊富な武装が付属する。

▶ランドセルと脚部のバーニアパーツの選択でJ型とF型を再現（右はF型）。

▲コクピットハッチは開閉が可能で、内部メカとパイロットを精密に造形している。頭部と足部の外装の展開構造も忠実に再現されている。

PG MS-06F ザクⅡ

DATA
スケール:1/60／発売:1999年3月／価格:12,960円／武器:ザク・マシンガン、ヒート・ホーク

ガンプラのPGシリーズの2作目として、ザクⅡF型を内部構造まで精巧に再現。可動にシンクロするシリンダーなどを盛り込んだインナーフレームを採用し、展開可能な外装の下に内部メカニズムを精密に造形している。ハンドパーツの五指可動や足部の分割構造など、柔軟な可動性も特徴。頭部にはLEDによるモノアイ点灯ギミックが内蔵されている。

PG MS-06 ザクⅡ カスタムセット #1

DATA
スケール:1/60／発売:1999年5月／価格:3,240円／武器:ザク・バズーカ×2、バズーカ弾×2、クラッカー×2

PG「ザクⅡ」の頭部、腕部、脛部（脹脛除く）、足首のクリア外装と、ザク・バズーカをはじめとするオプション武器をセットにしたカスタムキット。

■ ジオン公国軍

FG MS-06F ザクⅡ

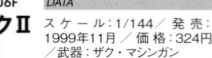

DATA
スケール：1/144／発売：1999年11月／価格：324円／武器：ザク・マシンガン

旧1/144スケールキットをリメイクしたFGシリーズのザクⅡ。PG「ザクⅡ」のプロポーションを踏襲し、旧キットにはなかった足首の可動を追加している。

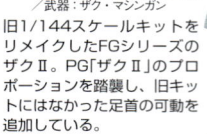

MG MS-06F/J ザクⅡ "ONE YEAR WAR 0079" 設定カラーバージョン

DATA
スケール：1/100／発売：2005年4月／価格：2,700円／武器：ザク・マシンガン、ザク・バズーカ、MMP-80マシンガン、予備マガジン×2、クラッカー×2、3連装ミサイル・ポッド×2、ヒート・ホーク

ゲーム『機動戦士ガンダム 一年戦争』に登場した機体を再現したMG「ザクⅡ」のバリエーションキットで、成形色をゲーム中の表現に準じた渋めの色合いに変更している。その他の内容はベースキットと同じで、J型とF型の選択が可能となっている。

▶ランドセルや腰部には内部メカのディテールが精巧に再現されている。

◀胸部ハッチは開閉し、コクピットを中心とする内部構造を再現。モノアイは左右に可動する。

MG MS-06F ザクⅡ Ver.2.0

DATA
スケール：1/100／発売：2008年3月／価格：3,780円／武器：ザク・マシンガン、ザク・バズーカ（ジャイアント・バズーカ ロケット弾装仕様）、ヒート・ホーク

新規パーツでランドセルや腰部、足裏などのF型特有のディテールを追加したMG「ザクⅡ Ver.2.0」(J型)のバリエーションキット。ザク・バズーカはジャイアント・バズーカロケット弾仕様に差し替え可能。

▶アクションベース1（別売り）に対応したコロニーハッチのダイヤルが付属し、劇中の1シーンを再現可能。

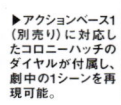

▶脚部のバーニアなど、キットで再現されたディテールが描かれたパッケージイラスト。

MEGA SIZE MS-06F 量産型ザク

DATA
スケール：1/48／発売：2011年3月／価格：8,424円／武器：ザク・マシンガン、ザク・バズーカ、ヒート・ホーク

1/48の大スケールが特徴のメガサイズモデル版ザクⅡF型。頭部はブレードアンテナ付きパーツが付属し、一般機と指揮官機を選択して再現できる。付属のザク・バズーカはマウントパーツを用いて腰部に装着可能。

◀ビッグサイズモデルの存在感を表現したパッケージイラスト。モノアイは左右に可動する。

HGUC MS-06 量産型ザク

DATA
スケール：1/144／発売：2003年9月／価格：1,080円／武器：ザク・マシンガン、ザク・バズーカ、3連装サイル・ポッド（ミサイル×3）×2、ヒート・ホーク

カトキハジメ氏によるリニューアルデザインを再現したHGUC版キット。劇中のイメージに沿ったシンプルなプロポーションと、肩関節のせり出し機構などによる良好な可動性が特徴。付属のザク・バズーカとヒート・ホークは腰部にマウントが可能。

▲▶脚部の3連装ミサイル・ポッドは着脱式で、ミサイル弾も再現されている。柔軟な関節構造により、膝をついた射撃ポーズも可能。

MG MS-06J ザクⅡ Ver.2.0

DATA
スケール：1/100／発売：2007年4月／価格：3,780円／武器：ザク・マシンガン、ザク・バズーカ、3連装サイル・ポッド×2、ヒート・ホーク

MSの開発系譜を意識し、ザクシリーズの汎用モノコック構造を再現したVer.2.0仕様。新規設計による各部の関節機構によって優れた可動性を実現し、J型のディテールを忠実に再現。コクピット内部の左右移動といったギミックも盛り込まれている。

◀パッケージイラストにも描かれている3連装ミサイル・ポッドなどの豊富な武装が付属する。

▶ショルダーアーマーのインナーフレームや各部の内部構造が精密な造形で再現されている。

RG MS-06F 量産型ザク

DATA
スケール：1/144／発売：2011年7月／価格：2,700円／武器：ザク・マシンガン、ザク・バズーカ、ヒート・ホーク

RG「シャア専用ザク」と一部パーツを共用し、ザクⅡF型をリアルに再現。アドヴァンスドMSジョイントによる柔軟な可動性と、リアリスティックデカールをはじめとする精巧なディテール表現というRGシリーズの特徴を継承している。保持力が向上した右持ち手と表情豊かな平手が新たに追加されている。

▲頭部はブレードアンテナを備えた指揮官機仕様を選択して再現できる。

▼ブレードアンテナはスタビライザー型とロッド型の2種類が付属する。

1/144 MS-06S シャア専用ザク

DATA
スケール：1/144／発売：1980年9月／価格：324円／武器：ザク・マシンガン

ガンダムに続いて1/144スケールで再現されたシャア専用ザクのキット。脛部と一体成形になっている足首以外の各関節が可動し、付属のザク・マシンガンを両手で構えることもできる。

▲シャア・アズナブルが描き添えられたパッケージイラスト。

1/60 MS-06 シャア専用ザク

DATA
スケール：1/60／発売：1980年12月／価格：2,160円／武器：ザク・マシンガン、ヒート・ホーク

モノアイは別売りのムギ球による点灯が可能。ヒート・ホークは腰部にマウントでき、刃の装着は選択式。各種武装のほか、シャア・アズナブルの同スケールフィギュアと、それを乗せられる左平手が付属する。

▶キットでは独特のカラーリングを3種の成形色で再現。

1/100 MS-06S シャア専用ザク

DATA
スケール：1/100／発売：1981年7月／価格：756円／武器：ザク・マシンガン、ザク・バズーカ、ヒート・ホーク

腕部と脚部の各関節が可動するほか、頭部は左右スイングに加えて上下にも可動し、股関節はハの字に開脚させることが可能。ヒート・ホークは腰部にマウントでき、右持ち手と左右の握り手が付属する。

◀1/60スケールキットと同じく3色の成形色が用いられている。

MECHA MS-06S シャア専用ザク
メカニック・モデル

DATA
スケール：1/72／発売：1981年11月／価格：2,700円／武器：ザク・マシンガン、ザク・バズーカ、ヒート・ホーク

着脱可能な外装の内側に精密なメカを造形したシャア専用ザクのディスプレイモデル。腕部の各関節が可動し、モノアイとコクピットは別売りのムギ球で点灯させることが可能。

▲パッケージイラストの通り、右半身のカバーを取り外せる。

MG MS-06S ザクⅡ

DATA
スケール：1/100／発売：1995年11月／価格：2,700円／武器：ザク・マシンガン、ザク・バズーカ、175mmタンクガン、シュツルム・ファウスト×2、ヒート・ホーク

MG「ザクⅡ」と一部パーツを共用してシャア専用ザクを再現。エースパイロット向けに改修されたS型のディテールを精巧に造形し、頭部や足部のハッチ展開をはじめとするMG版ザクⅡ同様のギミックを搭載。また、シュツルム・ファウストなどザクⅡとは異なる武装が付属する。

▲シールドには特殊印刷でシャアのパーソナルマークを再現。

▲劇中の1シーンをイメージしたパッケージイラスト。

▲機体各部のナンバーや注意書きなどはガンダムデカールで精密に表現されている。

▲大型化されたバーニアノズルをはじめ、性能向上機にあたるS型の特徴を再現している。

PG MS-06S ザクⅡ

DATA
スケール：1/60／発売：1999年7月／価格：12,960円／武器：ザク・マシンガン、ザク・バズーカ、ヒート・ホーク

◀ダンパーを組み込んだインナーフレームは、腕と脚の動きに各部のシリンダーが連動する。

PG「MS-06F ザクⅡ」をベースとして、成形色の変更と新規パーツでシャア専用のS型を再現したバリエーションキット。PG版ザクⅡの特徴であるインナーフレームと外装の展開構造を受け継ぎつつ、ランドセルや脚部に独自の解釈によるディテールを加えている。モノアイはLEDによる点灯が可能。

▲ランドセルは PG 版独自の形状で、カバー内部には小型核融合炉が精巧に作り込まれている。

PG MS-06 ザクⅡ
カスタムセット #2

DATA
スケール：1/60／発売：1997年7月／価格：3,240円／武器：シュツルム・ファウスト×2、三連装ミサイル・ポッド×2、ヒート・ホーク

PG「ザクⅡ」の胴体や腰部などのクリア装甲と各種武装のセット。セット#1と組み合わせることでフルスケルトンモデルを実現できる。

■ ジオン公国軍

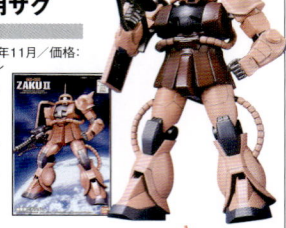

FG MS-06S シャア専用ザク

DATA
スケール：1/144／発売：1999年11月／価格：324円／武器：ザク・マシンガン

PG「MS-06S ザクⅡ」のディテールを旧1/144スケールキットのリメイクに盛り込んだFG版シャア専用ザク。足首の可動に改良が加えられている。

HGUC MS-06S シャア専用ザク

DATA
スケール：1/144／発売：2002年7月／価格：1,080円／武器：ザク・マシンガン、ザク・バズーカ、ヒート・ホーク

TVアニメ版をイメージしたプロポーションとディテールが再現されたHGUCキット。せり出し機構を採用した肩の二重関節をはじめ、可動性に優れている。

▶ヒート・ホークは着脱式のマウントパーツで腰部に装着可能。

◀足首の可動範囲が拡大され、劇中イメージのポージングを実現している。

MG MS-06S シャア専用ザク Ver.2.0

DATA
スケール：1/100／発売：2007年5月／価格：3,780円／武器：ザク・マシンガン、ザク・バズーカ、ヒート・ホーク

MG「ザクⅡ Ver.2.0」をベースにシャア専用ザクを再現。Ver.2.0仕様の汎用モノコック構造に、ランドセルや脚部と足裏のバーニアといったS型のディテールを追加。各種武装のほか、同スケールのリフト車両が付属する。

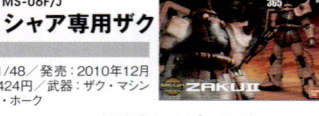

◀シャア専用ザクのカラーリングが成形色で再現されている。

▲斜め方向への可動を盛り込んだ肩関節などにより、迫力あるアクションポーズが可能。

RG MS-06S シャア専用ザク

DATA
スケール：1/144／発売：2010年11月／価格：2,700円／武器：ザク・マシンガン、ザク・バズーカ、ヒート・ホーク

リアルな表現を追求したRGシリーズのシャア専用ザク。アドヴァンスドMSジョイントによって劇中さながらの動きを再現し、精密なパーツ構成とリアリスティックデカールでディテールや質感を表現。付属のザク・マシンガンはマガジンの着脱が可能で、外したマガジンはザク・バズーカやヒート・ホークと同じく腰部にマウントすることができる。

▲柔軟な可動構造によって武器を両手で構えるポーズなども容易に再現可能。

◀肘と膝には幅広い可動構造を有した二重関節を盛り込み、人体に近い動きを実現している。

MEGA SIZE MS-06F/J シャア専用ザク

DATA
スケール：1/48／発売：2010年12月／価格：8,424円／武器：ザク・マシンガン、ヒート・ホーク

◀脚部動力パイプにも可動構造を盛り込み、ダイナミックなポージングを実現。

全高365mmの大サイズにシャア専用ザクのディテールを再現したメガサイズモデル。関節部にはクリック式ポリキャップを用いて保持力を高め、MGのVer.2.0版やRGのディテールを各所に採り入れてメカニカル感を表現。大スケールならではの組み立て易さとキットとしての再現性を両立している。

1/144 MS-05 旧型ザク

DATA
スケール：1/144／発売：1981年10月／価格：324円／武器：ヒート・ホーク

旧型ザク（ザクⅠ）のシンプルなフォルムを1/144スケールで忠実に再現。左肩部のアーマーは別パーツ化し、足首には可動構造を採用。股関節の開脚も可能で、左右の握り手と平手が付属する。

▲本編での印象的なシーンをイメージしたパッケージイラスト。

1/100 MS-05 旧型ザク

DATA
スケール：1/100／発売：1982年7月／価格：756円
／武器：マシンガン、ザク・バズーカ、ヒート・ホーク

各部関節の可動のほか、頭部が上下左右に可動し、肩の前後スイングや股関節のハの字可動を再現。旧型ザク用マシンガンなどの各種武装も付属する。

1/100 MS-05 旧型ザク リアルタイプ

DATA
スケール：1/100／発売：1983年4月／価格：756円
／武器：マシンガン、ザク・バズーカ、ヒート・ホーク

ミリタリー調のカラーリングを成型色で表現した1/100「旧型ザク」のバリエーションキット。専用のデカールが付属し、設定にあるマーキングが再現できる。

MG MS-05B ザクⅠ

DATA
スケール：1/100／発売：1999年5月／価格：2,700円／武器：マシンガン、ザク・マシンガン、ザク・バズーカ、スパイク・シールド、ヒート・ホーク

一部パーツをMG「ザクⅡ」と共用し、ザクⅠをMGフォーマットで再現。すっきりとしたプロポーションを新規パーツで造形し、頭部や胸部、足部のハッチ展開ギミックを内蔵。スパイク・シールドなどの各種武装とディテールアップパーツが付属する。

◀各部に精巧なモールドを造形。ランドセルなどの外装も着脱が可能で、バーニアや内部メカを精密に再現。

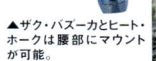
▲ザク・バズーカとヒート・ホークは腰部にマウントが可能。

HGUC MS-05 ザクⅠ

DATA
スケール：1/144／発売：2006年5月／価格：1,080円／武器：ザク・マシンガン、ザク・バズーカ、シュツルム・ファウスト、スパイク・シールド、ヒート・ホーク

ザクシリーズの原型としてのプロポーションを再現したHGUC仕様。腰部の回転、前屈可動や新解釈の肘部二重関節、L字関節による肩の引き出し機構など、様々な可動構造を採用。頭部にはブレードアンテナを選択して装着可能で、モノアイの可動も再現している。付属のシュツルム・ファウストはスパイク・シールド裏に収納できる。

MS-05B ZAKUI
PRINCIPALITY OF ZEON MASS PRODUCT

▶各部の幅広い可動構造によって、劇中で印象的なショルダータックルを再現可能。

◀旧型のザク・バズーカが付属し、着脱式のバズーカラックで保持した射撃ポーズを再現できる。

1/144 MS-07 グフ

DATA
スケール：1/144／発売：1980年11月／価格：324円／武器：ヒート・ロッド、シールド

ヒート・ロッドを装備した局地戦用MSを1/144スケールで再現。上腕部にはロール軸を備え、各関節と足首が可動。シールドは右肘への着脱が可能。

MS-07B 'GOUF'
PRINCIPALITY OF ZEON MASS P...

1/100 MS-07 グフ

DATA
スケール：1/100／発売：1981年12月／価格：864円／武器：ヒート・サーベル、ヒート・ロッド×2、シールド

長短2種のヒート・ロッドとヒート・サーベルは、それぞれ専用の持ち手とセットで差し替えが可能。股関節は開脚とハの字可動が可能で、頭部も上下左右に可動する。

HGUC MS-07 グフ

DATA
スケール：1/144／発売：2000年4月／価格：864円／武器：ザク・マシンガン、ヒート・サーベル、ヒート・ロッド×2、シールド

グフカスタムにも通じる力強いプロポーションが特徴のHGUC版グフ。ヒート・ロッドは長短2種を軟質素材で再現し、ヒート・サーベルはシールド裏に収納可能。腰部アーマーは胴体と一体成形だが、劇中のアクションシーンをイメージした可動性が確保されている。

◀▶劇中で使用されたザク・マシンガンが付属。ヒート・サーベルを両手で構えるポーズも可能。

■ ジオン公国軍

MG MS-07B グフ

DATA
スケール：1/100／発売：2000年10月／価格：3,024円／武器：ヒート・サーベル、ヒート・ロッド、シールド

特徴的な構造を精巧に再現したMGキット。ヒート・ロッドはリード線とメッシュパイプ、プラパーツの柔軟な三重構造で、左腕部のマシンガンハンドは各指が可動する。クラウレ・ハモンの1/20スケールフィギュアが付属。

▶腕部や脚部の外装は着脱可能で、内部メカが再現されている。

MG MS-07B グフ "ONE YEAR WAR 0079" 設定カラーバージョン

DATA
スケール：1/100／発売：2005年4月／価格：3,024円／武器：ヒート・サーベル、ヒート・ロッド、シールド

ゲーム『機動戦士ガンダム 一年戦争』のゲーム設定カラーを再現したMG『グフ』のバリエーションキット。成形色がゲーム準拠の落ち着いた色合いに変更されている。

U.C. HARD GRAPH ランバ・ラル 独立遊撃隊セット

DATA
スケール：1/35／発売：2006年10月／価格：3,240円／武器：――

ランバ・ラル隊の面々を精巧に再現した1/35スケールフィギュア6体と、劇中にも登場したオートバイ「B.M.C.Z78/2」、ザクヘッドがセットとなったU.C.ハードグラフキット。

MG MS-07B グフ Ver.2.0

DATA
スケール：1/100／発売：2009年5月／価格：4,104円／武器：ヒート・サーベル、ヒート・ロッド、シールド

MS開発系譜の連続性をディテールに盛り込みつつ、アニメ設定寄りのプロポーションを再現したVer.2.0仕様。新解釈の関節機構による優れた可動性が特徴で、ヒート・ロッドと左腕部ハンドパーツの変更でA型を再現することもできる。

◀ヒート・ロッドはボールジョイントを用いたパーツの連続でフレキシブルな可動を実現。

HGUC MS-07B グフ

DATA
スケール：1/144スケール／発売：2016年4月／価格：1,620円／シールド、ヒート・ロッド、ヒート・サーベル×2、シールド

最新技術でリファインされたHGUC-REVIVE版グフのキット。HG『グフR35』と一部パーツを共用しつつ、アニメ版イメージのプロポーションを再現。また、腹部の二重関節や広い可動域を有する肩関節などによって、多彩なアクションポーズが可能となっている。左腕5連装75mm機関砲の砲身の可動や左握り手パーツの付属など、細かな点も作り込まれている。

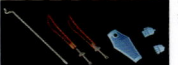

◀ヒート・サーベルは刀身がクリア成形で2本付属し、グリップをシールド裏に収納可能。ヒート・ロッドは軟質素材で自由に曲げることができる。

1/100 MS-09 ドム

DATA
スケール：1/100／発売：1980年11月／価格：864円／武器：ジャイアント・バズ、ヒート剣

局地戦用重MSのマッシブなプロポーションを1/100スケールで再現したドムのキット。頭部は胴体との一体成形だが、腕部や脚部などの各関節が可動する。ジャイアント・バズは持ち手と一体成形になっている。

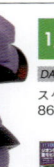

1/144 MS-09R リック・ドム

DATA
スケール：1/144／発売：1981年6月／価格：540円／武器：ジャイアント・バズ、ヒート剣×2

宇宙用に改修されたドムを再現した1/144スケールキット。各関節が可動し、股関節は開閉可能。持ち手と一体成形のジャイアント・バズとヒート剣2本が付属する。

1/60 MS-09 ドム

DATA
スケール：1/60／発売：1981年12月／価格：2,700円／武器：ジャイアント・バズ、ヒート剣

1/60の大スケールでドムの重厚なプロポーションを忠実に再現。ポリキャップを導入した可動構造が特徴で、モノアイは別売りのムギ球を用いて点灯が可能。ジャイアント・バズは砲身の伸縮と固定式を選択できる。

1/100 ドム リアルタイプ

DATA

スケール:1/100／発売:1982年2月／価格:864円／武器:ジャイアント・バズ、ヒート剣

ミリタリー調のカラーリングを成形色で表現した、1/100「ドム」のバリエーションキット。基本的な内容はベースキットと同じで、マーキング再現用の専用デカールが付属する。

MG MS-09 ドム

DATA

スケール:1/100／発売:1999年6月／価格:4,320円／武器:ジャイアント・バズ、ラケーテン・バズ、90mmマシンガン(マガジン×2)、シュツルム・ファウスト×2、ヒート・サーベル

重量感あふれるドムのプロポーションと細部のディテールを再現した、MGシリーズ屈指の傑作キット。頭部と脛部、ランドセルの外装は着脱式で、コクピットブロックとともに内部メカニックが再現されている。豊富な武装が付属し、一部は腰部側面のマウントラッチへの装着が可能となっている。

MG MS-09 リック・ドム

DATA

スケール:1/100／発売:1999年10月／価格:4,320円／武器:ジャイアント・バズ、ビーム・バズーカ、ヒート・サーベル

MG「ドム」をベースに宇宙用のバリエーションキットのリック・ドムを再現した。大型化した背部バーニアやスカートアーマー、足裏のディテールといった改修部位を精密に造形。ベースキットと異なる武装が付属する。

▲ベースキットに比べて付属武装は減っているが、アニメ版末登場のビーム・バズーカが付属する。

▼ハンドパーツは親指以外の各指が第2関節まで可動し、武装の保持が可能。

◀黒い三連星のひとり、オルテガの1/20スケールフィギュアが付属する。

MG MS-09 ドム "ONE YEAR WAR 0079" 設定カラーバージョン

DATA

スケール:1/100／発売:2005年4月／価格:4,320円／武器:ジャイアント・バズ、ラケーテン・バズ、90mmマシンガン(マガジン×2)、シュツルム・ファウスト×2、ヒート・サーベル

ゲーム『機動戦士ガンダム 一年戦争』の設定カラーを再現した、MG「ドム」のバリエーションキット。成形色がゲーム登場機に準じたカラーリングに変更されている。そのほかの内容はベースキットと同じである。

▲内部メカニックの精巧な再現はベースキットの特長を引き継いでいる。

HGUC MS-09/MS-09R ドム／リック・ドム

◀肩関節は前後に可動し、ジャイアント・バズを両手で構えるポーズも可能となっている。

HGUC MS-09 ドム 黒い三連星 トリプルドムセット

DATA

スケール:1/144／発売:2006年1月／価格:4,320円／武器:ジャイアント・バズ×3、バズーカ弾、ヒート・サーベル×3

黒い三連星のドムを再現可能なHGUC「ドム／リック・ドム」の3体セット。アニメイメージの成形色を採用し、3体同時にディスプレイできる台座や各種エフェクトパーツなどが付属。ただし、リック・ドム用のパーツは付属しない。

▲表情をつけた左右平手や武装用の持ち手など、精巧な造形のハンドパーツが付属する。

DATA

スケール:1/144／発売:2006年1月／価格:1,836円／武器:ジャイアント・バズ、ビーム・バズーカ、ヒート・サーベル

ドムとリック・ドムを選択して再現できるコンパチブル仕様のHGUCキット。背部バーニアとスカートアーマー、足裏パーツを組み替えることで、2種類の仕様を選択できる。また、モノアイはボールジョイントで上下左右に可動し、スカート内側のスラスターなどの各部ディテールも精密に再現されている。

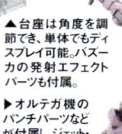

▲台座は角度を調節でき、単体でもディスプレイ可能。バズーカの発射エフェクトパーツも付属。

▶オルテガ機のパンチパーツなどが付属し、ジェット・ストリーム・アタックも再現できる。

■ ジオン公国軍

1/144 MSM-03 ゴッグ

DATA
スケール：1/144／発売：1981年5月／
価格：432円／武器：──

特徴的なフォルムを有する水陸両用MSを再現した1/144スケールキット。腕部の伸縮機構が再現されており、手首にはプラ製のボールジョイントが用いられている。

1/100 MSM-03 ゴッグ

DATA
スケール：1/100／発売：1982年3月／価格：432円／武器：──

1/100スケールに独特の構造を盛り込んだゴッグのキット。モノアイの可動や、腕部の伸縮と肩アーマーへの収納を再現。肩部と腰部には回転構造が採用されている。

HGUC MSM-03 ゴッグ

DATA
スケール：1/144／発売：2000年3月／価格：864円／武器：──

細部のディテールを忠実に再現したHGUC版ゴッグ。腕部はボールジョイントで多重関節構造の柔軟な動きを再現し、アイアン・ネイルは各指が独立可動する。頭部と腰部の回転軸や膝の二重関節など、各部の可動性も確保されている。

▲腕部の差し替えによって水中巡航形態を再現できる。

▶各部の可動によって劇中イメージのポージングが可能。

MG MSM-03 ゴッグ

DATA
スケール：1/100／発売：2003年6月／価格：3,780円／武器：──

劇中描写をイメージさせる重厚なプロポーションが特徴のMGキット。各関節部はゴムパーツで防水カバーを表現し、腕部の多重関節構造はボールジョイントと引き伸ばし機構でフレキシブルに可動。モノアイの可動も再現。

▲着脱式の装甲内には精密なメカディテールを造形。コクピットハッチの開閉も再現している。

◀アイアン・ネイルは二重関節で各指が独立可動する。水中巡航形態も差し替えなしで再現可能。

1/144 MSM-07 量産型ズゴック

DATA
スケール：1/144／発売：1980年12月／価格：324円／武器：──

量産機をイメージした成形色を用いたズゴックの1/144スケールキット。広い可動域を持つ股関節をはじめ、各関節が可動。アイアン・ネイルは開閉状態を選択して再現できる。

1/100 MSM-07 量産型ズゴック

DATA
スケール：1/100／発売：1982年6月／価格：864円／武器：──

1/100「シャア専用ズゴック」の成形色を変更し、量産機を再現したバリエーションキット。ベースキットと同じく、アイアン・ネイルの開閉などの可動構造を特徴としている。

▲アイアン・ネイルは可動式となっている。

▲足裏は新たに設定されたパターンを精密に再現している。

▲コクピットハッチは開閉式で、内部も再現。

HGUC MSM-07 ズゴック

DATA

スケール：1/144／発売：1999年11月／価格：756円／武器：――

量産機のカラーリングを精巧な色分けで再現したズゴックのHGUCキット。ABS樹脂製のボールジョイントによる優れた可動性と、劇中イメージのプロポーションに忠実な造形が特徴。モノアイはシールで再現されている。

MG MSM-07 量産型ズゴック

DATA

スケール：1/100／発売：2003年5月／価格：3,240円／武器：――

力強いプロポーションが特徴のMG版量産型ズゴック。上腕部と大腿部の多重関節構造をボールジョイントで再現し、関節部には合成ゴム製の防水カバーを装着している。

▲各部関節の可動域は広く、片膝をついたポーズも可能。

1/144 MSM-07S シャア専用ズゴック

DATA

スケール：1/144／発売：1981年7月／価格：324円／武器：――

成形色でシャア専用機を表現した、1/144「ズゴック」のバリエーションキット。サーモンピンクの単色成形に変更されているほかは、ベースキットと同じ内容となっている。

1/100 MSM-07S シャア専用ズゴック

DATA

スケール：1/100／発売：1981年12月／価格：864円／武器：――

3種の成形色を用いたシャア専用ズゴックの1/100スケールキット。胴体部のスイング可動やスプリングを用いたアイアン・ネイルの開閉など、様々な可動構造を盛り込んでいる。

HGUC MSM-07S シャア専用ズゴック

DATA

スケール：1/144／発売：2001年2月／価格：756円／武器：――

HGUC「ズゴック」をベースにシャア専用機を再現したバリエーションキット。シャアのパーソナルカラーに準じた成形色への変更に加え、腰部の改良によってひねる動きが可能となっており、可動性が向上している。

▶足の底部には推進器のディテールも造形されている。

▼アイアン・ネイルの開閉に加え、メガ粒子砲を再現。

MG MSM-07S シャア専用ズゴック

DATA

スケール：1/100／発売：2003年11月／武器：――

シャア専用機としてのディテールアップを施した、MG「量産型ズゴック」のバリエーションキット。上腕部と大腿部の多重関節構造に新設計の伸縮機構を採用し、腰部にも可動ギミックを追加。さらに、劇場版ポスターに描かれた4本爪を選択して再現できる。

▼各部の改良によって劇中イメージのポージングも可能。

◀ベースキットと同じ内部メカを精密に再現。

▶片膝をついたポーズなども自然にとることが可能。

■ ジオン公国軍

MSM-07S ZGOK

HGUC ジャブロー攻略作戦 水陸両用 MS セット

DATA

スケール：1/144／発売：2007年7月／価格：3,240円／武器：――

「シャア専用ズゴック」「ゴッグ」「アッガイ」の HGUCキット3体をセットとした特別仕様。シャア専用ズゴックとゴッグは成形色がアニメ寄りの色合いに変更されており、セット専用の水転写式デカールが付属する。

OPERATION CAPTURE OF JABURO

▲ RG ならではの優れた可動性も特徴のひとつ。

▼ 新設計のアドヴァンスド MS ジョイントを採用。

RG MSM-07S シャア専用ズゴック

DATA

スケール：1/144／発売：2014年7月／価格：2,700円／武器：――

RGシリーズ初の水陸両用MSとなるシャア専用ズゴックのキット。流線形のフォルムやソナーと水抜き穴のモールドなど、リアルさを追求した造形が特徴。アイアン・ネイルは4本爪の仕様も再現可能。

1/144 MSM-04 アッガイ

DATA

スケール：1/144／発売：1981年8月／価格：324円／武器：――

腕部と脚部の関節にプラ製のボールジョイントを採用した当時の1/144スケールキット。アイアン・ネイルは伸縮式で、コクピットハッチは開閉状態を選択して再現できる。

1/100 MSM-04 アッガイ

DATA

スケール：1/100／発売：1982年9月／価格：756円／武器：――

アッガイの特徴的なプロポーションを1/100スケールで再現。アイアン・ネイルの伸縮と開閉、腕部の伸縮が可能。頭部や股関節、足首などにも可動構造が盛り込まれている。

HGUC MSM-04 アッガイ

DATA

スケール：1/144／発売：2007年4月／価格：1,512円／武器：――

『機動戦士ガンダム 第08 MS小隊』版アッガイの要素を採り入れたHGUCキット。アイアン・ネイルの収納や腕部の伸縮をパーツ差し替えで再現し、両腕をミサイル・ランチャーにすることも可能。

MG MSM-04 アッガイ

DATA

スケール：1/100／発売：2005年7月／価格：4,320円／武器：ミサイル×6

多彩なギミックと緻密なディテールが特徴のMG版アッガイ。伸縮と可動を両立した腕部や大腿部のスライド機構など、可動構造も充実している。7段階の角度調節が可能なディスプレイベースなどが付属する。

MSM-04 ACGUY
PRINCIPALITY OF ZEON MOBILE PRODUCT

▲ 頭部や腕部、脚部の部には内部メカが精巧に再現されている。

▶『第08MS 小隊』登場機再現用のパーツが付属。

◀ ミサイル発射などのエフェクトパーツが付属。

▶ 印象的な体育座りのポーズをとることも可能。

◀ 腕部の多重関節構造や膝の二重関節などにより柔軟なポージングが可能。

1/144 MSM-10 ゾック

DATA
スケール：1/144／発売：1981年8月／価格：648円／武器：――

独特な前後対称のフォルムを再現したゾックの1/144スケールキット。腕部と股関節、肩部アーマーが可動。モノアイは別パーツ化されており、自由に表情を付けられる。

HGUC MSM-10 ゾック

DATA
スケール：1/144／発売：2007年7月／価格：2,700円／武器：――

各部のディテールを精密に再現したHGUCのゾック。PET素材のモノアイシールドには目盛り表示が印刷されている。別売りのアクションベース1用ジョイントパーツが付属する。

▶内部メカを精巧に造形。モノアイはレールに沿って可動する。

◀フェアリングシェルの可動で巡航形態を再現。

1/144 YMS-15 ギャン

DATA
スケール：1/144／発売：1981年7月／価格：324円／武器：ビーム・サーベル、ミサイル・シールド

格闘戦に特化した試作MSを1/144スケールで再現。西洋の騎士を思わせるフォルムを忠実に造形し、腕部をはじめ各関節が可動。付属武装は着脱が可能となっている。

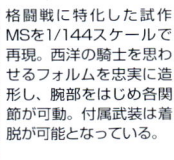

HGUC YMS-15 ギャン

DATA
スケール：1/144／発売：1999年7月／価格：864円／武器：ビーム・サーベル、ミサイル・シールド、ハイドボンブ×4

スマートなプロポーションで造形されたギャンのHGUCキット。ビーム・サーベルのビーム刃はクリア成形で、専用のハンドパーツで劇中イメージの構えを取ることも可能。

HGUC YMS-15 ギャン

DATA
スケール：1/144／発売：2016年5月／価格：1,296円／武器：ビーム・サーベル、ミサイル・シールド

洗練されたプロポーションでリファインされたREVIVE版 ギャン。腰部や爪先、手首といった多彩な可動部位によって劇中イメージのポージングを再現。ミサイル・シールドはグリップが可動して様々なアクションに対応できる。

1/100 YMS-15 ギャン

DATA
スケール：1/100／発売：1982年1月／価格：756円／武器：ビーム・サーベル、ミサイル・シールド、ハイドボンブ×4

3種の成形色でカラーリングを再現したギャンの1/100スケールキット。各部の関節が可動し、股関節は開脚が可能。自由にディスプレイできるハイドボンブ4個が付属する。

MG YMS-15 ギャン

DATA
スケール：1/100／発売：2006年5月／価格：3,888円／武器：ビーム・サーベル、ミサイル・シールド、ハイドボンブ×3、ニードル・ミサイル×3

▶ミサイル・シールドは内部構造を再現。ニードル・ミサイルの発射エフェクトパーツも付属する。

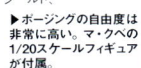

▶ポージングの自由度は非常に高い。マ・クベの1/20スケールフィギュアが付属。

ヒロイックなプロポーションが特徴のMG版ギャン。つま先の二重関節や引き込み式の肩関節などの多彩な可動構造が盛り込まれており、内部メカも精密に再現。ビーム・サーベルには付属のLEDによる発光ギミックを内蔵している。

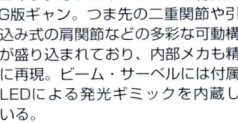

■ ジオン公国軍

1/100 MS-14 量産型ゲルググ

DATA

スケール：1/100／発売：1981年6月／価格：864円／武器：ビーム・ライフル、シールド、ビーム・ナギナタ

量産機のカラーリングを成形色で再現した、1/100「シャア専用ゲルググ」のバリエーションキット。内容は後述のベースキットと同じとなっている。

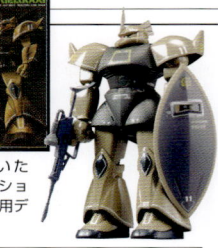

1/100 MS-14 ゲルググ リアルタイプ

DATA

スケール：1/100／発売：1982年4月／価格：864円／武器：ビーム・ライフル、シールド、ビーム・ナギナタ

ミリタリーカラーの成形色を用いた1/100「量産型ゲルググ」のバリエーションキット。マーキングを再現できる専用デカールが付属する。

1/144 MS-14 量産型ゲルググ

DATA

スケール：1/144／発売：1982年5月／価格：540円／武器：ビーム・ライフル、シールド、ビーム・ナギナタ

1/144「シャア専用ゲルググ」の成形色を変更したゲルググ量産機のキット。付属のブレードアンテナを用いて中隊長機を再現することが可能となっている。

1/60 MS-14 量産型ゲルググ

DATA

スケール：1/60／発売：1983年3月／価格：2,700円／武器：ビーム・ライフル、シールド、ビーム・ナギナタ

1/60「シャア専用ゲルググ」をベースに成形色で量産機を再現。ベースキットと同じくポリキャップが採用され、モノアイの発光ギミックを備える。

MG MS-14A 量産型ゲルググ

DATA

スケール：1/100／発売：1997年9月／価格：3,240円／武器：ビーム・マシンガン、シールド、ビーム・ナギナタ

MG「ゲルググ シャア・アズナブル大佐機」をベースに、アレンジを加えたディテールで量産型ゲルググを再現。リアスカートは2種類の形状から選択可能で、肩関節のカバーはラバーパーツで再現している。

◀高機動型（B型）のランドセルが付属し、換装が可能。

▶コクピットや腰部、頭部などの内部構造を精密に再現。

▶脚部は開発系譜を意識した新解釈の構造を再現。

HGUC MS-14A/MS-14C 量産型ゲルググ／ゲルググキャノン

DATA

スケール：1/144／発売：2007年3月／価格：1,728円／武器：ビーム・ライフル、シールド、ビーム・ナギナタ（MS-14A 量産型ゲルググ）キャノンパック、3連ミサイル・ランチャー、バックラー・シールド（MS-14C ゲルググキャノン）

量産型ゲルググとゲルググキャノンを選択できるコンパチブルキット。ベースはHGUC「シャア専用ゲルググ」で、アニメ版イメージのプロポーションを再現している。両仕様とも頭部は一般機と指揮官機を選択できる。

▼表情豊かな左平手パーツを用いたポージングが可能。

MG MS-14A 量産型ゲルググ Ver.2.0

DATA

スケール：1/100／発売：2008年4月／価格：4,860円／武器：ビーム・ライフル（グレネード・ランチャー）、シールド、ビーム・ナギナタ

MG「シャア専用ゲルググ Ver.2.0」をベースに、成形色を変更して量産型ゲルググを再現。スカートアーマーの分割構造や新解釈の関節構造によって可動性を確保し、内部ディテールにMS開発の連続性を表現。付属のビーム・ライフルはグレネードタイプに換装が可能。

▼シールドにはマウントアーム構造を採用。

▶ビーム・ライフルに装備可能。イボットにはビーム・バ着脱

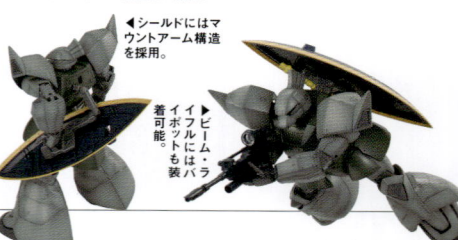

1/100 MS-14S シャア専用ゲルググ

DATA
スケール：1/100／発売：1981年3月／
価格：864円／武器：ビーム・ライフル、シール
ド、ビーム・ナギナタ

重厚なプロポーションを再現したシャア専
用ゲルググの1/100スケールキット。
ビーム・ナギナタは収納状態のグリップも
付属し、背部に装着可能。

1/144 MS-14S シャア専用ゲルググ

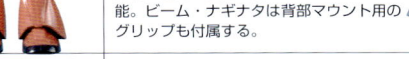

DATA
スケール：1/144／発売：1981年6月／
価格：540円／武器：ビーム・ライフル、シー
ルド、ビーム・ナギナタ

シャア専用ゲルググを1/144スケールで
再現。胴体部と腰部は別パーツでひねりが可
能。ビーム・ナギナタは背部マウント用の
グリップも付属する。

1/60 MS-14S シャア専用ゲルググ

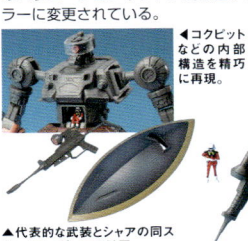

DATA
スケール：1/60／発売：1981年12月／価格：
2,700円／武器：ビーム・ライフ
ル、シールド、ビーム・ナギナタ

全高324mmの大サイ
ズにポリキャップ式の可
動を盛り込んだシャア専
用ゲルググのキット。モ
ノアイは可動式で別売り
のムギ球を用いての発光
が可能。

MG MS-14S ゲルググ シャア・アズナブル大佐機

DATA
スケール：1/100／発売：1996年12月／価格：3,240円／
武器：ビーム・ライフル、シールド、ビーム・ナギナタ

精悍なプロポーションが特
徴のMGキット。パネルラ
インや各部スラスターなど
のディテールを精密に再
現。頭部ブレードアンテナ
は2種類から選択できるな
ど、ディテールアップパー
ツが付属する。

▶腕部や脚部などの
外装は着脱が可能。

動力パイプはメッシュ
パイプで再現。

MG MS-14S ゲルググ
シャア・アズナブル大佐機 "ONE YEAR WAR 0079" 設定カラーバージョン

DATA
スケール：1/100／発売：2005年4月／価格：3,240円／武器：ビーム・ライフル、シー
ルド、ビーム・ナギナタ

ゲーム『機動戦士ガンダム 一年戦争』登場機を再
現したMG「ゲルググ シャア・アズナブル大佐機」
のバリエーションキット。成形色がゲーム設定カ
ラーに変更されている。

◀コクピット
などの内部
構造を精巧
に再現。

▲代表的な武器とシャアの同ス
ケールフィギュアが付属。

MG MS-14S シャア専用ゲルググ Ver.2.0

DATA
スケール：1/100／発売：2007年7月／価格：4,860円／武器：ビーム・ライフル、シー
ルド、ビーム・ナギナタ

様々な新機軸を盛り込んだMG
版シャア専用ゲルググのVer.
2.0仕様。ザクから異なるメカニ
ズムのディテールを精密に再現
し、分割されたスカートアーマー
の独立可動などによって大胆な
アクションを可能としている。

HGUC MS-14S シャア専用ゲルググ

DATA
スケール：1/144／発売：2006年10月／価格：1,620円／武器：ビーム・ライフル、
シールド、ビーム・ナギナタ

アニメ版を意識したプロポーションを再現し
たシャア専用ゲルググのHGUCキット。ス
カートの分割構造や腰部、股関節の可動機構
によって、多彩なポージングを実現。モノア
イの可動も再現されている。

◀ビーム・ナギナタ
の両手持ちも可能。

▶同スケールのエ
レカなどが付属。

◀各部スラスターを
精巧に造形。

▶ビーム・ナギナタ
はビーム刃をソード
タイプに差し替える
ことが可能。

■ジオン公国軍

1/144	MSN-02

ジオング

DATA

スケール：1/144／発売：1981年3月／価格：648円／武器：─

ジオングの特徴的な構造を再現した1/144スケールキット。頭部と腕部は金属シャフトで分離状態を表現。ディスプレイパネルと台座が付属。

HGUC	MSN-02

ジオング

DATA

スケール：1/144／発売：2001年6月／価格：1,944円／武器：─

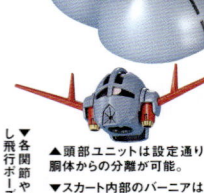

脚のない特徴的なフォルムを忠実に再現したHGUC版ジオング。腕部5連装メガ粒子砲は五指が可動し、リード線で射出状態を再現可能。専用のディスプレイスタンドが付属する。

MG	MSN-02

ジオング

DATA

スケール：1/100／発売：2002年7月／価格：6,480円／武器：─

モノアイや指関節の可動、肘関節のスライドギミックなどの可動構造が特徴のMGキット。本体と腕部用のスタンドが付属する。

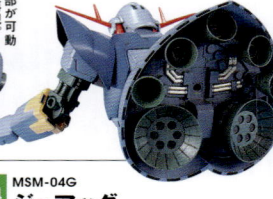

▼各関節が可動し飛行ポーズを再現。

▲頭部ユニットは設定通り胴体からの分離が可能。
▲スカート内部のバーニアはそれぞれが可動する。

▼頭部や胸部、腕部には精巧な内部メカニックを造形。

▼リード線でオールレンジ攻撃を表現。

頭部は分離可能でハッチも再現。

1/144	MSM-04G

ジュアッグ

DATA

スケール：1/144／発売：1982年8月／価格：540円／武器：─

ジャブロー攻略用MSの1機を忠実なプロポーションで再現。胸部ロケット・ランチャーは3門が一体で可動。各関節のほか、ランドセルのバーニア部も可動する。

1/144	MSM-04N

アッグガイ

DATA

スケール：1/144／発売：1982年7月／価格：432円／武器：─

巨大な複眼が特徴のジャブロー攻略用MSを再現した1/144スケールキット。ヒート・ロッドは固定式だが、前腕部の回転や脚部のロールなど、各部に様々な可動部位を備える。

1/100	MSM-04N

アッグガイ

DATA

スケール：1/100／発売：1982年9月／価格：864円／武器：─

ライトブラウンとグレーの成形色を用いた1/100スケールキット。ヒート・ロッドは3分割のボールジョイント接続で表情付けが可能。足首にも可動構造が設けられている。

1/144	MSM-08

ゾゴック

DATA

スケール：1/144／発売：1982年11月／価格：432円／武器：─

独特の武装を有するジャブロー攻略用MSを1/144スケールで再現。特徴のひとつであるアーム・パンチは伸縮機構を再現し、足首には前後左右のスイング可動を盛り込んでいる。

1/100	MSM-08

ゾゴック

DATA

スケール：1/100／発売：1982年11月／価格：864円／武器：─

3種の成形色による色分けでカラーリングを再現したゾゴックの1/100スケールキット。胸部アーム・パンチは伸縮が可能で、腕部や股関節などの各部関節が可動する。

1/144 EMS-05 アッグ

DATA
スケール：1/144／発売：1982年9月／価格：324円／武器：——

両腕にドリルを備えた異色のジャブロー攻略用MSを再現した1/144スケールキット。腕部と脚部ホバークラフトが可動し、肩部に装備されたカッターは左右が連動して回転可能。

1/100 EMS-05 アッグ

DATA
スケール：1/100／発売：1982年10月／価格：756円／武器：——

独特の構造を再現したアッグの1/100スケールキット。レーザートーチは可動式で、腕部ドリルと肩部カッターは回転機構を再現。腕部と脚部ホバークラフトが可動する。

1/550 MAX-03 アッザム

DATA
スケール：1/550／発売：1982年6月／価格：432円／武器：アッザム・リーダー、電磁粒子弾

特徴的なフォルムと脚部などの可動を再現したアッザムのキット。同スケールのアッザム・リーダーと電磁粒子弾、マゼラ・アタック、ガンダムが付属する。

1/550 MAM-07 グラブロ

DATA
スケール：1/550／発売：1981年10月／価格：324円／武器：——

水中用MAのフォルムを忠実に再現したグラブロの1/550スケールキット。腕部は基部にロール軸を備え、クローは開閉状態を選択して再現できる。専用のディスプレイスタンドが付属。

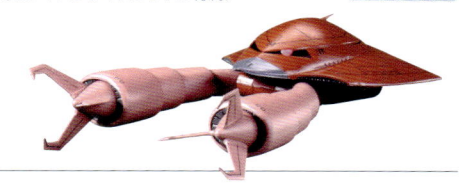

宇宙用MAのビグロを1/550スケールで再現。アームの各関節が可動し、メガ粒子砲とクローは開閉状態を選択して再現可能。ディスプレイスタンドが付属。

1/550 MA-05 ビグロ

DATA
スケール：1/550／発売：1981年9月／価格：324円／武器：——

1/550 MA-04X ザクレロ

DATA
スケール：1/250、1/550／発売：1982年6月／価格：540円／武器：——

1/250と1/550スケールで再現されたザクレロのキット。ディスプレイスタンドと1/550スケールのBパーツ付きガンダムが付属する。

1/550 MA-08 ビグザム

DATA
スケール：1/550／発売：1981年9月／価格：432円／武器：——

劇中で猛威を振るった巨大MAを1/550スケールで再現。股関節の開閉、足首の前後左右へのスイングが可能で、脚部は広い可動域を有する。爪は接着せずに着脱式にもできる。

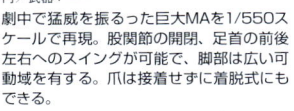
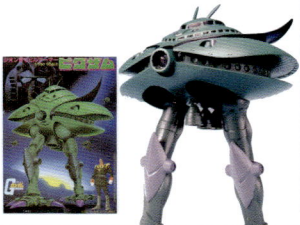

1/550 MAN-03 ブラウ・ブロ

DATA
スケール：1/550／発売：1982年6月／価格：756円／武器：——

各モジュールの分離・合体が可能で、中央部のメガ粒子砲はリード線かつラバーパーツで展開状態を再現できる。専用スタンドと同スケールのガンダムが付属。

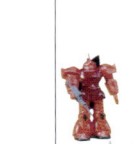

1/550 MAN-08 ララァスン専用モビルアーマー

DATA
スケール：1/550／発売：1981年10月／価格：324円／武器：ビット×10

エルメスの1/550スケールキット。左右のメガ粒子砲は独立して可動し、着陸脚の装着を選択できる。ビット10個と同スケールのシャア専用ゲルググが付属し、劇中シーンの再現も可能となっている。

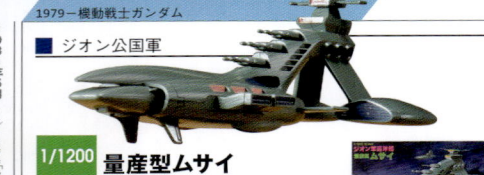

■ ジオン公国軍

1/1200 量産型ムサイ

DATA

スケール：1/1200／発売：1980年8月／価格：324円／武器：――

独特の艦体構造を忠実に再現したムサイのキット。コムサイは着脱が可能で、ディスプレイスタンドが付属する。

1/1200 シャア専用ムサイ

DATA

スケール：1/1200／発売：1981年2月／価格：324円／武器：――

1/1200「量産型ムサイ」の艦橋パーツを変更してシャアの乗艦を再現。その他の内容はベースキットと同じとなっている。

1/2400 グワジン

DATA

スケール：1/2400／発売：1983年3月／価格：324円／武器：――

ジオン公国軍を象徴する大型戦艦を1/2400スケールで再現。専用のディスプレイスタンドが付属する。

EXモデル ドップ ファイター

DATA

スケール：1/100、1/144／発売：2001年12月／価格：3,240円／武器：――

1/100と1/144スケールの2機セット。キャノピーはクリア成形で着陸脚の展開を再現。1/100は主翼の折り畳みも可能。

EXモデル ガルマドップ

DATA

スケール：1/144／発売：2002年5月／価格：1,296円／武器：――

EXモデル「ドップファイター」の1/144版をベースにガルマ・ザビ専用機を再現。HGUCシリーズに対応したマーキングシールが付属する。

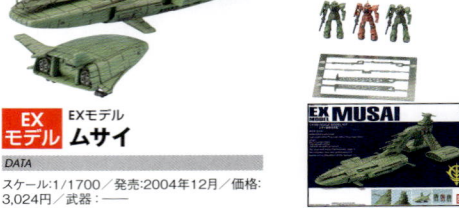

EXモデル ムサイ

DATA

スケール：1/1700／発売：2004年12月／価格：3,024円／武器：――

通常版、シャア専用版、MSイグルー版を選択して再現可能。エッチングパーツと同スケールのMSフィギュア3体が付属。

1/2400 ザンジバル

DATA

スケール：1/2400／発売：1983年3月／武器：――

着陸脚パーツの選択で飛行状態と着陸状態のいずれかを再現可能。大気圏離脱用ブースターとディスプレイスタンドが付属する。

1/1200 ガウ攻撃空母

DATA

スケール：1/1200／発売：1982年4月／価格：324円／武器：――

特徴的なフォルムを再現したガウのキット。同スケールのズゴックとザク、ドップが各2体と、ディスプレイスタンドが付属。

1/144 ドダイ YS

DATA

スケール：1/144／発売：1981年10月／価格：540円／武器：――

上面に別売りの1/144「グフ」を搭載でき、劇中のシーンを再現できる。グフの開脚が可能になる股関節パーツとディスプレイスタンドが付属する。

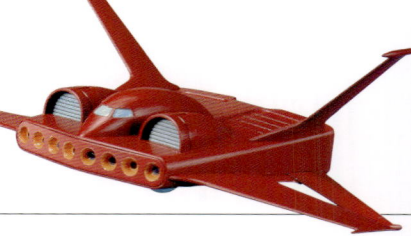

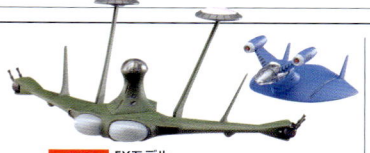

EXモデル ジオン軍メカセット
（ルッグン＆シーランス）

DATA

スケール：1/144／発売：2003年1月／価格：3,024円／武器：——

ジオン公国軍の補助兵器2種をEXモデルで再現したセット。ルッグンはレドームと翼端の機銃が可動し、着陸脚の収納・展開状態を選択可能。それぞれの専用台座が付属する。

1/144 マゼラ・アタック

DATA

スケール：1/144／発売：1982年5月／価格：432円／武器：——

マゼラ・トップとマゼラ・ベースの分離・合体を再現した1/144スケールキット。主砲は着脱が可能で、マゼラ・トップ砲に差し替えることで別売りの1/144「量産型ザク」などに持たせることもできる。

EXモデル マゼラ・アタック

DATA

スケール：1/144／発売：2006年3月／価格：3,780円／武器：マゼラ・トップ砲×2

一般仕様と砂漠戦仕様の2両セット。それぞれに異なるディテールを精密に造形し、分離・合体を再現。別売りのHGUCシリーズに装備可能なマゼラ・トップ砲2基と、同スケールのフィギュア3種6体が付属する。

ジオン公国軍の大型トレーラーをリアルなディテールで再現したEXモデル。荷台には別売りのHGキットなどを搭載でき、トレーラーヘッドの着脱やサムソン・トップの分離が可能。同スケールのフィギュア3体が付属する。

EXモデル サムソン・トレーラー

DATA

スケール：1/144／発売：2006年5月／価格：3,240円／武器：——

■ 情景（ディオラマ）シリーズ

1/250 ガンダム情景模型 タイプA ランバ・ラル特攻

DATA

スケール：1/250／発売：1981年7月／価格：756円／武器：——

TV版19話「ランバ・ラル特攻！」の情景を再現したディオラマセット。ポーズが固定されたグフとザク、ガンタンクにディオラマベースとパネルで構成される。MSマスコット3体が付属する。

1/250 ガンダム情景模型 タイプD 宇宙要塞ア・バオア・クー

DATA

スケール：1/250／発売：1981年7月／価格：756円／武器：——

TV版42話「宇宙要塞ア・バオア・クー」をモチーフにしたディオラマセット。ガンダムとジオング、リック・ドムの3体で劇中の情景を再現している。ガンダムとリック・ドムのMSマスコットが付属。

1/144 ガンダム・モビルスーツ用武器セット

DATA

スケール：1/144／発売：1981年4月／価格：324円／武器：ハイパー・バズーカ（ロケット弾×2）、ガンダム・ハンマー、ハイパー・ハンマー、ビーム・ジャベリン、ザク・バズーカ（ロケット弾×2）、クラッカー×2、ミサイル・ポッド（ミサイル×3）×2、ヒート・ホーク、ヒート・サーベル

別売りの1/144スケールキットに装備できる各種武装のセット。ハイパー・バズーカやザク・バズーカ、ミサイル・ポッドには、それぞれ内部に収納できる弾が付属する。一部は装備に改造が必要。

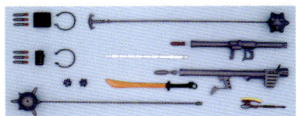

1/250 ガンダム情景模型 タイプB ジャブローに散る

DATA

スケール：1/250／発売：1981年8月／価格：756円／武器：——

TV版29話「ジャブローに散る！」の情景をシャア専用ズゴックとザク、ジムの3体で再現したディオラマセット。ズゴック、ザク、ジムのMSマスコット3体が付属する。ジムは武装を2種類から選択可能。

1/250 ガンダム情景模型 タイプC テキサスの攻防

DATA

スケール：1/250／発売：1981年8月／価格：756円／武器：——

TV版37話「テキサスの攻防」をイメージしたディオラマセット。ガンダムとガンキャノン、シャア専用ゲルググの3体で情景を再現。ガンダム、ガンキャノン、ゲルググのMSマスコットが付属する。

機動戦士ガンダム モビルスーツバリエーション GUNDAM MSV

ガンダムやザクの派生型など、アニメ本編未登場の新メカばかりで構成されたシリーズで、所謂「外伝モノ」の嚆矢。『ガンダム』と同時代が舞台だがストーリーは存在せず、ガンダムブームが加熱する中、『コミックボンボン』などで各メカの画稿や設定、短編小説が発表された。ガンプラは『ガンダム』シリーズに次いで発売されたため、各種スケールが充実しているほか、デカールの同梱によりミリタリー色が強い。漫画『プラモ狂四郎』や小説版『ガンダム』に登場するメカもラインナップされた。

1/144 RX-78-1 プロトタイプガンダム

DATA
スケール：1/144／発売：1983年6月／価格：432円／武器：ビーム・ライフル、シールド、ビーム・サーベル×4

腰部のスライド展開式ホルスターや足部装甲といった外見上の特徴を再現し、装甲の着脱が可能な脛部装甲にはメカディテールが造形されている。専用のデカールが付属する。

RX-78-1 PROTOTYPE GUNDAM

MG RX-78-3 G-3 ガンダム

DATA
スケール：1/100／発売：1996年4月／価格：2,700円／武器：ビーム・ライフル、ハイパー・バズーカ、シールド、ビーム・サーベル×2

マグネット・コーティング仕様機をMG「RX-78-2 ガンダム」の成形色変更で再現。ベースキットと同じく、各部ハッチの展開が再現されており、非変形のコア・ブロックが付属する。

GUNDAM/RX-78-3

MG RX-78-3 G-3 ガンダム Ver.2.0

DATA
スケール：1/100／発売：2009年12月／価格：4,536円／武器：ビーム・ライフル、スーパー・ナパーム、ハイパー・バズーカ、シールド、ビーム・サーベル×2、ビーム・ジャベリン、ガンダム・ハンマー

MG「RX-78-2 ガンダム Ver.2.0」をベースに、G-3ガンダムの設定をイメージしたオリジナルカラーリングを色分けで再現。プラモデルオリジナルのマーキングシールも付属。

HGUC G3 ガンダム プラス シャア専用リックドム

DATA
スケール：1/144／発売：2008年2月／価格：2,700円／武器：ビーム・ライフル、ハイパー・バズーカ、シールド、ビーム・サーベル×2(RX-78-3 G3ガンダム)ジャイアント・バズ、ビーム・バズーカ、ヒート・サーベル(MS-09RS シャア専用リック・ドム)

小説版『機動戦士ガンダム』のライバル機をキット化したHGUC仕様のセット。各種武装のほか、G-3ガンダムのコア・ファイターやマーキングシールが付属する。

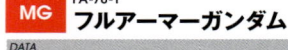

RX-78-3 GUNDAM + MS-09RS RICK-DOM

1/144 FA-78-1 ガンダムフルアーマータイプ

DATA
スケール：1/144／発売：1983年7月／価格：432円／武器：2連ハンドビームガン、5連装360mm ロケット砲

背部に装備した5連装360mmロケット砲は上下に可動。2連装ハンドビームガン用の握り手のほか、左右の握り手と平手が付属する。

FA-78-1 GUNDAM FULL-ARMOR

1/60 FA-78-1 ガンダムフルアーマータイプ

DATA
スケール：1/60／発売：1983年10月／価格：2,376円／武器：2連ハンドビームガン、5連装360mm ロケット砲

胸部装甲は別パーツで、両面テープなどで着脱が可能。また、首や腰部には大スケールならではの可動構造が組み込まれている。

1/100 FA-78-1 ガンダム フルアーマータイプ

DATA
スケール：1/100／発売：1984年4月／価格：1,080円／武器：2連ハンドビームガン、5連装360mm ロケット砲、ビーム・サーベル×2

別パーツ化された2連装ハンドビームガンや各部の増加装甲は装着が選択可能で、ノーマルのガンダムを再現することもできる。

MG FA-78-1 フルアーマーガンダム

DATA
スケール：1/100／発売：2010年6月／価格：5,400円／武器：2連装ビーム・ライフル、ロケット・キャノン砲、ビーム・サーベル×2

MG「ガンダム Ver.2.0」を素体とし、着脱可能な装甲パーツによってフルアーマーガンダムを再現したキット。2連装ビーム・ライフルの砲身収納構造や膝部ミサイル・ベイの展開といった各種ギミックも組み込まれている。

FA-78-1 GUNDAM FULL-ARMOR

■ 地球連邦軍

1/144　RX-78　パーフェクトガンダム

DATA

スケール：1/144／発売：1984年6月／価格：648円／武器：ハンドビームガン、ロケット砲、シールド、ビーム・サーベル×2

背部のロケット砲は上下に可動し、ランドセルのアンテナは伸縮ギミックを備える。また、各部の動力パイプには軟質素材を用いて質感を表現している。左右の握り手と平手、専用デカールが付属する。

1/100　RX-78　パーフェクトガンダム

DATA

スケール：1/100／発売：1984年12月／価格：1,512円／武器：ハンドビームガン、ロケット砲、シールド、ビーム・サーベル×2

各部のアーマーはポリジョイントによって着脱が可能で、ノーマルタイプのガンダムを再現することも可能。ハンドビームガンやシールドといった着脱可能な武器に加え、左右の握り手と平手、専用デカールが付属する。

MG　PF-78-1　パーフェクトガンダム

DATA

スケール：1/100／発売：2003年12月／価格：4,320円／武器：ハンドビームガン、ロケット砲、シールド、ビーム・サーベル×2

精巧なディテールが施された強化装甲は着脱が可能で、各部のケーブルは合成ゴムパーツで質感を表現している。素体のガンダムは完全新規造形で、肩関節の引き出し機構や腰部の多重構造といった可動ギミックや、装甲装着用ハードポイントの回転収納ギミックが盛り込まれている。

◀▲ガンダムはTV版イメージのプロポーションを再現。初出作『プラモ狂四郎』の主人公、京田四郎の1/20スケールフィギュアが付属する。

MG　RGM-79SC　ジムスナイパーカスタム

DATA

スケール：1/100／発売：2017年11月／価格：4,320円／武器：R4型ビーム・ライフル、二連ビームガン、ハイパー・バズーカ、ビーム・スプレーガン、ビーム・サーベル、折り畳み式ハンドガン、シールド

設定イメージを踏襲しつつ、シャープな造形でキット化されたMG版ジム・スナイパーカスタム。豊富な武装が付属し、狙撃ポーズも再現できる柔軟な可動構造を採用している。

1/144　RX-77-4　ガンキャノンⅡ

DATA

スケール：1/144／発売：1984年5月／価格：540円／武器：キャノン砲×2

両肩部の武装ユニットはビーム・キャノンとレーザーサーチャーユニットか、240 mm口ケット砲のどちらかを選択して再現できる。左右の握り手と平手に加え、専用デカールが付属する。

1/144　RGM-79　ジムスナイパーカスタム

DATA

スケール：1/144／発売：1983年12月／価格：432円／武器：ビーム・ライフル

付属のビーム・ライフルは握り手とセットで、ショートバレル状態も再現可能。左前腕部にはボックスタイプ・ビーム・サーベル・ユニットが造形されている。差し替え用の左右握り手と平手、専用デカールが付属する。

1/144　RGC-80　ジムキャノン

DATA

スケール：1/144／発売：1983年5月／価格：432円／武器：ビーム・スプレーガン

肩部ロケット砲は上下に可動し、マガジンの着脱が可能。また、予備のマガジン2個をリア・アーマーに装着できる。握り手とセットになったビーム・スプレーガン、左右の握り手と平手、専用デカールが付属する。

■ ジオン公国軍

1/144 **MS-06R**
ザクⅡ

DATA

スケール：1/144／発売：1983年4月／価格：540円／武器：ザク・マシンガン

頭部はブレード・アンテナの取り付けを選択可能で、ヒート・ホークは腰部に装着できる。また、付属の専用デカールにはシン・マツナガ中尉機のマーキングが含まれる。

1/60 **MS-06R**
ザクⅡ 黒い三連星使用機

DATA

スケール：1/60／発売：1983年10月／価格：2,700円／武器：ザク・マシンガン

モノアイは可動式で、別売りのムギ球を用いた点灯が可能。ザク・マシンガンのほか、左右握り手と左平手、同スケールのジオン公国軍兵士のフィギュアが付属する。

MG **MS-06R-1A**
ザクⅡ 黒い三連星仕様

DATA

スケール：1/100／発売：1999年6月／価格：3,240円／武器：ザク・マシンガン、ザク・バズーカ、ジャイアント・バズ（プロトタイプ）、ヒート・ホーク

MG「ザクⅡ シン・マツナガ大尉機」をベースに、前腕部バルジや脚部のディテールなどのR-1A型の特徴を再現。ジャイアント・バズはプロトタイプへの差し替えが可能。黒い三連星のマッシュの1/20スケールフィギュアが付属する。

◀ランドセルの外装は着脱式で、内部メカのディテールが精巧に造形されている。また、頭部や足、コクピットの各部ハッチは展開が可能。

MG **MS-06R-1A**
黒い三連星 高機動型ザクⅡ Ver.2.0

DATA

スケール：1/100／発売：2008年1月／価格：4,860円／武器：ザク・マシンガン、ザク・バズーカ（ジャイアント・バズーカ ロケット弾装仕様）、ヒート・ホーク

MG「ザクⅡ Ver.2.0」の構造を取り入れた黒い三連星仕様機のVer.2.0キット。特徴的な脚部やランドセルには新解釈のディテールが盛り込まれ、内部構造も精巧に再現されている。また、ひねりを表現する腰部のスイング機構や肩関節の斜め可動など、ベースキット同様の柔軟な可動構造が特徴となっている。付属のザク・バズーカはロケット弾装仕様のジャイアント・バズーカに差し替えが可能である。

◀頭部ブレード・アンテナはノーマルタイプとスタビライザータイプの2種が付属し、装着を選択できる。また、同スケールのガイア、マッシュ、オルテガのフィギュアが付属する。

HGUC **MS-06R-1A**
黒い三連星ザク

DATA

スケール：1/144／発売：2013年2月／価格：1,728円／武器：ザク・マシンガン、ザク・バズーカ、ヒート・ホーク

黒い三連星仕様機のカラーリングを成形色で再現したHGUCキット。付属の武装と幅広い可動構造によって様々なアクションポーズが可能。また、左手の武装用持ち手が付属し、銃火器の両手持ちも可能となっている。シールドにジョイントパーツを装着し、武装をまとめてマウントすることもできる。設定画に準じた機体番号などのマーキングシールが付属し、黒い三連星の各パイロット専用機を再現できる。

1/100 MS-06R ザクⅡ シン・マツナガ大尉機

DATA
スケール：1/100／発売：1983年10月／
価格：1,080円／武器：ザク・マシンガン

シン・マツナガ専用機のカラーリングに準じた成形色を採用したキット。持ち手とセットのザク・マシンガンや左右の握り手などのほか、設定通りのマーキングを再現できる専用デカールが付属する。

MG MS-06R-1A シン・マツナガ専用ザク Ver.2.0

DATA
スケール：1/100／発売：2008年11月／価格：4,860円／武器：ザク・マシンガン、ザク・バズーカ（試作型ザク・バズーカ）、ヒート・ホーク

Ver.2.0準拠でシン・マツナガ専用のR-1A型を再現したMGキット。Ver.2.0仕様ならではの肩関節や腰部の可動構造によって、力強いポージングを実現している。頭部ブレード・アンテナはノーマルとスタビライザータイプの2種が付属し、ザク・バズーカは試作型への差し替えが可能となっている。

MG MS-06R-1 ザクⅡ シン・マツナガ大尉機

DATA
スケール：1/100／発売：1996年7月／価格：3,024円／武器：ザク・マシンガン、ザク・バズーカ、ヒート・ホーク

白を基調とした色分けでカラーリングを再現し、脚部をはじめとするR-1型の特徴を精密に造形。ランドセルは外装と内部の大型プロペラントタンクが着脱可能。パーソナルマークや機体番号を含む専用のデカールが付属する。

HGUC MS-06R-1A シン・マツナガ専用ザク

DATA
スケール：1/144／発売：2013年3月／価格：1,728円／武器：ザク・マシンガン、ザク・バズーカ、ヒート・ホーク

黒い三連星仕様機とは異なる肩や腕部のディテールを新規パーツで、カラーリングを成形色でそれぞれ再現。各種武装のほか、マーキングシールや色分け用のホイルシールなどが付属する。

1/60 MS-06R-2 ザクⅡ ジョニー・ライデン少佐機

DATA
スケール：1/60／発売：1983年12月／価格：2,700円／武器：ザク・マシンガン

別売りのムギ球によるモノアイの点灯ギミックが組み込まれたジョニー・ライデン専用R-2型の大スケールキット。ザク・マシンガンのほか、左右の握り手と左平手、同スケールのジオン公国軍兵士フィギュアなどが付属する。

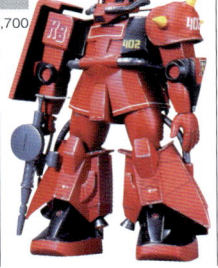

1/144 MS-06R-2 ザクⅡ ジョニー・ライデン少佐機

DATA
スケール：1/144／発売：1984年2月／価格：648円／武器：ザク・マシンガン、ザク・バズーカ、ヒート・ホーク

ジョニー・ライデン専用機の特徴を再現した1/144スケールキット。シールドにはザク・バズーカのマウントラッチを選択式で取り付け可能。各種武装のほか、左右の握り手と平手、専用デカールが付属する。

■ ジオン公国軍

1/100 MS-06R-2
ザクⅡ ジョニー・ライデン少佐機

DATA
スケール：1/100／発売：1984年9月／価格：1,296円／武器：ザク・マシンガン、ジャイアント・バズ

R-2型の特徴である脚部は、外装に隠された内部メカまで忠実に造形。2種類の武装と持ち手と平手、左右の握り手と平手、設定通りのエンブレムや機体番号を再現できる専用デカールが付属する。

MG MS-06R-2
ジョニー・ライデン専用ザク Ver.2.0

DATA
スケール：1/100／発売：2008年9月／価格：4,860円／武器：ザク・マシンガン、ザク・バズーカ、ジャイアント・バズ、ヒート・ホーク

新解釈のディテールでR2-型の特徴を表現したジョニー・ライデン専用機のVer. 2.0仕様。各部の可動構造により自然なポージングが可能。各種武装のほか、プラモデルオリジナルマーキングシールが付属する。

RG MS-06R-2
ジョニー・ライデン専用ザク

DATA
スケール：1/144／発売：2017年11月／価格：3,240円／武器：ジャイアント・バズ、ザク・マシンガン、ザク・バズーカ、ヒート・ホーク

MSVシリーズ初のRG化となるジョニー・ライデン専用ザクⅡのキット。4つ穴の脚部バーニアやランドセルの細かなディテールが精密に再現されている。

1/144 MS-06D
ザクデザートタイプ

DATA
スケール：1/144／発売：1983年5月／価格：540円／武器：マシンガン、3連ミサイル・ポッド、2連ミサイル・ポッド、クラッカーポッド×2

頭部はシングルアンテナとカラカル隊所属機のツインタイプを選択可能。腰部左右にはクラッカーポッド2個と2連ミサイル・ポッドのいずれかを選んで装着でき、左腕部には3連ミサイル・ポッドを任意で取り付けられる。

MG MS-06R-2
ザクⅡ ジョニー・ライデン少佐機

DATA
スケール：1/100／発売：1996年7月／価格：3,024円／武器：ザク・マシンガン、ザク・バズーカ、ヒート・ホーク

脚部スラスターをはじめとするR-2型の特徴を精巧に再現したジョニー・ライデン専用機のキット。ランドセルは外装とプロペラントタンクの着脱が可能で、各部ハッチの開閉構造も再現。各種武装とガンダムデカールのほか、シールドや胸部、肩部のディテールアップパーツが付属する。

◀ランドセルはR-1型から進化したディテールが忠実に再現されている。

HGUC MS-06R-2
ジョニー・ライデン専用ザク

DATA
スケール：1/144／発売：2013年11月／価格：1,728円／武器：ザク・マシンガン、ザク・バズーカ、ジャイアント・バズ、ヒート・ホーク

R-2型独特の肩部スパイクアーマーや脚部スラスターカバーを新規造形で再現し、足裏のバーニアノズルや複雑なモールドも精巧に造形されている。

1/144 MS-06E
ザク強行偵察型

DATA
スケール：1/144／発売：1983年8月／価格：540円／武器：カメラ・ガン

肩部に設けられたカメラユニットや背部ロケットバーニアなど、強行偵察に特化した各部のディテールを再現。頭部の第一カメラユニットは独立して可動する。カメラ・ガンの握り手のほか、左右の握り手と左平手、専用デカールが付属する。

▲ボリュームのある特徴的な脚部まわりが再現されたアドヴァンスドMSジョイント。

1/144 MS-06E-3 ザクフリッパー

DATA

スケール：1/144／発売：1984年3月／価格：540円／武器：──

頭部のカメラユニットは上下にスイングし、ランドセルに設けられた6基のブームはすべて折り畳みが可能。左右の握り手と平手、専用デカールが付属する。

MS-06E3 ZAKU FLIPPER

1/144 MS-06F ザクマインレイヤー

DATA

スケール：1/144／発売：1984年3月／価格：432円／武器：──

頭部はモノアイレールが別パーツ成形で、ブレード・アンテナの装着を選択可能。機雷散布用ランドセルのほか、F型のノーマルタイプランドセルも付属する。

MS-06F ZAKU MINE LAYER

MG MS-06F ザクマインレイヤー

DATA

スケール：1/100／発売：2008年3月／価格：4,860円／武器：ザク・マシンガン、ザク・バズーカ、ヒート・ホーク

MG「ザクⅡVer.2.0」をベースとしたバリエーションキット。着脱可能な機雷散布用ランドセルは工業製品をイメージしたディテールが施され、内部構造まで精密に造形されている。また、ベースキットから引き継がれた可動構造によって、様々なアクションポーズをとることが可能。

◀ランドセル下部の機雷ポッドは着脱と展開が可能で、機雷の散布状態を再現できる。ランドセル自体の着脱も可能。

HGUC MS-06FS ザクⅡ FS 型（ガルマ・ザビ専用機）

DATA

スケール：1/144／発売：2002年9月／価格：1,080円／武器：ザク・マシンガン、ザク・バズーカ、マゼラ・トップ砲、専用ヒート・ホーク

頭部にバルカン砲を備えたFS型のディテールと、成形色によるガルマ・ザビ専用機のカラーリングを再現。色分け用のホイルシールが付属する。

◀ランドセルにマウントされるビッグ・ガンは着脱式で、ガンユニットが柔軟に可動する。内部まで精巧に再現されたマガジンの着脱も可能。

1/144 MS-06K ザクキャノン

DATA

スケール：1/144／発売：1983年4月／価格：540円／武器：ビッグ・ガン

頭部アンテナはノーマルタイプとラビットタイプの選択式。また、付属のビッグ・ガンはランドセルにマウントが可能で、両腕で保持することもできる。

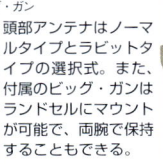

MS-06K ZAKUCANNON

1/100 MS-06K ザクキャノン

DATA

スケール：1/100／発売：1983年10月／価格：1,080円／武器：ビッグ・ガン

頭部アンテナはノーマルとラビットタイプからの選択式で、専用デカールを用いてグレーデン中尉機を再現できる。エンブレムステッカーが付属する。

MS-06K ZAKU CANNON MOBILE SUIT VARIATION NO.17

MG MS-06K ザクキャノン

DATA

スケール：1/100／発売：2008年8月／価格：4,860円／武器：ビッグ・ガン、ザク・マシンガン、ザク・バズーカ、ヒート・ホーク

MG「ザクⅡ Ver.2.0」のフレームを継承しつつ、脚部補助推進器やコクピットハッチなど独特の構造を再現している。アンテナはノーマルタイプとラビットタイプの2種からの選択式。各種武装に加え、MSVの設定に準じたパーソナルマークを再現可能なオリジナルマーキングが付属する。

■ ジオン公国軍

1/144　MS-06M　水中用ザク

DATA
スケール：1/144／発売：1983年6月／価格：540円／武器：サブロック・ガン、240mm ロケット・ポッド×2

胸部ロケット・ポッド2基と関節用シーリングの各パーツ装着は選択式で、頭部バルカン砲のカバーも任意で取り付けることができる。専用デカールにはノーマル仕様のほか、レッドドルフィン隊所属が再現可能なマーキングも含まれる。

MS-06M ZAKU MARINE TYPE

1/144　MS-06V　ザクタンク

DATA
スケール：1/144／発売：1983年9月／価格：648円／武器：カセットタンク、クレーンユニット

上半身は前後のスイングと回転構造を備え、腕部クローは開閉する。また、キャタピラはラバーパーツで質感を表現している。背部にはカセットタンクかクレーンユニットを選択して取り付け可能で、同スケールのフィギュア2体が付属する。

MS-06V ZAKU TANK

1/144　MS-06Z　Z タイプザク

DATA
スケール：1/144／発売：1984年5月／価格：648円／武器：─

モノアイブロックが別パーツ化された頭部や各部のノズルなど、各部のディテールを精巧に再現。腕部は前後に、足首は前後左右にスイング可動し、股関節は左右に開閉する。MSVの設定を再現できる専用デカールが付属する。

MS-06Z

1/144　MSN-01　高速機動型ザク

DATA
スケール：1/144／発売：1984年5月／価格：648円／武器：─

頭部モノアイブロックは別パーツ成型となっており、メインエンジン部の降着用プレートギアは接地部分が可動する。また、特徴的なディテールを忠実に再現した腕部は前後にスイング可動する。機体番号や注意書きを再現する専用デカールが付属する。

MSN-01

1/144　MS-07H　グフ飛行試験型

DATA
スケール：1/144／発売：1983年7月／価格：540円／武器：─

MS単独での飛行能力を模索して試作されたグフベースの実験機を、1/144スケールで再現したキット。脚部フレアアーマーや背部エンジンユニット、整流板といった独特の機体構造とディテールを忠実に造形している。頭部と腕部は前後にスイング可動し、股関節は左右に開閉する。グレーの単色成形で、専用デカールが付属する。

MS-07H GOUF FLYING

1/144　YMS-09　プロトタイプドム

DATA
スケール：1/144／発売：1983年4月／価格：648円／武器：ロケット・バズーカ、ヒート・サーベル

腕部と脚部の各関節が可動し、足首には二重関節構造が用いられている。ランドセルには付属のロケット・バズーカとヒート・サーベルをマウントすることができ、下部のロケットエンジンが可動する。また、各種武器装備のほか、ロケット・バズーカ用の持ち手や左右の握り手と平手、専用デカールが同梱される。

YMS-09 PROTOTYPE DOM

1/100　YMS-09　プロトタイプドム

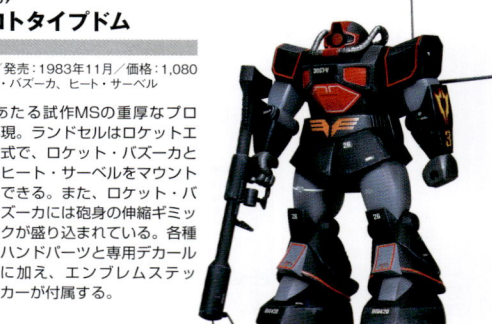

DATA
スケール：1/100／発売：1983年11月／価格：1,080円／武器：ロケット・バズーカ、ヒート・サーベル

ドムの前身にあたる試作MSの重厚なプロポーションを再現。ランドセルはロケットエンジン部が可動式で、ロケット・バズーカとヒート・サーベルをマウントできる。また、ロケット・バズーカには砲身の伸縮ギミックが盛り込まれている。各種ハンドパーツと専用デカールに加え、エンブレムステッカーが付属する。

YMS 09 PROTOTYPE DOM MOBILE SUIT VARIATION NO.20

1/144 YMS-09 局地戦闘型ドム

DATA
スケール：1/144／発売：1983年10月／価格：648円／武器：ロケット・バズーカ、ヒート・サーベル

付属のロケット・バズーカとヒート・サーベルはランドセル両側部にマウントが可能。上記武装のほか、左右の握り手と平手、バズーカ用握り手、専用デカールが付属する。

1/100 YMS-09 局地戦闘型ドム

DATA
スケール：1/100／発売：1983年10月／価格：1,080円／武器：ロケット・バズーカ、ヒート・サーベル

付属のロケット・バズーカは砲身が伸縮し、ヒート・サーベルと共にランドセル側面のラッチへのマウントが可能。3種類の手首パーツと専用デカール、エンブレムステッカーが付属する。

1/144 MS-14B ゲルググ ジョニー・ライデン少佐機

DATA
スケール：1/144／発売：1984年9月／価格：864円／武器：ビーム・ライフル、ロケット・ランチャー、シールド、ビーム・ナギナタ、キャノンパック

ゲルググキャノン用の頭部とランドセル、武装が付属し、B型との選択が可能。ランドセルと前腕部のパーツが着脱が可能で、自由に組み替えることができる。専用デカールが付属。

1/144 MS-14C ゲルググキャノン

DATA
スケール：1/144／発売：1983年6月／価格：648円／武器：3連ミサイル・ランチャー、バックラー・シールド、ビーム・ナギナタ

フレアスカート内部や足裏のバーニアなど、細部のディテールを精巧に再現。前腕部は補助ジェットと武装の差し替えが可能で、ビーム・ナギナタは片手と両手で持った状態のいずれかを選択できる。

▲ C型の特徴的な形状を再現した頭部パーツや、エース仕様機のマーキングシールなどが付属。

1/60 MS-14C ゲルググキャノン

DATA
スケール：1/60／発売：1983年9月／価格：3,240円／武器：ビーム・ライフル、ビーム・ナギナタ

モノアイは可動し、別売りのムギ球を用いて点灯させることが可能。同スケールのジオン公国軍兵士フィギュアと専用デカールが付属する。

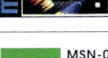

MG MS-14B/C ゲルググキャノン ジョニー・ライデン少佐機

DATA
スケール：1/100／発売：1997年3月／価格：3,240円／武器：キャノンパック、3連ミサイル・ランチャー、バックラー・シールド、ビーム・ナギナタ

頭部とランドセル、武装の組み替えによってB型とC型を再現できるコンパチブルキットで、ジョニー・ライデン専用機をイメージした赤基調の成形色を採用。肩関節のジャバラ状カバーはラバーパーツで再現し、コクピットを中心とする内部メカや機体各部のバーニアも精巧に造形されている。ビーム・ナギナタの刃は2種類付属。

1/250 MSN-02 パーフェクトジオング

DATA
スケール：1/250／発売：1984年7月／価格：540円／武器：――

ジオングの完成形を1/250スケールで再現。スカート内部と足裏にはバーニアのディテールが造形されており、上腕部と大腿部は外装パーツの装着が選択できる。専用デカールが付属する。

MG MSN-02 パーフェクトジオング

DATA
スケール：1/100／発売：2004年6月／価格：10,800円／武器：サーベル

上腕部と脚部などの外装は着脱可能で、脚部は腿から分離できる。また、漫画『プラモ狂四郎』に登場したサーベルと、腰部への装着を選択できるサーベルラックが付属する。

▲フレアスカート内部のバーニアノズルや足裏のディテールが精密に再現されている。

1985 機動戦士 Z ガンダム　MOBILE SUIT Z GUNDAM

ガンダム作品のテレビシリーズ第2弾。一年戦争の7年後を舞台に、地球連邦軍内部で台頭したティターンズと、それに反抗する反地球連邦組織エゥーゴによるグリプス戦役を描く。新たな主人公のカミーユ・ビダンとクワトロ・バジーナを名乗るシャア・アズナブルの活躍を軸とした物語が展開する。1985年3月〜1986年2月まで放送／全50話『機動戦士 Z ガンダム A New Translation』3部作が2005年3月、2005年10月、2006年3月に劇場公開された。

4年間で培われた新たな技術を導入

『機動戦士ガンダム』が生んだガンプラブームは後発の「リアルロボットアニメ」にも影響を与え、プラモデルと連動した商品展開を盛んにした。その中で、初期のガンプラでは実現できなかった「可動性」の追求がなされていった。

関節可動軸が増えたリアルロボットのプラモデルには、その関節を保持するために「ポリキャップ」が採用されるようになる。関節の軸部分での抜き差しが可能になるポリキャップは作り易さと可動性を両立。さらに、接着剤を使わずに組み立てを可能とする「スナップフィット」も導入された。初期のガンプラ以降、数年をかけて研究された技術を取り入れ、『機動戦士 Z ガンダム』のプラモデルシリーズはスタートしたのだった。

ガンプラシリーズ初の変形ギミックに挑戦

変形機構を持つ MS や MA が登場する点が『機動戦士 Z ガンダム』の大きな特徴である。中でもウェイブライダー（WR）形態から MS 形態へ変形する Z ガンダムは、ガンプラでも再現が試みられたが、当時の技術ではプロポーションとの両立は困難だった。以降、Z ガンダムのキット化は変形機構とプロポーション再現の両立が課題となっていく。そして、1996年に発売された MG シリーズでは試作を重ねることで、設定通りの変形機構の再現に成功。その後、コンピュータを使った設計が導入されることで、クリアランスなどが取れるようになった。そして、PG、MG Ver.2.0、RG などではさらに構造が洗練されることで、より精度の高い変形が再現された。

FEATURED PRODUCTS

HGUC　MSZ-006　ゼータガンダム

DATA
スケール：1/144／発売：2017年4月／価格：1,944円／武器：ビーム・ライフル、ハイパー・メガ・ランチャー、ビーム・サーベル×2、シールド

ガンプラ40周年に向けた新プロジェクト、GUNPLA EVOLUTION PROJECTの第1弾。プロポーションの追求とシリーズ最高レベルの可動性が特徴。

HGUC　バーザム

DATA
スケール：1/144／発売：2017年5月／価格：1,620円／武器：ビーム・ライフル、バルカン・ポッド・システム、ビーム・サーベル×2

ティターンズ最後の量産機をHGUCで初のキット化。特徴的なフォルムを新フォーマットでスタイリッシュに再現し、広い可動域も確保されている。

HGUC　ガルバルディβ

DATA
スケール：1/144／発売：2018年6月／価格：1,620円／武器：ビーム・ライフル、ビーム・サーベル×2、シールド

完全新規造形でHG化されたガルバルディβのキット。精細なディテール再現と、二の腕の回転軸をはじめとする高いアクション性を両立している。

■ エゥーゴ

1/144 MSZ-006 ゼータガンダム

DATA

スケール：1/144／発売：1985年8月／価格：540円／武器：ビーム・ライフル、シールド、ビーム・サーベル×2

後期主役機のMS形態を再現した1/144スケールキット。関節部にはポリキャップを使用している。右握り手はビーム・ライフルとビーム・サーベル用の2種が付属する。

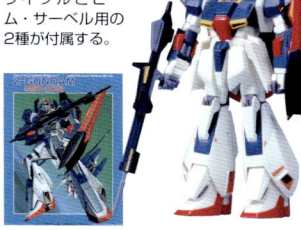

1/220 MSZ-006 ゼータガンダム

DATA

スケール：1/220／発売：1985年12月／価格：324円／武器：ビーム・ライフル、シールド、ビーム・サーベル×2

成形色は白系の単色で、上腕と脛部、足首、背部各ユニットは一体成形となっている。ビーム・ライフルとビーム・サーベルは、左右どちらの手に持たせることも可能。

1/100 MSZ-006 ゼータガンダム

DATA

スケール：1/100／発売：1985年10月／価格：2,160円／武器：ビーム・ライフル、グレネード・パック×2、シールド、ビーム・サーベル×2

ウェイブライダーへの変形を差し替えなしで再現。ビーム・ライフルやシールドの伸縮、腰部グレネード・ランチャーの開閉といったギミックも盛り込まれている。

1/60 MSZ-006 ゼータガンダム

DATA

スケール：1/60／発売：1985年11月／価格：3,780円／武器：ビーム・ライフル、グレネード・パック、シールド、ビーム・サーベル

MS形態のプロポーションを重視した非変形キット。関節部にはポリキャップを用い、手は親指以外が可動。ビーム・ライフルの伸縮と腕部グレネードパックの着脱も再現。

HG MSZ-006 ゼータガンダム

DATA

スケール：1/144／発売：1990年5月／価格：1,296円／武器：ビーム・ライフル、シールド、ビーム・サーベル×2

システムインジェクションによる精巧な色分けが特徴の初期HG版Zガンダム。ウェイブシューターという新たな設定に基づき、頭部と腹部の差し替えで変形を再現している。

MG MSZ-006 ゼータガンダム

DATA

スケール：1/100／発売：1996年4月／価格：3,240円／武器：ビーム・ライフル、ハイパー・メガ・ランチャー、グレネード・パック×2、シールド、ビーム・サーベル×2

ウェイブライダーへの変形を差し替えなしで実現。各種武装のギミックも再現し、ロングテール・スタビライザーにはLEDによる認識灯の点灯ギミックを内蔵。翼端などにつけるグレードアップパーツが付属する。

▲ウェイブライダー形態のランディングギアはダイキャスト製で着脱式となっている。

PG MSZ-006 ゼータガンダム

DATA

スケール：1/60／発売：2000年3月／価格：21,600円／武器：ビーム・ライフル、グレネード・パック×2、シールド、ビーム・サーベル×2

ウェイブライダーへの完全変形を実現し、ダンパー機構を含むムーバブル・フレームを再現。また、各ブロックのロック機構には外観を損なわない引き出しピン式を採用している。カメラアイと各部識別灯、ウェイブライダー形態時のコクピット正面コンソールにはLEDによる点灯ギミックを内蔵。

◀一部外装は着脱式で、内側にもモールドが施されている。メンテナンスハッチは開閉が可能で、ムーバブルフレームなどの内部構造が精巧に造形されている。

■ エゥーゴ

HGUC MSZ-006
ゼータガンダム

DATA

スケール：1/144／発売：2003年10月／価格：1,728円／武器：ビーム・ライフル、ハイパー・メガ・ランチャー、グレネード・パック×2、シールド、ビーム・サーベル

TV映像のイメージを重視したプロポーションが特徴のHGUCキット。専用パーツを用いた組み換え変形によって、ウェイブライダーの良好なフォルムを再現。また、柔軟な可動性によってハイパー・メガ・ランチャーを両手で構えるなどの様々なポージングが可能。

MG MSZ-006
ゼータガンダム Ver.2.0

DATA

スケール：1/100／発売：2005年12月／価格：5,400円／武器：ビーム・ライフル、ハイパー・メガ・ランチャー、グレネード・パック×2、シールド、ビーム・サーベル×2

新たな技術と解釈を取り入れ、関節構造の再検討と可動構造の追加などを行ったVer.2.0仕様。腰部の回転軸や肘の二重関節といった改良により、優れた可動性を実現。また、従来キットから変形ギミックを進化させ、両形態のプロポーションを両立している。

◀カタパルトを模したディスプレイベースと整備クルーなどのフィギュア3体が付属。

SPG MSZ-006
ゼータガンダム

DATA

スケール：1/200／発売：2008年3月／価格：1,008円／武器：ビーム・ライフル、シールド、ビーム・サーベル

各部に精密なマーキングが施された彩色済みキット。関節部にはボールジョイントを用い、様々なアクションポーズをとることが可能。ディスプレイスタンドが付属し、ビーム・ライフルとビーム・サーベルはどちらの手にも持たせることが可能となっている。

RG MSZ-006
ゼータガンダム

DATA

スケール：1/144／発売：2012年11月／価格：3,240円／武器：ビーム・ライフル、グレネード・パック×2、シールド、ビーム・サーベル×2

MG MSZ-006
ゼータガンダム Ver.2.0 HDカラー

DATA

スケール：1/100／発売：2009年1月／価格：5,400円／武器：ビーム・ライフル、ハイパー・メガ・ランチャー、グレネード・パック×2、シールド、ビーム・サーベル×2

MG「ZガンダムVer.2.0」の成形色をHDカラーとグロス仕様に変更したバリエーションキット。オリジナルマーキングと箔押しHD版デカールが付属。その他のキット構成はベースキットと同じで、ディスプレイベースなども付属する。

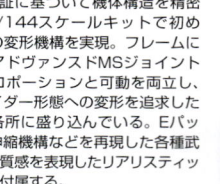

RG独自の考証に基づいて機体構造を精密に再現し、1/144スケールキットで初めて設定通りの変形機構を実現。フレームには変形用アドヴァンスドMSジョイントを用いてプロポーションと可動を両立し、ウェイブライダー形態への変形を追求したギミックを各所に盛り込んでいる。Eパックの着脱や伸縮機構などを再現した各種武装と、金属の質感を表現したリアリスティックデカールが付属する。

`1/144` RX-178 ガンダムマークⅡ

DATA

スケール：1/144／発売：1985年4月／価格：540円／武器：ビーム・ライフル、バルカン・ポッド・システム、シールド、ビーム・サーベル×2

関節部にはポリキャップを使用し、バルカン・ポッドの装着は選択式。各種武装のほか、ティターンズ仕様の機体番号を再現できるマーキングシールが付属する。

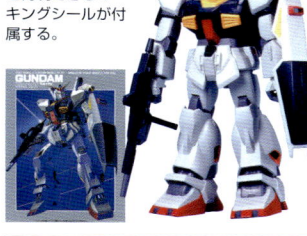

`1/100` RX-178 ガンダムマークⅡ

DATA

スケール：1/100／発売：1985年5月／価格：1,296円／武器：ビーム・ライフル、バルカン・ポッド・システム、シールド、ビーム・サーベル×2

バルカン・ポッドの着脱やシールドの伸縮を再現し、手の指は親指以外が可動。動力パイプには軟質素材を使用。カミーユ・ビダンの1/48スケールフィギュアが付属する。

`1/220` RX-178 ガンダムマークⅡ

DATA

スケール：1/220／発売：1985年12月／価格：324円／武器：ビーム・ライフル、ハイパー・バズーカ、バルカン・ポッド・システム、シールド、ビーム・サーベル

可動構造を簡略化した1/220スケールキットで、手首と足首は一体成形となっている。バルカン・ポッドは着脱式で、ハイパー・バズーカは腰部背面にマウント可能。

`HG` RX-178 ガンダムマークⅡ

DATA

スケール：1/144／発売：1990年7月／価格：1,080円／武器：ビーム・ライフル、ハイパー・バズーカ、バルカン・ポッド・システム、シールド、ビーム・サーベル

システムインジェクションによる設定に近い色分けと、内装式の可動フレームであるMSジョイントⅡが特徴の初期HGキット。バルカン・ポッドとバックパックのビーム・サーベルは着脱が可能で、コクピットハッチの開閉ギミックも再現されている。

`MG` RX-178 ガンダム Mk-Ⅱ エゥーゴ

DATA

スケール：1/100／発売：1998年8月／価格：3,024円／武器：ビーム・ライフル（エネルギーパック×3）、ハイパー・バズーカ（カートリッジ×2）、バルカン・ポッド・システム、シールド、ビーム・サーベル×2

バルカン・ポッドや各武装のマガジン（エネルギーパック）着脱、シールドの伸縮などのギミックを忠実に再現。各部の動力パイプにはメッシュパイプを用いて質感を表現している。ムーバブルフレームの造形をはじめ、細部のディテールも精巧に再現している。

▶バックパックは着脱可能で、脚部にはムーバブルフレームを造形。足首にはダンパーのスライドギミックが盛り込まれている。

`PG` RX-178 ガンダム Mk-Ⅱ

DATA

スケール：1/60／発売：2001年11月／価格：16,200円／武器：ビーム・ライフル（エネルギーパック×3）、ハイパー・バズーカ、バルカン・ポッド・システム、シールド、ビーム・サーベル×2

全身のムーバブルフレームを再現し、腹部シリンダーの連動や肩部外装のスライドなどの可動構造や各部のLED点灯ギミックを採用。各部の外装パーツにはアンダーゲート方式を用い、着脱構造と外観を両立している。

◀メンテナンスハッチの開閉を完全再現。ギミックを再現した各種武装のほか、同スケールの整備員フィギュア3体も付属する。

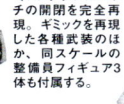

`HGUC` RX-178 ガンダム Mk-Ⅱ＋フライングアーマー

劇場版『機動戦士Zガンダム 星を継ぐ者』の設定にあわせた成形色を採用した、HGUC版ガンダムMk-Ⅱとフライングアーマーのセット。飛行状態を再現できる専用ディスプレイスタンドが付属する。

DATA

スケール：1/144／発売：2005年5月／価格：2,160円／武器：ビーム・ライフル、ハイパー・バズーカ、バルカン・ポッド・システム、シールド、ビーム・サーベル

◀シールドはフライングアーマー内に格納可能。

■ エゥーゴ

MG RX-178
ガンダム Mk-Ⅱ Ver.2.0 エゥーゴ

DATA
スケール：1/100／発売：2005年10月／価格：4,320円／武器：ビーム・ライフル（エネルギーパック×3）、ハイパー・バズーカ（カートリッジ×2）、バルカン・ポッド・システム、シールド、ビーム・サーベル×2

装甲連動型可動アクション方式を採用し、股関節の軸位置アジャスト機構などを盛り込んだVer.2.0仕様。付属のディスプレイベースは搭乗用クレーンとカタパルトが可動する。

MG RX-178
ガンダム Mk-Ⅱ Ver.2.0 エゥーゴ HD カラー

DATA
スケール：1/100／発売：2008年11月／価格：4,320円／武器：ビーム・ライフル（エネルギーパック×3）、ハイパー・バズーカ（カートリッジ×2）、バルカン・ポッド・システム、シールド、ビーム・サーベル×2

『機動戦士Ｚガンダム』のブルーレイ化にあわせたリミテッド仕様。ブルーレイ映像のHDカラーをグロス成形で表現し、付属の箔押しデカールでブルーレイBOXイラストのディテールを再現できる。

RG RX-178
ガンダム Mk-Ⅱ （エゥーゴ仕様）

DATA
スケール：1/144／発売：2012年5月／価格：2,700円／武器：ビーム・ライフル（エネルギーパック×3）、ハイパー・バズーカ（カートリッジ×2）、ミサイル・ランチャー、バルカン・ポッド・システム、シールド、ビーム・サーベル×2

アドバンスドMSジョイントを基にムーバブル・フレームを再現し、コクピットハッチの開閉などのギミックを搭載。金属色3種を含んだリアリスティックデカールで精巧な仕上がりを実現している。

HGUC RX-178
ガンダム Mk-Ⅱ （エゥーゴ仕様）

DATA
スケール：1/144／発売：2015年11月／価格：1,620円／武器：ビーム・ライフル、ハイパー・バズーカ、バルカン・ポッド・システム、シールド、ビーム・サーベル×2

作りやすさとギミックを追求したREVIVE版。バルカン・ポッドは着脱可能なパーツ構成を採用し、シールドは差し替えで伸縮を再現。可動域も大幅に拡大され、ダイナミックなポージングも可能となっている。

MG FXA-05D/RX-178
スーパーガンダム

DATA
スケール：1/100／発売：1999年1月／価格：4,320円／武器：ロング・ライフル、ビーム・ライフル（エネルギーパック×2）、ハイパー・バズーカ（カートリッジ×2）、バルカン・ポッド・システム、シールド、ビーム・サーベル×2

合体を再現したガンダムMk-ⅡとGディフェンサーのセットで、Gフライヤーへの変形も可能。Gディフェンサーはコクピットブロックとロング・ライフルが着脱可能で、ミサイル・ベイの展開なども再現している。

HGUC FXA-05D/RX-178
スーパーガンダム

DATA
スケール：1/144／発売：2002年11月／価格：2,160円／武器：ロング・ライフル、ビーム・ライフル、ハイパー・バズーカ、バルカン・ポッド・システム、シールド、ビーム・サーベル

合体・分離とGフライヤーへの変形をHGUC仕様で再現したセット。Gディフェンサーはコア・ファイターが着脱可能で、ミサイルベイは開閉する。ビーム・ライフルやハイパー・バズーカなどの各種武装も付属する。

1/144 G ディフェンサー

DATA
スケール：1/144／発売：1985年11月／価格：756円／武器：ロング・ライフル

1/144スケールのガンダムマークⅡと組み合わせてスーパーガンダムを再現可能。コクピットは着脱式で、ミサイルベイは開閉可能。また、ロング・ライフルも着脱が可能で、動力パイプには密巻スプリングを採用している。

■ ティターンズ

MG RX-178
ガンダム Mk-Ⅱ ティターンズ

DATA
スケール：1/100／発売：1998年8月／価格：3,024円／武器：ビーム・ライフル（エネルギーパック×3）、ハイパー・バズーカ（カートリッジ×2）、バルカン・ポッド・システム、シールド、ビーム・サーベル×2

ティターンズ仕様機のカラーリングを成形色で再現。ベースキットとなるMG「ガンダムMk-Ⅱ エゥーゴ」と同じギミックを採用し、機体番号などのマーキングシールが付属する。

HGUC RX-178
ガンダム Mk-Ⅱ（ティターンズ）

DATA
スケール：1/144／発売：2002年5月／価格：1,080円／武器：ビーム・ライフル、ハイパー・バズーカ、バルカン・ポッド・システム、シールド、ビーム・サーベル

肩関節に上下スイング機構を備え、柔軟なアクションポーズを実現している。シールドは差し替えによって伸縮を再現し、バルカン・ポッドが着脱が可能となっている。

MG RX-178
ガンダム Mk-Ⅱ Ver.2.0 ティターンズ HD カラー

DATA
スケール：1/100／発売：2008年11月／価格：4,320円／武器：ビーム・ライフル（エネルギーパック×3）、ハイパー・バズーカ（カートリッジ×2）、バルカン・ポッド・システム、シールド、ビーム・サーベル×2

ブルーレイのHDカラーをグロス成形で表現したVer.2.0キットのリミテッド仕様。ガンダムHDデカールが付属する。

RG RX-178
ガンダム Mk-Ⅱ
（ティターンズ仕様）

DATA
スケール：1/144／発売：2012年4月／価格：2,700円／武器：ビーム・ライフル（エネルギーパック×3）、ハイパー・バズーカ（カートリッジ×2）、ミサイル・ランチャー、バルカン・ポッド・システム、シールド、ビーム・サーベル×2

2色の成形色を組み合わせたアドヴァンスドMSジョイントによるムーバブル・フレームの再現と柔軟な可動構造が特徴。テスト機をイメージしたオリジナルパーツが付属する。

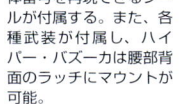

PG RX-178
ガンダム Mk-Ⅱ（ティターンズ）

DATA
スケール：1/60／発売：2002年7月／価格：16,200円／武器：ビーム・ライフル（エネルギーパック×3）、ハイパー・バズーカ、バルカン・ポッド・システム、シールド、ビーム・サーベル×2

成形色を濃紺を基調としたティターンズカラーに変更したPG「ガンダムMk-Ⅱ」のバリエーションキット。様々な可動ギミックを組み込んだムーバブル・フレーム構造により、人体に近いポージングが可能である。

▲ムーバブル・フレームのディテールを追求し、頭部カメラとコクピット内部にはLEDによる発光ギミックを内蔵している。

MG RX-178
ガンダム Mk-Ⅱ Ver.2.0 ティターンズ

DATA
スケール：1/100／発売：2006年3月／価格：4,320円／武器：ビーム・ライフル（エネルギーパック×3）、ハイパー・バズーカ（カートリッジ×2）、バルカン・ポッド・システム、シールド、ビーム・サーベル×2

可動構造を進化させたVer.2.0版のティターンズ仕様機。ベースキットであるMG「ガンダムMk-Ⅱ Ver.2.0 エゥーゴ」とは異なりディスプレイベースは付属しないが、機体番号を含めたガンダムデカールが付属する。

HGUC RX-178
ガンダム Mk-Ⅱ（ティターンズ仕様）

DATA
スケール：1/144／発売：2015年11月／価格：1,620円／武器：ビーム・ライフル、ハイパー・バズーカ、バルカン・ポッド・システム、シールド、ビーム・サーベル×2

幅広い可動域を追求したREVIVE版のティターンズ仕様機。成形色を除くキット内容は同シリーズのエゥーゴ仕様機と同じだが、機体番号を再現できるシールが付属する。また、各種武装が付属し、ハイパー・バズーカは腰部背面のラッチにマウント可能。

1984年6月　組み立て済みプラモデルとも呼べる「ハイコンプリートモデル」が誕生。第一弾は1／144「FA-78-1ガンダムフルアーマータイプ」。

■ エゥーゴ

1/144 RMS-099 リック・ディアス

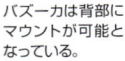

DATA

スケール：1/144／発売：1985年5月／価格：756円／武器：クレイ・バズーカ、ビーム・ピストル×2、ビーム・サーベル

関節部にはポリキャップを使用。頭部バルカン・ファランクスの開閉は選択式で、クレイ・バズーカは背部にマウントが可能となっている。

1/100 RMS-099 リック・ディアス

DATA

スケール：1/100／発売：1985年8月／価格：1,296円／武器：クレイ・バズーカ、ビーム・ピストル×2、ビーム・サーベル

3種の成形色で色分けされ、手は親指以外が可動。背部に着脱可能な各種武装のほか、1/48スケールのクワトロ・バジーナのフィギュアが付属する。

1/220 RMS-099 リック・ディアス

DATA

スケール：1/220／発売：1985年12月／価格：324円／武器：クレイ・バズーカ、ビーム・ピストル×3、ビーム・サーベル

頭部と胴体などは一体成形。クレイ・バズーカは背部にマウント可能で、ビーム・ピストルは背部の2基とは別に手に持たせるものが付属する。

HGUC RMS-099 リック・ディアス

DATA

スケール：1/144／発売：2000年6月／価格：1,296円／武器：クレイ・バズーカ、ビーム・ピストル×2、ビーム・サーベル

劇中盤に登場した一般機の黒いカラーリングを成形色で再現。人差し指は可動式で、バルカン・ファランクスは展開が可能。クレイ・バズーカをはじめ各武装の背部へのマウント構造も忠実に再現されている。

HGUC RMS-099 リック・ディアス（クワトロ・バジーナカラー）

DATA

スケール：1/144／発売：2002年8月／価格：1,296円／武器：クレイ・バズーカ、ビーム・ピストル×2、ビーム・サーベル

成形色にクワトロ・バジーナ機の赤いカラーリングを採用したバリエーションキット。ベースキットと同じく、設定に準じた各武装の着脱や展開を再現。モノアイはクリアパーツで成形されている。

MG RMS-099 リック・ディアス

DATA

スケール：1/100／発売：2004年5月／価格：3,780円／武器：クレイ・バズーカ、ビーム・ピストル×2、ビーム・サーベル

頭部の球形コクピットブロックや、上半身と脚部の内部メカのディテールを精巧に造形。また、装甲の厚みを再現することで、重MSらしさを表現している。ハンドパーツは各指に可動軸を設け、トリモチ・ランチャーの発射口も再現。付属のクレイ・バズーカとビーム・ピストルは、マガジンの着脱が可能となっている。

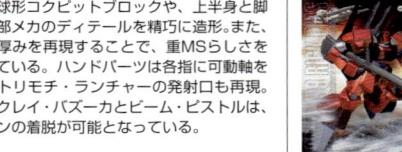

MG RMS-099 リック・ディアス（クワトロ・バジーナカラー）

DATA

スケール：1/100／発売：2004年12月／価格：3,888円／武器：クレイ・バズーカ、ビーム・ピストル×2、ビーム・サーベル

高機動タイプにカスタムされたクワトロ機と一般機のコンパチブルキット。ヘッドカバーとリアアーマー、ニーパッド、スラスター各部の形状が一般機とは異なり、選択式でどちらかの仕様を再現できる。その他のキット内容は一般機と同じく、各部の精密なディテールと付属武装のギミックが再現されている。

1/144 MSN-00100
100式

DATA
スケール：1/144／発売：1985年9月／価格：648
円／武器：ビーム・ライフル、ビーム・サーベル×3

脚部は外装と内部フレームが別パーツ構成で、背部バインダーは着脱式で可動する。ビーム・サーベルは付属3本の内2本が収納状態のもので、腰部背面に接着可能。デカールが付属する。

1/100 MSN-00100
100式

DATA
スケール：1/100／発売：1985年10月／価格：1,296
円／武器：ビーム・ライフル、ビーム・サーベル×3

関節部にポリキャップを使用し、動力パイプや選択式の一部パーツはポリパーツで造形されている。手首は親指以外が可動し、ビーム・ライフルのエネルギーパックは着脱が可能となっている。

1/220 MSN-00100
百式

DATA
スケール：1/220／発売：1986年1月／価格：324円／武器：ビーム・ライフル、ビーム・サーベル

肩部と上腕、脛部と足、バインダーの上下は一体成形で、腕部と脚部は前後にスイング可動する。ビーム・ライフルに加え、展開状態のビーム・サーベルが1本付属する。

HGUC MSN-00100
百式

DATA
スケール：1/144／発売：1999年10月／価格：1,620円／武器：ビーム・ライフル、クレイ・バズーカ、ビーム・サーベル×4

アンダーゲート方式のメッキパーツを採用し、特徴的な金色のカラーリングを表現した百式のHGUC版キット。背部バインダーの可動構造や脚部ムーバブル・フレームも忠実に再現されている。

MG MSN-00100
百式

DATA
スケール：1/100／発売：2001年3月／価格：4,860円／武器：ビーム・ライフル、クレイ・バズーカ、ビーム・サーベル×2

アンダーゲート方式のメッキパーツで機体色を表現。脚部はダンパーのスライド機構を備えたムーバブル・フレームが再現され、バックパックと共に外装の着脱が可能である。

MG MSN-00100
百式＋バリュートシステム

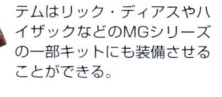

DATA
スケール：1/100／発売：2005年9月／価格：4,320円／武器：ビーム・ライフル、クレイ・バズーカ、ビーム・サーベル×2、バリュートシステム

アニメのイメージに沿った成形色を採用した百式にバリュートシステムをセットしたバリエーションキット。バリュートシステムはリック・ディアスやハイザックなどのMGシリーズの一部キットにも装備させることができる。

HGUC MSN-00100
百式＋メガ・バズーカ・ランチャー

DATA
スケール：1/144／発売：2004年7月／価格：1,944円／武器：ビーム・ライフル、クレイ・バズーカ、ビーム・サーベル×4、メガ・バズーカ・ランチャー

成形色を変更した百式とメガ・バズーカ・ランチャーのセット。メガ・バズーカ・ランチャーはステップアームの伸縮を差し替え式とし、その他の変形機構を完全再現している。百式の各種武装などのほか、ディスプレイベースが付属する。

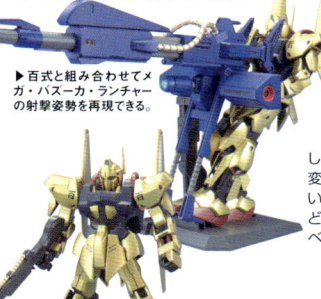
▶百式と組み合わせてメガ・バズーカ・ランチャーの射撃姿勢を再現できる。

◀バリュートバックの内部には収納状態のバルーンを精密に再現。カバーはパネル裏側にも精密なディテールを施し、動力パイプは軟質素材で質感を表現。

1985年4月

1／144「RX-178 ガンダムマークⅡ」の発売、『機動戦士Zガンダム』シリーズのスタート。以降、関節のポリキャップが標準装備となる。

■ エゥーゴ

MG MSN-00100 **百式** HDカラー

▶ビーム・サーベルなどの武装が付属する。

DATA
スケール：1/100／発売：2009年2月／価格：5,184円／武器：ビーム・ライフル、クレイ・バズーカ、ビーム・サーベル×2

マットな発色のメッキとグロス成形によってブルーレイ映像のHDカラーを表現した、MG「百式」のバリエーションキット。各武装に加えて、パッケージイラストのマーキングを再現できる箔押し仕様のガンダムHDデカールが付属する。

◀装甲と連動するムーバブルフレームが再現され、開発系譜を意識した新解釈の構造が造形されている。

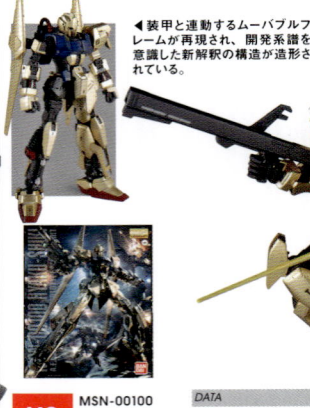

MG MSN-00100 **百式** Ver.2.0

DATA
スケール：1/100／発売：2015年5月／価格：7,344円／武器：ビーム・ライフル、クレイ・バズーカ、ビーム・サーベル×2

新解釈に基づくギミックとディテールを盛り込んだVer.2.0仕様。カメラアイは劇場版の3種の発光パターンを差し替えで再現し、装甲は専用の金メッキで表現している。

HGUC グリプス戦役セット

DATA
スケール：1/144／発売：2006年3月／価格：4,536円／武器：ビーム・ライフル、ハイパー・メガ・ランチャー、グレネード・パック×2、シールド、ビーム・サーベル（MSZ-006 ゼータガンダム）ビーム・ライフル、クレイ・バズーカ、ビーム・サーベル×4（MSN-00100 百式）ビーム・ライフル、ハイパー・バズーカ、バルカン・ポッド・システム、シールド、ビーム・サーベル（RX-178 ガンダムMk-Ⅱ）

成形色をリアルカラーに変更したガンダムMk-Ⅱ、百式、ZガンダムのHGUCキットの3体セット。スペシャルマーキングが付属し、ガンダムMk-Ⅱには新たにクリア成形のビーム・サーベル用ビーム刃パーツも追加されている。

ZETA GUNDAM GRYPHIOS WAR

HGUC MSN-00100 **百式**

DATA
スケール：1/144／発売：2016年8月／価格：1,944円／武器：ビーム・ライフル、クレイ・バズーカ、ビーム・サーベル×2

最新フォーマットの可動構造を取り入れたREVIVE版百式。金色の装甲はメタリック成形色で再現され、カメラアイのパターン3種はホイルシールによる選択式となっている。

1/144 MSA-005 **メタス**

DATA
スケール：1/144／発売：1985年12月／価格：756円／武器：ー

肘や膝に二重関節を採用し、手首パーツの着脱のみでMA形態への変形を再現した1/144スケールキット。各関節にはポリキャップを使用し、アーム・ビーム・ガンの展開構造も忠実に再現されている。

METHUSS (MSA-005)

HGUC MSA-005 **メタス**

DATA
スケール：1/144／発売：2006年3月／価格：1,512円／武器：ビーム・サーベル×2

MA形態への変形を手首パーツの着脱によって再現したHGUCキット。劇中のメガ・バズーカ・ランチャーの発射シーンを演出できるコネクトパーツが付属する。

MSA-005 METHUSS

▼MA形態のフォルムを忠実に再現し、差し替え式のランディングギアが付属する。

■ 地球連邦軍／エゥーゴ

1/144 RMS-179
ジムⅡ

DATA
スケール：1/144／発売：1985年8月／価格：432円／武器：ビーム・ライフル、シールド、ビーム・サーベル×3

各関節にはポリキャップを採用。胸部のサブセンサーは別パーツで造形され、収納状態のビーム・サーベルは着脱も可能。展開状態のビーム・サーベルは2本付属する。

▼精悍なフォルムが特徴で、頭部カメラアイはクリアパーツで再現。

1/144 MSA-003
ネモ

DATA
スケール：1/144／発売：1985年8月／価格：540円／武器：ビーム・ライフル、シールド、ビーム・サーベル×4

グリーンとネイビーブルーの成形色を用いたネモの1/144スケールキット。ビーム・サーベルは展開、収納状態が各2本付属し、収納状態のものは腰部背面にマウント可能。

MG MSA-003
ネモ

DATA
スケール：1/100／発売：2006年2月／価格：3,024円／武器：ビーム・ライフル、シールド、ビーム・サーベル×2

肩関節の二軸可動や股関節のスライド機構、各部の二重関節などによって、幅広い可動構造を実現。また、シールドは伸縮ギミックが再現されている。各種武装のほか、マーキングシールとガンダムデカールが付属する。

▼胸部や股関節は柔軟な可動構造を備える。ビーム・サーベルのグリップは着脱が可能で、クリア成形のビーム刃パーツが2本付属する。

HGUC RMS-179
ジムⅡ

DATA
スケール：1/144／発売：2011年10月／価格：1,512円／武器：ビーム・ライフル、シールド、ビーム・サーベル

成形色に地球連邦軍仕様機のカラーリングを採用したHGUC版ジムⅡ。各部に増設されたノズルやセンサーなどのディテールを精巧に再現。機体番号や部隊章のマーキングシールが付属する。

HGUC MSA-003
ネモ

DATA
スケール：1/144／発売：2013年1月／価格：1,620円／武器：ビーム・ライフル、シールド、ビーム・サーベル×2

機体各所のスラスターノズルや露出したフレームなど、各部のディテールを精密に再現したHGUCキット。各種武装のほか、多彩なハンドパーツと色分け用のホイルシールが付属する。

▼カメラアイはオレンジのクリアパーツで再現されている。

◀シールドは差し替えによる伸縮が可能。柔軟な可動構造も特徴。

◀球形コクピットやムーバブル・フレームなど、内部構造を精巧に再現。同スケールのパイロットフィギュアも付属する。

■ エゥーゴ

1/144 MSK-008 ディジェ

DATA

スケール：1/144／発売：1986年2月／価格：756円／武器：ビーム・ライフル、ビーム・ナギナタ

『機動戦士Ζガンダム』におけるアムロ・レイの乗機を1/144スケールで再現。ビーム・サーベルは展開状態と収納状態の2種が付属し、収納状態は腰部背面にマウントできる。

RE/100 MSF-007 ガンダム Mk-Ⅲ

DATA

スケール：1/100／発売：2015年1月／価格：3,780円／武器：ビーム・ライフル（エネルギーパック×6）、シールド、ビーム・サーベル×2

柔軟な可動と緻密な造形をフレームレス構造で両立したRE/100シリーズで、『Z-MSV』に登場したガンダム・タイプMSを再現。ビーム・ライフルは2系統のエネルギーパックの着脱が再現されており、プラモデルオリジナルマーキングシールが付属する。

◀ 背部のバインダーは可動式で、ビーム・キャノンもボールジョイント接続で可動する。

RE/100 MSK-008 ディジェ

DATA

スケール：1/100／発売：2015年6月／価格：3,780円／武器：ビーム・ライフル、クレイ・バズーカ、ビーム・ナギナタ

様々な可動機構と精巧なディテールをフレームレス構造で実現したRE/100版ディジェ。放熱フィンやウェポンラックの可動なども再現されており、豊富なハンドパーツやオリジナルマーキングシールが付属する。

HGUC MSZ-008 ZⅡ

DATA

スケール：1/144／発売：2014年9月／価格：2,592円／武器：ビーム・ライフル、メガ・ビーム・ライフル、クレイ・バズーカ×2、ビーム・サーベル×2

『Z-MSV』に登場したZガンダム系列機を再現したHGUCキット。シャープなプロポーションと特徴的なディテールを精巧に造形している。各種武装用の左右持ち手が付属し、ビーム・サーベルのビーム刃はメガ・ビーム・ライフルやビーム・ライフルにも装着可能。

◀ 専用パーツとの差し替えによってウェイブライダーへの変形を再現した。

1/2200 アーガマ

DATA

スケール：1/2200／発売：1985年10月／価格：324円／武器：―

メインブリッジの可動とライフモジュール位置の選択で戦闘形態を再現できる。専用のディスプレイスタンドとブライト・ノアのフィギュアが付属する。

EXモデル アーガマ

DATA

スケール：1/1700／発売：2004年1月／価格：3,780円／武器：メガ粒子砲×2

各部の可動と差し替えで戦闘形態を再現し、推進器部にはホワイトメタルを使用。同スケールのMSフィギュア3体とディスプレイスタンドが付属する。

EXモデル アーガマ リミテッドエディション

DATA

スケール：1/1700／発売：2006年3月／価格：4,860円／武器：メガ粒子砲×2

設定色に準じたつや消しのメッキコーティングを施したEXモデル「アーガマ」の特別版。その他の仕様はベースキットと同じで、戦闘形態が再現可能。

■ ティターンズ／地球連邦軍

1/144 RMS-106 ハイザック

DATA

スケール：1/144／発売：1985年4月／価格：540円／武器：ザク・マシンガン改、シールド

ポリキャップ接続を採用したハイザックのキット。モノアイブロックを別パーツで造形し、動力パイプはゴムチューブで質感を表現している。左腕部シールドは回転が可能。

1/100 RMS-106 ハイザック

DATA

スケール：1/100／発売：1985年6月／価格：1,296円／武器：ザク・マシンガン改、シールド、ヒート・ホーク

5本の指やバーニアアームなどの各部に盛り込まれた可動構造と、忠実なプロポーション再現が特徴のキット。ジェリド・メサの1/48スケールフィギュアが付属する。

MG RMS-106 ハイザック

DATA

スケール：1/100／発売：2004年8月／価格：3,240円／武器：ザク・マシンガン改、ビーム・ライフル（エネルギーパック×3）、ミサイル・ポッド（ミサイル×6）、シールド、ヒート・ホーク、ビーム・サーベル

マッシブなプロポーションを再現したMG版ハイザック。胸部や脚部、頭部の外装は着脱と展開が可能で、脚部スラスター裏面などの内部ディテールも精巧に造形。着脱式の腰部ミサイル・ポッドをはじめ、各種武装のギミックも再現している。

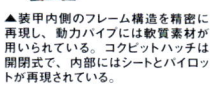

▲装甲内側のフレーム構造を精密に再現し、動力パイプには軟質素材が用いられている。コクピットハッチは開閉式で、内部にはシートとパイロットが再現されている。

HGUC RMS-106 ハイザック

DATA

スケール：1/144／発売：2000年7月／価格：1,080円／武器：ザク・マシンガン改、シールド

サブ・センサー兼放熱板を備えたバックパックや脚部スラスターなど、ハイザックの特徴的なディテールを忠実に再現したHGUCキット。モノアイはシールと別パーツ成形のモノアイシールドで自由な表情付けが可能。

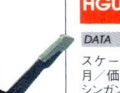

HGUC RMS-106 ハイザック（連邦軍カラー）

DATA

スケール：1/144／発売：2005年7月／価格：1,080円／武器：ザク・マシンガン改、シールド

HGUC「ハイザック」の成形色を青基調の地球連邦軍カラーに変更したバリエーションキットで、成形色以外の仕様はベースキットと同じ。なお、上腕部動力パイプのデザインがアニメ設定から変更されている（ベースキットも同様）。

1/144 RMS-117 ガルバルディβ

DATA

スケール：1/144／発売：1985年5月／価格：540円／武器：ビーム・ライフル、シールド

ポリキャップを採用したガルバルディβの1/144スケールキット。モノアイは別パーツ成形で、胸部動力パイプはビニールチューブで再現している。シールドは着脱が可能。

1/100 RMS-117 ガルバルディβ

DATA

スケール：1/100／発売：1985年6月／価格：1,080円／武器：ビーム・ライフル、シールド

特徴的なフォルムを1/100スケールで忠実に再現。コクピットハッチの開閉と、シールドは差し替え伸縮が可能。ライラ・ミラ・ライラの1/48スケールフィギュアが付属する。

■ ティターンズ／地球連邦軍

1/144 RMS-108 マラサイ

DATA

スケール：1/144／発売：1985年7月／価格：540円／武器：ビーム・ライフル、シールド、ビーム・サーベル

2種類の成形色とポリキャップを採用した1/144スケールキット。ビーム・ライフルのエネルギーパックは着脱式で、シールド裏にはサーベルグリップ2本を装着できる。

1/220 RMS-108 マラサイ

DATA

スケール：1/220／発売：1986年1月／価格：324円／武器：ビーム・ライフル、シールド、ビーム・サーベル

1/220スケールのコレクションサイズでマラサイを再現。脛部と足、肩と上腕部は一体成形。シールドの裏面には収納状態のビーム・サーベル1本が造形されている。

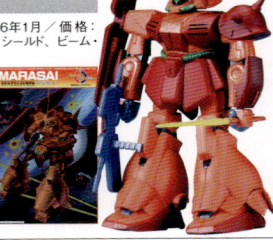

HGUC RMS-108 マラサイ

DATA

スケール：1/144／発売：2005年1月／価格：1,512円／武器：ビーム・ライフル、シールド、ビーム・サーベル×2

忠実なプロポーション再現が特徴のHGUC版マラサイ。肩部はL字関節で可動域を確保し、動力パイプには軟質素材を使用。シールドの裏面にはビーム・サーベルをマウントでき、ビーム・ライフルのエネルギーパックは着脱可能。

▼バックパックや脚部バーニアのディテールを精巧に再現。シールドは折り畳むことが可能。

MG RMS-108 マラサイ

曲面主体のフォルムを精巧に再現したMGキット。モノアイは別売りのLEDライトユニットを用いて点灯が可能。手首には豊かな表現が可能なエモーションマニピュレーターが採用されている。

DATA

スケール：1/100／発売：2012年5月／価格：4,320円／武器：ビーム・ライフル、シールド、ビーム・サーベル×2

◀劇中の重厚なイメージを再現しつつ、胸部の前後可動などにより広い可動域を確保している。

1/144 ORX-005 ギャプラン

DATA

スケール：1/144／発売：1985年10月／価格：756円／武器：ビーム・サーベル×2

バインダーの可動とスライド伸縮を再現し、差し替えなしでMA形態への変形を実現したギャプランの1/144スケールキット。展開状態のビーム・サーベル2本が付属する。

HGUC ORX-005 ギャプラン

DATA

スケール：1/144／発売：2003年11月／価格：2,376円／武器：ビーム・サーベル、専用ブースター

差し替えなしでのMA形態への変形が可能なHGUCキット。バインダーは可動や伸縮に加えてグリップの展開を再現。また、劇中イメージに沿った力強いプロポーションも特徴。大型ブースターと展開状態のビーム・サーベル2本、色分け用のホイルシールが付属する。

▲MA形態の特徴的なフォルムを忠実に再現し、変形機構との両立を実現。

◀大型ブースター装着状態にも対応した専用ディスプレイスタンドが付属する。

1/220 NRX-044 アッシマー

DATA

スケール：1/220、1/550(MA)／発売：1985年11月／価格：324円／武器：ビーム・ライフル

MS形態を再現した1/220スケールの非変形キットと、MA形態の1/550スケールモデルのセット。足首と肩部装甲は別パーツで可動し、ビーム・ライフルは右手で保持が可能。

1/300 MRX-009 サイコガンダム

DATA

スケール：1/300／発売：1985年11月／価格：648円／武器：—

変形機構を特徴とする大型MSを1/300スケールで再現。脚部のシャフトギア構造などを再現し、頭部や手首、シールドの差し替えによってモビルフォートレス形態に変形可能。

1/300 MRX-010 サイコガンダム Mk-Ⅱ

DATA

スケール：1/300／発売：1986年4月／価格：648円／武器：—

劇中終盤に登場したサイコガンダムの後継機を再現した1/300スケールキット。頭部や手首などの差し替えとシールドの分割によって、モビルフォートレス形態への変形が可能。

HGUC RX-110 ガブスレイ

DATA

スケール：1/144／価発売：2005年12月／価価格：1,728円／価武器：フェダーイン・ライフル、ビーム・サーベル×2

腔部外装などの差し替えによってMS、中間、MAの3形態への変形が可能。ビーム・サーベルのビーム刃パーツはフェダーイン・ライフルにも装着できる。肩部メガ粒子砲や脚部クローの可動も再現されており、ディスプレイスタンドが付属する。

▼差し替え変形によってMA形態のフォルムを忠実に再現しており、腕部と脚部には内部フレームが設けられている。

HGUC NRX-044 アッシマー

DATA

スケール：1/144／発売：2005年6月／価格：2,160円／武器：ビーム・ライフル

様々なアクションポーズが可能な可動構造を備えつつ、差し替えなしでの完全変形を再現したHGUC版アッシマー。付属のビーム・ライフルはMS形態時には腰部にマウントが可能となっている。

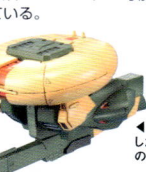

▼▲MA、MS両形態に対応したユニバーサルジョイント方式のディスプレイスタンドも付属。

HGUC MRX-009 サイコガンダム

DATA

スケール：1/144／発売：2004年8月／価格：5,400円／武器：—

全高280mmの大サイズで差し替えなしの完全変形を再現したHGUCキット。頭部コクピットハッチの開閉や胸部メガ粒子砲、指部ビーム砲といった細部のディテールも忠実に再現されている。

◀脚部ムーバブルフレームの再現や一部ビス止めによる強度確保で変形を実現。

1/144 RX-110 ガブスレイ

DATA

スケール：1/144／発売：1985年12月／価格：756円／武器：フェダーイン・ライフル

MS形態の独特なプロポーションを再現したガブスレイの非変形キット。関節部にはポリキャップを用い、上腕部や脚部のノズルは別パーツで忠実に再現されている。

1/220 RX-160 バイアラン

DATA

スケール：1/220／発売：1986年4月／価格：432円／武器：—

バイアランの特徴的なプロポーションを再現した1/220スケールキット。肩部のサイドスラスターやノズル、スタビライザーは別パーツ成形でリアルに造形されている。

■ ティターンズ／地球連邦軍

1/144 RX-139 ハンブラビ

DATA
スケール：1/144／発売：1985年12月／価格：648円／武器：──

2種の成形色とポリキャップを用いたハンブラビの1/144スケールキット。膝関節に伸縮ギミックを設け、MA形態への変形を再現。前腕部クローや格闘戦用テイルは可動する。

▲特徴的なMA形態のフォルムが忠実に再現されている。

HGUC RX-139 ハンブラビ

◀付属の海ヘビは射出状態のワイヤーをリード線で再現できる。

DATA
スケール：1/144／発売：2012年8月／価格：1,836円／武器：フェデ・イン・ライフル、海ヘビ、ビーム・サーベル×2

差し替えなしで変形を再現し、脚部スラスターの展開ギミックも盛り込んでいる。各種武装のほか、別売りのアクションベース2に対応したMA形態用ジョイントパーツなどが付属する。

1/144 MS-06K ザクキャノン

DATA
スケール：1/144／発売：1985年7月／価格：540円／武器：ビッグ・ガン

『MSV』シリーズの同名キットの成形色を変更した『Z-MSV』版ザクキャノン。成形色は劇中登場機をイメージした青系の単色で、その他の内容はベースキットと同じである。

1/144 MS-06E ザク強行偵察型

DATA
スケール：1/144／発売：1985年8月／価格：540円／武器：カメラ・ガン

『MSV』シリーズの1/144「ザク強行偵察型」の成形色を変更し、TV登場時のカラーリングを再現したバリエーションキット。基本的な内容にベースキットからの変更はない。

1/144 MS-07H グフ飛行試験型

DATA
スケール：1/144／発売：1985年7月／価格：540円／武器：──

『MSV』シリーズの同名キットの成形色をTV登場時イメージの濃紺に変更した、『Z-MSV』版のグフ飛行試験型。成形色以外の内容はベースキットと同じとなっている。

1/144 RGC-80 ジムキャノン

DATA
スケール：1/144／発売：1985年8月／価格：432円／武器：ビーム・スプレーガン

成形色をTV登場時の赤系に合わせた『MSV』シリーズの1/144「ジムキャノン」のバリエーションキット。基本的な内容に変更はないが、デカールに絵柄が追加されている。

1/144 MS-06M マリンハイザック

DATA
スケール：1/144／スケール：1/144／発売：1985年8月／価格：540円／武器：サブロック・ガン、240mm ロケット・ポッド×2

『MSV』シリーズの1/144「水中用ザク」の成形色を、『Z-MSV』のマリンハイザックに合わせた青系単色に変更したバリエーションキット。デカールには絵柄が追加されている。

1/144 RGM-79 ジムスナイパーカスタム

DATA
スケール：1/144／発売：1985年9月／価格：432円／武器：ビーム・ライフル

『MSV』シリーズの同名キットの成形色を濃緑に変更したバリエーションキット。デカールの一部絵柄も変更されているほか、ティターンズのエンブレムシールが付属する。

1/144 MS-06V ザクタンク

DATA
スケール：1/144／発売：1985年7月／価格：648円／武器：カセットタンク、クレーンユニット

『MSV』版キットの成形色をTV登場時をイメージしたカラーリングに変更したバリエーションキット。その他の内容はベースキットと同じで、背部ユニットの選択などが可能。

1/220 メッサーラ PMX-000

DATA

スケール:1/220／発売:1985年9月／価格:432円／武器:ビーム・サーベル

ポリキャップ接続を用いたメッサーラの1/220スケールキット。脚部スラスターカバーや背部トランスフレームシールドが可動し、MA形態への差し替えなしで変形を再現。

▼ MA形態への変形には一部専用パーツを使用する。

HGUC メッサーラ PMX-000

DATA

スケール:1/144／発売:2013年6月／価格:3,240円／武器:ビーム・サーベル×2

膝や肘の関節に柔軟な可動構造を盛り込みつつ、一部パーツの差し替えによって変形とプロポーションを両立。肩部ミサイル・ポッドは開閉が可能で、腕部クローは差し替えで展開を再現している。

1/144 パラス・アテネ PMX-001

DATA

スケール:1/144／発売:1986年1月／価格:756円／武器:――

劇中終盤に登場したパラス・アテネを1/144スケールで再現。頭部や肩部、腰部アーマーを別パーツで成形。武装は付属しないが、重MSのプロポーションを忠実に再現している。

HGUC パラス・アテネ PMX-001

DATA

スケール:1/144／発売:2006年2月／価格:1,944円／武器:2連装ビーム・ガン、大型ミサイル×8、シールド、ビーム・サーベル×2

設定に準じた付属武装はすべて着脱可能で、フル装備状態を再現できる。動力パイプには軟質素材を用い、脚部クローや背部ムーバブル・シールドの可動構造も再現されている。

HGUC ジ・O PMX-003

DATA

スケール:1/144／発売:2002年12月／価格:2,592円／武器:ビーム・ライフル、ビーム・ソード×4

重MSのボリューム感を再現したジ・OのHGUCキット。各部バーニアノズルの別パーツ成形や脚部フレームの再現、腰部アーマーとバックパック裏側の造形など、細部に亘って精密なディテールが施されている。

◀ 腰部フロントアーマーの隠し腕のギミックが再現されており、ビーム・ソードを装備可能。各部関節も柔軟に可動する。

MG ジ・O PMX-003

DATA

スケール:1/100／発売:2010年8月／価格:12,960円／武器:ビーム・ライフル、ビーム・ソード×4

装甲の二重化や裏面の造形によって密度感のあるディテールを表現したMG版ジ・O。隠し腕のギミックも再現されており、ビーム・ライフルのエネルギーパックは着脱可能。パプテマス・シロッコの同スケールフィギュアなどが付属する。

▼ 新たに設定されたフレーム構造などを精巧に造形。

■ アクシズ

1/220 AMX-004 キュベレイ

DATA

スケール：1/220／発売：1986年3月／価格：432円／武器：——

肩部バインダーは別パーツ成形で、胴体背面には設定画の刻印が造形されている。ファンネルはコンテナパーツに接着して収納状態を再現可能。成形色は白の単色となっている。

HGUC AMX-004 キュベレイ

DATA

スケール：1/144／発売：1999年9月／価格：1,620円／武器：ファンネル×10、ビーム・サーベル×2

優美なプロポーションを再現したHGUCキット。肩部バインダーは展開が可能で、各部の可動とあわせて飛行ポーズを再現できる。ファンネルはコンテナへの着脱が可能。

HGUC AMX-004 キュベレイ

DATA

スケール：1/144／発売：2015年12月／価格：1,944円／武器：ファンネル×10、ビーム・サーベル×2

▲バインダーの裏面をはじめ、細部に亘って精密なディテールが造形されている。

最新のフォーマットを取り入れたREVIVE版キット。肩部バインダーや膝関節は二重関節構造によって柔軟に可動。ハンドパーツの指可動やコクピットハッチの開閉といったギミックも盛り込まれている。ビーム・サーベルとファンネルは着脱が可能となっている。

MG AMX-004 キュベレイ

DATA

スケール：1/100／発売：2001年8月／価格：4,320円／武器：ファンネル×10、ビーム・サーベル×2

キュベレイの特徴的なフォルムを忠実に再現し、バインダー裏面やファンネル・コンテナ内部などのメカディテールも精巧に造形。ファンネルとビーム・サーベルは機体各部に着脱が可能。

HGUC AMX-003 ガザC

DATA

スケール：1/144／発売：2006年4月／価格：1,620円／武器：ナックル・バスター、ビーム・サーベル×2

量産機のカラーリングを成形色で再現したHGUCキット。モノアイはクリアパーツ成形で、別売りのLEDユニットによる発光も可能。同キット2体を同時に飾れるディスプレイスタンドが付属する。

▲パーツの差し替えでMA形態への変形を再現している。

HGUC AMX-003 ガザC（ハマーン・カーン専用機）

DATA

スケール：1/144／発売：2006年4月／価格：1,512円／武器：ナックル・バスター、ビーム・サーベル×2

劇場版『機動戦士Ζガンダム Ⅱ 恋人たち』に登場したハマーン・カーン専用機のカラーリングを再現したバリエーションキット。キット内容は一般機と同じだが、ディスプレイスタンドは付属しない。

▲ナックル・バスターと手首の差し替えで形態への変形を再現。MA

1/144 Ζガンダム武器セット

DATA

スケール：1/144／発売：1985年9月／価格：324円／武器：ハイパー・バズーカ（カートリッジ、弾体×2）、ビーム・ライフル（エネルギーパック）、ヒート・ホーク、ビーム・サーベル、ミサイル・ポッド（ミサイル×6）、ビーム・ピストル×2

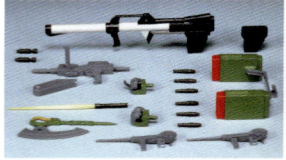

旧1/144スケールキットに対応したオプション武装のセット。ハイザックとマラサイ用のビーム・ライフルはエネルギーパックの着脱が可能で、ハイザック用の持ち手2種や弾体なども付属する。

ADVANCE OF Z　～ティターンズの旗のもとに～　ADVANCE OF Z

2002

『機動戦士Zガンダム』と同時期、およびその前後の時代を舞台とした外伝作品。ティターンズで新兵器のテストを担当する「T3部隊（ティターンズ・テスト・チーム）」に配属されたエリアルド・ハンターを中心に、秘密兵器「TRシリーズ」の戦いや戦後の動向などが描かれる。ストーリーは数々の警察小説で知られる今野敏氏、メカニックデザインは『MS IGLOO』等に参加した藤岡建機氏が担当している。
『電撃ホビーマガジン』（アスキー・メディアワークス刊）誌上で2002年9月号から2008年1月号まで連載され、立体物のフォトと小説からなるグリプス戦役までのパート（メカ設定ページ含む）と、小説およびイラストで構成される戦後裁判パートで構成された。連載分をまとめたムック6巻（現在入手困難）、今野敏氏による小説版2巻、みずきたつ氏の作画による漫画版4巻が発売されている。
ガンプラはHGUCブランドで発売されており、ほぼ新規造形のガンダムTR-1が3種、HGUCギャブランをベースとするギャブランTR-5が1種の計4点がラインナップ。TRシリーズの特徴的ギミックであるシールド・ブースターやサブ・アーム・ユニット、Gパーツ[フルドドⅡ]等が可動・差し替えで再現されている。ガンダムTR-1は作中でジム・クゥエルの改修機にあたるという設定だが、ガンプラではHGUCガンダムTR-1のシリーズがHGUCジム・クゥエルのベースになるという逆の流れとなった。

HGUC　RX-121-1　ガンダム TR-1 [ヘイズル改]

DATA
スケール：1/144／発売：2005年9月／価格：1,404円／武器：ビーム・ライフル、ビーム・サーベル、シールド、シールド・ブースター、グレネードランチャー

『AOZ』シリーズのガンプラ化第1弾。新金型で[ヘイズル]特有の複雑な形状とディテールを再現した。HGUCシリーズ初となる二重関節を肘に採用しており、腕部の自由度が格段に高くなっている。

◀肩部グレネードランチャーは差し替えで再現できる。

▶シールドは2種付属し、共に前腕が付属。腕に装備する。

HGUC　RX-121-2　ガンダム TR-1 [ヘイズル2号機]

DATA
スケール：1/144／発売：2006年9月／価格：1,620円／武器：ビーム・ライフル、ジム・ライフル、ビーム・サーベル、シールド、シールド・ブースター

HGUC「ガンダムTR-1[ヘイズル改]」を原型としつつ、胸部、背部、腰、脚部の造形を大幅に変更。背部のトライ・ブースター・ポッドは各ユニット基部が可動。

▼MS本体に匹敵するサイズのスタビライザーも忠実に再現。

▲頭部は通常のタイプと[ヘイズル予備機]仕様の2種が付属する。

HGUC　RX-121-2A　ガンダム TR-1 [アドバンスド・ヘイズル]

DATA
スケール：1/144／発売：2005年11月／価格：1,728円／武器：ビーム・ライフル、ビーム・サーベル、シールド、シールド・ブースター、強化型シールド・ブースター

HGUC「ガンダムTR-1[ヘイズル改]」の成形色を変更し、新規パーツを追加。サブ・アーム・ユニットの各アームは3つの関節を持ち、ビーム・ライフルを装備させることも可能。

▲背部のポッドには2基のシールド・ブースターを接続可能。

HGUC　ORX-005　ギャブラン TR-5 [フライルー]

DATA
スケール：1/144／発売：2006年11月／価格：2,592円／武器：ロング・ブレード・ライフル、ビーム・サーベル

HGUC「ギャブラン」を基に、Gパーツ[フルドドⅡ]を再現したショルダー・ユニット等の新規パーツを追加。MS・MA両形態での展示に対応する台座が付属。

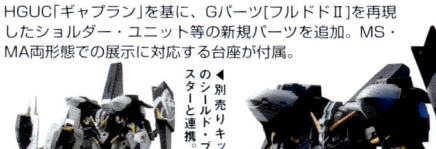

▲別売りキットのシールド・ブースターと連携。

▼後腰にサブ・アームを持つ。

▼パーツの差し替え等でMA形態に変形。

機動戦士ガンダム ZZ　MOBILE SUIT GUNDAM ZZ

ガンダムテレビシリーズの第3弾。前作『機動戦士Zガンダム』で描かれたグリプス戦役後の宇宙世紀を描く。戦力を温存していたアクシズが、ネオ・ジオンを名乗って活動を開始。ジャンク屋で生計を立てていたジュドー・アーシタは、仲間と共に偶然からエゥーゴに協力することになり、ネオ・ジオンとの戦いに巻き込まれ、ニュータイプとして覚醒していく。
放送期間：86年3月〜87年1月／全47話

変形するガンダムに続く
新たなトライアル

『機動戦士ガンダムZZ』は、前作の『機動戦士Zガンダム』の放送から間を置かず、1985年3月から放送がスタートした。その中で、ガンプラ的な新たな試みとなったのがZZガンダムのキット化であった。1/100「Zガンダム」の完全変形を実現したこともあり、ZZガンダムには3機のメカによる合体と変形という、さらなるハードルが設定されていた。しかし、このハードルを1/100「Zガンダム」で培ったノウハウを活かす

ことで突破し、1/100「ZZガンダム」は分離状態からの合体とGフォートレス、MS形態への変形を実現した。それらのギミック再現だけでなく、プロポーションも良好で完成度が高く、傑作ガンプラのひとつとして長らく評価されることになる。

シリーズ展開の失速と
時を経たキット化

　一方で、ガンプラを取り巻く状況は変革を迎えていた。それまで高い人気を誇っていた「リアルロボットアニメ」のブームが翳りを見せ、それが商品展開にも影響を与えたのである。そうした状況でも商品をリリースするため、MSVや『機動戦士Zガンダム』の登場機に改良が加えられたものが劇中に登場。ガンプラも新規パーツを追加したキットがリリースされたが、後半はいくつかの機体が立体化されることなくシリーズ展開は終了した。だが、『機動戦士ガンダムUC』のアニメ化を追い風に、現在も少しずつではあるが『機動戦士ガンダムZZ』の関連機体はキット化が進められている。

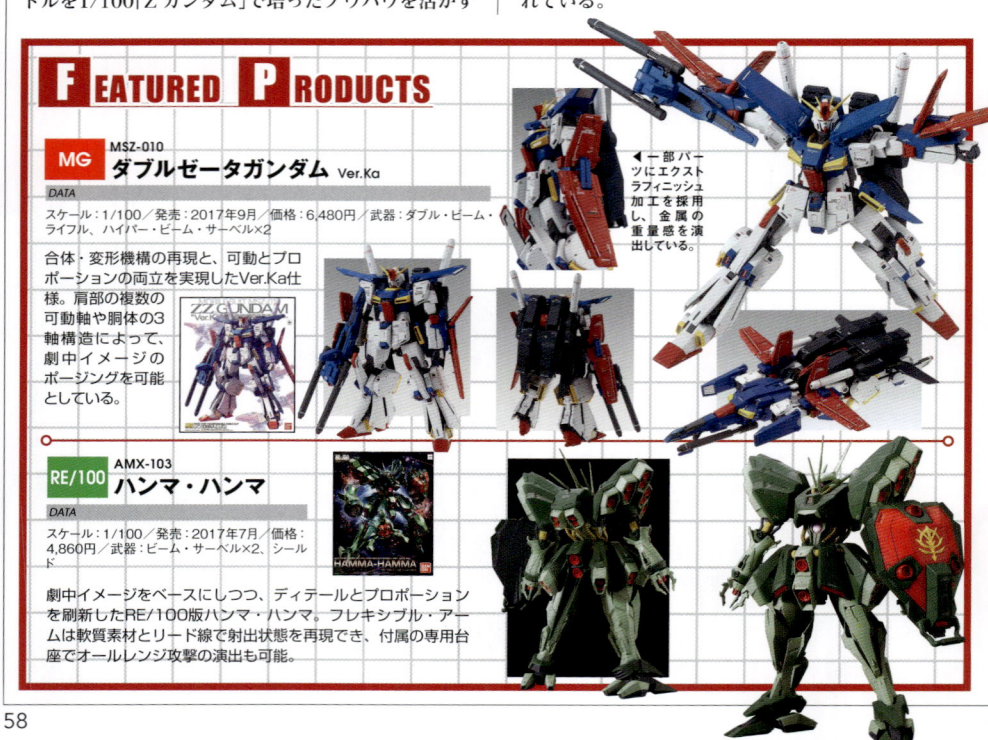

FEATURED PRODUCTS

MG　MSZ-010
ダブルゼータガンダム Ver.Ka

DATA
スケール：1/100／発売：2017年9月／価格：6,480円／武器：ダブル・ビーム・ライフル、ハイパー・ビーム・サーベル×2

合体・変形機構の再現と、可動とプロポーションの両立を実現したVer.Ka仕様。肩部の複数の可動軸や胴体の3軸構造によって、劇中イメージのポージングを可能としている。

◀一部パーツにエクストラフィニッシュ加工を採用し、金属の重量感を演出している。

RE/100　AMX-103
ハンマ・ハンマ

DATA
スケール：1/100／発売：2017年7月／価格：4,860円／武器：ビーム・サーベル×2、シールド

劇中イメージをベースにしつつ、ディテールとプロポーションを刷新したRE/100版ハンマ・ハンマ。フレキシブル・アームは軟質素材とリード線で射出状態を再現でき、付属の専用台座でオールレンジ攻撃の演出も可能。

■ エゥーゴ

1/144 MSZ-010
ZZ（ダブルゼータ）ガンダム

DATA
スケール：1/144／発売：1986年6月／価格：648円／武器：ダブル・ビーム・ライフル、ハイパー・ビーム・サーベル×3

物語の主役機を非変形キットで再現し、各部関節にはポリキャップを使用。ハイパー・ビーム・サーベルは着脱可能なグリップ2本と展開状態の1本が付属する。

HG MSZ-010
ダブルゼータガンダム

DATA
スケール：1/144／発売：1991年7月／価格：1,620円／武器：ダブル・ビーム・ライフル、ハイパー・ビーム・サーベル

頭部の差し替えによって各形態への分離・変形を再現し、コア・ファイターはコア・ブロックへの完全変形が可能。また、脛部にはビス止め機構が採用されている。

MG FA-010S
フルアーマーダブルゼータガンダム

DATA
スケール：1/100／発売：2000年8月／価格：6,480円／武器：ハイパー・メガ・キャノン、ダブル・ビーム・ライフル、ハイパー・ビーム・サーベル×2

MG「ダブルゼータガンダム」をベースに、増加装甲を装備した形態を再現。増加装甲は着脱可能で、内蔵されたミサイルやセンサーのディテールが精巧に造形されている。

▲ハイパー・メガ・キャノンはバックパックの接続部ごと差し替えが可能。

1/100 MSZ-010
ダブルゼータガンダム

DATA
スケール：1/100／発売：1986年7月／価格：2,376円／武器：ダブル・ビーム・ライフル、ハイパー・ビーム・サーベル×4

Gフォートレスへの変形と、コア・ファイターとコア・トップ、コア・ベースの分離・合体を差し替えなしで再現。一部関節軸にはダイキャストパーツを採用。

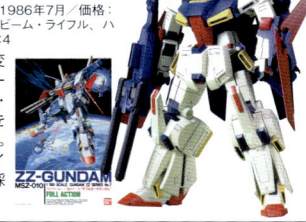

MG MSZ-010
ダブルゼータガンダム

DATA
スケール：1/100／発売：1999年12月／価格：4,320円／武器：ダブル・ビーム・ライフル、ハイパー・ビーム・サーベル×2

重厚なプロポーションを再現し、差し替えなしの分離・変形を実現したMG版ZZガンダム。可動式と固定式の頭部アンテナ2種と、非変形のコア・ブロックが付属する。

▲コア・トップはコア・ブロックとの合体が可能。

▼ランディングギアは差し替えで再現。

HGUC MSZ-010
ダブルゼータガンダム

DATA
スケール：1/144／発売：2010年6月／価格：2,484円／武器：ダブル・ビーム・ライフル、ハイパー・ビーム・サーベル×2

差し替えによってGフォートレスへの変形を再現し、両形態のプロポーションを追求。ハイパー・ビーム・サーベルを再現する大型クリアパーツなどが付属する。

▶Gフォートレスのフレーム用ベースが付属する。

▼半変形のコア・ファイターが付属する。

◀ダブル・ビーム・ライフルは砲身やセンサーの可動を再現。

■地球連邦軍／ネオ・ジオン

▼腕部は柔軟に可動し、ビーム・ライフルの両手持ちも可能。

▲足部やミサイル・ランチャーの裏面などを精巧に再現。

関節の可動域も広く、バックパックからビーム・サーベルを引き抜くポーズも再現可能。

HGUC **RGM-86R**
ジムⅢ
DATA
スケール：1/144／発売：2011年7月／価格：1,620円／武器：ビーム・ライフル、ミサイル・ポッド×2、大型ミサイル・ランチャー×2、シールド、ビーム・サーベル×2
豊富な武装が特徴のMSを『機動戦士ガンダムUC』の設定を採り入れて再現。着脱可能な肩部ミサイル・ポッドと腰部大型ミサイル・ランチャーは、発射状態を差し替えで再現。

1/144 **AMX-006**
ガザD
DATA
スケール：1/144／発売：1986年5月／価格：648円／武器：ナックル・バスター、ビーム・サーベル×2
ナックル・バスターと両肩部シールド、脚部クローが可動し、ハンドパーツの差し替えでモビルアーマー形態への変形を再現。付属のビーム・サーベルはビーム刃と一体成形となる。

1/144 **AMX-104**
R・ジャジャ
DATA
スケール：1/144／発売：1986年7月／価格：648円／武器：ビーム・ライフル（銃剣付）、ビーム・サーベル
両肩のバインダーは可動し、ビーム・ライフルの銃剣は着脱が可能。ビーム・サーベルはビーム刃と一体成形のものに加えて、腰部の鞘に収納できるグリップが付属する。

1/144 **AMX-101**
ガルス J
DATA
スケール：1/144／発売：1986年5月／価格：756円／武器：エネルギー・ガン
両腕部の伸縮機構を再現し、付属のエネルギー・ガンの両手持ちが可能。モノアイは別パーツ化で上下に可動し、バックパックのスラスターブロックや腰部リアアーマーも可動する。

1/144 **AMX-102**
ズサ
DATA
スケール：1/144／発売：1986年6月／価格：756円／武器：ビーム・サーベル、ブースター・ポッド

特徴のひとつである背部ブースター・ポッドは着脱が可能で、ミサイル・ポッドの独立可動によって飛行形態への変形を再現。付属のビーム・サーベルはビーム刃と一体成形となっている。

1/144 **AMX-008**
ガ・ゾウム
DATA
スケール：1/144／発売：1986年8月／価格：648円／武器：ハイパー・ナックル・バスター

頭部とヘッドカバーの差し替えによってモビルアーマー形態に変形させられる。ハイパー・ナックル・バスターはグリップが折り畳み可能で、脹脛部のフレームやスラスターは可動する。

1/144 **AMX-103**
ハンマ・ハンマ
DATA
スケール：1/144／発売：1986年8月／価格：864円／武器：シールド、ビーム・サーベル

有線式アームと3連装ビーム砲はスプリングとリード線で展開状態を再現でき、通常の腕部との選択式。クローはそれぞれが独立して可動し、ビーム・サーベルを持たせることも可能。

1/144 AMX-107 バウ

DATA
スケール：1/144／発売：1986年8月／価格：648円／武装：ビーム・ライフル、シールド

特徴であるバウ・アタッカーとバウ・ナッターへの分離・変形を武装の差し替えのみで再現。腰部アーマーの特徴的なマーキングは水転写デカールで表現している。

▲ 腰部フロントアーマーのマーキングはテトロンシールで再現している。

HGUC AMX-107 バウ

DATA
スケール：1/144／発売：2000年9月／価格：1,296円／武装：ビーム・ライフル、シールド、ビーム・サーベル

バウ・アタッカーとバウ・ナッターへの分離・変形が可能。3分割された足部の変形構造などに加え、細部のディテールも精巧に再現。

HGUC AMX-107 バウ（量産型）

DATA
スケール：1/144／発売：2002年6月／価格：1,296円／武装：ビーム・ライフル、シールド、ビーム・サーベル

物語中盤に登場した量産機のカラーリングを成形色で再現したHGUC「バウ」のバリエーションキット。カラーリング以外の内容はベースキットと同じである。

1/144 AMX-009 ドライセン

DATA
スケール：1/144／発売：1986年10月／価格：864円／武装：トライ・ブレード×2、ビーム・トマホーク×2、ビーム・ランサー

重MSのフォルムを再現したドライセンの1/144スケールキット。腕部3連装ビーム・キャンノンは展開ギミックを再現し、ハンドパーツは人差し指が独立可動する。

HGUC RMS-119 アイザック

DATA
スケール：1/144／発売：2009年7月／価格：1,728円／武装：ザク・マシンガン改、シールド

HGUC「ハイザック」をベースに、新規パーツを追加して独特の構造を再現したHGUC版アイザック。頭部のロト・ドームが回転するほか、モノアイも可動する。

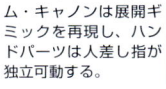

RE/100 AMX-107 バウ

DATA
スケール：1/100／発売：2016年11月／価格：3,780円／武装：ビーム・ライフル、シールド、ビーム・サーベル×2、3連装ミサイル×2

『機動戦士ガンダムUC』版の設定を反映し、RE/100でバウを立体化。シリーズ初の変形・合体ギミックを盛り込み、フレームレス構造でディテールと可動を両立。

HGUC AMX-009 ドライセン

DATA
スケール：1/144／発売：2014年2月／価格：2,160円／武装：トライ・ブレード×3、ビーム・トマホーク×2、ビーム・ランサー、ヒート・サーベル、ジャイアント・バズ

HGUC「ドライセン（ユニコーンVer.）」に新規パーツを加え、『ZZ』版ドライセンを再現。多彩な武装と忠実なプロポーション造形が特徴。

1/144 MS-06D ディザート・ザク

DATA
スケール：1/144／発売：1986年8月／価格：648円／武装：マシンガン、ロケット・ランチャー、3連ミサイル・ポッド、2連ミサイル・ポッド、クラッカー・ポッド

改造機のディテールが忠実に造形されている。また、ロケット・ランチャーのシールドへのマウントや、クラッカー・ポッドの開閉を再現している。

1/144 MS-09G ドワッジ

DATA
スケール：1/144／発売：1986年8月／価格：756円／武装：ビーム・カノン、ジャイアント・バズ、ヒート・サーベル×2

デザート・ロンメル専用機のH型（ドワッジ改）と一般機のG型を選択して再現できるコンパチキット。両型の設定に準じた武装が付属する。

1/144 RMS-119 アイザック

DATA
スケール：1/144／発売：1986年9月／価格：756円／武装：ザク・マシンガン改、シールド

頭部とロト・ドームが一体化した特徴的なフォルムが再現された、アイザックの1/144スケールキット。上腕部動力パイプはビニールチューブで表現されている。

■ネオ・ジオン

HGUC AMX-004-2
キュベレイ Mk-Ⅱ

DATA
スケール：1/144／発売：2000年6月／価格：1,620円／武器：ファンネル×10、ビーム・サーベル×2

HGUC「キュベレイ」の成形色を変更し、エルピー・プル専用機を再現したバリエーションキット。ベースキット同様、ファンネルはコンテナへの着脱が可能。

▶肩部アーマーのジオン・マークを再現できる水転写式デカールが付属する。

▼ハンドパーツの差し替えなどによって飛行ポーズを再現可能。

▼ビーム・サーベルは三つ又状態に差し替え可能。

▶ファンネルはファンネルコンテナからの着脱が可能。

MG AMX-004-3
キュベレイ Mk-Ⅱ
（プルツー専用機）

DATA
スケール：1/100／発売：2004年2月／価格：4,320円／武器：ファンネル×10、ビーム・サーベル×2

プルツー専用機を再現したMG「キュベレイ」のバリエーションキット。プルツーの1/20スケールフィギュアなどが付属する。

▲肩部バインダーの裏面をはじめ、各部のディテールを精巧に再現。

MG AMX-004-2
キュベレイ Mk-Ⅱ（エルピー・プル専用機）

DATA
スケール：1/100／発売：2009年11月／価格：4,320円／武器：ファンネル×10、ビーム・サーベル×2

MG「キュベレイMk-Ⅱ（プルツー専用機）」を基にプル専用機を再現。プルの1/20スケールフィギュアや、プルをイメージしたオリジナルマーキングのガンダムデカールが付属する。

1/144 AMX-117R/L
ガズ R/L

DATA
スケール：1/144／発売：1986年9月／価格：648円／武器：ビーム・ライフル、シールド、ヒート・ランス、ビーム・サーベル×2

ガズRとガズLのいずれかを選択して再現できるコンパチブルキット。ビーム・サーベルはグリップがバックパックから着脱でき、ビーム刃パーツの装着と2本の連結が可能。

1/144 RMS-192M
ザク・マリナー

DATA
スケール：1/144／発売：1986年8月／価格：648円／武器：サブロック・ガン

特徴的な形状のランドセルやサブロック・ランチャーが造形された肩部など、各部のディテールを忠実に再現。頭部アンテナは一般と指揮官機の選択式となっている。

HGUC RMS-192M
ザク・マリナー

DATA
スケール：1/144／発売：2012年7月／価格：1,512円／武器：サブロック・ガン、マグネット・ハーケン、サブロック×2

選択式の頭部アンテナ2種や着脱状態を選択できる脚部ハイドロ・ジェットなど、幅広い再現性が特徴。胸部パーツはキットオリジナルの仕様として通常のザクタイプも選択可能。

▼肩関節の引き出し機構でサブロック・ガンの両手持ちが可能。

▶腕部マグネット・ハーケンはリード線で射出状態を再現。

▶肩部サブロックは先端部を外してロケット弾を再現することもできる。

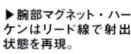

1/144 AMX-011 ザクⅢ

DATA
スケール：1/144／発売：1986年11月／価格：756円／武器：ビーム・ライフル（銃剣付）

バックパックのバーニアアームは可動し、胸部と腹部は別パーツ化されている。付属のビーム・ライフルの銃剣は着脱式。

▲腰部フロントアーマーはビーム・キャノンの発射姿勢を再現。

◀バーニアアームは上下可動する。

HGUC AMX-011S ザクⅢ改

DATA
スケール：1/144／発売：1999年8月／価格：1,620円／武器：ビーム・ライフル、ビーム・サーベル×2

ボリュームのあるプロポーションが特徴のザクⅢのカスタム機を再現。腰部ビーム・キャノンの展開や足部ヒールクローの可動といったギミックが盛り込まれている。

▶ビーム・サーベルは一体成形。

HGUC AMX-011 ザクⅢ

DATA
スケール：1/144／発売：2000年9月／価格：1,620円／武器：ビーム・ライフル（銃剣付）、ビーム・サーベル

HGUC「ザクⅢ改」をベースに、その前身となった量産機を再現。口吻部にビーム砲を備えた頭部の形状や重量感のあるフォルムを忠実に造形している。

1/144 AMA-01X ジャムル・フィン

DATA
スケール：1/144／発売：1986年11月／価格：756円／武器：――

モビルアーマー形態への変形をハンドパーツの差し替えのみで再現。独特のフォルムと各部ディテールも忠実に再現されている。

HGUC RMS-099B シュツルム・ディアス

DATA
スケール：1/144／発売：2009年5月／価格：1,836円／武器：クレイ・バズーカ、ビーム・ピストル×2、ビーム・サーベル

大型のグライ・バインダーを装備したリック・ディアスの発展機を、HGUC「リック・ディアス」をベースに再現。ハンドパーツは人差し指が独立して可動する。

▼グライ・バインダーは裏面のディテールまで精巧に再現されている。

◀頭部は一般機と指揮官機の選択式で、バルカン・ファランクスの展開が可能。

1/144 MS-14J リゲルグ

DATA
スケール：1/144／発売：1986年9月／価格：756円／武器：ビーム・ライフル、ロケット・ランチャー、ビーム・ナギナタ、ビーム・ランサー

MSVの1/144「ゲルググ ジョニー・ライデン少佐機」と一部パーツを共用し、ゲルググの改修機を再現。肩部バインダー内部のスラスターまで忠実に造形されている。

HGUC AMX-014 ドーベン・ウルフ

DATA
スケール：1/144／発売：2014年2月／価格：2,376円／武器：メガ・ランチャー、ビーム・サーベル×2

HGUC「ドーベン・ウルフ（ユニコーンVer.）」の成形色と一部仕様をアニメ設定に合わせたバリエーションキット。メガ・ランチャーやインコムなどの多彩な武装を再現している。

1/144 AMX-014 ドーベン・ウルフ

DATA
スケール：1/144／発売：1986年11月／価格：864円／武器：メガ・ランチャー、ビーム・サーベル

重MSのプロポーションを忠実に再現。ビーム・ライフルは砲身とストックの伸縮、グリップの展開が可能で、メガ・ランチャー形態を再現できる。

▶有線式ビーム・ハンドパーツはリードを用いて射出状態を表現。

▶腕部ビーム・ハンドは有線式と無線式を組み替え可能で、隠し腕も再現している。

『Z』終盤から『ZZ』序盤の時代を描いた外伝作品。連邦政府に反旗を翻したティターンズ派教導部隊「ニューディサイズ」と、その鎮圧に投入されたα任務部隊の戦いを描く。『モデルグラフィックス』（大日本絵画）にて1987年から1990年まで連載。

1/144で統一された旧ガンプラは『逆シャア』に次いで（一部を除く）発売され、多色成形ランナーやクリアパーツ、スナップフィット等、当時の最新技術が投入された。後発のMGでは、旧キットで再現されなかったSガンダムの合体変形を可能とした。

1/144　MSA-0011　Sガンダム

肩部アーマーの主翼や膝アーマー、テールスタビライザーが可動する。腰部のビーム・キャノンは、ビーム・スマートガンとの差し替え式となっている。

DATA
スケール：1/144／発売：1988年9月／価格：1,080円／武器：ビーム・スマートガン、ビーム・サーベル×2

MG　MSA-0011　Sガンダム

DATA
スケール：1/100／発売：2002年10月／価格：6,480円／武器：ビーム・スマートガン、ビーム・サーベル×2

MGでの『ガンダム・センチネル』シリーズ第一弾。Gコアなどへの3機への分離と変形が可能なギミックを搭載した。パイロットのフィギュアも付属する。

▲Gコアは可変式となっており、2タイプのコクピットが付属する。

▼Gアタッカー（左）は、スタビライザーや脚部の収納が可能である。

▶部の関節はビス止め式で、ボージングでの強度を確保している。

HGUC　MSA-0011　Sガンダム

DATA
スケール：1/144／発売：2001年8月／価格：1,944円／武器：ビーム・スマートガン、ビーム・サーベル×2

機体各部の関節の可動をはじめ、肩部アーマーの主翼やビーム・キャノンなどが可動。

ランナー上のアンテナパーツは破損を防ぐため、周囲のランナーが箱型になっている。

ビーム・スマートガンは脚部のアームと接続が可能となっている。

▲別パーツとしてディスプレイ式のコア・ファイターが付属する。

1/144　MSA-0011(Ext)　Ex-Sガンダム

DATA
スケール：1/144／発売：1988年11月／価格：1,512円／武器：ビーム・スマートガン、ビーム・サーベル×2

1/144「Sガンダム」をベースに、一部パーツを変更したキット。バックパックは新規造形。ビーム・スマートガンを含むランナーもベースキットと異なる。

HGUC　MSA-0011(Ext)　Ex-Sガンダム

DATA
スケール：1/144／発売：2002年4月／価格：2,700円／武器：ビーム・スマートガン、ビーム・サーベル×2

HGUC「Sガンダム」をベースとした、MS形態のプロポーションを重視したキット。大型バックパック、腰部のサポートアーム、ビーム・スマートガン用レドームなどを追加。

◀サポートアームによりビーム・スマートガンを構えたポーズが可能。

▶ブースター・ユニットなど大型のパーツを備えつつ、自立が可能だ。

MG　MSA-0011(Ext)　Ex-Sガンダム

DATA
スケール：1/100／発売：2003年3月／価格：8,640円／武器：ビーム・スマートガン、インコム、リフレクター・インコム×2、ビーム・サーベル×2

MG「Sガンダム」をベースとし、ブースター・ユニットなど多数の大型パーツを追加した大ボリュームキット。頭部と脚部のインコムは取り外しが可能。専用のディスプレイスタンドが付属する。

▶ブースター・ユニットをはじめ、各部のディテールも忠実に再現。

▶Gクルーザーモードへの変形機構を備えるほか、Gコアも付属する。

1/144 MSA-011(Bst)
S ガンダム ブースター・ユニット装着型

DATA

スケール：1/144／発売：1988年11月／価格：1,512円
／武器：ビーム・スマートガン、ビーム・サーベル×2

1/144「S ガンダム」のバリエーションキット。1/144「Ex-S ガンダム」用と同じブースター・ユニットを2セット同梱。ディスプレイ用スタンドが付属。

1/144 FA-010-B
フルアーマーダブルゼータガンダム

DATA

スケール：1/144／発売：1987年7月／価格：1,080円／武器：ハイパー・メガ・キャノン、ダブル・ビーム・ライフル、シールド×2、ビーム・サーベル

1/144「Z Z ガンダム」を基に、フルアーマー用の増加パーツを追加したキット。ハイパー・メガ・キャノンの弾帯はブロック連結式の無段階可動で、ポーズに合わせて自由に可動させられる。

1/144 MSZ-006C1
ゼータプラス C1

DATA

スケール：1/144／発売：1988年9月／価格：1,080円／武器：ビーム・スマートガン

頭部や胴体パーツを取り外すことでウェイブライダー形態に変形可能。ウィングバインダーやテール・スタビライザーが可動する。ビーム・スマートガンは両腕で保持できる。

MG MSZ-006C1
ゼータプラス C1

DATA

スケール：1/100／発売：2002年2月／価格：3,240円／武器：ビーム・スマートガン、ビーム・サーベル×2

MG「ゼータプラス（テスト機カラータイプ）」の成形色や一部仕様を変更し、ビーム・スマートガン等のC1型用装備を新規造形で追加。脚部の動力パイプはポリエチレン製パーツとメッシュパイプを組み合わせて再現する。

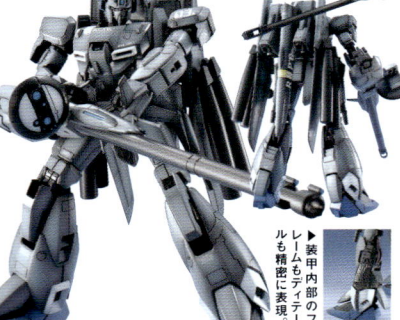

▶ランディングスキッドの取り付けが可能。

EX モデル
S ガンダムアタッカー

DATA

スケール：1/144／発売：2001年12月／価格：3,240円／武器：——

S ガンダムの A パーツの飛行形態を、ディテール感溢れる造形で再現している。ユニット単位にパーツ分割されているので組み立ても容易。

MG FA-010-A
FAZZ

DATA

スケール：1/100／発売：2001年9月／価格：6,480円／武器：ハイパー・メガ・キャノン、ダブル・ビーム・ライフル

MG「フルアーマーダブルゼータガンダム」の成形色を変更し、頭部や足部などを新規造形としたキット。特徴的なマーキング類は、付属のガンダムデカールで再現。

▶胸部装甲のセンサー類や内部ミサイルのディテールも忠実に再現した。

▼バックパックのミサイル・ポッドは開閉式で、内部ミサイルも再現。

◀ダブル・ビーム・ライフルが付属。右腕に取り付けることができる。

MG MSZ-006A1
ゼータプラス（テスト機カラータイプ）

DATA

スケール：1/100／発売：2001年10月／価格：3,240円／武器：ビーム・ライフル、シールド、ビーム・サーベル×2

デモンストレーション用のオレンジとホワイトの機体色を、パーツ分割と成形色により再現。ビス止めなどを採用し、キット各部の強度を確保している。各種マーキングのデカールが付属。

▶ランディングギアが付属し、ウェイブライダー形態でディスプレイ可能。

HGUC RMS-141
ゼクアイン

DATA

スケール：1/144／発売：2001年10月／価格：1,728円／武器：マシンガン、弾装タンク×2、シールド×2、ビーム・サーベル×2

1/144 スケールながら複雑な装甲形状を忠実に再現。関節の可動域も広く、マシンガンやビーム・サーベルを構えたポーズが可能。給弾ベルトは折り曲げることができる。

◀武器は第三種兵装のものが付属。弾倉は肩部への取り付けが可能である。

RMS-141 "XEKUEINS"

▶装甲内部のフレームも精密に表現。

1988

機動戦士ガンダム 逆襲のシャア

MOBILE SUIT GUNDAM CHAR'S COUNTERATTACK

ガンダムシリーズ初の劇場版オリジナル作品。宇宙世紀0093年、地球に隕石落としを行おうとするシャア・アズナブルが率いるネオ・ジオンと、地球連邦軍外郭部隊のロンド・ベル隊の戦いを描く。『機動戦士ガンダム』から続いたアムロ・レイとシャア・アズナブルによる最終決戦が描かれており、それまでのガンダムシリーズに大きな区切りをつけることになった作品でもある。
1988年3月12日劇場公開／上映時間：120分

その後のガンプラの
スタンダードが確立

『機動戦士ガンダム 逆襲のシャア』（以下、『逆襲のシャア』）は、『機動戦士ガンダム ZZ』の放送終了から約1年後の1988年3月に公開された。ガンダムシリーズ初の劇場版完全オリジナル作品であり、『機動戦士ガンダム』から続くガンダムサーガを一区切りする作品として位置していたこともあって、商品開発や展開にはかなりの力が入ったものとなった。シリーズ最大の特徴が、1/144シリーズにおけるポリキャップとスナップフィットの併用・標準化である。『逆襲のシャア』

シリーズのスナップフィットはビス止め併用する仕様でこそあったが、より作りやすく、よりポージングしやすい以降のガンプラのスタンダードがここで確立することとなった。

新たな仕組みを導入し
さらなる進化を模索

『逆襲のシャア』のガンプラは、その完成度の高さと作品人気に支えられ、好調な売れ行きを記録。MGやHGUCといった後発のシリーズでもラインナップが充実していった。なかでも、νガンダムとサザビーは東京・お台場の「ガンダムフロント東京」内の映像施設「DOME-G」で公開されたムービーに登場するデザインをもとに、「MG Ver.Ka」が商品化された。こちらは、各部装甲がスライド展開することでサイコフレームが露出し、フォルムが変化するギミックを追加。パネルラインとして各部ディテールが追加され、さらにパネルラインにそって装甲が展開するギミックは、メカニックとしてのリアリティを表現している。内部フレームの表現から進化し、外装表現の可能性を探るというトライアルが行われたキットと言えるだろう。

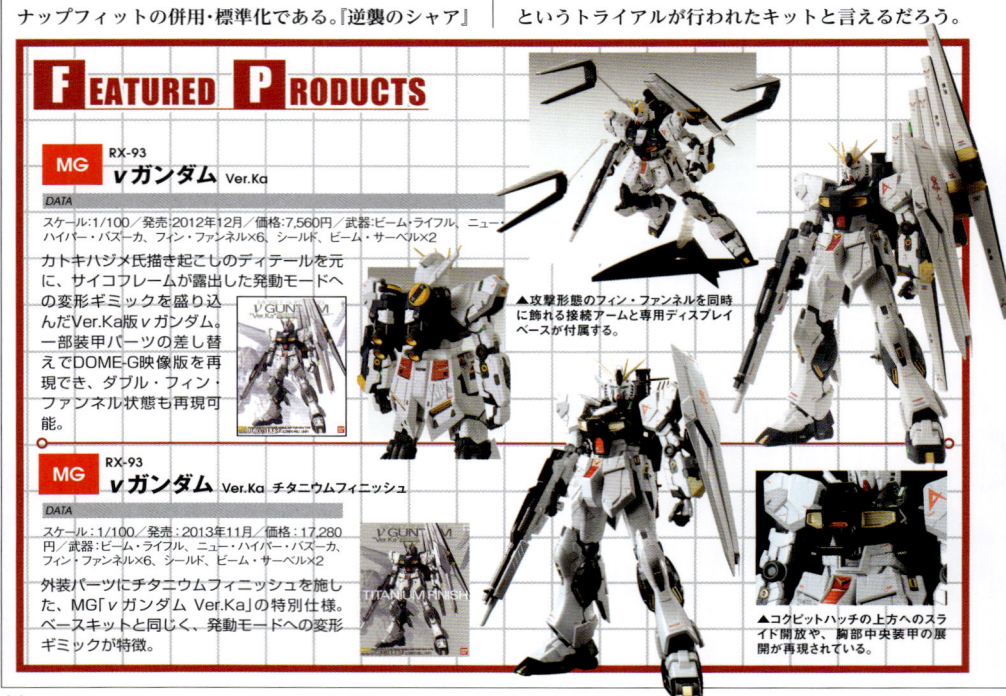

FEATURED PRODUCTS

MG RX-93
νガンダム Ver.Ka

DATA
スケール：1/100／発売：2012年12月／価格：7,560円／武器：ビーム・ライフル、ニュー・ハイパー・バズーカ、フィン・ファンネル×6、シールド、ビーム・サーベル×2

カトキハジメ氏描き起こしのディテールを元に、サイコフレームが露出した発動モードへの変形ギミックを盛り込んだVer.Ka版νガンダム。一部装甲パーツの差し替えでDOME-G映像版を再現でき、ダブル・フィン・ファンネル状態も再現可能。

▲攻撃形態のフィン・ファンネルを同時に飾れる接続アームと専用ディスプレイベースが付属する。

MG RX-93
νガンダム Ver.Ka チタニウムフィニッシュ

DATA
スケール：1/100／発売：2013年11月／価格：17,280円／武器：ビーム・ライフル、ニュー・ハイパー・バズーカ、フィン・ファンネル×6、シールド、ビーム・サーベル×2

外装パーツにチタニウムフィニッシュを施した、MG「νガンダム Ver.Ka」の特別仕様。ベースキットと同じく、発動モードへの変形ギミックが特徴。

▲コクピットハッチの上方へのスライド開放や、胸部中央装甲の展開が再現されている。

■ ロンド・ベル

1/144 RX-93 νガンダム

DATA

スケール：1/144／発売：1987年12月／価格：864円／武器：ビーム・ライフル、ニュー・ハイパー・バズーカ、シールド、ビーム・サーベル

胴体部や前腕などにビス止めを用い、ハンドパーツには可動指を採用している。バックパックのビーム・サーベルは着脱式で、ニュー・ハイパー・バズーカはバックパックにマウントが可能。

1/144 RX-93 νガンダム フィン・ファンネル装備型

DATA

スケール：1/144／発売：1988年7月／価格：1,080円／武器：ビーム・ライフル、ニュー・ハイパー・バズーカ、フィン・ファンネル×6、シールド、ビーム・サーベル

1/144「νガンダム」に着脱可能なフィン・ファンネルを追加。フィン・ファンネルは変形可能な2基と折り畳んだ状態の4基が付属する。

1/100 RX-93 νガンダム フィン・ファンネル装備型

DATA

スケール：1/100／発売：1988年10月／価格：2,700円／武器：ビーム・ライフル、ニュー・ハイパー・バズーカ、フィン・ファンネル×6、シールド、ビーム・サーベル

一部パーツの固定にビス止めを用い、肩関節と股関節、脛内部フレームにはダイキャストパーツを採用。フィン・ファンネルの変形ギミックなども忠実に再現されている。

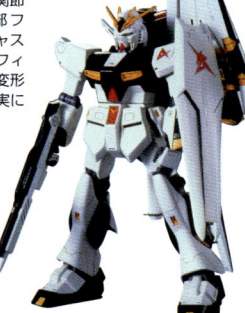

MG RX-93 νガンダム

DATA

スケール：1/100／発売：2000年12月／価格：5,400円／武器：ビーム・ライフル、ニュー・ハイパー・バズーカ、フィン・ファンネル×6、シールド、ビーム・サーベル×2

頭部と足を除いた全身の内部にフレーム構造を再現し、ビス止め機構とダイキャストパーツにより強度と安定性を確保している。フィン・ファンネルは6基すべての変形と着脱が可能となっている。

▶ コクピット内部や左腕部サーベルラックの構造も再現されている。

HGUC RX-93 νガンダム

DATA

スケール：1/144／発売：2008年3月／価格：2,700円／武器：ビーム・ライフル、ニュー・ハイパー・バズーカ、フィン・ファンネル×6、シールド、ビーム・サーベル×2

パーツの合わせ目が露出しない新規構造と、関節強度を高める新型ポリキャップを採用したHGUCキット。細部のディテールが忠実に造形されており、肩部とシールドのエンブレムはマーキングシールで再現。6基のフィン・ファンネルは個々に着脱と変形が可能となっている。

■ ロンド・ベル

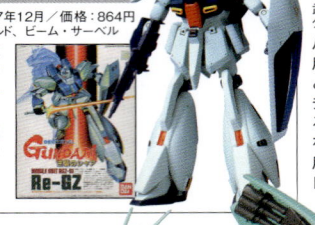

1/144 RGZ-91 リ・ガズィ

DATA
スケール：1/144／発売：1987年12月／価格：864円／武器：ビーム・ライフル、シールド、ビーム・サーベル

胴体と脚部にビス止めを取り入れ、胸部は別パーツで成形されている。腰部アーマーと背部スタビライザー、指は可動する。付属のビーム・ライフルはシールド裏にマウントが可能。

MG RGZ-91 リ・ガズィ

DATA
スケール：1/100／発売：2001年6月／価格：4,320円／武器：ビーム・ライフル、シールド、ビーム・サーベル×4、バック・ウェポン・システム

バック・ウェポン・システムを用いた簡易変形が可能で、腕部と腰部のグレネード・ランチャーは発射状態を再現できる。膝関節には可動による緩みを調節できるビス止め機構を採用。各種武器のほか、ディスプレイスタンドが付属する。

▼バック・ウェポン・システム形態。

HGUC RGZ-91 リ・ガズィ

DATA
スケール：1/144／発売：2008年1月／価格：3,024円／武器：ビーム・ライフル、シールド、ビーム・サーベル×2、バック・ウェポン・システム

肩部のスイング機構や脚部変形構造を盛り込み、バック・ウェポン・システムによる変形を再現。背部サーベルラックは差し替えで展開し、腕部グレネード・ランチャーはスライドギミックで発射状態を再現できる。別売りのアクションベースに対応したジョイントパーツが付属する。

1/144 RGM-89 ジェガン

DATA
スケール：1/144／発売：1988年3月／価格：540円／武器：ビーム・ライフル、シールド、ビーム・サーベル

胴体と脚部はビス止め式で、手首パーツは指が可動式となっている。腰部サイドアーマーも独立して可動し、脚部は広い可動域が確保されている。各種武装のほか、マーキングシールが付属する。

HGUC RGM-89 ジェガン

DATA
スケール：1/144／発売：2009年8月／価格：1,620円／武器：ビーム・ライフル、シールド、ビーム・サーベル

▲ビーム・サーベルのビーム刃と頭部センサーゴーグルはクリアパーツで再現している。細部のディテールも精巧に造形されている。

腕部や脚部の関節にABS素材を用いて強度を確保し、肩部のスイング機構や股関節の回転軸などにより柔軟な可動を実現。ビーム・サーベルは腰部ラックへの収納が可能で、グレネードラックは開閉構造が再現されている。部隊章などのマーキングシールが付属する。

■ ネオ・ジオン

1/144 MSN-04 サザビー

DATA

スケール：1/144／発売：1988年2月／価格：1,080円／武器：ビーム・ショット・ライフル、ファンネル×6、シールド、ビーム・サーベル、ビーム・トマホーク×2

各部にビス止めを用い、上腕部サイドスラスターなどの可動を再現している。ビーム・トマホークは展開、収納状態の2種が付属し、ファンネルは着脱が可能。

MG MSN-04 サザビー

DATA

スケール：1/100／発売：2000年7月／価格：8,640円／武器：ビーム・ショット・ライフル、ファンネル×6、シールド、ビーム・サーベル×2、ビーム・トマホーク

上腕部シリンダーや脛部ダンパーなどの伸縮ギミックを盛り込み、指は第二関節まで可動する。頭部コクピットの開閉構造や前腕部へのビーム・サーベル収納なども再現。マーキングシールとガンダムデカールが付属する。

◀ファンネルコンテナはハッチの開閉が可能で、ファンネルは着脱と展開が再現されている。

HGUC MSN-04 サザビー

DATA

スケール：1/144／発売：2008年6月／価格：3,024円／武器：ビーム・ショット・ライフル、ファンネル×12、シールド、ビーム・サーベル×2、ビーム・トマホーク

パーツの後ハメが可能な新規構造と新型ポリキャップを採用し、重厚なプロポーションと細部のディテールを再現。ファンネルは収納状態と展開状態の2種12基が付属し、ハッチの開閉を再現したコンテナへの着脱が可能。ビーム・トマホークは2種類のビーム刃をクリアパーツで成形。機体のエンブレムを再現するマーキングシールが付属する。

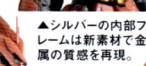

MG MSN-04 サザビー Ver.Ka

DATA

スケール：1/100／発売：2013年12月／価格：9,720円／武器：ビーム・ショット・ライフル、ロング・ライフル、ファンネル×6、シールド、ビーム・サーベル×2、ビーム・トマホーク×2

▲シルバーの内部フレームは新素材で金属の質感を再現。

装甲の展開ギミックを盛り込んだVer.Ka版キット。外装パーツは3段階の赤色を用いて質感を表現し、別売りのガンプラ用LEDユニットによるモノアイの点灯が可能。ファンネルをはじめとした各種武装のほか、初期イメージボードに描かれたロング・ライフルが付属する。

1/144 MSN-03 ヤクト・ドーガ（ギュネイ・ガス専用機）

DATA

スケール：1/144／発売：1988年1月／価格：864円／武器：ビーム・アサルトライフル、ファンネル×6、シールド、ヒート・ナイフ付ビーム・サーベル

ギュネイ・ガス専用機のカラーリングを成形色で再現したキット。胴体と前腕、大腿部にはビス止めを採用しており、ファンネルは着脱が可能となっている。

HGUC MSN-03 ヤクト・ドーガ（ギュネイ・ガス専用機）

DATA

スケール：1/144／発売：2007年10月／価格：2,376円／武器：ビーム・アサルトライフル、ファンネル×6、シールド、ヒート・ナイフ付ビーム・サーベル

ファンネルは収納状態と展開状態の2種が付属し、軟質クリア棒を用いて射出シーンを再現できる。ビーム・サーベルはビーム刃とヒート・ナイフを外して腰部サイドアーマーに収納が可能。

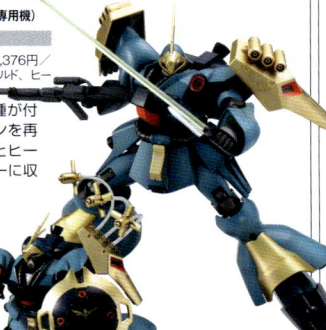

■ ネオ・ジオン

1/144 MSN-03 ヤクト・ドーガ（クェス・パラヤ専用機）

DATA
スケール：1/144／発売：1988年4月／価格：864円／武器：メガ・ガトリングガン、ビーム・アサルトライフル、ファンネル×6、シールド、ヒート・ナイフ付ビーム・サーベル

クェス・パラヤ機の特徴であるカラーリングとフェイスガード、武装を再現。その他の内容はギュネイ専用機の同スケールキットと同じで、劇中未使用のビーム・アサルトライフルも付属する。

1/144 AMS-119 ギラ・ドーガ

DATA
スケール：1/144／発売：1988年3月／価格：756円／武器：ビーム・マシンガン×2（一般機用、指揮官機用）、シュツルム・ファウスト×4、シールド、ビーム・ソード・アックス、ビーム・アックス、ビーム・ピック

胴体と脚部にビス止めを採用。シールドは中折れ構造が再現されており、裏面にシュツルム・ファウストを装備できる。頭部のブレードアンテナを切り取ることで一般機の再現も可能。

HGUC AMS-119 ギラ・ドーガ

DATA
スケール：1/144／発売：2008年11月／価格：1,944円／武器：ビーム・マシンガン（一般機用）、シュツルム・ファウスト×4、シールド、ビーム・ソード・アックス×2

肩部関節のスイング機構や首の引き出し機構などの可動構造により、様々なポージングを可能としたHGUC版ギラ・ドーガ。頭部パーツは一般機と指揮官機の選択式で、ビーム・ソード・アックスにはアックスとピックのビーム刃パーツ2種が付属する。

HGUC AMS-119 ギラ・ドーガ（レズン・シュナイダー専用機）

DATA
スケール：1/144／発売：2009年1月／価格：1,944円／武器：ビーム・マシンガン（指揮官機用）、シュツルム・ファウスト×4、シールド、ビーム・ソード・アックス×2

レズン・シュナイダー機のカラーリングを成形色で再現したバリエーションキット。ビーム・マシンガンは指揮官機用に変更され、ビーム・ソード・アックスにはサーベル状のビーム刃パーツが追加されている。

HGUC MSN-03 ヤクト・ドーガ（クェス・エア専用機）

DATA
スケール：1/144／発売：2007年10月／価格：2,376円／武器：メガ・ガトリングガン、ファンネル×6、シールド、ヒート・ナイフ付ビーム・サーベル

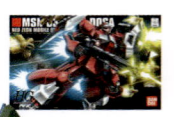

クェス機のカラーリングとディテールには忠実に再現。肩部関節にはスイング機構を採用し、頭部は飛行状態を再現できる可動域を備える。ファンネルは収納、展開状態の2種が付属する。

MG AMS-119 ギラ・ドーガ

DATA
スケール：1/100／発売：2013年7月／価格：5,184円／武器：ビーム・マシンガン（一般機用、マガジン×2）、ビーム・マシンガン（指揮官機用、マガジン×2）、シュツルム・ファウスト×4、シールド、ビーム・ソード・アックス×2

膝関節の装甲連動ギミックや肩関節の引き出し機構によって多彩なアクションポーズが可能。腰部サイドアーマーのマガジン収納構造やシールドの可動も再現されている。別売りのガンプラ用LEDユニットを用いてモノアイの発光も可能。

▼内部フレーム構造を精巧に造形し、動力パイプは軟質素材で質感を表現している。

1/550 NZ-333 α・アジール

DATA
スケール：1/550／発売：1988年8月／価格：1,080円／武器：ー

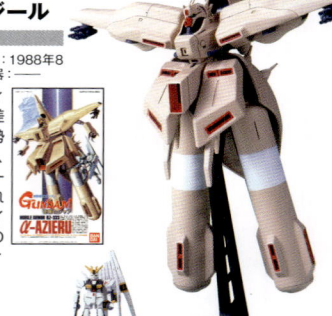

頭部カバーとランディングギアが可動し、差し替えなしで降着姿勢への変形が可能。また、サブマニピュレーターの展開構造も再現されている。ディスプレイベースと同スケールのνガンダムMSフィギュアが付属する。

1988 機動戦士ガンダム 逆襲のシャア ベルトーチカ・チルドレン

『機動戦士ガンダム 逆襲のシャア ベルトーチカ・チルドレン』は、映画『逆襲のシャア』の第一稿を元にした小説である。そこに登場するνガンダムと、サザビーに相当するシャア専用MS「ナイチンゲール」などに取り上げられ人気を博した。そして、前者は「Hi-νガンダム」として設定が起こされ、ナイチンゲールとともにキット化されることになった。それらはデザイン性の高さもあり、多くの支持を集めている。

MG RX-93-ν2
Hi-νガンダム

DATA
スケール：1/100／発売：2007年2月／価格：7,560円／武器：ビーム・ライフル、ニュー・ハイパー・バズーカ、フィン・ファンネル×6、ビーム・サーベル×3

出渕裕氏のデザインを元にした公式設定版Hi-νガンダムをMGでキット化。各種武装と専用スタンド、フィン・ファンネル用エフェクトパーツが付属する。

HGUC FA-93HWS
νガンダム（ヘビー・ウェポン・システム装備型）

DATA
スケール：1/144／発売：2009年4月／価格：3,024円／武器：ビーム・ライフル、ニュー・ハイパー・バズーカ、ハイパー・メガ・ライフル、フィン・ファンネル×6、シールド、ハイ・メガ・シールド、ビーム・サーベル×2

『CCA-MSV』に登場のバリエーション機をHGUCで再現。増加パーツは着脱が可能で、通常のνガンダムに差し替えることもできる。

HGUC RX-93-ν2
Hi-νガンダム

DATA
スケール：1/144／発売：2009年6月／価格：2,376円／武器：ビーム・ライフル、ニュー・ハイパー・バズーカ、フィン・ファンネル×4、ビーム・サーベル×2

特徴的なカラーリングをパーツ分割で再現したHi-νガンダムのHGUCキット。付属のフィン・ファンネルは2基が変形可能となっている。

MG RX-93-ν2
Hi-νガンダム Ver.Ka

DATA
スケール：1/100／発売：2014年8月／価格：7,560円／武器：ビーム・ライフル、ニュー・ハイパー・バズーカ、フィン・ファンネル×6、ビーム・サーベル×3

小説版の初期デザインを元に、カトキハジメ氏によって再構築されたVer.Kaキット。右前腕部の隠し武器や脚部展開による高機動モードといったギミックが盛り込まれている。

RE/100 MSN04-II
ナイチンゲール

RE/100シリーズの第1弾として初ガンプラ化されたナイチンゲールのキット。超重量級MSの独特のフォルムを、精緻なディテールで忠実に再現している。

DATA
スケール：1/100／発売：2014年9月／価格：8,640円／武器：大型メガ・ビーム・ライフル、ファンネル×10、シールド、ビーム・トマホーク

2017 機動戦士ガンダム Twilight AXIS

『機動戦士ガンダム Twilight AXIS』は、サンライズ運営のウェブサイト「矢立文庫」で連載された小説を原作とするアニメである。『シャアの反乱』で分断されたアクシズを舞台に繰り広げられる戦いと人間ドラマを描いた物語で、劇中に登場するMSがプレミアムバンダイの限定キットを含めて立体化されている。

HGUC RX-78AN-01
ガンダム AN-01 トリスタン

DATA
スケール：1/144／発売：2017年6月／価格：1,620円／武器：ビーム・ライフル、シールド、ビーム・サーベル×2

劇中で主人公たちと激闘を繰り広げるガンダムタイプMSのHG UCキット。HGUC「ガンダムNT-1」をベースとした各部のディテールが精巧に再現されている。

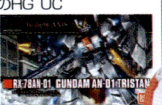

機動戦士ガンダム 0080 ポケットの中の戦争

MOBILE SUIT GUNDAM 0080
"WAR IN THE POCKET"

ガンダム作品としては初となるOVAシリーズ。一年戦争末期のサイド6を舞台に、コロニー内で秘密裏に開発が進められるアレックス（ガンダムNT-1）と、それを追うジオン公国軍の特殊部隊サイクロプス隊の活躍が描かれる。主人公がジオン兵と一般人の少年に設定され、戦争状況での一般生活が描かれるなど、これまでの戦場を舞台としていたガンダム作品とは異なるテイストが話題となった。
1989年3月〜8月発売／全6話

『0080』シリーズ独自の新たな技術的試み

『機動戦士ガンダム0080 ポケットの中の戦争』（以下、『0080』）は、1980年代後半にハイターゲット向けとして人気を集め始めたOVA（オリジナルビデオアニメーション）を初めて媒体としたガンダム作品である。また、富野由悠季氏以外による初のガンダムシリーズとしても話題となった。

『0080』シリーズのキット化にあたっては、新たな技術が導入されてプラモデルとしてのさらなるクオリティの向上が図られている。その最大の特徴は、それぞれの商品のための専用ポリキャップの採用と、可動範囲のさらなる拡大を試みたボールジョイントの導入にある。1/144スケールで展開された『0080』シリーズでは、劇中に登場するMSのそれぞれに異なるプロポーションを再現し、可動範囲の拡大との両立に挑戦した。そのために、それまでは共通パーツだったポリキャップを、形状に合わせた専用のものを設計。それを組み込むことで、共通ポリキャップ以上の可動域を実現した。

前シリーズからの技術継承と発展

同シリーズでは『逆襲のシャア』シリーズから継承されたスナップフィットによって接着剤が不要となり、多色成形と付属のシールで塗装をしなくとも設定に近いカラーリングで組み上げることができた。

さらに、ジム・コマンドのカメラ部がクリアパーツで成形され、ガンダムNT-1のチョバムアーマーの着脱ギミックや、ケンプファーの多彩な武装が再現されるなど、これまでのガンプラでは不可能だった部分も実現されている。これらの各部へのこだわりは、その後にガンプラのスタンダードとなるHGUCにも引き継がれており、この時期にHGUCでのアプローチの基礎が出来ていたとも言える。

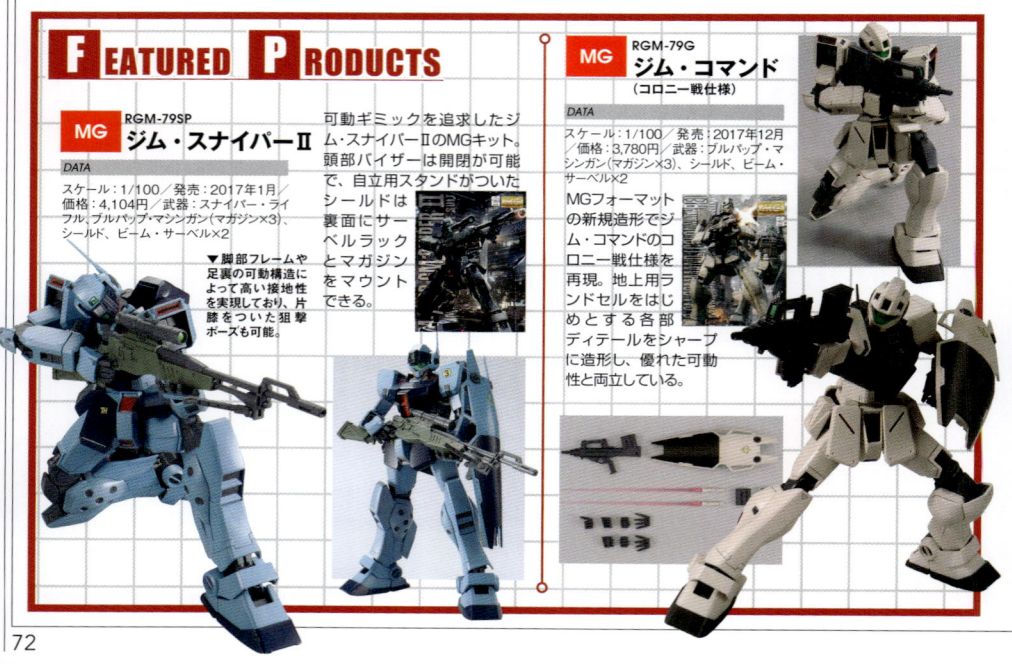

FEATURED PRODUCTS

MG RGM-79SP
ジム・スナイパーⅡ

DATA
スケール：1/100／発売：2017年1月／価格：4,104円／武器：スナイパー・ライフル、ブルパップ・マシンガン（マガジン×3）、シールド、ビーム・サーベル×2

▼脚部フレームや足裏の可動構造によって高い接地性を実現しており、片膝をついた狙撃ポーズも可能。

可動ギミックを追求したジム・スナイパーⅡのMGキット。頭部バイザーは開閉が可能で、自立用スタンドがついたシールドは裏面にサーベルラックとマガジンをマウントできる。

MG RGM-79G
ジム・コマンド
（コロニー戦仕様）

DATA
スケール：1/100／発売：2017年12月／価格：3,780円／武器：ブルパップ・マシンガン（マガジン×3）、シールド、ビーム・サーベル×2

MGフォーマットの新規造形でジム・コマンドのコロニー戦仕様を再現。地上用ランドセルをはじめとする各部ディテールをシャープに造形し、優れた可動性と両立している。

■ 地球連邦軍

1/144　RX-78NT1　ガンダム NT-1

DATA

スケール：1/144／発売：1989年8月／価格：864円／武器：ビーム・ライフル、腕部ガトリング・ガン×2、シールド、ビーム・サーベル×3

パーツの差し替えによってチョバムアーマーの装着と腕部ガトリング・ガンの展開を再現している。収納状態のビーム・サーベル2基はランドセルへの着脱が可能。

MG　RX-78NT1　ガンダム NT-1

DATA

スケール：1/100／発売：1999年10月／価格：3,240円／武器：ビーム・ライフル、シールド、ビーム・サーベル×2

軟質ラバーパーツを用いた肩関節ブロックや外装の着脱が可能な脚部の内部メカなど、細部のディテールをリアルに表現。腕部ガトリング・ガンはスライド展開ギミックによって差し替えなしで発射状態を再現している。

▲チョバムアーマーは着脱が可能で、胸部と肩部には展開ギミックが盛り込まれている。

HGUC　RX-78NT1　ガンダム NT-1

チョバムアーマーの着脱ギミックとプロポーションの再現を両立。腕部ガトリング・ガンの展開は差し替え式で、頭部カメラアイなどの色分けを再現できるホイルシールも付属している。

DATA

スケール：1/144／発売：2004年6月／価格：1,620円／武器：ビーム・ライフル、腕部ガトリング・ガン×2、シールド、ビーム・サーベル×3

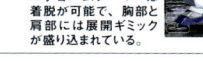

◀着脱式のチョバムアーマーの各パーツ。本体への装着はランドセルからビーム・サーベルを外すのみで可能となっており、装甲表面のディテールが精巧に再現されている。劇中未登場の付属武装は設定画からの立体化となる。

1/144　RGM-79G　ジム・コマンド

DATA

スケール：1/144／発売：1989年4月／価格：540円／武器：ブルパップ・マシンガン、シールド、ビーム・サーベル×2

関節部にポリパーツを採用し、腰の回転軸や腰部アーマーの独立可動を取り入れている。また、頭部カメラカバーはクリアパーツで再現されている。

HGUC　RGM-79G　ジム・コマンド

DATA

スケール：1/144／発売：2004年5月／価格：864円／武器：ブルパップ・マシンガン、シールド、ビーム・サーベル

肘関節や膝部などにABS製パーツを用い、デザインを保ったまま広い可動域を確保。頭部カメラカバーはクリアパーツで造形され、展開状態のビーム・サーベルは持ち手と一体成形となっている。

1/144　RGM-79GS　ジム・コマンド宇宙用

DATA

スケール：1/144／発売：1989年7月／価格：540円／武器：ビーム・ガン、シールド、ビーム・サーベル×2

1/144「ジム・コマンド」の成形色を変更し、異なる武装とランドセルを設定通りに造形。可動構造などはベースキットのものを引き継いでいる。

HGUC　RGM-79GS　ジム・コマンド（宇宙仕様）

DATA

スケール：1/144／発売：2004年11月／価格：864円／武器：ビーム・ガン、シールド、ビーム・サーベル

HGUC「ジム・コマンド」をベースに、ランドセルとビーム・ガンのディテールを再現。カラーリングを成形色で表現し、頭部カメラカバーにはクリアパーツを用いている。

■ 地球連邦軍／ジオン公国軍

HGUC RGM-79D ジム寒冷地仕様

DATA
スケール：1/144／発売：2003年7月／価格：864円／武器：90mm マシンガン、シールド、ビーム・サーベル

関節部にABS素材を用いることでプロポーションイメージを崩すことなく可動域を確保している。

HGUC RGM-79SP ジム・スナイパーⅡ

DATA
スケール：1/144／発売：2012年9月／価格：1,620円／武器：狙撃用ライフル、ブルパップ・マシンガン、シールド、ビーム・サーベル×2

頭部バイザーの開閉を再現し、幅広い可動域によりライフルを構えるポーズも可能。同スケールのドラケンEが付属する。

HGUC RX-77D ガンキャノン量産型

DATA
スケール：1/144／発売：2004年2月／価格：1,080円／武器：ブルパップ・マシンガン

特徴的な各部ディテールや肩部キャノン砲の伸縮・収納ギミックを忠実に再現。色分け用ホイルシールが付属する。

1/144 MS-06FZ ザクⅡ改

DATA
スケール：1/144／発売：1989年4月／価格：648円／武器：90mm マシンガン、ハンド・グレネード×3

頭部は通常とBタイプの2種が付属し、モノアイをクリアパーツとシールで再現。股関節やシールド基部などにはボールジョイントを用いている。

HGUC MS-06FZ ザクⅡ改

DATA
スケール：1/144／発売：2008年5月／価格：1,296円／武器：90mm マシンガン、ヒート・ホーク

股関節は移動機構を備え、劇中の着陸姿勢を再現可能。肩関節はスイング機構によって武装を両手で構えることができる。頭部は通常とBタイプの2種が付属し、90mmマシンガンはグレネードランチャーの装着を選択可能。

1/144 MSM-03/C ハイゴッグ

DATA
スケール：1/144／発売：1989年5月／価格：756円／武器：ハンド・ミサイル・ユニット×2、ミサイル×2

上腕はパーツ分割で蛇腹関節を再現し、前腕部はハンド・ミサイル・ユニットとの差し替えが可能。また、各部の可動と差し替えによって水中巡航形態も再現できる。

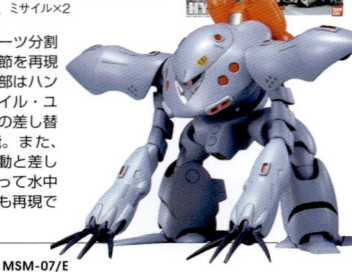

HGUC MSM-03C ハイゴッグ

DATA
スケール：1/144／発売：2003年6月／価格：1,296円／武器：ハンド・ミサイル・ユニット×2、ミサイル×2

上腕の多重関節や腕部クローにボールジョイントを採用し柔軟な可動を実現している。ハンド・ミサイル・ユニットはクローの差し替えによって装着を再現しており、水中巡航形態への変形も可能。

1/144 MSM-07/E ズゴック E

DATA
スケール：1/144／発売：1989年3月／価格：648円／武器：—

股関節にボールジョイントを用いて広い可動域を確保し、腕部クローは各爪が独立して可動する。また、モノアイはクリアパーツで再現され、背部ジェットパックは着脱が可能となっている。

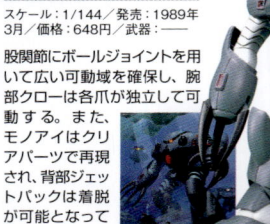

HGUC MSM-07E ズゴック E

DATA
スケール：1/144／発売：2003年8月／価格：1,296円／武器：—

蛇腹構造となった上腕部と大腿部のディテールを別パーツ化で再現し、モノアイはクリアパーツで成形。足部の可動により水中巡航形態も再現可能で、背部ジェットパックは着脱式となっている。

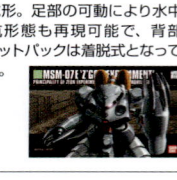

■ ジオン公国軍

1/144 MS-09R リックドムⅡ

DATA
スケール：1/144／発売：1989年5月／価格：756円／武器：ジャイアント・バズ

頭部と胸部は別パーツ成形でディテールを再現し、モノアイにはクリアパーツを使用している。プロペラントタンクは着脱が可能。

HGUC MS-09R-2 リック・ドムⅡ

DATA
スケール：1/144／発売：2004年1月／価格：1,620円／武器：ジャイアント・バズ、90mmマシンガン、シュツルム・ファウスト×2、ヒート・サーベル

劇中イメージに沿った重厚なプロポーションを再現し、スカート内部のバーニアや足裏などのディテールも精巧に造形。付属のヒート・サーベルは背部にマウント可能。

HGUC MS-09R-2 リック・ドムⅡ ライトグリーンバージョン

DATA
スケール：1/144／発売：2008年8月／価格：1,620円／武器：ジャイアント・バズ、90mmマシンガン、シュツルム・ファウスト×2、ヒート・サーベル

劇中序盤に登場したライトグリーンの機体を成形色で再現したカラーバリエーションキット。成形色以外の内容はベースキットと変わらず、同様の武装が付属する。

1/144 MS-14JG ゲルググJ

DATA
スケール：1/144／発売：1989年6月／価格：756円／武器：ビーム・マシンガン

股関節にボールジョイントを採用して可動域を確保し、モノアイはクリアパーツで再現。背部のプロペラントタンクは着脱が可能。

HGUC MS-14JG ゲルググJ

DATA
スケール：1/144／発売：2004年3月／価格：1,296円／武器：ビーム・マシンガン

細部のディテールを精巧に造形し、特徴的なプロポーションも忠実に再現。また、肘関節には新機構が盛り込まれており、ビーム・マシンガンを両手で構えるための左手首パーツが付属する。

1/144 MS-18E ケンプファー

DATA
スケール：1/144／発売：1989年7月／価格：864円／武器：ジャイアント・バズ×2、ショット・ガン×2、シュツルム・ファウスト×2、チェーン・マイン

劇中で使用された豊富な武装が付属し、設定通りに各部へのマウントが可能。チェーン・マインは連結部をポリパーツで再現している。

HGUC MS-18E ケンプファー

DATA
スケール：1/144／発売：2008年8月／価格：1,944円／武器：ジャイアント・バズ×2、ショット・ガン×2、シュツルム・ファウスト×2、チェーン・マイン、ビーム・サーベル×2

劇中のイメージを重視した可動ポイントを盛り込み、腕部と脚部の可動域を確保。また、肩部の引き出し機構により、武装を両手で構えるポーズなどを再現できる。付属の武装は各部にマウントが可能。

MG MS-18E ケンプファー

DATA
スケール：1/100／発売：2001年1月／価格：4,320円／武器：ジャイアント・バズ×2、ショット・ガン×2、シュツルム・ファウスト×2、チェーン・マイン、ビーム・サーベル×2

前腕部と脛部、ランドセルは外装の着脱が可能で、内部メカを精巧に造形。武装の装着ギミックも再現され、チェーン・マインはリード線で柔軟に可動する。

U.C. HARD GRAPH ジオン公国軍 サイクロプス隊セット

DATA
スケール：1/35／発売：2007年11月／価格：3,024円／武器：——

地球侵攻作戦時のサイクロプス隊の情景をリアルに再現したミリタリーモデル。フィギュア6体と各種アクセサリー、軽機動車「PVN.3/2 サウロペルタ」のセット。

MG MSA-0011(Bst)
PLAN303E
ディープストライカー

DATA
スケール：1/100／発売：2018年3月／価格：
21,600円／武器：ビーム・スマートガン

MG「Sガンダム」をベースに多数の新規大型パーツを追加し、幻の巨大強襲機バリエーションを立体化。「Sガンダム」本体部分にも新規パーツが盛り込まれている。完成時の全高は約280mm、全長は約540mmに達する。

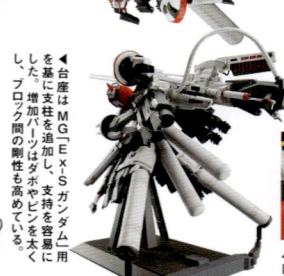

▶ディスプレイモデルの性格が強い。複雑かつ大型の増加パーツで元デザインを忠実に再現しつつ、パーツ構成のシンプル化で重量を抑えた。

◀台座はMG「Ex-Sガンダム」用を基に支柱を追加し、支持を容易にした。増加パーツはダボやピンを太くし、ブロック間の剛性も高めている。

▲「Sガンダム」本体は頭部、肩部、胸部などを新規に造形。ショルダージャケットの上部はスライド式とされた。頭部はよりエッジの利いた造形となった他、インコム搭載仕様も選択可能。胸部はメカニカルなディテールとなっている。

COLUMN ガンプラ・ワールドを広げた関連書籍

　書籍がガンプラに与えた影響は計り知れない。その嚆矢となったのが数々のガンプラの作例を掲載した模型誌『月刊ホビージャパン』、そしてその別冊『HOW TO BUILD GUNDAM』(1981年発売)であった。これらの書籍では、それまでのヒーロー然としたアニメロボットではなく、ミリタリーテイスト溢れる兵器としての作例が数多く掲載され、ガンプラブームの起爆剤となった。同時期、劇場版ガンダムの関連書籍や『GUNDAM CENTURY』で兵器としてのモビルスーツに注目が集まり、いわゆる「リアル」路線が定着していく。また『月刊コミックボンボン』などで劇中未登場のメカの紹介が開始。リアル嗜好を追求した「MSV(モビルスーツバリエーション)」の展開とその書籍化が進み、83年からはMSVのガンプラ化も積極的に行われることとなった。

　リアル路線とは異なる形でガンプラを後押ししたのが、『月刊コミックボンボン』連載の漫画『プラモ狂四郎』である。プラモデルを用いたバーチャルシミュレーションを描いた本作では「パーフェクトガンダム」や「武者ガンダム」といったオリジナルのガンプラが登場。これがリアル路線に縛られないガンプラの自由さを広く知らしめ、若年層を中心としたユーザーを育てる下地となった。本作オリジナルのメカがガンプラ化された点も注目に値する。

HOW TO BUILD GUNDAM

『月刊ホビージャパン』の別冊として1981年(昭和56年)に発売され、翌年には『HOW TO BUILD GUNDAM 2』もリリースされている。ミリタリー色が強い「リアル」路線の作例を数多く掲載してガンプラブームの火付け役となった、記念碑的書籍である。当時のガンプラはまだ商品数が少なかったが、改造やフルスクラッチによって様々なMSやジオラマの作例を紹介し、今日「MSV」に属するメカの立体まで掲載された点が画期的だった。本書では様々な改造や自作、塗装などのテクニックも解説され、ユーザーのスキルアップを促してもいる。この時期から『月刊ホビージャパン』でアニメ作品の立体物の記事が増加した点も、注目に値する。

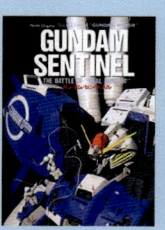

GUNDAM SENTINEL

1987年から1990年まで『月刊モデルグラフィックス』で連載された外伝作品(アニメ本編の『機動戦士Zガンダム』末期から『機動戦士ガンダムZZ』序盤に相当)。立体物を用いたフォトストーリーとして展開された。作中の描写やカトキハジメによるメカデザインはリアル路線を推し進めたものであり、当時台頭していた「SDガンダム」とは方向性を異にしていた。結果、『センチネル』はモデラーを含むハイターゲット層に受け入れられ、1988年に本格展開された本作のガンプラは熱烈な支持を集めたのだった。以後、他のホビー誌でもフォトストーリーとガンプラのタイアップが行われるようになった。

02

CHAPTER

新たなる十年紀 ——
ガンプラは進化と
深化を重ね続ける。

機動戦士ガンダム F91　MOBILE SUIT GUNDAM F91

ガンダムシリーズの劇場オリジナル作品にして、ガンダム劇場公開10周年作品。『逆襲のシャア』から約30年が経過したU.C.0123年を舞台に、コスモ貴族主義を掲げて地球連邦の打倒を目指すクロスボーン・バンガードと、その襲撃に巻き込まれたシーブック・アノーら少年少女たちの戦いを描く。当初はテレビシリーズとして企画されており、映画ではその冒頭部分のみが描かれた。1991年3月16日公開／上映時間：115分

「新しいガンダム」を再現した様々な新機軸

『機動戦士ガンダムF91』のプラモデルシリーズは、ガンプラとしてふたつの転換点を迎えている。

ひとつは、スタンダードスケールの変更。本作ではモビルスーツの小型化が進んだという設定により、18メートル程度だった全高は15メートルサイズが中心となっていく。その結果、プラモデルシリーズはスタンダードスケールが従来の1/144から1/100となり、これまでのキットよりもやや大きく、その分ディテールや可動部分の作り込みが図られた。

もうひとつが「ガンプラの未塗装化」である。本シリーズが始まる前年の1990年には、主要ガンダムを最新技術でリメイクする「HGシリーズ」がスタートしている。カラーインサート、システムインジェクションを駆使することで、未塗装でも設定通りのカラーリングが再現できるHGの仕様は、簡易化されることで本シリーズにも盛り込まれた。さらに、集光樹脂（光が当たることで発光して見える素材）を用いて新規設定のビーム・シールドを再現するなど、「塗装させない模型」が確立することになった。

そうした「塗装しなくとも模型を楽しめる」という要素をさらに推し進めた新たな試みが、1/60スケールのガンダムF91だった。これには、組み立て済みインナーフレームにカラーインサート成形された外装パーツを組み付けていく方式が採用されていた。インナーフレームには、スプリングによる脚部スラスターの展開などのギミックも内蔵され、半完成状態のアクションフィギュアというクオリティだった。

設定としても、旧作から続く世界観とは異なる新たな宇宙世紀を描いたという部分で、『ガンダムF91』は「新しいガンダム」という印象が強かった。プラモデルシリーズもまたそうした側面を意識した技術的なトライアルが行われていたのである。

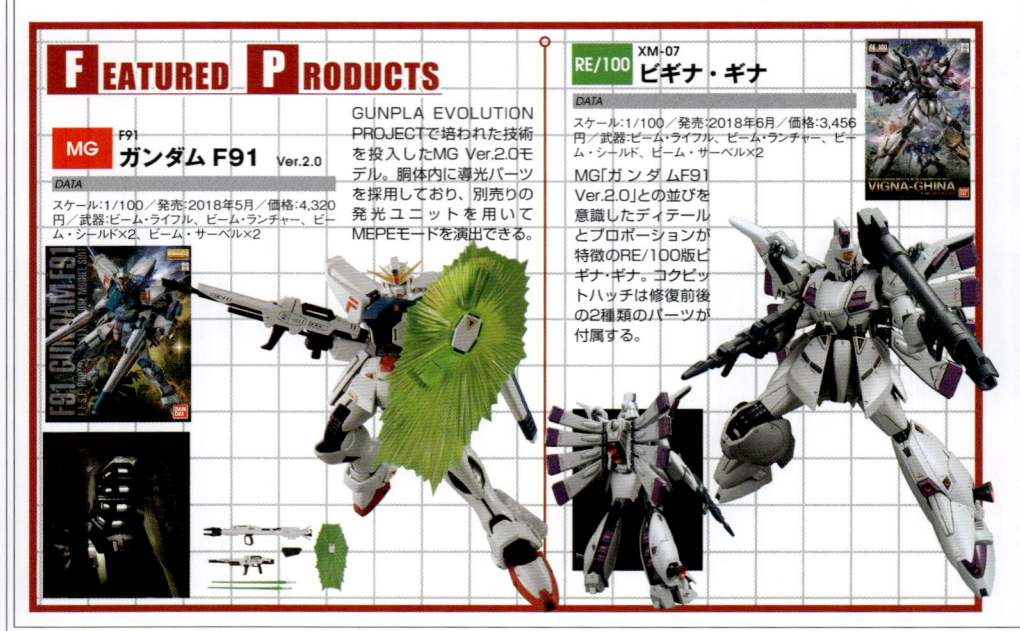

FEATURED PRODUCTS

MG F91 ガンダムF91 Ver.2.0

DATA
スケール：1/100／発売：2018年5月／価格：4,320円／武器：ビーム・ライフル、ビーム・ランチャー、ビーム・シールド×2、ビーム・サーベル×2

GUNPLA EVOLUTION PROJECTで培われた技術を投入したMG Ver.2.0モデル。胴体内に導光パーツを採用しており、別売りの発光ユニットを用いてMEPEモードを演出できる。

RE/100 XM-07 ビギナ・ギナ

DATA
スケール：1/100／発売：2018年6月／価格：3,456円／武器：ビーム・ライフル、ビーム・ランチャー、ビーム・シールド、ビーム・サーベル×2

MG「ガンダムF91 Ver.2.0」との並びを意識したRE/100版ビギナ・ギナ。コクピットハッチは修復前後の2種類のパーツが付属する。

■ 地球連邦軍

1/100 F91 ガンダム F91

DATA

スケール：1/100／発売：1991年3月／価格：1,512円／武器：ビーム・ライフル、ビーム・ランチャー、ヴェスパー×2、ビーム・シールド、ビーム・サーベル×2

頭部はノーマルとオープンフェイスの2種が付属し、肩部放熱フィンの装着と脹脛部スラスターの展開によって最大稼動状態を再現できる。ヴェスパーはスライド展開が可能。

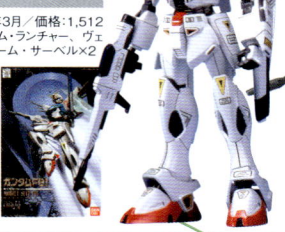

1/60 F91 ガンダム F91

DATA

スケール：1/60／発売：1991年8月／価格：6,480円／武器：ビーム・ライフル、ビーム・ランチャー、ヴェスパー×2、ビーム・シールド、ビーム・サーベル×2

組立済みのフレームに外装パーツを装着する方式を採用。最大稼動状態のギミックに加え、ヘッドカバーやビーム・シールド基部の着脱、コクピットハッチの開閉などが可能。

HGUC F91 ガンダム F91

DATA

スケール：1/144／発売：2013年12月／価格：1,296円／武器：ビーム・ライフル、ビーム・ランチャー、ヴェスパー×2、ビーム・シールド、ビーム・サーベル×2

関節部のコンパクト化によって小型MSのフォルムと可動性を両立。また、選択式のフェイスオープンや肩部放熱フィンの差し替えによって最大稼動状態を再現。頭部は内部のディテールも精巧に造形されている。

▼ビーム・ランチャーはウェポンラッチパーツの差し替えで腰部背面にマウント可能。

▶ヴェスパーは差し替えなしでスライド展開し、ハンドパーツで保持も可能。

▲ビーム・サーベルとビーム・シールドはクリアパーツで再現されている。

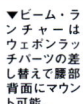

MG F91 ガンダム F91

DATA

スケール：1/100／発売：2006年7月／価格：3,456円／武器：ビーム・ライフル、ビーム・ランチャー、ヴェスパー×2、ビーム・シールド（シールド・ジェネレーター×2）、ビーム・サーベル×2

大胆なアレンジを加えたプロポーションと最大稼動状態を再現するギミックが特徴のキット。MGシリーズ初のポリキャップレス構造により、関節部の可動性と保持力を追求。

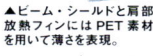

▲ビーム・シールドと肩部放熱フィンには PET 素材を用いて薄さを表現。

▶小型 MS の内部フレームを高密度で再現し、ビーム・ライフルの内部も精巧に造形。

▲劇中シーンを演出するラフレシア型台座が付属。テンタクラー・ロッドはリード線で再現している。

▶ビーム・シールドは基部の差し替えで展開状態を再現できる。

1/144 RGM-109 ヘビーガン

DATA

スケール：1/100／発売：1991年4月／価格：864円／武器：ビーム・ライフル、シールド

地球連邦軍の主力小型MSを忠実なプロポーションで再現。腰部背面のラッチと左右のグレネードラックは開閉式。大河原邦男氏デザインのマーキングシールが付属する。

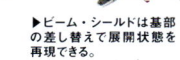

■ 地球連邦軍

1/100 F71 ジーキャノン

DATA
スケール：1/100／発売：1990年12月／価格：864円／武器：4連マシン・キャノン×2

4連マシン・キャノンは上下に可動し、バックパックからの着脱が可能。マシン・キャノンを外した際のカバーパーツと、大河原邦男氏デザインのマーキングシールが付属する。

1/100 XM-01 デナン・ゾン

DATA
スケール：1/100／発売：1991年1月／価格：864円／武器：ショット・ランサー、ビーム・シールド、ビーム・サーベル

クロスボーン・バンガード主力MSの独特なフォルムを忠実に再現。ショット・ランサーは穂先が着脱可能で、クリア成形のビーム・シールドは基部の差し替えで展開状態を再現。大河原邦男氏デザインのマーキングシールが付属する。

1/100 XM-06 ダギ・イルス

DATA
スケール：1/100／発売：1991年3月／価格：864円／武器：ビーム・ライフル、シールド、ビーム・サーベル

各部に備えたレーダーをはじめ、偵察型MSのディテールを精巧に再現。腰部リアアーマーにはビーム・サーベルのグリップを着脱可能。大河原邦男氏設定デザインのマーキングシールも付属する。

1/100 RXR-44 ガンタンク R-44

DATA
スケール：1/100／発売：1991年2月／価格：648円／武器：ミサイル×2、200mm徹甲弾×3

最大の特徴であるタンクフォームへの変形はハンドパーツの差し替えによって再現。ミサイルキャリアや砲弾といったアクセサリーや、大河原邦男氏デザインのマーキングシールが付属する。

1/100 XM-05 ベルガ・ギロス

DATA
スケール：1/100／発売：1991年3月／価格：1,080円／武器：ショット・ランサー、ビーム・シールド

背部のシェルフ・ノズルはアームと接続部に可動し、ショット・ランサーは穂先の着脱が可能。クリア成形のビーム・シールドや大河原邦男氏デザインのマーキングシールが付属する。

1/100 XM-07 ビギナ・ギナ

DATA
スケール：1/100／発売：1990年12月／価格：1,080円／武器：ビーム・ライフル、ビーム・シールド

背部フィン・ノズルは片側4基ずつの一体成形で前後に可動する。ビーム・シールドはクリア成形で、基部の差し替えによって展開状態を再現。動力パイプには軟質素材を使用。大河原邦男氏デザインのマーキングシールが付属する。

機動戦士ガンダム F90　MOBILE SUIT GUNDAM F90

『機動戦士ガンダムF91』の前日譚にあたる外伝的企画。中原れい氏の作画による同名コミック版ではガンダムF90の1号機を装備する地球連邦軍・第13独立機動艦隊と、F90の2号機を強奪した独立火星ジオン軍の戦い（第1次オールズモビル戦役）を描いている。『F90』と『F91』の間に発生した第2次オールズモビル戦役を舞台とするコンシューマーゲーム『機動戦士ガンダム F91 フォーミュラー戦記0122』や、『F91』の10年以上後を描いたコミック『機動戦士クロスボーン・ガンダム 鋼鉄の7人』などでもF90の系列機は登場しており、宇宙世紀0100年代以降のガンダム作品において重要な位置を占めることとなった。

F90シリーズのガンプラは4点と少ないものの、F91シリーズに先行して発売された他、特筆すべき技術的特徴として「システムインジェクション」を採用した。これは、金型に複数のタイプの樹脂を流し込み、それらが混ざらないように成形する技術である。F90シリーズでは、ひとつのパーツに複数の成形色を盛り込むことに用いられており、F90の複雑な色分けをワンパーツで実現した。システムインジェクションは旧HGでも用いられたが、現在販売されているキットではF90シリーズがガンプラ最古の使用例となっている。

他にもF90の特徴的ギミックであるミッション・バックが搭載され、パックの換装により各仕様を再現できる。ミッション・バックは互換性があるため、キット間でパックの入れ替えや混成装備も可能だ。

■ 地球連邦軍

1/100　F90　ガンダム F90

DATA

スケール：1/100／発売：1990年10月／価格：2,700円／武器：ビーム・ライフル、シールド、ビーム・サーベル×4、ビーム・バズーカ、ロケット弾バック×2、メガ・ガトリング・ガン、グレネード・ラック×2、MSクラッカー×2、メガビーム・キャノン、ミサイル・ポッド&キャノン砲×2、クルージング・ミサイル×2

ミッションパック方式を再現したガンダムF90とA、D、S各タイプの増装ウェポンパーツのセット。各種ウェポンパーツは着脱が可能で、F90の腰部ウェポンラックは可動し武装のマウントが可能。

1/100　F90　ガンダム F90-P タイプ

DATA

スケール：1/100／発売：1991年10月／価格：1,620円／武器：ビーム・ライフル、シールド、ビーム・サーベル×4、ビーム・キャノン

大気圏突入用のミッションパック、Pタイプを再現した増装パーツとガンダムF90のセット。付属する増装パーツは動力パイプを密巻きスプリングで再現し、大気圏突入形態への変形が可能。また、1/100「ガンダムF90」（別売り）の増装パーツと換装することもできる。

1/100　F90　ガンダム F90-V タイプ

DATA

スケール：1/100／発売：1991年10月／価格：1,620円／武器：ビーム・ライフル、シールド、ビーム・サーベル×4、専用ビーム・ライフル、ヴェスバー×2、ビーム・シールド

F90-Vタイプを再現した1/100「ガンダムF90」のバリエーションキット。ヴェスバーと脚部フィンは可動し、ハンドパーツは新規造形で指が可動する。ビーム・シールドはクリア成形。

1/100　F90 II　ガンダム F90 II -L タイプ

DATA

スケール：1/100／発売：1991年11月／価格：1,620円／武器：ビーム・ライフル、シールド、ビーム・サーベル×4、ロング・ライフル、ミサイル・ランチャー×2

F90の2号機を基にした再生機を、超長距離狙撃特化のLタイプの増装パーツとのセットで再現。増装パーツは着脱可能で、ロング・ライフルは折り畳んで収納状態を再現できる。

1992

機動戦士ガンダム シルエットフォーミュラ91 IN U.C.0123

MOBILE SUIT GUNDAM
SILHOUETTE FORMURA 91
IN U.C.0123

舞台は『F91』本編直前の月周辺宙域。試作MSシルエットガンダムをテストするアナハイム・エレクトロニクス社の試験艦と、クロスボーン・バンガード試験部隊の接触を契機とした紛争を描く。

ガンプラの発売開始は『F91』シリーズの終息後で、一部モデルでのシステムインジェクションの採用、ビーム・シールド用エフェクトパーツの付属などは『F90』以降の流れを継承。最終キットのクラスターガンダムでは、イロプラと設定色準拠のパーツ分割、シールの併用という現在の手法を採用した。

1/100 F90Y クラスターガンダム

DATA

スケール：1/100／発売：1993年3月／価格：1,296円／武器：ビーム・ライフル、メガ・ビーム・バズーカ×2、ビーム・シールド、ビーム・サーベル

特徴である3コア・ブロックシステムが再現され、コア・ブースターはコア・ファイターの分離が可能。機体各部のハードポイントには同スケールのF90シリーズ（別売り）の増装パーツを装着できる。

1/100 RXF91 ガンダム RXF91

DATA

スケール：1/100／発売：1992年5月／価格：1,512円／武器：ビーム・ライフル、ヴェスバー×2、ビーム・シールド、ビーム・サーベル×2

物語の主役機を精巧なディテールで再現。バックパックと肩部、腹部胴部スラスターの展開ギミックを再現し、ヴェスバーはジョイントを介した可動とグリップの展開が可能となっている。

1/100 XF91A ガンダム RXF91 改

DATA

スケール：1/100／発売：1992年12月／価格：1,944円／武器：ビーム・ライフル×2、新型ヴェスバー×2、ヴェスバー×2、ビーム・シールド、ビーム・サーベル×2

ガンダムRXF91改と、そのベース機であるRXF91を選択して再現できるコンパチブルキット。新型ヴェスバーは後部のランダムスラスターユニットが可動し、前方にスイングさせることも可能。

1/100 RX-99 ネオガンダム

DATA

スケール：1/100／発売：1992年9月／価格：1,836円／武器：G-B.R.D、ビーム・シールド、ビーム・サーベル×2

ガンダムRXF91の発展機にあたるMSを、2号機のカラーリングに準じた白基調の成形色で再現。コア・ファイターは変形と本体へのドッキングが可能で、G-バードとの合体も再現されている。

1/100 RGM-111 ハーディガン

DATA

スケール：1/100／発売：1992年4月／価格：1,080円／武器：ビーム・ライフル、シールド、ビーム・サーベル

ビーム・ランチャーはバックパックとの接続アームの3軸可動によって展開機構を再現。ビーム・サーベルはバックパックにマウント可能なグリップと、ビーム刃と一体成形のものが1本ずつ付属する。

1/100 F71B G キャノンマグナ

DATA

スケール：1/100／発売：1992年7月／価格：1,080円／武器：マシン・キャノン・ユニット×2

1/100「ジーキャノン」と一部パーツを共用し、作中に登場したGキャノンの系列機を再現。ビーム・キャノンユニットは柔軟に可動し、胸部とバックパックの差し替えによって4連マシン・キャノン装着タイプへの換装も可能。

1/100 XM-07G ビギナ・ゼラ

DATA

スケール：1/100／発売：1992年7月／価格：1,080円／武器：ビーム・ライフル、ヴェスバー×2、ビーム・シールド、ビーム・サーベル×2

ヴェスバーを装備したクロスボーン・バンガードの試作MSを精巧なディテールで再現したキット。ヴェスバーは前方にスイング可動し、グリップとカバーが展開する。頭部はビギナタイプとガンダムタイプの2種の選択式。

1994 機動戦士クロスボーン・ガンダム　MOBILE SUIT CROSSBONE GUNDAM

『F91』の10年後を描いたコミックス。MS クロスボーンガンダムを有する宇宙海賊クロスボーン・バンガードが、地球圏侵攻を目論む木星帝国を阻止すべく戦いを繰り広げる。富野由悠季氏の原作を基に長谷川裕一氏が漫画化しており、2018年現在も『ガンダムエース』にて続編の連載が続いている。

　ホビーとのタイアップ無しで連載が始まったこともあり長らくガンプラ化されなかったが、連載開始12年後にクロスボーンガンダム X1 が Ver.Ka で MG 化され、以後も MG や HGUC でのリリースが行われた。

HGUC XM-1X クロスボーン・ガンダム X1

DATA

スケール：1/144／発売：2014年11月／価格：1,944円／武器：バスターガン、ビーム・ザンバー、ブランド・マーカー×2、ヒート・ダガー×2、ヒート・ダガー（足裏用）×2、ビーム・シールド、ビーム・サーベル×2

関節部のコンパクト化によってフォルムと可動性を両立し、フェイスオープンを差し替えで再現。また、コア・ファイターの胴体部パーツが付属し、背部メインスラスターの差し替えでコア・ファイターを再現できる。

▼付属のザンバスターはビーム・ザンバーとバスターガンに分離が可能。

▶メインスラスターはそれぞれ可動し、ノズルは差し替えで向きを変更できる。

MG F91 ガンダム F91 （ハリソン・マディン大尉専用機）

DATA

スケール：1/100／発売：2006年11月／価格：3,240円／武器：ビーム・ライフル、ビーム・ランチャー、ヴェスバー×2、ビーム・サーベル、ビーム・シールド

ハリソン機を再現したMG「ガンダムF91」のバリエーションキット。前腕部はコミックス準拠の形状を再現し、原作者の長谷川裕一氏による新設定のマーキングシールが付属する。

▼ベースキット同様、ヴェスバーなどの展開ギミックを再現。

▶F91の特徴であるMCA構造をイメージした内部フレームを精巧に造形している。

MG XM-1X クロスボーンガンダム X1 Ver.Ka

DATA

スケール：1/100／発売：2006年9月／価格：3,780円／武器：ザンバスター、ビーム・ザンバー、ブランド・マーカー×2、スクリュー・ウェブ、シザー・アンカー、ヒート・ダガー×2、ABCマント

カトキハジメ氏監修の下でクオリティを追求し、組み替えによってX1改とX1改・改への換装を再現。頭部にはスライド機構によるフェイスオープンギミックを盛り込んでいる。

▲ABCマントはナイロン素材を用いて質感を表現している。

◀特徴のひとつである多彩な武装をクリアパーツなどで再現。

▶コア・ファイターは本体への合体に加えメインスラスターの可動を再現。

MG XM-1X クロスボーンガンダム X1 フルクロス

DATA

スケール：1/100／発売：2007年1月／価格：4,860円／武器：ピーコック・スマッシャー、ムラマサ・ソード、ビーム・シールド、ザンバスター、ビーム・ザンバー、ビーム・サーベル、ブランド・マーカー×2、スクリュー・ウェブ、シザー・アンカー、ヒート・ダガー×2。

MG「クロスボーンガンダムX1 Ver.Ka」をベースにX1改・改を再現。肩部に二重関節のインナージョイントを採用し、フルクロス・ユニットの自然な可動を実現している。

◀豊富な武装が付属し、ピーコック・スマッシャーは展開を再現。

▶腕部と脚部には内部フレームを再現。コクピットハッチの開閉も可能。

HGUC F91 ガンダム F91 （ハリソン・マディン大尉専用機）

DATA

スケール：1/144／発売：2013年12月／価格：1,296円／武器：ライフル、ビーム・ランチャー、ヴェスバー×2、ビーム・サーベル×2、ビーム・シールド

HGUC「ガンダムF91」の成形色をハリソン専用機に合わせて変更したカラーバリエーション。ベースキットと同じ各種ギミックを再現している。

▼ビーム・サーベルとビーム・シールドはクリアパーツで再現。

▶肘や膝の二重関節などによって柔軟なアクションポーズを実現。

機動戦士ガンダム 0083 STARDUST MEMORY

MOBILE SUIT GUNDAM 0083
STARDUST MEMORY

ガンダムシリーズのOVA 第2弾。一年戦争の終戦から3年が経過したU.C.0083年。ジオン残党軍デラーズ・フリートに所属するアナベル・ガトーは、ジオン再興のためにガンダム試作2号機を強奪。地球連邦軍の強襲揚陸艦アルビオンは、奪われたMS 奪回の任を受けて追撃する。その戦いは、その後の宇宙世紀に大きな影響を与える戦いへと発展していく。1991年5月〜9月発売／全13話／劇場版『機動戦士ガンダム0083 ジオンの残光』1992年8月29日公開

OVA 発売当時の苦戦と
MG、HGUC による展開

『機動戦士ガンダム0083 スターダストメモリー』(以下、『0083』)は、同じ OVA の『機動戦士ガンダム0080 ポケットの中の戦争』での MS 登場話の好評を踏まえて、劇中に MS の活躍シーンが多く盛り込まれた。しかし、プラモデルの展開に関しては、OVA リリース当時は決して満足のいくものではなかった。

当時のガンプラは、同時期に制作されていた『機動戦士ガンダムF91』と『機動戦士ガンダムF90』を中心に展開していた。カラーインサートや多色成形を駆使したそれらのキットの価格が高騰していた状況もあり、『0083』は価格を抑えた展開がなされた。その結果、パーツ数を抑える設計に加え、当時のガンプラの主要な技術を用いない、数世代前と同様の仕様となってしまった。ラインナップも一部の登場 MS に限られ、シリーズ初期の展開は小規模なものとなってしまった。

そんな『0083』のガンプラ展開は、MG での発売が最初の転機となる。97年に発売されたガンダム試作1号機を機にラインナップが充実。ミリタリーテイストあふれる描写で描かれた『0083』の MS が、MG というフォーマットに馴染んだ結果と言えるだろう。

そして、HGUC でさらに商品展開が加速し、ガンダム試作3号機デンドロビウムがまさかの立体化となる。その全長は約1メートルと、ガンプラ史上最大のサイズとなった。こうした形で『0083』は幅広いキット化の展開がなされることにより、ガンプラを通して改めて作品人気の高さが証明された。

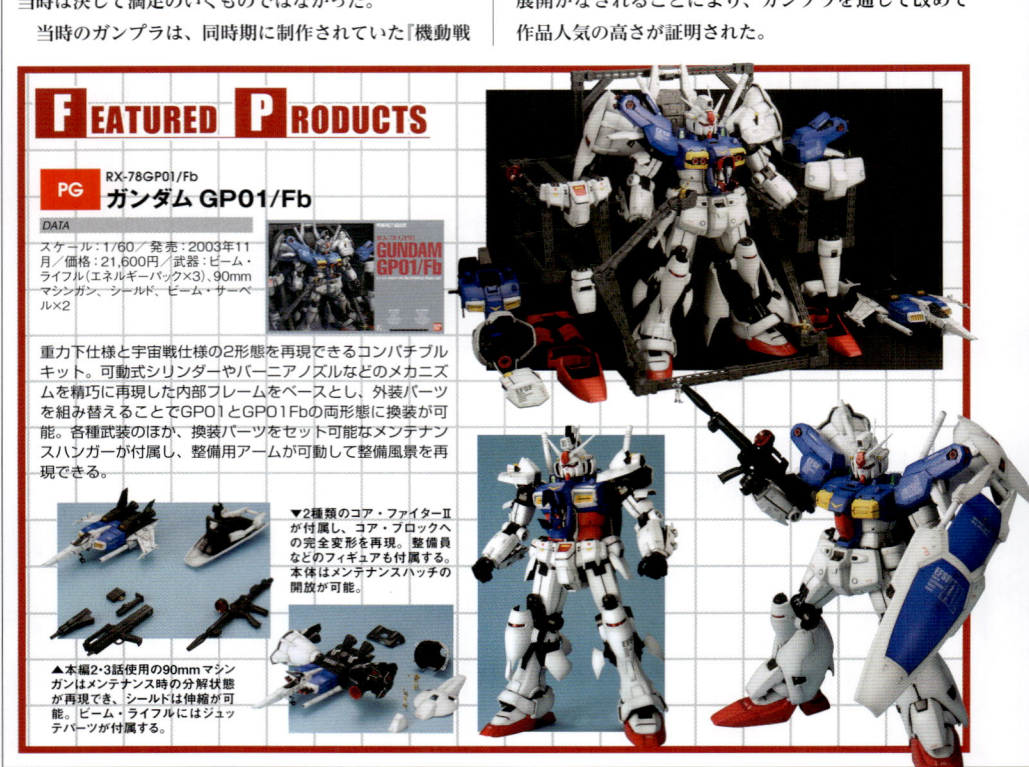

FEATURED **P**RODUCTS

PG　RX-78GP01/Fb
ガンダム GP01/Fb

DATA
スケール：1/60／発売：2003年11月／価格：21,600円／武器：ビーム・ライフル(エネルギーパック×3)、90mm マシンガン、シールド、ビーム・サーベル×2

重力下仕様と宇宙戦仕様の2形態を再現できるコンパチブルキット。可動式シリンダーやバーニアノズルなどのメカニズムを精巧に再現した内部フレームをベースとし、外装パーツを組み替えることでGP01とGP01Fbの両形態に換装が可能。各種武装のほか、換装パーツをセット可能なメンテナンスハンガーが付属し、整備用アームが可動して整備風景を再現できる。

▼2種類のコア・ファイターII が付属し、コア・ブロックへの完全変形を再現。整備員などのフィギュアも付属する。本体はメンテナンスハッチの開放が可能。

▲本編2・3話使用の90mm マシンガンはメンテナンス時の分解状態が再現でき、シールドは伸縮が可能。ビーム・ライフルにはジュッテパーツが付属する。

■ 地球連邦軍

1/144 RX-78GP01
ガンダム GP01

DATA

スケール：1/144／発売：1991年6月／価格：756円／武器：ビーム・ライフル、シールド、ビーム・サーベル×3

関節部にポリキャップを用いたガンダム試作1号機の1/144スケールキット。ビーム・サーベルは展開状態の1本と、バックパックからの着脱が可能なグリップ2本が付属する。

MG RX-78GP01
ガンダム試作1号機

DATA

スケール：1/100／発売：1997年8月／価格：2,700円／武器：ビーム・ライフル（エネルギーパック×3）、シールド、ビーム・サーベル×2

ガンダム試作1号機を骨太なプロポーションで立体化したMGキット。コア・ファイターⅡはコア・ブロックへの変形とドッキング構造を再現。脚部には内部メカが造形され、膝関節は二重関節で膝アーマーが独立可動する。ビーム・ライフルのエネルギーパック着脱やシールドの伸縮といったギミックも再現されている。

▼コア・ブロックの水平格納構造を設定通りに再現している。胸部ハッチは開閉が可能。

▼付属のリアリスティックデカールによって機体各部のマーキングや金属的な質感を再現できる。

HGUC RX-78GP01
ガンダム試作 1 号機

DATA

スケール：1/144／発売：2000年8月／価格：1,296円／武器：ビーム・ライフル、90mm マシンガン、シールド、ビーム・サーベル×3

特徴的な胴体のデザインをはじめとする各部のディテールを設定通りに再現した、HGUC版ガンダム試作1号機。バックパックのビーム・サーベルは着脱可能で、展開状態のものも1本付属。また、劇中序盤で用いられた90mmマシンガンも付属する。

▼劇中イメージのプロポーションとディテールが精巧に再現されている。

◀コア・ファイターⅡの同スケール非変形ディスプレイモデルが付属する。

RG RX-78GP01
ガンダム試作 1 号機
ゼフィランサス

DATA

スケール：1/144／発売：2013年7月／価格：2,700円／武器：ビーム・ライフル（エネルギーパック×3）、シールド、ビーム・サーベル×2

アドヴァンスドMSジョイントで再現した内部フレームと、完全変形が可能なコア・ファイターⅡの組み合わせによって、コア・ブロック・システムを中心とする機体構造を表現。シールドの伸縮やビーム・ライフルのエネルギーパック着脱といった武装のギミックも再現された。

■ 地球連邦軍

1/144 RX-78GP01-Fb
ガンダム GP01 宇宙仕様（フルバーニアン）

DATA
スケール：1/144／発売：1991年12月／価格：756円／武器：ビーム・ライフル、シールド、ビーム・サーベル×3

パーツの組み換えによって重力下仕様も再現できるコンパチブルキット。バックパックはコア・ファイターⅡ-Fbに換装可能で、胸部スラスターのギミックは差し替えで再現。

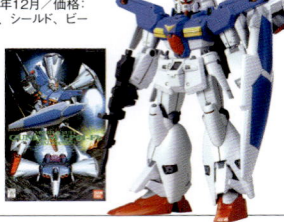

MG RX-78GP01Fb
ガンダム試作 1 号機フルバーニアン

DATA
スケール：1/100／発売：1997年12月／価格：3,240円／武器：ビーム・ライフル（エネルギーパック×3）、シールド、ビーム・サーベル×2

コア・ファイターⅡ-Fbの変形とドッキング、ブースターポッドの柔軟な可動を再現。肩部はスライド機構によりスラスターの展開が可能。武装のギミックも再現されている。

HGUC RX-78GP01Fb
ガンダム試作 1 号機フルバーニアン

DATA
スケール：1/144／発売：2000年12月／価格：1,620円／武器：ビーム・ライフル、シールド、ビーム・サーベル×3

肩部と胸部のスラスターは展開状態で造形されており、ブースターポッドは広い可動域を確保。バックパックのビーム・サーベルは着脱可能で、さらに展開状態の1本が付属。色分け用ホイルシールも付属する。

▶コア・ファイターⅡ-Fb のディスプレイモデルが付属。

RG RX-78GP01-Fb
ガンダム試作 1 号機フルバーニアン

DATA
スケール：1/144／発売：2013年7月／価格：2,700円／武器：ビーム・ライフル（エネルギーパック×3）、シールド、ビーム・サーベル×2

アドヴァンスドMSジョイントによる可動性に優れた内部フレームと、コア・ファイターⅡ-Fbの変形・合体が特徴。各部にリアルなディテールが施され、胸部と肩部のスラスター展開構造は一部差し替えで再現している。

▼コア・ファイターのランディングギアは差し替え式。

1/144 RX-78GP02A
ガンダム GP02A

DATA
スケール：1/144／発売：1991年7月／価格：1,080円／武器：アトミック・バズーカ、シールド、ビーム・サーベル

アトミック・バズーカは可動式で、砲身の分離・合体が設定通りに再現されている。また、分離時の砲身をシールド裏に格納することもできる。

HGUC RX-78GP02A
ガンダム試作 2 号機

DATA
スケール：1/144／発売：2006年7月／価格：2,160円／武器：アトミック・バズーカ、シールド、ビーム・サーベル×2

特徴的なプロポーションを忠実に再現し、脚部は外装が着脱可能で内部メカを造形。アトミック・バズーカは分割構造でシールドへの砲身収納、弾頭の格納ギミックが再現されている。ビーム・サーベルも腰部サイドアーマーに収納が可能。

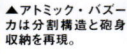

▲アトミック・バズーカは分割構造と砲身収納を再現。

MG RX-78GP02A
ガンダム試作2号機

DATA
スケール：1/100／発売：1998年6月／価格：4,320円／武器：アトミック・バズーカ（バズーカ頭）、シールド、ビーム・サーベル×2

基部の多重フレーム構造によるアトミック・バズーカの可動や、肩部バインダーのスラスター連動機構など、各部の可動構造によって劇中シーンをイメージしたアクションポーズを実現。

▼肩部バインダーは各ノズルが連動するギミックを備える。

HG メカニクス　RX-78GP03　ガンダム GP03 デンドロビウム

DATA
スケール：1/550／発売：2001年7月／価格：1,620円／武器：大型ビーム・サーベル×2

ウェポン・コンテナのハッチとメガ・ビーム砲のグリップ、Iフィールド・ジェネレーターの開閉は選択式。クローアームは差し替えで展開を再現し、ステイメンは着脱が可能。

◀同スケールのガーベラ・テトラと専用スタンド、本体用のディスプレイスタンドが付属する。

DENDROBIUM

▶全長1,000mmの大サイズで細部に亘ってディテールを忠実に再現。各部にはビス止め方式が用いられている。

HGUC　RX-78GP03　ガンダム試作 3 号機デンドロビウム

DATA
スケール：1/144／発売：2002年3月／価格：30,240円／武器：大型集束ミサイル×6、マイクロ・ミサイル×2、大型ビーム・サーベル×2、ビーム・ライフル、フォールディング・バズーカ、ハイパー・バズーカ、フォールディング・シールド、ビーム・サーベル

ウェポン・コンテナは展開ギミックをスプリングで再現し、メガ・ビーム砲のグリップやクローアームは差し替えなしで展開が可能。ステイメンはオーキスとのドッキング構造とフォールディング・アームの展開が再現されている。専用ディスプレイベースが付属。

▶付属武装は設定通りにウェポン・コンテナへの収納が可能で、Iフィールド・ジェネレーターはパーツ差し替えで開閉を再現している。

1/144　RX-78GP03S　ガンダム GP03S

DATA
スケール：1/144／発売：1992年5月／価格：1,080円／武器：ビーム・ライフル、フォールディング・バズーカ、フォールディング・シールド、ビーム・サーベル

前腕部はフォールディング・アームの展開を再現したものと非可動の2種を差し替え可能。フォールディング・バズーカとシールドは折り畳み構造が再現されている。

RX-78GP03S "GUNDAM GP03S"

MG　RX-78GP03S　ガンダム試作 3 号機ステイメン

DATA
スケール：1/144／発売：2001年4月／価格：3,780円／武器：ビーム・ライフル（エネルギーパック×5）、フォールディング・バズーカ、フォールディング・シールド、ビーム・サーベル×2

新規設定のコア・ファイターのギミックを盛り込み、変形・合体構造を再現。前腕部フォールディング・アームやサーベルラックの展開なども忠実に再現されている。各種武装のほか、非変形のコア・ブロックも付属。

HGUC　RX-78GP03S　ガンダム試作 3 号機ステイメン

DATA
スケール：1/144／発売：2001年12月／価格：1,728円／武器：ビーム・ライフル、フォールディング・バズーカ、フォールディング・シールド、ビーム・サーベル

◀同スケールのコア・ファイターの非変形ディスプレイモデルが付属する。ランディングギアは着脱が可能。

アームドベース・オーキスとのドッキングを想定した各部のディテールを精巧に再現したHGUCキット。バックパックのサーベルラックは展開が可能で、フォールディング・バズーカとシールドの折り畳み構造も再現されている。

◀フォールディング・アームは差し替えなしで展開を再現。アーム部分にはABS樹脂製パーツが用いられ、強度を確保しつつ質感を表現している。先端のクローはシールドの固定機構を兼ねている。

■地球連邦軍

HGUC RGM-79
パワード・ジム

DATA

スケール：1/144／発売：2006年8月／価格：1,296円／武器：ブルパップ・マシンガン、ハイパー・バズーカ、シールド、ビーム・サーベル

背部の大型バックパックや脚部アーマー内のショックアブソーバーなど、特徴的なディテールを精巧に造形。肘と膝には二重関節が採用され、広い可動域が確保されている。

MG RGM-79C
ジム改

DATA

スケール：1/100／発売：2002年6月／価格：2,700円／武器：90mmマシンガン（GMライフル）、ビーム・スプレーガン、シールド、ビーム・サーベル×2

脚部とバックパックの外装は着脱可能で、内部メカを再現。胴体に内蔵されるコクピットブロックも精密に造形されている。90mmマシンガンはGMライフルへの組み換えが可能。

MG RGM-79C
ジム改 (スタンダードカラー)

DATA

スケール：1/100／発売：2002年11月／価格：2,700円／武器：90mmマシンガン（GMライフル、ロング・ライフル）、ビーム・スプレーガン、シールド、ビーム・サーベル×2

宇宙用のカラーリング成形色を再現したカラーバリエーションキット。90mmマシンガンにはロング・ライフルへの組み換えパーツを追加。「不死身の第4小隊」の乗機を再現可能なマーキングシールが付属する。

HGUC RGM-79C
ジム改

DATA

スケール：1/144／発売：2010年8月／価格：1,296円／武器：90mmマシンガン、ハイパー・バズーカ、ビーム・サーベル

トリントン基地所属機のカラーリングを成形色で再現し、ペイント弾の着弾跡や所属マークなどを表現したマーキングシールが付属。肘関節は二重関節によって柔軟な可動を実現している。

MG RGM-79N
ジム・カスタム

DATA

スケール：1/100／発売：1999年12月／価格：3,240円／武器：GMライフル、90mmマシンガン、シールド、ビーム・サーベル

脛部とバックパックは外装の着脱が可能で、内部構造をリアルに造形している。各種武装やマーキングシールなどのほか、サウス・バニングの1/20スケールフィギュアが付属する。

HGUC RGM-79N
ジム・カスタム

DATA

スケール：1/144／発売：2011年1月／価格：1,404円／武器：ジム・ライフル、シールド、ビーム・サーベル

完全新規造形の外装パーツで細身のプロポーションを再現し、関節部分にはHGUC「ジム改」などと共通のパーツを採用している。アルビオン隊のエンブレムなどを再現したマーキングシールが付属する。

▶ビーム・サーベルのグリップはバックパックから着脱可能で、ビーム刃はクリア成形。表情豊かなハンドパーツも付属する。

■ 地球連邦軍／ティターンズ

HGUC RGC-83
ジム・キャノンII

DATA

スケール：1/144／発売：2011年6月／価格：1,512円／武器：ジム・ライフル（マガジン×2）、シールド、ビーム・サーベル

ビーム・キャノンは90度の可動範囲を有し、ビーム・サーベルは左右腕部のサーベルホルダーに収納が可能。シールド裏にはジム・ライフルの予備マガジンを装着できる。

MG RGM-79Q
ジム・クゥエル

DATA

スケール：1/100／発売：1999年12月／価格：3,240円／武器：GMライフル、ビーム・ライフル、シールド、ビーム・サーベル×2

MG『ジム・カスタム』と一部パーツを共用してディテールを再現し、ティターンズカラーを成形色で表現。腹部とバックパックは着脱可能な外装の内側に精巧なメカディテールを造形している。

◀各種武装に加えて、ニナ・パープルトンの1/20スケールフィギュアが付属する。

HGUC RGM-79Q
ジム・クゥエル

DATA

スケール：1/144／発売：2007年1月／価格：1,296円／武器：ジム・ライフル、シールド、ビーム・サーベル

外伝作品『Advance of Z ～ティターンズの旗のもとに～』登場時のイメージに準拠したプロポーションラインを再現。肘の二重関節をはじめとする各部の柔軟な可動構造や多彩なハンドパーツによって、様々なアクションポーズが可能。T3部隊のエンブレムなどを再現したマーキングシールが付属する。

EXモデル モビルシップ アルビオン

DATA

スケール：1/1700／発売：2003年9月／価格：3,780円／武器：メガ粒子砲×2

各部に精密なディテールを施し、メガ粒子砲とカタパルトデッキの展開は選択式。カタパルトデッキにはホワイトメタルを使用。GP01とGP02の同スケールMSフィギュアが付属する。

EXモデル モビルシップ アルビオン リミテッドエディション

DATA

スケール：1/1700／発売：2006年3月／価格：4,860円／武器：メガ粒子砲×2

各パーツに設定色に準じたメッキコーティングを施したEXモデル「アルビオン」の特別仕様。その他のキット内容は通常版と同じで、MSフィギュア2体と専用ディスプレイスタンドが付属する。

EXモデル ラビアンローズ

DATA

スケール：1/1700／発売：2006年9月／価格：7,020円／武器：─

ガントリーアームは可動し、付属のサブスタンドを用いて同シリーズのアルビオンやアーガマ（別売り）の整備風景を再現できる。専用スタンドとMSフィギュア5種11体が付属。

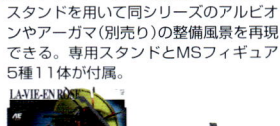

■ デラーズ・フリート

MG　MS-06F-2　ザクⅡ F2 型

DATA
スケール：1/100／発売：2002年4月／価格：3,240円／武器：90mmマシンガン（マガジン）、ザク・バズーカ、3連装ミサイル・ポッド（ミサイル×3）×2、シュツルム・ファウスト、ハンド・グレネード

肩関節は引き出し機構により幅広い可動を実現。脚部外装は着脱可能で、頭部カバーはブレードアンテナを備える中隊長仕様を選択することもできる。豊富な武装に加え、背部に装着可能なロケット・ブースターが付属する。

HGUC　MS-06F-2　ザクⅡ F2 型　ジオン軍仕様

DATA
スケール：1/144／発売：2010年2月／価格：1,620円／武器：ザク・マシンガン（マガジン×2）、90mmマシンガン、3連装ミサイル・ポッド×2、ヒート・ホーク

新型ポリキャップを採用して可動性と強度を高め、組み立て易さも追求。頭部パーツはノーマルタイプと指揮官機仕様、アップリケアーマータイプの3種が付属する。ザク・マシンガンはマガジンの着脱が可能。

▶腰部マウントラッチにハンド・グレネードやヒート・ホークなどを装着可能。

MG　MS-06F-2　ザクⅡ F2 型　連邦軍仕様

DATA
スケール：1/100／発売：2002年9月／価格：3,240円／武器：ザク・マシンガン、ザク・バズーカ、シュツルム・ファウスト、ハンド・グレネード、ヒート・ホーク

劇中序盤に登場した地球連邦軍の接収機を再現したバリエーションキット。変更されたカラーリングを成形色で表現し、頭部にはアップリケアーマーの装着を選択できる。

HGUC　MS-06F-2　ザクⅡ F2 型　連邦軍仕様

DATA
スケール：1/144／発売：2010年3月／価格：1,620円／武器：ザク・マシンガン（マガジン×2）、90mmマシンガン、3連装ミサイル・ポッド×2、ヒート・ホーク

地球連邦軍仕様機のカラーリングを成形色で再現したバリエーションキット。内容はベースキットに準じ、地球連邦軍のエンブレムなどを再現したマーキングシールが付属する。

HGUC　MS-09F　ドムトローペン

DATA
スケール：1/144／発売：2000年11月／価格：1,620円／武器：ラケーテン・バズ（マガジン×4）、ヒート・サーベル

局地戦用改修機のディテールとプロポーションを精巧に再現。関節部はポリキャップの露出を防止するカバーを備え、ハンドパーツは人差し指が可動する。付属の予備マガジンは腰部への装着ができる。

MG　MS-14A　ゲルググ（アナベル・ガトー専用機）

DATA
スケール：1/100／発売：2003年2月／価格：3,780円／武器：ビーム・ライフル、試作型ビーム・ライフル、シールド、ビーム・ナギナタ

MG「ゲルググ シャア・アズナブル大佐機」をベースに、成形色を変更してガトー機を再現。試作型ビーム・ライフルとアナベル・ガトーの1/20スケールフィギュアが追加で付属する。

HGUC　MS-09F　ドムトローペン　サンドブラウン

DATA
スケール：1/144／発売：2002年2月／価格：1,728円／武器：ラケーテン・バズ（マガジン×4）、90mmマシンガン（マガジン×2）、シュツルム・ファウスト×4、ヒート・サーベル

砂漠迷彩が施された機体を成形色で再現したバリエーションキット。ベースキットの構成に加えて90mmマシンガンとシュツルム・ファウストが付属し、一部装備は腰部ラッチなどにマウントできる。

HGUC MS-14F ゲルググマリーネ

DATA
スケール：1/144／発売：2000年10月／価格：1,296円／武器：90mm マシンガン、スパイク・シールド、ビーム・サーベル×2

肘と膝の関節部にはポリキャップの露出を防ぐカバーパーツを採用し、リアルなディテールを追求。また、各種武装のほかに表情豊かなハンドパーツが付属し、多彩なポージングが可能。

HGUC MS-14Fs ゲルググマリーネ シーマカスタム

DATA
スケール:1/144／発売:2002年1月／価格:1,620円／武器:ビーム・ライフル、90mm マシンガン、シールド、ビーム・サーベル×2

特徴的なカラーリングを成形色で再現し、胴体部やバックパックなどの指揮官仕様特有のディテールを精巧に造形。関節部にはポリキャップの露出を防止するカバーを採用している。

HGUC MS-21C ドラッツェ

DATA
スケール：1/144／発売：2011年11月／価格：2,160円／武器：ガトリング・ガン

独特のフォルムを再現し、右前腕部はガトリング・ガンを保持可能な通常のマニピュレーターに換装できる。ビーム・サーベル用クリアパーツとディスプレイスタンドが付属。

HG メカニクス AMX-002 ノイエ・ジール

DATA
スケール：1/550／発売：2002年1月／価格：1,296円／武器：—

隠し腕は差し替えで展開を再現し、有線クローアームはリード線で射出状態を表現。同スケールのステイメンとザクⅡF2型、専用ディスプレイスタンドが付属する。

1/144 AGX-04 ガーベラテトラ

DATA
スケール:1/144／発売:1992年6月／価格:1,080円／武器：ビーム・マシンガン、ビーム・サーベル

ショルダースラスターポッドは独立して可動し、シュルツム・ブースターユニットは着脱が可能。頭部はモノアイレールが別パーツ成形で、モノアイはシールで再現している。

HGUC AGX-04 ガーベラ・テトラ

DATA
スケール：1/144／発売：2013年7月／価格：1,944円／武器：ビーム・マシンガン、ビーム・サーベル×2

▲シュツルム・ブースターは背部外装との差し替えで着脱を再現。プロペラントタンクは可動する。

胸部と腰部の可動軸や膝の二重関節などの可動構造によって、様々なアクションポーズが可能。各種武装のほか、多彩なハンドパーツや色分け用ホイルシールが付属する。

RE/100 RX-78GP04G ガンダム試作4号機 ガーベラ

DATA
スケール：1/100／発売：2015年4月／価格：3,780円／武器：ビーム・ライフル、ロング・レンジ・ライフル（エネルギーパック×2）、シールド、ビーム・サーベル×2

精密なディテールと柔軟な可動をフレームレス構造で再現。シュツルム・ブースターは着脱が可能で、差し替えでランディングスキッドの展開を再現。ロング・レンジ・ライフルはクリアパーツ製のジュッテを装着でき、エネルギーパックは着脱可能でシールド裏にマウントできる。

HG メカニクス MA-06 ヴァル・ヴァロ

DATA
スケール：1/550／発売：2002年6月／価格：1,080円／武器：—

クローアームはボールジョイントで可動し、伸縮を差し替えで再現。先端のクローは開閉が可能。同スケールのGP01FbとGP02のMSフィギュア、ディスプレイスタンドが付属する。

▲機首下部のカバーが可動し、大型メガ粒子砲の展開ギミックを再現している。

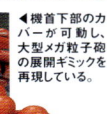

1993 機動戦士 V ガンダム　MOBILE SUIT V GUNDAM

ガンダム作品のテレビシリーズ第4弾。舞台は地球連邦政府の統治力が低下し、紛争が頻発する「宇宙戦国時代」とよばれたU.C.0153年。サイド2に興ったザンスカール帝国が地球への侵攻を開始する。偶然戦いに巻き込まれ、抵抗勢力であるリガ・ミリティアが反攻の象徴として開発したヴィクトリーガンダムに乗り込んだ少年ウッソ・エヴィンは、過酷な戦いの中でニュータイプとして目覚めていく。
1993年4月～1994年2月放送／全51話

ふたつのユーザー層に向けた新たな試み

『機動戦士 V ガンダム』は、原点である『機動戦士ガンダム』の放送開始から14年目に製作された作品である。その結果、ユーザーの高年齢化は顕著となり、若年層に向けたアピールが必須となりつつあった。

しかし、これまでの商品のハイクオリティ化は結果として高価格化に繋がり、若年層が気軽に手を出せない状況にあった。そこで、「原点回帰」を目標としていた『機動戦士 V ガンダム』では、低年齢層と高年齢層のふたつのユーザー層に向けた商品展開を行った。

低年齢層に向けては、組み立てを簡易化できる共通フレーム「V フレーム」に外装を組み付ける方式を採用した1/144スケールを展開。さらに、2枚のランナーを重ねれば簡単にパーツが組み上がる「ランナーロック方式」を導入。部品の共通化とコンパクトなサイズによって、価格を抑えることに成功し、若年層でも気軽に買うことができる商品となった。一方、既存のファンに向けたアイテムとしては、カラーインサートによる色分けや変形機構の再現などを盛り込んだ1/100スケールのシリーズを展開した。

困難を極めたリニューアル作業

『機動戦士 V ガンダム』のガンプラリニューアルは、サイズ感と変形の両立が困難だったために難航した。しかし、ABS フレームを用いたポリキャップレス化や成形技術などの進歩によって、2009年に V ガンダムが「MG Ver.Ka」としてリリース。薄いパーツを積層させる精度の高い設計により、同キットは複雑な変形合体を実現した。その後、「HG オールガンダムプロジェクト」で共通関節によって小型 MS を再現。V ガンダムと V2ガンダムが相次いで立体化された。さらに、変形機構や形状の検討などの試行錯誤を重ねることで、MG の V2ガンダムの商品化を実現。その高い完成度は往年の『機動戦士 V ガンダム』ファンを喜ばせた。

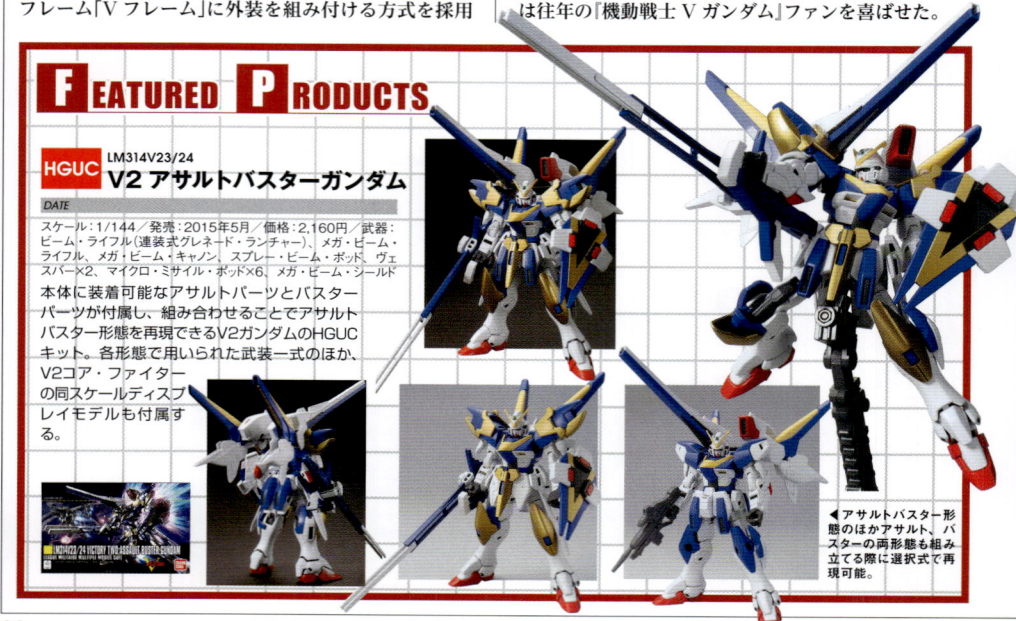

FEATURED PRODUCTS

HGUC LM314V23/24 V2 アサルトバスターガンダム

DATE

スケール：1/144／発売：2015年5月／価格：2,160円／武器：ビーム・ライフル（連装式グレネード・ランチャー）、メガ・ビーム・ライフル、メガ・ビーム・キャノン、スプレー・ビーム・ポッド、ヴェスバー×2、マイクロ・ミサイル・ポッド×6、メガ・ビーム・シールド

本体に装着可能なアサルトパーツとバスターパーツが付属し、組み合わせることでアサルトバスター形態を再現できるV2ガンダムのHGUCキット。各形態で用いられた武装一式のほか、V2コア・ファイターの同スケールディスプレイモデルも付属する。

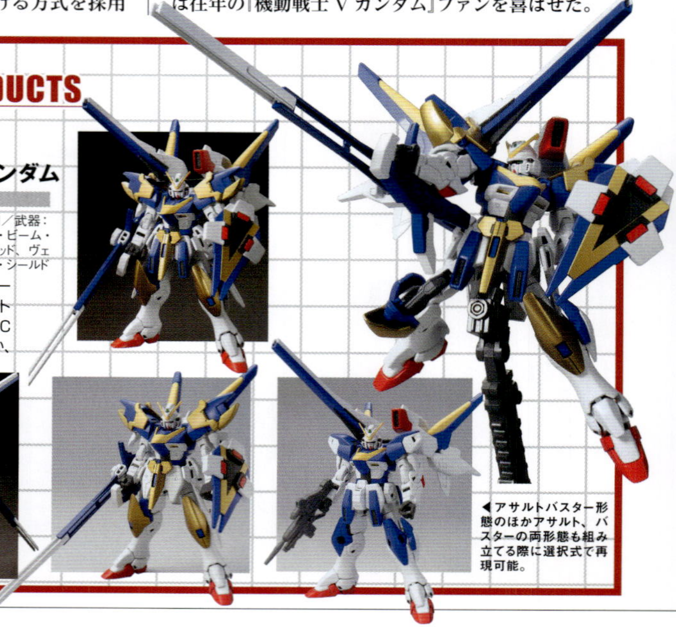

◀アサルトバスター形態のほかアサルト、バスターの両形態も組み立てる際に選択式で再現可能。

■ リガ・ミリティア

HG LM312V04 ヴィクトリーガンダム

DATE

スケール：1/100／発売：1993年4月／価格：1,620円／武器：ビーム・ライフル、ビーム・シールド、ビーム・サーベル×2

トップ・ファイターとボトム・ファイターへの分離・変形を差し替えで再現。多色成形による精巧な色分けも特徴で、ボトム・ファイター再現用の非変形コア・ファイターが付属する。

1/144 LM312V04 ヴィクトリーガンダム

DATE

スケール：1/144／発売：1993年5月／価格：540円／武器：ビーム・ライフル、ビーム・シールド、ビーム・サーベル×2

主要パーツをランナー状態で組み上げるランナーロック構造と、ブロック化された関節パーツのVフレームを採用。ディスプレイスタンドと背景カードが付属する。

MG LM312V04 ヴィクトリーガンダム Ver.Ka

DATE

スケール：1/100／発売：2009年12月／価格：4,104円／武器：ビーム・ライフル（ビーム・ピストル）、ビーム・シールド、ビーム・サーベル×2

変形・合体を完全再現したVer.Ka仕様のMGキット。基部がビーム・ピストルとなるビーム・ライフルの構造や前腕部のビーム・サーベル収納ギミック、ビーム・シールドの展開構造を忠実に再現。ヘキサタイプのコア・ファイターも付属する。

コア・ファイターとトップ・リム、ボトム・リムに分離する機体構造と、トップ・ファイターとボトム・ファイターへの変形を忠実に再現している。

HGUC LM312V04 ヴィクトリーガンダム

▲ビーム・ライフルなどの武装と色分け用ホイルシールに加えて、コア・ファイターの同スケールディスプレイモデルが付属する。

精密なディテールを追求した非変形キット。関節部のコンパクト化によってフォルムを維持し、肘と膝の二重関節や足首の折り畳みなどの可動を実現。クリア成形のビーム刃パーツ2種やビーム・シールドが付属する。

DATE

スケール：1/144／発売：2013年11月／価格：1,296円／武器：ビーム・ライフル、ビーム・シールド、ビーム・サーベル×2

HG LM312V04+SD-VB03A V ダッシュガンダム

DATE

スケール：1/100／発売：1993年7月／価格：1,944円／武器：ビーム・ライフル、メガ・ビーム・ライフル、ビーム・シールド、ビーム・サーベル×2

オーバーハング・バックは着脱式で、付属のコア・ファイターと組み合わせてコア・ブースターを再現可能。本体は差し替え変形で、ヘキサタイプの頭部が付属する。

1/144 LM312V04+SD-VB03A V ダッシュガンダム

DATE

スケール：1/144／発売：1993年8月／価格：756円／武器：ビーム・ライフル、メガ・ビーム・ライフル、ビーム・シールド、ビーム・サーベル×2

頭部とバックパックの差し替えによって、Vガンダムヘキサを再現可能なコンパチブルキット。同スケールのコア・ファイターとディスプレイスタンド、背景カードが付属する。

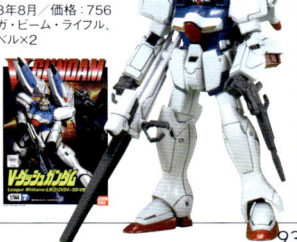

■ リガ・ミリティア

MG LM312V04+SD-VB03A　V ダッシュガンダム Ver.Ka

DATE

スケール：1/100／発売：2010年7月／価格：6,264円／武器：ビーム・ライフル（ビーム・ピストル）×2、ビーム・スマートガン、ガトリングガン、ビーム・カノン×2、ミサイル・ポッド×2、ディスポーザブル・バズ、ビーム・シールド、ビーム・サーベル×2、ビーム・ジャベリン

オーバーハング・パックとオプション武装を追加し、Ｖガンダムのフル装備形態を再現したVer.Ka仕様。ヴィクトリータイプとヘキサタイプのコア・ファイター4機と変形可能なオーバー・ハングパックの組み合わせで様々な形態を再現できる。

▼コア・ファイターとオーバーハング・パックのドッキングによってコア・ブースターを再現可能。

▲腰部アーマーに装着可能なビーム・カノンは砲身がスライド展開する。

▲ビーム・シールドのエフェクトはクリアパーツで成形され、肘部パーツの可動と差し替えで展開を再現。

▲コア・ブースターの同スケールディスプレイモデルが付属する。

HGUC LM312V04+SD-VB03A　V ダッシュガンダム

DATE

スケール：1/144／発売：2015年3月／価格：1,944円／武器：ビーム・ライフル、ビーム・スマートガン、ビーム・シールド、ビーム・サーベル×2

精巧に造形されたオーバーハング・パックを追加したHGUC「ヴィクトリーガンダム」のバリエーションキット。オーバーハング・キャノンは可動して射撃姿勢を再現できる。差し替えが可能なヘキサタイプの頭部も付属する。

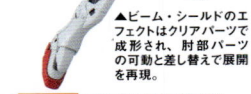

▲各種武装が付属し、ビーム・スマートガンは差し替えで収納形態を再現できる。

MG LM312V04(B-part)+SD-VB03A　コア・ブースター (V ガンダム) Ver.Ka

DATE

スケール：1/100／発売：2010年7月／価格：2,376円／武器：ビーム・ライフル（ビーム・ピストル）、ビーム・スマートガン、ガトリングガン、ビーム・カノン×2、ミサイル・ポッド×2、ディスポーザブル・バズ、ビーム・ジャベリン

▼劇中に登場した多彩なオプション武装とディスプレイベースが付属する。

▼付属する武装は各部のハードポイントにマウントが可能。

別売りのMG「ヴィクトリーガンダム Ver.Ka」との組み合わせが可能なコア・ブースターと武装のセット。コア・ファイターはヴィクトリーとヘキサの2タイプが同梱されている。

HG LM314V2　V2 ガンダム

DATE

スケール：1/100／発売：1993年9月／価格：1,620円／武器：ビーム・ライフル、ビーム・シールド、ビーム・サーベル×2

差し替えによってコア・ファイターをはじめとする各形態への変形を再現。胸部やミノフスキー・ドライブ・ユニットなどの一部パーツには多色成形が用いられている。

1/144 LM314V21　V2 ガンダム

DATE

スケール：1/144／発売：1993年9月／価格：756円／武器：ビーム・ライフル、ビーム・シールド、ビーム・サーベル×3

ランナーロックとVFレームを採用し、光の翼をクリアパーツで再現。ビーム・ライフルは腰部や脚部へのマウントが可能で、ディスプレイスタンドと背景カードが付属する。

HGEX LM314V21　V2 ガンダム

DATE

スケール：1/60／発売：1993年10月／価格：3,240円／武器：ビーム・ライフル、ビーム・シールド、ビーム・サーベル×2

コア・ファイターとトップ・ファイター、ボトム・ファイターへの変形を差し替えなしで再現。頭部カメラアイはクリアパーツ成形で、ハンドパーツの指は親指以外が可動する。

HGUC LM314V21
V2 ガンダム

DATE

スケール：1/144／発売：2014年1月／価格：1,404円／武器：ビーム・ライフル（連装式グレネード・ランチャー）、ビーム・シールド、ビーム・サーベル×2

V2ガンダムの特徴的なフォルムを忠実に再現した、非変形のHGUCキット。関節部をコンパクト化し、肘と膝の二重関節や脚部のロール機構などによって高い可動性を実現。ミノフスキー・ドライブ・ユニットは可動と開閉構造が再現されている。ビーム・サーベルは通常のビーム刃パーツ2本に加えて、扇形に展開されたビーム刃パーツも付属する。

▼V2コア・ファイターのディスプレイモデルとアクションベース2用ジョイントパーツが付属する。

HQ LM314V23
V2 バスターガンダム

DATE

スケール：1/144／発売：1994年2月／価格：540円／武器：ビーム・ライフル

ランナーロックとVフレームを採用し、背部のミノフスキー・ドライブ・ユニットやメガ・ビーム・キャノンは可動する。ビーム・ライフルはハードポイントに装着可能。

HG LM314V23
V2 バスターガンダム

DATE

スケール：1/100／発売：1994年3月／価格：1,944円／武器：ビーム・ライフル、ビーム・シールド、ビーム・サーベル×2

トップ・リムとボトム・リムへの分離・変形が可能で、コア・ファイターはバスターパーツ装着状態での変形を再現。背部の各ブロックはそれぞれが独立して可動する。

HG LM314V24
V2 アサルトガンダム

DATE

スケール：1/100／発売：1994年1月／価格：1,944円／武器：ビーム・ライフル、メガ・ビーム・ライフル、ヴェスバー×2、メガ・ビーム・シールド

アサルトパーツを装着した状態での分離・変形を再現。特殊装甲にはつや消しメッキパーツを用い、メガ・ビーム・シールドはバリア・ビットの着脱が可能。

▼コア・ファイターは2機付属し、ランディングギアは差し替え式。

MG LM314V21
V2 ガンダム Ver.Ka

DATE

スケール：1/100／発売：2015年10月／価格：4,860円／武器：ビーム・ライフル（連装式グレネード・ランチャー）、ビーム・シールド、ビーム・サーベル×3

プロポーションと分離・変形ギミックを両立したVer.Ka仕様のV2ガンダム。トップ・リムのリア・スカート展開とボトム・リムの膝部装甲の展開構造をオリジナルギミックとして盛り込みつつ、各形態への変形を再現。

■ リガ・ミリティア

1/144　LM111E02　ガンイージ

DATE

ランナーロックとVフレームによる組み易さが特徴。ビーム・シールドは着脱可能で、メガ・ビーム・バズーカは腰部にマウントできる。各種武装のほか、ディスプレイスタンドと背景カードが付属。

スケール：1/144／発売：1993年5月／価格：540円／武器：ビーム・ライフル、メガ・ビーム・バズーカ、ビーム・シールド、ビーム・サーベル×2

HG　LM111E03　ガンブラスター

DATE

スケール：1/100／発売：1993年8月／価格：1,080円／武器：ビーム・ライフル、ビーム・シールド、ビーム・サーベル×2

選択式でガンイージの再現も可能なコンパチブルキット。多色成形でカラーリングを再現し、ハンドパーツは親指以外が可動する。各部のハードポイントには付属のビーム・ライフルのほか、同スケールの「F90」シリーズ（別売り）の武装を装着できる。

1/144　LM111E03　ガンブラスター

DATE

スケール：1/144／発売：1993年10月／価格：756円／武器：ビーム・ライフル、メガ・ビーム・バズーカ、ビーム・シールド、ビーム・サーベル×2

ランナーロックとVフレームを採用し、組み易さと可動性を両立。背部のブースターパックはボールジョイントで可動する。各種武装のほか、ディスプレイスタンドと背景カードが付属する。

1/144　RGM-119　ジェムズガン

DATE

スケール：1/144／発売：1993年6月／価格：540円／武器：ビーム・ライフル、メガ・ビーム・バズーカ、ビーム・シールド、ビーム・サーベル×2

頭部と胸部、脚部などの組み立てにランナーロックを用い、各部の関節にはVフレームによる可動構造を採用。クリアパーツで成形されたビーム・シールドは左右腕部への着脱が可能で、ビーム・ライフルとメガ・ビーム・バズーカは腰部背面にマウントできる。ディスプレイスタンドと背景カードが付属する。

1/144　Vガンダム武器セット

DATE

スケール：1/144／発売：1993年11月／価格：540円／武器：ビーム・ライフル×2、スナイピング・ユニット（V2ガンダム用）、マルチプル・ランチャー＆ビーム・ピストル、ビーム・バズーカ、ビーム・ガン×2、武器マウント、マルチ・バズーカ、ガトリングガン、ビーム・バズーカ、ビーム・キャノン×2

『機動戦士Vガンダム』シリーズの1/144スケールキットに対応したオプション武装のセット。スナイピングユニット展開状態のV2ガンダムの頭部パーツや武器マウント、各種ハンドパーツ、部隊章などのマーキングシールも同梱されている。

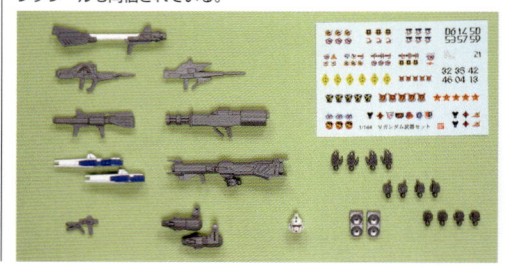

1/144　RGM-122　ジャベリン

DATE

スケール：1/144／発売：1993年7月／価格：540円／武器：ビーム・ライフル、ショット・ランサー×2、ビーム・シールド、ビーム・サーベル×2

ランナーロックとVフレームを採用したキット。ショット・ランサーは着脱式でグリップが可動し、手に持たせることも可能。ディスプレイスタンドと背景カードが付属。

■ ザンスカール帝国軍

1/144 ZM-S09G トムリアット

DATE

スケール：1/144／発売：1993年6月／価格：540円／武器：ビーム・ライフル、ビーム・シールド、ビーム・サーベル、ビーム・トマホーク

ランナーロックとVフレームを用いてMS形態を忠実に再現。シールド状のビーム・ローターはクリア成形で、基部はバックパックにも装着できる。

1/144 ZM-S09S ゾロアット

DATE

スケール：1/144／発売：1993年7月／価格：540円／武器：ビーム・ライフル、ガトリングガン、ビーム・シールド、ビーム・サーベル

右肩アーマーのビーム・ストリングス展開ギミックを差し替えで再現し、クリア成形のビーム・シールドは着脱可能。ディスプレイスタンドなどが付属する。

1/144 ZM-D11S アビゴル

DATE

スケール：1/144／発売：1993年10月／価格：756円／武器：ビーム・サイス、ビーム・カタール

独特のフォルムを忠実に造形し、モビルアーマー形態への変形をパーツの差し替えによって再現している。ディスプレイスタンドと背景カードが付属する。

1/144 ZM-S14S コンティオ

DATE

スケール：1/144／発売：1993年8月／価格：540円／武器：ビーム・ライフル、ビーム・シールド、ビーム・サーベル、ショルダー・ピック・クロー

ランナーロックとVフレームを用い、パーツ差し替えでショルダー・ピック・クローの展開を再現。ディスプレイスタンドと背景カードが付属する。

1/144 ZM-S19S シャイターン

DATE

スケール：1/144／発売：1993年9月／価格：540円／武器：ビーム・ライフル、ビーム・シールド、ビーム・サーベル

ランナーロックとVフレームを用いたキットで、全身に配したビーム砲を忠実に再現。ディスプレイスタンドと背景カードが付属する。

1/144 ZM-S22S リグシャッコー

DATE

スケール：1/144／発売：1993年11月／価格：540円／武器：ビーム・ライフル、ビーム・シールド、ビーム・サーベル×2、ビーム・ファン×3、ビーム・ピストル×2

ランナーロックとVフレームを採用。バックパックと脛部にはビーム・ファンとビーム・ピストルを装着可能。ディスプレイスタンドと背景カードが付属する。

HG ZM-S06G ゾリディア

DATE

スケール：1/100／発売：1993年11月／価格：1,080円／武器：ビーム・ライフル、ビーム・シールド、ビーム・サーベル×2

選択式で頭部メインカメラの開閉を再現でき、開いた状態はクリアパーツで造形。付属のビーム・ライフルはスコープ部が上方にスライド展開する。左前腕部に着脱可能なビーム・シールドのクリアパーツや色分け用ホイルシールなどが付属する。

HG ZM-S06G ゾリディア

DATE

スケール：1/144／発売：1993年11月／価格：540円／武器：ビーム・ライフル、ビーム・シールド、ビーム・サーベル×2、ビーム・ストリングス・ユニット、ガトリング砲

関節構造にはVフレームを使用している。また、バックパックのハードポイントにガトリング砲とビーム・ストリングス・ユニットを装備することで強化タイプを再現できる。

ゲームに登場した機体のガンプラ①

　ガンダムの世界は今やアニメーションのみならず他の媒体にも広く浸透している。その一例が家庭用ゲーム機をはじめとするゲーム作品だ。ジャンルやストーリーも様々なそれらに共通する見どころのひとつが、ゲームオリジナルの機体だろう。そして、ゲームならではの表現方法で描かれる機体を立体として再現できる裾野の広さは、ガンプラの大きな魅力と言える。

　ゲームに登場する機体のガンプラは、多くがHGUCやMGといったスタンダードなシリーズでリリースされ、プレミアムバンダイ限定販売のキットも存在する。また、『ハーモニー・オブ・ガンダム』と銘打たれた企画によって、ゲームとプラモデルを連携させた新設定の構築も行われ、その一部として『機動戦士ガンダム 戦場の絆』に登場するMSがキット化されている。

■ 機動戦士ガンダム外伝 THE BLUE DESTINY（1996～97年）

HGUC RX-79BD-1
ブルーディスティニー1号機

DATA
スケール：1/144／発売：2007年7月／価格：1,620円／武器：100mmマシンガン、シールド、ビーム・サーベル×2

一年戦争期を舞台にしたアクションゲーム3部作に登場するカスタムMSのキット。

HGUC RX-79BD-2
ブルーディスティニー2号機

DATA
スケール：1/144／発売：2007年4月／価格：1,620円／武器：ビーム・ライフル、シールド、ビーム・サーベル×2

作中終盤のライバル機を再現。着脱式の空間用ランドセルの内側には重力下用ランドセルが再現されている。

HGUC RX-79BD-3
ブルーディスティニー3号機

DATA
スケール：1/144／発売：2007年9月／価格：1,620円／武器：ビーム・ライフル、シールド、ビーム・サーベル×2

ゲーム第3部の主人公機を再現したHGUC「ブルーディスティニー2号機」のバリエーションキット。

RE/100 MS-08TX(EXAM)
イフリート改

DATA
スケール：1/100／発売：2016年4月／価格：3,780円／武器：ヒート・サーベル×2、6連装ミサイル・ポッド×2

第2部に登場するライバル機をRE/100で再現。6連装ミサイル・ポッドは着脱が可能。

■ 機動戦士ガンダム ギレンの野望（1998年）

MG MS-05B
ザクI 黒い三連星仕様

DATA
スケール：1/100／発売：1999年5月／価格：2,700円／武器：マシンガン、ザク・マシンガン、ザク・バズーカ、ヒート・ホーク

一年戦争を体験できるシミュレーションゲームより、黒い三連星の専用機を再現したMG「ザクI」のカラーバリエーションキット。

HGUC MS-05B
ザクI 黒い三連星仕様

DATA
スケール：1/144／発売：2006年8月／価格：1,080円／武器：ザク・マシンガン、ザク・バズーカ、シュツルム・ファウスト、スパイク・シールド、ヒート・ホーク

HGUC「ザクI」の成形色を変更して黒い三連星専用機のカラーリングを再現。各機の機体ナンバーなどを再現できるマーキングシールが付属する。

MG MS-09RS
シャア専用リック・ドム

DATA
スケール：1/100／発売：2003年1月／価格：4,860円／武器：ジャイアント・バズ、ビーム・バズーカ、ザク・マシンガン、ヒート・サーベル

小説版に登場してゲームにも反映されたシャア専用リック・ドムを、MG「リック・ドム」をベースに再現。成形色が変更され、シャア・アズナブルの1/20スケールフィギュアが付属する。

MG MS-05B
ザクI ランバ・ラル専用機

DATA
スケール：1/100／発売：2000年9月／価格：2,700円／武器：マシンガン、ザク・マシンガン、ザク・バズーカ、大型ヒート・ホーク

MG「ザクI」をベースに、ゲームに登場するランバ・ラル専用機のディテールを再現。大型ヒート・ホークをはじめとする各種武装などが付属する。

MG RX-78/C.A
キャスバル専用ガンダム

DATA
スケール：1/100／発売：2002年8月／価格：3,240円／武器：ビーム・ライフル、ハイパー・バズーカ、シールド、ビーム・サーベル×2

ifストーリーに登場するキャスバル専用ガンダムを再現したMG「ガンダム Ver.1.5」のバリエーションキット。専用のマーキングシールなどが付属する。

▲ベースキットと同じ武装に加えて、新たにザク・マシンガンとドム用のグリップユニット2種が付属する。

■ 機動戦士ガンダム外伝 宇宙、閃光の果てに…（2003 年）

MG RX-78-4
ガンダム 4 号機

DATA

スケール：1/100／発売：2003年7月／価格：3,024円／武器：ハイパー・ビーム・ライフル、メガ・ビーム・ランチャー、シールド、ビーム・サーベル×2

ゲーム「機動戦士ガンダム めぐりあい宇宙」に収録のサイドストーリーより、作中で試験運用されたガンダムの1機をMGシリーズで再現。

MG RX-78-5
ガンダム 5 号機

DATA

スケール：1/100／発売：2003年8月／価格：3,024円／武器：ハイパー・ビーム・ライフル、ジャイアント・ガトリング、シールド、ビーム・サーベル×2

MG「ガンダム4号機」とパーツを共用し、外伝の主人公が乗る同型機を再現。ジャイアント・ガトリングの給弾ベルトはリボンケーブルを用いた多重構造を採用。

▶増加パーツを外してノーマルモードを再現。

■ 機動戦士ガンダム 戦場の絆（2006 年）

HGUC MS-05L
ザクⅠ・スナイパータイプ

DATA

スケール：1/144／発売：2006年11月／価格：1,512円／武器：ビーム・スナイパーライフル、ザク・マシンガン

アーケード用対戦アクションに登場するカスタムMSを再現したHGUC「ザクⅠ」のバリエーションキット。ランドセルをはじめとする特徴的なディテールや格納式ニーパッドの伸縮ギミックを再現。

HGUC
ジム・ストライカー

DATA

スケール：1/144／発売：2006年12月／価格：1,296円／武器：100mmマシンガン、スパイク・シールド、ビーム・サーベル、ツイン・ビーム・スピア

HGUC「パワードジム」をベースに『ハーモニー・オブ・ガンダム』出典のジム改修機を再現。全身のウェアラブルアーマーをリアルに造形。

HGUC RX-78GP02A
ガンダム GP02A (MLRS 仕様) サイサリス

DATA

スケール：1/144／発売：2007年2月／価格：2,376円／武器：ビーム・バズーカ、多連装ロケット・システム、シールド、ビーム・サーベル×2

HGUC「ガンダム試作2号機」をベースにゲーム登場の武装バリエーションを再現。成形色はゲーム準拠に変更され、武装の換装が可能。

■ ガンダム無双（2007 年）

MG
真武者頑駄無

DATA

スケール：1/100／発売：2008年6月／価格：5,400円／武器：火砲「種子島」、太刀「日輪丸」、槍「散光丸」、薙刀「電光丸」

人気のタクティカルアクションゲームに登場するオリジナルMSのMGキット。基本フレームにMG「ガンダムVer.O.Y.W.0079」を用い、腰部アーマーの裏打ち構造などを採用している。

MG
真武者頑駄無 戦国の陣

DATA

スケール：1/100／発売：2009年3月／価格：8,640円／武器：火砲「種子島」、太刀「日輪丸」、槍「散光丸」、薙刀「電光丸」

専用の飾り台や屏風シート、付属武器の台座などを追加したMG「真武者頑駄無」の豪華仕様。キット本体にはゴールドメッキやグロス成形を用いている。

MG
武者ガンダム Mk-Ⅱ

DATA

スケール：1/100／発売：2010年5月／価格：6,480円／武器：火砲「昇竜島」、太刀「虎鉄丸」×2、薙刀「閃光丸」

カトキハジメ氏のリファインデザインによるゲーム版武者ガンダムMk-ⅡのMGキット。鎧飾りなどにメッキパーツを使用し、重厚な甲冑姿と可動性を両立している。

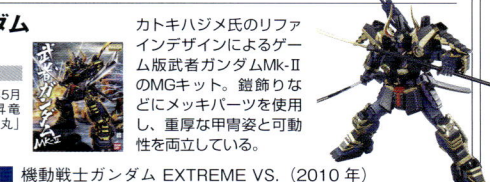

■ 機動戦士ガンダム戦記（2009 年）

HGUC FA-78-3
フルアーマーガンダム 7 号機

DATA

スケール：1/144／発売：2009年9月／価格：1,620円／武器：ビーム・ライフル、背部長距離ビーム・キャノン、シールド、ビーム・サーベル×2

一年戦争後の戦いを描いた部隊統率型アクションゲームより、主人公の重装形態をHGUCシリーズで再現。追加武装と増加装甲を装備した機体各部のディテールを精巧に造形し、各部の二重関節やスライド機構によって幅広い可動域を確保している。

■ 機動戦士ガンダム EXTREME VS.（2010 年）

HG
エクストリームガンダム

DATA

スケール：1/144／発売：2011年2月／価格：1,728円／武器：ビーム・ライフル、シールド、ビーム・サーベル×3

アーケード用対戦アクションゲームのオリジナルMSを再現したHGキット。機体フレームの発光イメージをクリアパーツで表現。ギターとギターケースをモチーフにした大河原邦男氏デザインのプラモオリジナル武装や表情豊かな平手パーツが付属する。

◀ビーム・ライフルはシールド裏に収納可能。

1994 機動武闘伝 G ガンダム　　MOBILE FIGHTER G GUNDAM

ガンダム作品のテレビシリーズ第5作目にして、富野由悠季氏以外の手による初のテレビシリーズ。未来世紀60年。4年に一度開催される各国コロニーの覇権をかけたガンダムファイト、その第13回大会がスタートする。優勝候補と目される、ネオ・ジャパン代表のガンダムファイターのドモン・カッシュは、ある目的のために大会に参加。ライバルたちとの戦いによって、格闘家として成長していく。
1994年4月～1995年3月放送／全49話

「格闘するガンダム」
という新たなる試み

『機動武闘伝Gガンダム』(以下、『Gガンダム』)はこれまでのガンダム作品とは打って変わり、各国を代表するガンダム同士が格闘戦を行う「ガンダムファイト」が描かれるという、物語の大刷新が行われた。そこには、格闘ゲームなどに慣れ親しんだ新規若年層にファン層を広げようという狙いがあった。

ガンプラに関しては、若年層向けの1/144スケールと1/100スケールのHG、そして1/60スケールのHG-EXという『機動戦士Vガンダム』同様の展開がなされた。

1/144スケールでは、多色成形とスナップフィットを用いつつ、500円前後の価格帯で展開。少ないパーツ数ながら、多彩なカラーリングの各国のガンダムを再現したコレクション性の高さが特徴だった。

1/100スケールのHGでは、多色成形のパーツ数が増えてカラーリングの再現性が向上し、機体ごとの特徴的なギミックを再現する仕様となっていた。

そして、1/60スケールのHG-EXでは、機体各部にディテールを追加し、指関節の可動や一部内部フレームの再現、発光ギミックの内蔵といった、さらに一歩踏み込んだ表現がなされていた。これは、その後のMGシリーズの先駆け的な要素を持っていたと言える。

アクション性を重視した
リニューアルキット

『Gガンダム』は、MGシリーズにおいてもいち早くキット化が行われている。MG化にあたっては、格闘するガンダムらしい可動域の拡大を重視し、ABS製の「アクションフレーム」を採用。従来のMGにおける意匠としての内部フレームから一歩踏み込み、人体に近い可動の実現を目指している。その結果、格闘アクションの再現度が格段にアップしている。この「アクションフレーム」をベースにすることで、その後のストライクガンダムやガンダムF91など、可動性が重視されるMSの立体化に繋がっていった。

FEATURED PRODUCTS

HGFC　GF13-001NHII
マスターガンダム & 風雲再起
DATA
スケール：1/144／発売：2011年8月／価格：2,808円／武器：マスタークロス
マスターガンダムとモビルホース・風雲再起のセット。マスターガンダムはウイングシールドの差し替えでノーマルモードに変形可能で、マントから腕を出した劇中シーンも再現できる。風雲再起には別売りのHGFC「ゴッドガンダム」などが騎乗可能。

■ ネオジャパン

1/144 GF13-017NJ シャイニングガンダム

DATA

スケール：1/144／発売：1994年4月
／価格：540円／武器：ビームソード

フェイスパーツは
ノーマルモードとバ
トルモードの2種が
付属し、アームカバー
の展開構造とあわせ
てバトルモードが再
現できる。コアラン
ダーは変形・合体が
可能となっている。

HG GF13-017NJ シャイニングガンダム

DATA

スケール：1/100／発売：1994年4月／
価格：1,620円／武器：ビームソード×2

マスクパーツの差し替えと各部の
展開によって、ノーマルモードと
バトルモード、スーパーモードを
再現可能。各部
のディテールが
精巧に表現さ
れ、コアラン
ダーの変形・合
体ギミックも再
現している。

HGEX GF13-017NJ シャイニングガンダム

DATA

スケール：1/60／発売：1994年6月／価格：
3,240円／武器：ビームソード×2

ノーマルモードとバトル
モード、スーパーモード
への変形を差し替えなし
で再現し、差し替え式の
マスクパーツも付属。肩
や腕、脛の内部メカは
メッキパーツで表現して
いる。

◀内部に組み込ま
れたアクション
フレームによって、ダ
イナミックな可動を
実現している。

MG GF13-017NJ シャイニングガンダム

DATA

スケール：1/100／発売：2002年5月／価格：2,700
円／武器：ビームソード×2

アクションフレームを採用して劇中さながら
のポージングを可能としたファイティングア
クション仕様のMGキット。差し替えなしで
各モードへの変形を再現し、シャイニング
フィンガーをクリア成形のハンドパーツで表
現。ドモン・カッシュの1/20スケールフィ
ギュアが付属する。

▶平手や握り手など、アクションポーズを演出する各種ハンドパーツが付属する。ビームソードは腰部にマウント可能。ビー

◀コアランダーはキャノ
ピーの開閉とドッキングギ
ミックを再現。

HGFC GF13-017NJ シャイニングガンダム

DATA

スケール：1/144／発売：2011年8月／価格：1,620円／武器：
ビームソード×2、シャイニングフィンガーソード

各部に柔軟な可動構造を盛り込み、劇中の格闘ア
クションを実現。頭部などの差し替えによって
スーパーモードを再現し、コアランダーは着脱と
変形が可能。ビームソードのビーム刃とシャイニ
ングフィンガーのハンドパーツはクリア成形で、
ビームソードは腰部サイドアーマーにマウントで
きる。

▶印象的なフォルム
を忠実に再現。腰
部左にマウントさ
れたビームソードは着
脱が可能。

▶劇中の演出イメー
ジを再現したビッグ
エフェクトパーツが
付属する。

◀クリア成形で再現さ
れたシャイニングフィン
ガーソードの表面には
「G GUNDAM」の文
字が精密に刻印されて
いる。

■ ネオジャパン

1/144 GF13-017NJII
G ガンダム

DATA
スケール：1/144／発売：1994年9月／価格：540円／武器：ゴッドスラッシュ

背部のエネルギーフィールド発生装置が可動し、前腕部プロテクターの差し替えによって爆熱ゴッドフィンガーを再現できる。コアランダーは変形とドッキングが可能。

HG GF13-017NJII
G ガンダム

DATA
スケール：1/100／発売：1994年10月／価格：1,620円／武器：ゴッドスラッシュ×2

胸部エネルギーマルチプライヤーと前腕部プロテクターの展開を再現し、肩部マシンキャノンは差し替え式。爆熱ゴッドフィンガー用のクリア成形ハンドパーツが付属する。

HGEX GF13-017NJII
G ガンダム

DATA
スケール：1/60／発売：1994年10月／価格：3,240円／武器：ゴッドスラッシュ×2

各部の展開ギミックを差し替えなしで再現し、エネルギーマルチプライヤーにはLEDによる発光ギミックを内蔵。爆熱ゴッドフィンガーはクリア成形のハンドパーツで再現。

1/144 GF13-017NJII
G ガンダム　ハイパーモードバージョン

DATA
スケール：1/144／発売：1995年5月／価格：756円／武器：ゴッドスラッシュ

ハイパーモードをゴールドメッキで表現した1/144「ゴッドガンダム」のバリエーションキット。内容は通常版と同じで、爆熱ゴッドフィンガー使用時の形態を再現できる。

MG GF13-017NJII
G ガンダム

DATA
スケール：1/100／発売：2001年11月／価格：2,700円／武器：ゴッドスラッシュ×2

アクションフレームを用いた柔軟な可動が特徴で、胸部の引き込み構造により腕組みポーズも可能。前腕部プロテクターのスライドや肩部マシンキャノンの展開などを差し替えなしで再現し、胸部エネルギーマルチプライヤーはジュエルシールで表現。ドモン・カッシュの1/20スケールフィギュアが付属する。

▼ゴッドスラッシュ（ビームソード）はビーム刃をクリアパーツで再現し、腰部サイドアーマーへのマウントが可能となっている。

▼アクションフレームは関節部にビス止め機構を採用し強度を確保し、ダイナミックなアクションポーズに対応している。

HG GF13-017NJII
G ガンダム　ハイパーモードバージョン

DATA
スケール：1/100／発売：1995年5月／価格：1,944円／武器：ゴッドスラッシュ×2

ハイパーモードを再現したHG「ゴッドガンダム」のゴールドメッキ仕様。構成はベースキットと同じで、エネルギーマルチプライヤーは赤色のジュエルシールで再現している。

MG GF13-017NJII
ハイパーモード G ガンダム

DATA
スケール：1/100／発売：2003年4月／価格：4,860円／武器：ゴッドスラッシュ×2

ゴールドメッキと金色の成形色でハイパーモードを再現したバリエーションキット。エネルギーマルチプライヤー再現用のジュエルシールや爆熱ゴッドフィンガーのハンドパーツは劇中イメージにあわせた色に変更されている。

▼ベースキットと同じく、アクションフレームによって大胆なアクションポーズが可能。

▼付属するドモン・カッシュのフィギュアはオレンジクリア成形となっている。

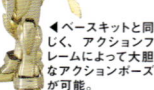

■ ネオジャパン／ネオアメリカ／ネオチャイナ

SGC GF13-017NJII ゴッドガンダム

DATA
スケール：1/200／発売：2008年3月／価格：1,008円／武器：ビームソード

パーツ差し替えによってハイパーモードを再現可能な彩色済みキット。各種ハンドパーツとディスプレイスタンドが付属する。

1/144 JMF1336R ライジングガンダム

DATA
スケール：1/144／発売：1994年12月／価格：540円／武器：ビームボウ、ビームマシンガン、ヒートナギナタ、ライジングシールド

ビームボウは展開・収納形態を差し替えで再現で、肩部アーマーは着脱可能で、ライジングシールドが別パーツで付属する。コアランダーはドッキンググギミックが再現されている。

HG JMF1336R ライジングガンダム

DATA
スケール：1/100／発売：1994年12月／価格：1,620円／武器：ビームボウ、ビームマシンガン、ヒートナギナタ、ライジングシールド

コアランダーの変形・合体とビームボウの展開ギミックを差し替えなしで再現。肩部アーマーは着脱式で、ヒートナギナタは背部コアランダーにマウント可能となっている。

HGFC GF13-017NJII ゴッドガンダム

DATA
スケール：1/144／発売：2010年5月／価格：1,944円／武器：ゴッドスラッシュ×2

HGフォーマットの設計に幅広い可動構造を盛り込み、様々なアクションポーズを実現したゴッドガンダムのHGFC版キット。ハイパーモードへの変形を再現している。コアランダーは変形・合体が可能。

▶180度近い股関節の可動域と腰部アンカーも可動構造によって激しいポージングが可能。

1/144 GF13-006NA ガンダムマックスター

DATA
スケール：1/144／発売：1994年5月／価格：540円／武器：ギガンティックマグナム×3

肘アーマーの差し替えでファイティングナックルを、着脱式の肩部アーマーでバーニングパンチをそれぞれ再現できる。コアランダーは変形・合体が可能。

HG GF13-006NA ガンダムマックスター

DATA
スケール：1/100／発売：1994年8月／価格：1,620円／武器：ギガンティックマグナム×2、シールド

胸部外装は着脱式でボクサーモードを再現可能。ファイティングナックルは差し替えなしで展開し、ギガンティックマグナムはグリップを折り畳んで腰部にマウントできる。

1/144 GF13-011NC ドラゴンガンダム

DATA
スケール：1/144／発売：1994年5月／価格：540円／武器：——

ドラゴンクローはハンドパーツの取り外しで再現し、クローが可動する。後頭部の辮髪刀は上下にスイング可動し、コアランダーは変形とドッキングが可能。

HG GF13-011NC ドラゴンガンダム

DATA
スケール：1/100／発売：1994年7月／価格：1,620円／武器：ビームサーベル×2

ドラゴンクローは手首の収納と上腕部の伸縮構造が再現されている。コアランダーは変形と着脱が可能で、辮髪刀は上下に可動する。付属のビームサーベルはクリア成形。

■ ネオフランス／ネオドイツ／ネオスウェーデン

1/144　GF13-009NF　ガンダムローズ

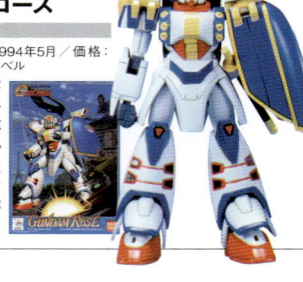

DATA
スケール：1/144／発売：1994年5月／価格：540円／武器：シュバリエサーベル

左肩のマント型シールドは開閉し、内側にはローゼスビットの射出口を再現。シュバリエサーベルは抜刀状態と鞘に収めた状態の2本が付属。コアランダーは変形・合体が可能。

1/144　ハイパーモードバージョンシリーズ

DATA
スケール：1/144／発売：1995年3月／価格：各756円

シャイニングガンダム、ガンダムマックスター、ドラゴンガンダム、ガンダムローズ、ボルトガンダムのハイパーモードをゴールドメッキで再現したバリエーションシリーズ。

1/144　GF13-021NG　ガンダムシュピーゲル

DATA
スケール：1/144／発売：1994年8月／価格：540円／武器：─

前腕部のシュピーゲルブレードはポリキャップで可動し、手に持たせることもできる。コアランダーは変形・ドッキングのギミックに加えて、上部スラスターの可動が再現されている。

HGFC　GF13-050NSW　ノーベルガンダム

DATA
スケール：1/144／発売：2011年1月／価格：1,620円／武器：ビームリボン×5

関節部にABS樹脂パーツを用い、女性的な細身のプロポーションと柔軟な可動性を両立。4種5本のビームリボンはPET素材で再現され、2本のグリップが付属。また、劇中の「お姫様抱っこ」シーンを再現できるHGFC「ゴッドガンダム」用ハンドパーツも付属する。

◀ビームリボン用のウェイトパーツとディスプレイスタンドが付属し、劇中の演出を再現できる。

1/144　GF13-013NR　ボルトガンダム

DATA
スケール：1/144／発売：1994年7月／価格：540円／武器：グラビトンハンマー

左肩部の鉄球は着脱式で、長短2種の柄と組み合わせてグラビトンハンマーを再現できる。腰部フロント、サイドアーマーはそれぞれ独立可動し、コアランダーは着脱が可能。

MG　GF13-021NG　ガンダムシュピーゲル

DATA
スケール：1/100／発売：2002年8月／価格：2,700円／武器：─

アクションフレームによる大胆な可動が特徴で、シュピーゲルブレードは刀身とグリップが展開して手に持つことが可能。シュバルツ・ブルーダーとレイン・ミカムラ（頭部選択式）の1/20スケールフィギュアが付属する。

▶腕組みポーズをはじめとする劇中イメージの様々なポージングが可能。

▲コアランダーはキャノピーが開閉し、スラスターの可動とドッキングギミックを再現。

HGFC　GF13-050NSW　ノーベルガンダム（バーサーカーモード）

DATA
スケール：1/144／発売：2011年9月／価格：1,620円／武器：ビームソード×2

特徴的な頭部冷却フィンの形状を再現し、成形色で暴走状態を表現したバーサーカーモードのキット。関節部にABS素材を用い、腰部のスイング機構などで独特なシルエットと可動を再現。2体同時にディスプレイできるスタンドが付属する。

▶頭部冷却フィンは5分割されたパーツ構造で、差し替えによって逆立った状態を再現できる。

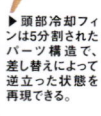

■ ネオホンコン

1/144　GF13-001NHII　マスターガンダム

DATA
スケール：1/144／発売：1994年8月／価格：540円
／武器：――

前腕部はスライド機構によってニアクラッシャーを再現。背部のウイングシールドは左右にスイング可動し、膝関節は二重関節となっている。色分け用ホイルシールが付属する。

HG　GF13-001NHII　マスターガンダム

DATA
スケール：1/100／発売：1994年8月／価格：1,620円／武器：――

ウイングシールドは差し替えなしで展開し、ノーマルモードへの変形が可能。リード線によるディスタントクラッシャーの再現やニアクラッシャーのギミックも盛り込まれている。

MG　GF13-001NHII　ハイパーモード マスターガンダム

DATA
スケール：1/100／発売：2003年4月／価格：5,400円／武器：マスタークロス

ゴールドメッキと成形色でハイパーモードを再現したバリエーションキット。通常版と同じくディスタントクラッシャーやニアクラッシャーのギミックを再現しており、クリア成形のマスタークロスが付属する。

▲付属のマスター・アジアのフィギュアはクリア仕様となっている。

▶アクションフレームにはゴールドの成形色が用いられている。

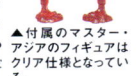

MG　GF13-001NHII　マスターガンダム

DATA
スケール：1/100／発売：2002年3月／価格：3,024円／武器：マスタークロス

忠実なプロポーション再現が特徴のMG版マスターガンダム。専用設計のアクションフレームによって、多彩なアクションポーズを実現している。ダークネスフィンガーとマスタークロスはクリアパーツで再現。マスター・アジアの1/20スケールフィギュアが付属する。

▲前腕部のスライドアクションが再現されており、リード線によってディスタントクラッシャーを演出できる。

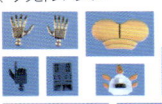

1/144　JDG00X　デビルガンダム

DATA
スケール：1/144／発売：1995年1月／価格：1,080円／武器：――

デビルガンダムの最終形態を大ボリュームで再現したキット。パーツの差し替えによってモビルスーツ形態とモビルアーマー形態の変形が可能で、股関節などにはボールジョイントを用いている。色分け用ホイルシールが付属する。

1/144　RX-78GP01-Fb　グレードアップセット 5体ガンダム強化パーツ

DATA
スケール：1/144／発売：1994年8月／価格：216円／武器：ローゼスビット、グラビトンハンマー

シャイニングガンダムをはじめとする主役機5体の1/144スケールキットに対応したパーツセット。ゴールドメッキのシャイニングフィンガー用ハンドパーツやメタルチェーンのグラビトンハンマーなどが同梱されており、別売りの各キットをディテールアップできる。

新機動戦記ガンダム W
NEW MOBILE REPORT GUNDAM WING

ガンダム作品のテレビシリーズ第6作目。A.C.（アフターコロニー）195年。地球圏統一連合の支配に対抗しようとするコロニー居住者による地下組織は「オペレーションメテオ」を発動。5機のガンダムとそのパイロットを地球に送り込み、破壊活動を行わせた。5人のガンダムパイロットは共闘し、地球圏統一連合と秘密結社 OZ、そしてその裏で暗躍するロームフェラ財団との戦いに挑む。
1995年4月～1996年3月放送／全49話

『G ガンダム』から
発展した技術を導入

『新機動戦記ガンダム W』は、宇宙世紀が舞台ではないガンダムシリーズの第2弾として製作された。ガンプラのラインナップは、好評だった前作の『G ガンダム』を踏襲する形で、若年層向けの1/144スケールとハイターゲット向けの1/100スケール HG、1/60スケールの HG-EX の3ラインが展開された。

各カテゴリーのキット内容は、基本的には『G ガンダム』シリーズを踏襲している。ただし、1/144スケールでは飛行形態への変形や各部ハッチの展開などのギミックが再現されており、低価格帯ながら高いプレイバリューが特徴となっている。また、HG シリーズは

金属的な質感を表現するメッキパーツや劇中のアクションシーンを再現できるエフェクトパーツなどが付属し、1/144との差別化が図られた。1/60スケールHG-EX も『G ガンダム』シリーズの仕様を引き継ぎつつ、5本の指が独立して可動する手首パーツや追加ディテールを施した外装、LED を使用した電飾パーツなどを盛り込んでいる。

劇中イメージの再現を
目指したリニューアル

前述のシリーズの時点で、ギミックや各部の表現は高いレベルで再現されていた。そのため、リニューアルにあたっては、プロポーションやディテールの高水準での再現に注力されている。

2004年には『新機動戦記ガンダム W Endless Waltz』版のウイングガンダムが「MG Ver.Ka」としてリリース。テレビシリーズ版は、同時期の『Endless Waltz』版と内部フレームの統一を図り、2010年に MG 化された。これらは劇中作画イメージにある細身のプロポーションとなっているのが特徴で、『Endless Waltz』から MG 化された他のガンダムと並べた際に違和感のないバランスでまとめられた結果とも言える。

FEATURED PRODUCTS

HGAC リーオー

DATA
スケール：1/144／発売：2018年5月／価格：1,080円／武器：ドラムガン、シールド、ビームサーベル×2

GUNPLA EVOLUTION PROJECTの第4弾としてキット化されたHG版リーオー。「Fine Build（簡単組立）」を追求した構成と精密なディテールが特徴。

▲付属する武装はドラムガンやビームサーベルといった基本的なものとなる。リーオーは劇中で多数設定されているオプション類が発売されることに期待したい。

OZ-06MS LEO
OZ MASS PRODUCED MOBILE SUIT

▲組み立てやすい設計と広い関節可動範囲を両立させたモデルで、劇中のポーズを余すことなく再現することができる。比較的安価でもあるため、複数機を揃えてみたくなるキットと言えるだろう。

■ ガンダムパイロット

1/144 XXXG-01W ウイングガンダム

DATA
スケール：1/144／発売：1995年3月／価格：
540円／武器：バスターライフル、シールド、ビームサーベル

各関節のボールジョイントと腰部の回転軸によって可動域を拡大し、パーツ差し替えでバード形態への変形を再現。また、背部のウイングは左右へのスイングと展開が可能。

HG XXXG-01W ウイングガンダム

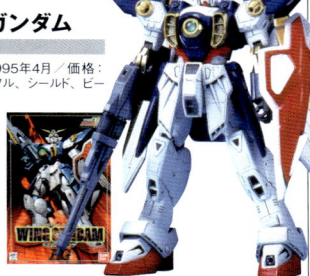

DATA
スケール：1/100／発売：1995年4月／価格：
1,620円／武器：バスターライフル、シールド、ビームサーベル

バード形態への変形を差し替えなしで再現し、頭部アンテナや胸部インテークなどにはメッキパーツを使用。ウイングに装着するクリア成形のエフェクトパーツが付属する。

WF XXXG-01W ウイングガンダム

DATA
スケール：1/144／発売：2000年7月／価格：
648円／武器：バスターライフル、シールド、ビームサーベル

オープニング映像をイメージしたヒイロ・ユイの1/35スケールフィギュアが付属する1/144「ウイングガンダム」のバリエーションキット。

SGC XXXG-01W ウイングガンダム

DATA
スケール：1/200／発売：2007年9月／価格：802円／武器：バスターライフル、シールド、ビームサーベル

塗装とマーキングが施された工具不要のキットで、約15分で組み立てが可能なよう設計された。肩、肘、股間、膝などの主な関節が可動する。ディスプレイスタンドが付属。

HGAC XXXG-01W ウイングガンダム

DATA
スケール：1/144／発売：2013年9月／価格：1,620円／武器：バスターライフル、シールド、ビームサーベル

関節部をスリム化してプロポーションを追求しつつ、各部に幅広い可動構造を盛り込んだHGキット。頭部や胸部インテークなどの特徴的なディテールを再現し、胸部サーチアイはクリアパーツで表現している。

▶主翼には各ブロックが連動して展開する構造が盛り込まれている。

▲背部ウイングはパネルの展開構造が再現され、シールドはサーベルの収納が可能。

▶ビームサーベルはビーム刃をクリアパーツで再現している。

◀腕部や脚部、インテークなどの内部フレーム構造を精密に再現。

▼腕部クローや脚部は変形時の可動が再現されており、一部パーツの差し替えによってバード形態への変形が可能。

MG XXXG-01W ウイングガンダム

DATA
スケール：1/100／発売：2010年4月／価格：
4,320円／武器：バスターライフル（カートリッジ×3）、シールド、ビームサーベル

カトキハジメ氏によってリニューアルされたプロポーションを精巧に造形したMG版ウイングガンダム。バード形態への変形が可能で、腰部のバーニア基部が連動可動する構造が盛り込まれている。バスターライフルのカートリッジ着脱ギミックなども再現されている。

■ ガンダムパイロット

1/144　XXXG-00W0　ウイングガンダムゼロ

DATA
スケール：1/144／発売：1995年9月／価格：756円／武器：ツインバスターライフル、シールド、ビームサーベル

ツインバスターライフルは左右の着脱が可能で、パーツの差し替えによってネオバード形態への変形を再現。首や股関節、ウイング基部などにはボールジョイントを用いている。

1/60　XXXG-00W0　ウイングガンダムゼロ

DATA
スケール：1/60／発売：1995年10月／価格：3,780円／武器：ツインバスターライフル、シールド、ビームサーベル×2

差し替えなしでの変形に加え、肩部サーベルラックの開閉やマシンキャノンの展開、各指の可動などの多彩なギミックが特徴。胸部サーチアイはLEDによる発光が可能。

HG　XXXG-00W0　ウイングガンダムゼロ

DATA
スケール：1/100／発売：1995年10月／価格：1,620円／武器：ツインバスターライフル、シールド、ビームサーベル

差し替えなしでネオバード形態への変形を再現し、各部のメッキパーツや胸部サーチアイのジュエルシールなどで質感を表現。クリア成形のイメージアップパーツが付属する。

WF　XXXG-00W0　ウイングガンダムゼロ

DATA
スケール：1/144／発売：2000年7月／価格：864円／武器：ツインバスターライフル、シールド、ビームサーベル

ヒイロの1/35スケールフィギュアが付属するバリエーションキット。フィギュアは物語序盤に登場した学園の制服姿を再現。

▲各部の幅広い可動構造によって劇中のイメージした様々なアクションポーズが可能。

ツインバスターライフルは分離とグリップの折り畳みが可能で、シールドは伸縮機構を再現。

◀専用パーツを用いた差し替えによってネオバード形態のフォルムを忠実に再現している。

HGAC　XXXG-00W0　ウイングガンダムゼロ

DATA
スケール：1/144／発売：2014年3月／価格：1,728円／武器：ツインバスターライフル、シールド、ビームサーベル×2

足パーツなどの差し替えでネオバード形態への変形を再現し、コンパクトな関節構造によってフォルムと可動性を両立。細部のディテールも精巧に造形されており、胸部サーチアイはクリアパーツで再現している。

1/144　XXXG-01D
ガンダムデスサイズ

DATA
スケール：1/144／発売：1995年5月／価格：540円／武器：ビームサイズ×2、バスターシールド

ビームサイズは先端が可動する展開状態と腰部にマウント可能な収納状態の2種が付属。バスターシールドはクローが連動して開閉し、ビームエフェクトパーツの装着も可能。各関節にはボールジョイントを用い、膝は二重関節となっている。

HG　XXXG-01D
ガンダムデスサイズ

DATA
スケール：1/100／発売：1995年7月／価格：1,620円／武器：ビームサイズ×2、バスターシールド

ビームサイズやハイパージャマーにシルバーメッキパーツを用い、肘と膝の二重関節や各部のボールジョイントによって柔軟な可動を実現。展開・収納状態のビームサイズ2種のほか、クリア成形のイメージアップパーツが付属する。

1/144　XXXG-01D2
ガンダムデスサイズヘル

DATA
スケール：1/144／発売：1996年1月／価格：756円／武器：ツインビームサイズ×2、バスターシールド

最大の特徴であるアクティブクロークは6枚のパーツが可動して展開構造を再現。ツインビームサイズは2本の刃がそれぞれ可動し、収納状態のものも付属する。バスターシールドのギミックも再現。

WF　XXXG-01D2
ガンダムデスサイズヘル

DATA
スケール：1/144／発売：2000年7月／価格：864円／武器：ツインビームサイズ、シールド、ビームサーベル

1/144「ガンダムデスサイズヘル」のバリエーションキットで、普段着姿のデュオの1/35スケールフィギュアが付属する。

WF　XXXG-01D
ガンダムデスサイズ

DATA
スケール：1/144／発売：2000年7月／価格：648円／武器：ビームサイズ×2、バスターシールド

本編OPカットを再現したデュオ・マックスウェルの1/35スケールフィギュアが付属する1/144「ガンダムデスサイズ」のバリエーションキット。

HG　XXXG-01D2
ガンダムデスサイズヘル

DATA
スケール：1/100／発売：1996年2月／価格：1,944円／武器：ツインビームサイズ×2、バスターシールド

アクティブクロークの展開を差し替えなしで再現し、頭部アンテナや胸部リブジャマーなどをゴールドメッキで表現。ツインビームサイズとバスターシールドのビームエフェクトパーツはクリア成形。

■ ガンダムパイロット

1/144　XXXG-01H　ガンダムヘビーアームズ

DATA

スケール：1/144／発売：1995年6月／価格：540円／武器：ビームガトリング

胸部ガトリングと肩部ホーミングミサイルのハッチは開閉し、フルオープン状態を再現できる。ビームガトリングはハンドパーツとの差し替えで着脱が可能で、左前腕部アーミーナイフの展開構造も再現されている。

WF　XXXG-01H　ガンダムヘビーアームズ

DATA

スケール：1/144／発売：2000年7月／価格：648円／武器：ビームガトリング

オープニング映像の1カットを再現したトロワ・バートンの1/35スケールフィギュアが付属する1/144「ガンダムヘビーアームズ」のバリエーションキット。

1/144　XXXG-01SR　ガンダムサンドロック

DATA

スケール：1/144／発売：1995年7月／価格：540円／武器：ヒートショーテル×2、ビームサブマシンガン、シールド

ヒートショーテルとビームサブマシンガンは背部にマウントでき、各パーツを組み合わせてクロスクラッシャーの再現も可能。関節部にはボールジョイントや二重関節が用いられている。

WF　XXXG-01SR　ガンダムサンドロック

DATA

スケール：1/144／発売：2000年7月／価格：648円／武器：ヒートショーテル×2、ビームサブマシンガン、シールド

1/144「ガンダムサンドロック」にカトル・ラバーバ・ウィナーの1/35スケールフィギュアを追加したバリエーションキット。フィギュアはオープニング映像のカットを再現。

1/144　XXXG-01S　シェンロンガンダム

DATA

スケール：1/144／発売：1995年5月／価格：540円／武器：ビームグレイブ、シェンロンシールド

右肩部に伸縮機構を内蔵し、ハンドパーツの着脱によってドラゴンハングの展開を再現。ビームグレイブは先端のビーム刃が着脱式で、背部へのマウントも可能。関節部にはボールジョイントを使用している。

HG　XXXG-01S　シェンロンガンダム

DATA

スケール：1/100／発売：1995年6月／価格：1,620円／武器：ビームグレイブ、シェンロンシールド

ドラゴンハングは伸縮ギミックとハンドパーツの着脱で展開を再現し、クリア成形のイメージアップパーツが付属。頭部アンテナなどにはゴールドメッキパーツを用い、両肩のファイティングサイトはジュエルシールで表現している。

WF　XXXG-01S　シェンロンガンダム

DATA

スケール：1/144／発売：2000年7月／価格：648円／武器：ビームグレイブ、シェンロンシールド

オープニング映像を再現した張五飛の1/35スケールフィギュアが付属する1/144「シェンロンガンダム」のバリエーションキット。

■ ガンダムパイロット／OZ

1/144 XXXG-01S2 アルトロンガンダム

DATA
スケール：1/144／発売：1995年12月／価格：756円／武器：ツインビームトライデント×2、シェンロンシールド

両腕のツインドラゴンハングは差し替えなしで展開を再現し、背部ビームキャノンは可動する。ツインビームトライデントは展開状態と収納状態の2種が付属する。

1/144 OZ-13MS ガンダムエピオン

DATA
スケール：1/144／発売：1995年10月／価格：540円／武器：ビームソード、シールド（ヒートロッド）

股関節などに幅広い可動構造を盛り込み、モビルアーマー形態への変形を差し替えで再現。また、ヒートロッドは3分割された構造によって柔軟に可動する。ビームソードは展開状態と収納状態の2種が付属する。

WF OZ-13MS ガンダムエピオン

DATA
スケール：1/144／発売：2000年7月／価格：648円／武器：ビームソード、シールド（ヒートロッド）

1/144「ガンダムエピオン」に仮面を外したゼクス・マーキスの1/35スケールフィギュアを追加したバリエーションキット。

HG XXXG-01S2 アルトロンガンダム

DATA
スケール：1/100／発売：1996年2月／価格：1,944円／武器：ツインビームトライデント×2、シェンロンシールド

ツインドラゴンハングの展開やビームキャノンの可動を再現し、ボールジョイントや二重関節といった可動構造を採用。また、ドラゴンハングのクローやシェンロンシールドなどにゴールドメッキパーツを用いている。

WF XXXG-01S2 アルトロンガンダム

DATA
スケール：1/144／発売：2000年7月／価格：864円／武器：ツインビームトライデント×2、シェンロンシールド

特徴的な民族衣装に身を包んだ五飛の1/35スケールフィギュアが付属する1/144「アルトロンガンダム」のバリエーションキット。

HG OZ-13MS ガンダムエピオン

DATA
スケール：1/100／発売：1995年11月／価格：1,620円／武器：ビームソード、シールド（ヒートロッド）

ハンドパーツの着脱のみでモビルアーマー形態への変形を実現し、ヒートロッドは各パーツごとに可動する。ビームソードはエネルギーチューブをビニールチューブで再現し、腕部クローなどにはゴールドメッキパーツを用いている。ビームソードのビーム刃2種とイメージアップパーツが付属する。

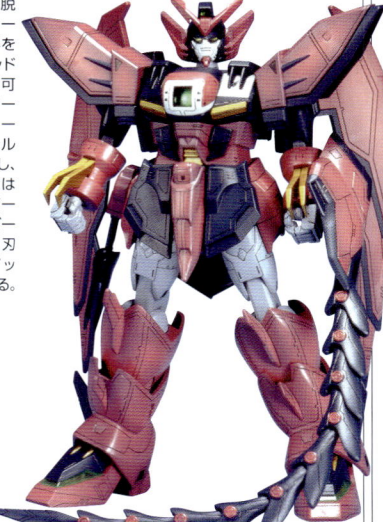

111

1995年7月

ガンプラ誕生15周年を記念して、「MG」シリーズが誕生。「究極のガンプラ」を指針に、内外装ともに磨きあげられたMG「RX-78-2 ガンダム」が第一弾モデル。

■ OZ

1/144 OZ-00MS
トールギス

DATA
スケール：1/144／発売：1995年7月／価格：540円／武器：ドーバーガン、シールド、ビームサーベル

特徴的な両肩のバックパックバーニアは展開構造を忠実に再現し、ボールジョイントや二重関節によって各部の可動域を確保している。付属のドーバーガンとシールドは、肩部サイドアーマーのラッチにマウントが可能となっている。

WF OZ-00MS
トールギス

DATA
スケール：1/144／発売：2000年7月／価格：648円／武器：ドーバーガン、シールド、ビームサーベル

ゼクス・マーキスの1/35スケールフィギュアが付属する1/144「トールギス」のバリエーションキット。フィギュアは仮面を被ったOZの制服姿を再現している。

WF OZ-00MS2
トールギスII

DATA
スケール：1/144／発売：2000年7月／価格：648円／武器：ドーバーガン、シールド、ビームサーベル

OZの制服姿のトレーズ・クシュリナーダの1/35スケールフィギュアが付属する1/144「トールギスII」のバリエーションキット。

1/144 OZ-00MS2
トールギスII

DATA
スケール：1/144／発売：1996年4月／価格：540円／武器：ドーバーガン、シールド、ビームサーベル

1/144「トールギス」に新規造形の頭部パーツを追加してトレーズの専用機を再現したキット。頭部は独特の形状を忠実に造形し、カラーリングを再現する専用ホイルシールが付属する。その他の内容はベースキットと同じで、バックパックバーニアの展開ギミックなどが再現されている。

LM OZ-06MS
リーオーカスタム

DATA
スケール：1/144／発売：1996年11月／価格：864円／武器：マシンガン

簡易インジェクションによってシンプルなプロポーションを再現したキット。グリーン系の単色成形で、肘と膝、手首には「新機動戦記ガンダムW」シリーズの1/144スケールキットと共通のポリパーツが用いられている。

1/144 ヴァイエイト

OZ-13MSX1

DATA

スケール：1/144／発売：1995年7月／価格：540円／武器：ビームキャノン

巨大なビームキャノンとジェネレーターを装備した特徴的な機体構造を忠実に再現。開閉が可能なジェネレーターは内部ディテールを精巧に造形し、ビームキャノンはマウントアームが可動してパイプと連結した展開状態を再現できる。頭部はフェイスカバーの開閉を差し替えで再現可能。

LM トーラスカスタム

OZ-12SMS

DATA

スケール：1/144／発売：1997年1月／価格：864円／武器：ビームライフル

MS形態を再現した非変形キットで、簡易インジェクションによる白の単色成形となっている。肘と膝、手首に『ガンダムW』1/144スケールキット共通のポリパーツを使用し、股関節と足首にはボールジョイントが用いられている。

WF ヴァイエイト

OZ-13MSX1

DATA

スケール：1/144／発売：2000年7月／価格：648円／武器：ビームキャノン

パイロットスーツ姿のトロワ・バートンの1/35スケールフィギュアが付属する1/144「ヴァイエイト」のバリエーションキット。

1/144 メリクリウス

OZ-13MSX2

DATA

スケール：1/144／発売：1995年7月／価格：540円／武器：ビームガン、クラッシュシールド

最大の特徴であるプラネイトディフェンサーは3分割されたパーツが可動し、マウントアームを介した展開構造を再現。また、クラッシュシールドはビーム刃が着脱式で、頭部フェイスカバーは差し替えで開閉状態を再現できる。

WF メリクリウス

OZ-13MSX2

DATA

スケール：1/144／発売：2000年7月／価格：648円／武器：ビームガン、クラッシュシールド

1/144「メリクリウス」にヒイロ・ユイの1/35スケールフィギュアを追加したバリエーションキット。フィギュアはメリクリウス搭乗時のパイロットスーツ姿を再現している。

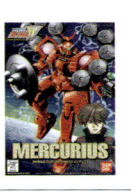

新機動戦記ガンダム W デュアルストーリー G-UNIT

『新機動戦記ガンダム W』と同時代の局地戦を描いた外伝作品。オペレーションメテオに端を発する混乱の中、OZ の懐柔策を受け入れたはずの資源工業衛星都市 MO-V を、独立戦闘部隊 OZ プライズが襲撃した。周辺宙域を封鎖され、孤立した MO-V は独自開発の MS「G-UNIT」を投入して状況の打開を図るが、ヴァルター・ファーキル上級大佐に掌握された OZ プライズは戦術を過激化させていく。

『W』の人気を受けて展開された作品のひとつで、1997年から1998年にかけて『月刊コミックボンボン』で漫画が連載。単行本は3冊が発売されている。コミカライズは同誌でガンダム作品の漫画化を手がけ、現在は『機動戦士ガンダム SEED ASTRAY』シリーズで知られる、ときた洸一氏が担当した。

登場 MS は企画当初から商品化を想定しており、『機動新世紀ガンダム X』シリーズ終了後、『新機動戦記ガンダム W Endless Waltz』シリーズと平行してガンプラ化された。1/144の HG モデルのみが発売された『G-UNIT』のガンプラは、G-UNIT 系 MS の特徴であるユニット換装を想定しつつ、エフェクトパーツやポリエチレン製関節の採用といった『W』『X』系 HG モデルの流れを汲む仕様となっている。800〜1,000円（税抜き）という低価格を実現した点も特徴だった。この背景にはハイターゲット向けの高価格商品となった『EW』1/100 HG モデルとの住み分けがあり、『G-UNIT』シリーズはライト層向けの商品だったことがうかがえる。

■ MO-V ／ OZ プライズ

HG ガンダムジェミナス 01

OZX-GU01A

DATA
スケール：1/144／発売：1997年5月／価格：864円／武器：アクセラレートライフル、G-UNIT シールド、ビームソード×2

地上用と宇宙用のユニット換装を差し替えで再現し、宇宙用ユニットのショルダースラスターは展開が可能。付属のアクセラレートライフルはシールド裏にマウントできる。

HG ガンダムアスクレプオス

OZ-10VMSX

DATA
スケール：1/144／発売：1997年7月／価格：864円／武器：ビームソード×2

背部スラスターと両肩のリアクターユニットを大ボリュームで造形し、展開ギミックと高速飛行モードへの変形を差し替えなしで再現。

HG ハイドラガンダム

OZ-15AGX

DATA
スケール：1/144／発売：1997年10月／価格：1,080円／武器：バスターカノン、EMF シールド、ビームサーベル

肩部バインダーの変形とバックパックの可動によって接近戦モードへの変形を再現。各部のディテールも精巧に造形されている。

HG ガンダムエルオーブースター

OZX-GU01LOB

DATA
スケール：1/144／発売：1997年7月／価格：864円／武器：軽量型アクセラレートサブマシンガン、リアクティブシールド、ビームソード×2

高機動モビルアーマーモードへの変形やショルダークローの展開ギミックを再現。バスターカノンとEMFシールドはショルダークローにマウントが可能。

HG ガンダムグリープ

OZ-19MASX

DATA
スケール：1/144／発売：1997年11月／価格：1,080円／武器：ビームランサー、リフレクトシールド

頭部の差し替えによって MS 戦闘モードからモビルアーマーモードへの変形が可能で、リフレクトシールドの展開ギミックも再現されている。

ゲームに登場した機体のガンプラ②

「GUNPLA REVOLUTION PROJECT」に代表される新技術・新フォーマットにより、既にガンプラ化されたメカが新たな形で再ガンプラ化されるのは珍しくない。Ver.2.0、REVIVE版などが該当する。

ゲームに登場した機体では、既にHGUC化された『機動戦士ガンダム外伝 THE BLUE DESTINY』のブルーディスティニー1～3号機が再設計され、

"EXAM"仕様として再びHGUC化に至った。この背景には2015年から『月刊ガンダムエース』で連載中のコミック『ザ・ブルー・ディスティニー』(漫画：たいち庸氏　シナリオ：千葉智宏氏(スタジオオルフェ))の影響、そして『BLUE DESTINY』とそのメカニックの人気があり、再HGUC化にあたっては漫画版のデザインも採り入れられることとなった。

■ 機動戦士ガンダム外伝 THE BLUE DESTINY（1996～97年）

HGUC RX-79BD-1　ブルーディスティニー1号機 EXAM

DATA

スケール：1/144／発売：2017年8月／価格：1,728円／武器：100mm マシンガン、ショート・シールド、ビーム・サーベル×2

HGUC「陸戦型ジム」をベースにキット化。新フォーマットによるプロポーションと可動性は抜群。頭部はゲーム版、漫画版、通常時、EXAM起動時の4つから選択できる。

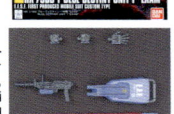

▶ハンドパーツは平手を含む3つが付属。サーベルの柄を脚部に収納可能だ。

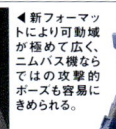

◀新フォーマットにより可動域が極めて広く、ニムバス機ならではの攻撃的ポーズも容易にきめられる。

HGUC RX-79BD-2　ブルーディスティニー2号機 EXAM

DATA

スケール：1/144／発売：2017年12月／価格：1,728円／武器：ビーム・ライフル、100mm マシンガン、シールド、ビーム・サーベル×2

ブルーディスティニー2号機の新HGUCキット。赤い肩パーツでニムバス機を、青い肩で連邦軍仕様を再現できる。シールドはジム・コマンド・タイプのものが新たに付属。

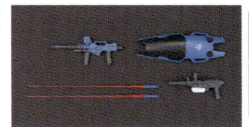

HGUC RX-79BD-3　ブルーディスティニー3号機 EXAM

DATA

スケール：1/144／発売：2018年3月／価格：1,728円／武器：ビーム・ライフル、2連ビーム砲、100mm マシンガン、シールド、ビーム・サーベル×2

白の成形色が印象的な3号機のHGUCキット。頭部は通常時とEXAM時から選択できる。漫画版でジム・ドミナンスが装備した2連ビーム砲が付属する。

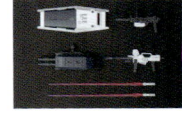

ガンダム作品のテレビシリーズ第7作目。地球連邦軍と宇宙革命軍の間で行われた第7次宇宙戦争の終結から15年が経過した A.W.（アフターウォー）0015年。ニュータイプの少女ティファと出会い、幻の MS ガンダム X を発見したジャンク屋の少年ガロードは、ヴァルチャー艦のフリーデンに乗り込み、地球連邦軍と宇宙革命軍の残党によるニュータイプを巡る戦いに巻き込まれて行く。

1996年4月～12月放送／全39話

ギミック再現を目指した
旧キットシリーズ

多数のガンダム・タイプ MS が登場するコンセプトは、先行した『G』『W』から継承された。今作『X』でも5機（後に1機追加され6機）のガンダムが登場し、そのうち3機が味方側、残る2機が敵側という割り振りであった。それぞれのガンダムには、大型火砲による圧倒的な攻撃能力、変形機構など個性的なギミックが付与され、ガンプラでもそのギミックを再現することに注力がなされている。

ガンプラは『V』から継承された、若年層向けの1/144スケールとハイターゲット向けの HG カテゴリーでの1/100スケールの2ラインで展開された。

1/144スケールは多色成形とスナップフィットを駆使

した低価格帯シリーズで、『G』から踏襲された。パーツ数こそ少ないものの、武装展開や変形といった各機体のギミックも再現されている。

1/100スケールは『W』シリーズと同じ仕様で、より精度の高いギミックの再現、一部にメッキパーツを使用した表現、エフェクト表現の入った蛍光クリアパーツが付属するスタイルとなっていた。その最高峰が1/100「ジーファルコンユニットガンダムダブルエックス」で、大ボリュームかつ合体ギミックを再現したプレイバリューの高いアイテムであった。

HGAW のリリースと
待望の MG 化

『X』では MG より先に HGUC フォーマットの HGAW が発売された。設定上のサイズが15m 級の小型 MS のリニューアルでは最初期のアイテムであり、2010年発売の「ガンダム X」から4モデルがリリースされている。MG は2014年に「ガンダムエックス」が、翌年に「ガンダムダブルエックス」が発売。ホログラム処理されたシートをクリアパーツで挟むことによる独特の光沢感が再現されているほか、サテライトキャノンの展開機構はポージングに干渉しないよう配慮され、MG ならではの仕様となった。

FEATURED **P**RODUCTS

MG GX-9901-DX
ガンダムダブルエックス

DATA
スケール：1/100／発売：2015年3月／価格：4,860円／武器：バスターライフル、ディフェンスプレート、ハイパービームソード×2

多彩なギミックが特徴のMG版ガンダムダブルエックス。サテライトシステムMk-IIの展開構造に加え、ツインサテライトキャノンの左右可動や膝装甲のスライド機構、指パーツのユニット交換方式などを採用。内部フレームにはMG「ガンダムX」との共通性を意識した設計を採り入れている。

▲各種武装が付属。ディフェンスプレートは可動アームで前腕部と連結する他、グリップをハンドパーツで掴み保持することもできる。

リフレクターはミラーシートとクリアパーツで発光状態を表現。前腕部と脚部の開閉ギミックを外装と連動した開閉ギミックを備える。

■ フリーデン

1/144 GX-9900 ガンダムエックス

DATA

スケール:1/144／発売:1996年3月／価格:540円／武器:シールドバスターライフル、大型ビームサーベル

背部のサテライトシステムは展開が可能で、サテライトキャノンの射撃姿勢やホバーリングモードを再現できる。シールドバスターライフルは差し替えによる変形が可能。

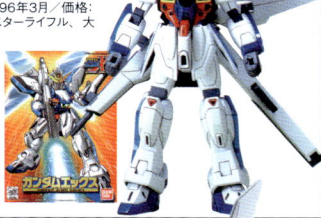

HG GX-9900 ガンダムエックス

DATA

スケール:1/100／発売:1996年4月／価格:1,620円／武器:シールドバスターライフル、ショルダーバルカン、大型ビームサーベル

サテライトキャノンの伸縮やリフレクターの展開、シールドバスターライフルの変形などの各種ギミックを忠実に再現。リフレクターなどにはメッキパーツを用いている。

HGAW GX-9900 ガンダム X

DATA

スケール:1/144／発売:2010年4月／価格:1,944円／武器:シールドバスターライフル、ショルダーバルカン、大型ビームサーベル

カトキハジメ氏の手によるプロポーションを造形し、サテライトシステムは差し替えで設定通りの展開構造を再現。シールドバスターライフルはシールドモードとライフルモードの2種が付属する。

▶リフレクターの鏡面部はホログラムホイルシールによって質感を表現している。

MG GX-9900 ガンダムエックス

DATA

スケール:1/100／発売:2014年1月／価格:4,104円／武器:シールドバスターライフル、ショルダーバルカン、大型ビームサーベル

サテライトシステムは展開ギミックを完全再現し、リフレクターをミラーシールとクリアパーツで表現。青い装甲部分は独自の光沢素材を、胸部中央などにはクリアパーツを用いている。

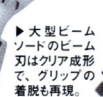

▶大型ビームソードのビーム刃はクリア成形で、グリップの着脱も再現。

1/144 GX-9900-DV ガンダムエックス D.V.

DATA

スケール:1/144／発売:1996年6月／価格:540円／武器:ビームマシンガン、ディバイダー、大型ビームサーベル

ディバイダーは差し替えによる変形が可能で、バックパックに装着してホバーリングモードを再現できる。背部の大型ビームソードのグリップは着脱が可能となっている。

HGAW GX-9900-DV ガンダム X ディバイダー

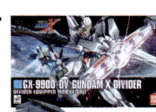

DATA

スケール:1/144／発売:2010年12月／価格:1,944円／武器:ビームマシンガン、ハイパーバズーカ、ディバイダー、大型ビームサーベル×2

HGAW「ガンダムX」をベースに、その改修機を再現。ディバイダーは差し替えによる変形が可能で、バックパックラスターが展開。胸部ガイドレーザー受信部はホイルシールとクリアパーツで質感を表現している。

▲ホバーリングモードを再現可能で、背部エネルギータンクは可動式。

HG GX-9900-DV ガンダムエックス D.V.

DATA

スケール:1/100／発売:1996年8月／価格:1,620円／武器:ビームマシンガン、ディバイダー、大型ビームサーベル×2

差し替えなしでディバイダーの変形を再現し、内部メカなどにメッキパーツを採用。キットオリジナルのX-グレネーダーが付属し、腰部サイドアーマーにマウント可能。

◀小型ポリキャップとABS樹脂パーツで可動性とフォルムを両立。

■ フリーデン

1/144 GX-9901-DX ガンダムダブルエックス

DATA
スケール：1/144／発売：1996年8月／価格：756円／武器：バスターライフル、ディフェンスプレート、ハイパービームソード×2

後期主役機を再現した1/144スケールキット。ツインサテライトキャノンやリフレクター、各部ラジエータープレートが展開し、サテライトシステムMk-Ⅱの変形を再現。

HGAW GX-9901-DX ガンダムダブルエックス

DATA
スケール：1/144／発売：2013年10月／価格：1,836円／武器：バスターライフル、ディフェンスプレート、ハイパービームソード×2

サテライトシステムMk-Ⅱの展開機構を差し替えなしで再現したHGAWキット。肘や膝の二重関節をはじめとする幅広い可動構造によって、劇中をイメージしたダイナミックなアクションポーズが可能である。

HG GX-9901-DX ガンダムダブルエックス

DATA
スケール：1/100／発売：1996年10月／価格：1,944円／武器：バスターライフル、ロケットランチャーガン（弾頭×2）、ディフェンスプレート、ハイパービームソード×2、ツインビームソード、G-ハンマー

サテライトシステムMk-Ⅱの展開ギミックを忠実に再現。さらにG-ハンマーなどのキットオリジナルの武装が豊富に付属し、ラッチを介して腰部背面にマウントが可能。

◀▲ツインサテライトキャノンはボールジョイントで可動。ハイパービームソードはグリップを腰部サイドアーマーにマウント可能で、ビーム刃はクリアパーツで再現されている。

HG ジーファルコンユニット ガンダムダブルエックス

DATA
スケール：1/100／発売：1996年11月／価格：3,240円／武器：バスターライフル、ディフェンスプレート、ハイパービームソード×2

分離・合体機構を再現したジーファルコンとガンダムダブルエックスのセット。各種武装の可動などが再現され、同シリーズの「エアマスターバースト」や「レオパルドデストロイ」との合体も可能。

LM ジーファルコン

DATA
スケール：1/144／発売：1996年12月／価格：1,620円／武器：——

単色成形の簡易インジェクションキットによりGファルコンを再現。AパーツとBパーツに分離が可能で、差し替えで1/144「ガンダムダブルエックス」との合体・収納を再現できる。

1/144 GW-9800 ガンダムエアマスター

DATA
スケール：1/144／発売：1996年4月／価格：540円／武器：バスターライフル×2

変形機構を特徴とするエアマスターの1/144スケールキット。一部パーツの差し替えでファイターモードへの変形を再現。バスターライフルは両形態でマウントが可能。

HG GW-9800 ガンダムエアマスター

DATA
スケール：1/100／発売：1996年5月／価格：1,620円／武器：バスターライフル×2、ショルダーミサイル×2

頭部のスライドギミックをはじめとする各部の可動構造によって、ハンドパーツの差し替えのみでファイターモードへの変形を再現。イメージアップパーツとしてショルダーミサイルが付属する。

HGAW GW-9800 ガンダムエアマスター

DATA
スケール：1/144／発売：2014年7月／価格：1,836円／武器：バスターライフル×2、ショルダーミサイル×2

HGフォーマットに基づき、関節部のスリム化によって可動性とプロポーションを両立した、ガンダムエアマスターのHGAWキット。頭部の着脱と胸部パーツの差し替えによって、ファイターモードへの変形を再現している。また、成形色の色分けとホイルシールでカラーリングを表現。両形態のフォルムも忠実に造形している。

▶旧1/100スケールキットで設定されたショルダーミサイルが本キットにも付属する。肩部の上面（ファイターモードの主翼付け根）に着脱できる。

▼バスターライフルはファイターモードでは前腕部に、MSモードでは腰部サイドアーマーにそれぞれマウント可能。

▶変形時のファイターノーズの展開構造やウイングの可動ギミックが忠実に再現されており、MS形態のフォルムが保たれている。

◀変形構造を兼ねた幅広いイメージのポージングが可能。股関節や腰部背面のジョイント穴はアクションベース2（別売り）に対応。

1/144 GW-9800-B ガンダムエアマスターバースト

DATA
スケール：1/144／発売：1996年10月／価格：540円／武器：バスターライフル×2

新規パーツを追加してガンダムエアマスターの改良機を再現した、1/144「ガンダムエアマスター」のバリエーションキット。頭部とファイターノーズの差し替えによって、ファイターモードへの変形を再現している。

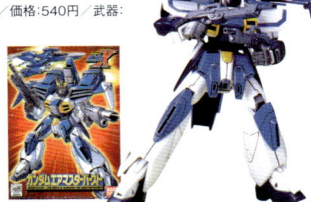

HG GW-9800-B ガンダムエアマスターバースト

DATA
スケール：1/100／発売：1996年12月／価格：1,620円／武器：バスターライフル×2、ミサイルライフル

ウイングの回転式変形やファイターノーズの展開ギミックを再現し、差し替えなしの完全変形を実現。オリジナルのイメージアップパーツとしてミサイルライフルが付属する。同スケールのGファルコン（別売り）とのドッキングが可能。

■ フリーデン／バルチャー

1996年8月
廉価版ブランドの「LM（リミテッドモデル）」が展開開始。1／144「RB-79K ボール」などが発売。

1/144 GT-9600
ガンダムレオパルド

DATA
スケール：1／144／発売：1996年4月／価格：540円／武器：ホーネットミサイル×2、ビームナイフ

特徴的なインナーアームガトリングは、ハンドパーツを取り外すことで左腕部との合体を再現できる。各部の武器はハッチが展開し、膝部のホーネットミサイルは弾頭の着脱が可能となっている。

HG GT-9600-D
ガンダムレオパルドデストロイ

DATA
スケール：1／100／発売：1996年12月／価格：1,620円／武器：ホーネットミサイル×2、セパレートミサイルポッド、ビームナイフ、ヒートアックス

ツインビームシリンダーの合体や各種武装のギミックを、差し替えを交えて再現。イメージアップパーツのセパレートミサイルポッドは左脛部に、ヒートアックスは腰部サイドアーマーにマウントが可能。

HG GT-9600
ガンダムレオパルド

DATA
スケール：1／100／発売：1996年6月／価格：1,620円／武器：ホーネットミサイル×2、セパレートミサイルポッド、ビームナイフ

インナーアームガトリングは差し替えなしで左腕部との合体が可能で、各部に内蔵された武装のディテールとギミックも精巧に再現。ビームナイフは右腰部に格納でき、イメージアップパーツのセパレートミサイルポッドは左脛部に装着可能。

1/144 GT-9600-D
ガンダムレオパルドデストロイ

DATA
スケール：1／144／発売：1996年11月／価格：540円／武器：ホーネットミサイル×2、ビームナイフ

1／144「ガンダムレオパルド」をベースとしたバリエーションキット。ツインビームシリンダーは差し替え用の前腕パーツを用いて合体を再現し、機体各部の武装はハッチが展開する。ビームナイフは右腰部に収納できる。

LM RMS-006
ジェニスカスタム

DATA
スケール：1／144／発売：1997年1月／価格：864円／武器：マシンガン、ヒートホーク

劇中に登場した量産MSを再現した簡易インジェクションキット。グリーン系の単色成形で、頭部の形状は劇中序盤に登場したクロッカオリジナルに準じている。2種の武装と水転写デカールが付属する。

■ 地球連邦軍

1/144　NRX-0013
ガンダムヴァサーゴ

DATA

スケール：1/144／発売：1996年5月／価格：540円／武器：ビームサーベル

両腕は肩部の伸縮ギミックと前腕部クローの可動でストライククローを再現している。また、胴体部のスライドとウイングの展開によって、メガソニック砲の発射形態への変形が可能。付属のビームサーベルは一体成形となっている。

1/144　NRX-0013-CB
ガンダムヴァサーゴチェストブレイク

DATA

スケール：1/144／発売：1996年5月／価格：540円／武器：ビームサーベル

ストライククローの伸縮や背部ラジエータープレートの展開、胸部カバーの開閉といった特徴的なギミックを再現し、トリプルメガソニック砲の発射形態への変形を実現。クローや胸部砲口のカラーリングを再現するホイルシールが付属する。

HG　NRX-0013
ガンダムヴァサーゴ

DATA

スケール：1/100／発売：1996年8月／価格：1,944円／武器：ストライクシューター×2、ビームサーベル

ストライククローの伸縮や各部の展開によってメガソニック砲の発射形態を完全再現。胸部はクリアパーツとゴールドメッキで質感を表現し、頭部アンテナとクローにもメッキパーツを採用。イメージアップパーツのストライクシューターは2挺を連結させることができる。

1/144　NRX-0015
ガンダムアシュタロン

DATA

スケール：1/144／発売：1996年6月／価格：864円／武器：ビームサーベル

最大の特徴であるモビルアーマー形態への変形はバックパックの差し替えによって再現。アトミックシザースの展開ギミックも再現されており、先端のクローが開閉する。

LM　DT-6800
ドートレスカスタム

DATA

スケール：1/144／発売：1996年8月／価格：864円／武器：マシンガン、キャノン砲、シールド

ノーマルタイプに加え、ドートレス・ウェポンとドートレス・コマンドを選択して再現できるコンパチブル仕様。青系の単色成形による簡易インジェクションキット。

1997年2月

HG「XXXG-01S2 ガンダムナタク」が発売。「新機動戦記ガンダムWEndless Waltz」シリーズのスタート。

機動戦士ガンダム第08MS小隊 MOBILE SUIT GUNDAM THE 08TH MS TEAM

ガンダムの OVA シリーズ第3弾。一年戦争の地球を舞台に描かれた外伝的作品。東南アジア地区のコジマ大隊に配属されたシロー・アマダは第08MS 小隊の隊長の任に就く。戦いの中、かつて宇宙で助け合ったジオンの軍属アイナ・サハリンと再会。敵味方の垣根を越えて惹かれあうふたりの前に、戦争の現実が立ちはだかる。
1996年1月〜1999年4月 発売（番外編1999年7月発売）／全11話＋番外編1話／劇場版『機動戦士ガンダム第08MS 小隊 ミラーズ・リポート』1998年8月公開

HG の方向性を決めたシリーズ

　OVA というメディア展開と、宇宙世紀のガンダム作品の中でも「泥臭い」MS のデザインから推察できるように、『08小隊』は比較的高年齢のハイターゲット層向けの作品である。この傾向は『08小隊』シリーズのガンプラも同様で、当初はほぼすべての製品がハイエンドユーザー向けの HG で展開された。『08小隊』の HG モデルは

1/144スケールだが、これは91年発売の HG「ダブルゼータガンダム」以来5年ぶりのことであり（『V』から『X』までの HG は1/100）、以後の HG は1/144スケールでの統一が進んだ。

　『V』以降の技術蓄積によってエンドユーザー向けガンプラの代名詞となった HG の名を冠するだけあって、『08小隊』シリーズのキットは高いクォリティで人気を博した。中でも HG「グフカスタム」はパーツ分割や可動性といった部分での完成度が高く、「このスタイルで1/144スケールの MS をリメイクすべき」という企画から、HGUC が生まれたほどである。

　アニメ完結の翌年にあたる2000年には MG（『08小隊』の1/100キットは MG で初めて発売）、2007年には HGUC での商品展開が始まっている。陸戦型ガンダムの系列機の特徴である武装バリエーションやコンテナのギミック、グフカスタムのガトリング・シールドの着脱機構などは MG や HGUC で再現されたものが多く、ユーザーの支持を集めることとなった。

FEATURED PRODUCTS

HGUC RGM-79(G)

陸戦型ジム

DATA

スケール：1/144／発売：2017年1月
価格：1,620円／武装：100mm マシンガン、ロケット・ランチャー、シールド、ネット・ガン、ビーム・サーベル×2

HGUCでは初のキット化。関節の可動範囲が極めて広く、片膝立ちのポーズも無理なくとれる。脚部サーベルホルダーの開閉ギミック、バイポッドによるシールドの自立など細かい配慮がなされている。

RGM-79[G] GM GROUND TYPE

▶ ロケット・ランチャーのグリップは可動式。ネット・ランチャーは初のガンプラ化だ。

HGUC RX-79(G)

陸戦型ガンダム

DATA

スケール：1/144／発売：2018年4月
価格：1,836円／武装：100mm マシンガン、ビーム・ライフル、180mm キャノン、シールド、ビーム・サーベル×2

HGUC「陸戦型ジム」をベースとしつつ、外装の大半を新規造形としたキット。陸戦型ガンダムの特徴であるウェポンコンテナには、新規造形の180mmキャノンを分解収納可能。他の武器も充実している。

RX-79[G] GUNDAM GROUND TYPE

▲ シールド裏面のバイポッドを展開しつつ、引き出し式の肩関節や柔軟な脚部関節を併用することで、印象的な射撃姿勢をとることができる。

■ 地球連邦軍

MG RX-79(G) 陸戦型ガンダム

DATA
スケール：1/100／発売：2000年5月／価格：3,240円／武器：100mmマシンガン（マガジン×3）、180mmキャノン、ビーム・ライフル、シールド、ビーム・サーベル×2

豊富なギミックと精巧なディテールで特徴的なミリタリー色を表現。腕部や脚部には内部フレームを再現し、膝の三重関節などにより立て膝などの多彩なポージングが可能。

HGUC RX-79(G) 陸戦型ガンダム

DATA
スケール：1/144／発売：2007年6月／価格：1,620円／武器：100mmマシンガン、180mmキャノン、シールド、ビーム・サーベル×2

陸戦に特化した先行量産機のディテールを忠実に再現したHGUCキット。股関節の回転や肩関節の上方可動などの様々な可動構造によって、劇中イメージのアクションポーズが可能。

▲付属のシールドはバイポッドアームによって自立させることができる。

▲ランドセルはクレーンがスライド可動し、コンテナが着脱可能。

▲180mmキャノンなどの多彩な武器が付属。

▲コンテナはランドセルへの着脱が可能で、5分割した180mmキャノンを収納できる。

HG RX-79(G) ガンダムイージーエイト

DATA
スケール：1/144／発売：1998年2月／価格：864円／武器：ビーム・ライフル、シールド、ビーム・サーベル×2

精巧なディテール再現が特徴で、胸部装甲のスライド展開や差し替えによるコクピットハッチの開閉が可能。ランドセルとの差し替えが可能なパラシュート・バックも付属する。

HGUC RX-79(G)Ez-8 ガンダムイージーエイト

DATA
スケール：1/144／発売：2013年4月／価格：1,728円／武器：100mmマシンガン、ビーム・ライフル、改良型シールド、ビーム・サーベル×2

新規造形で各部のディテールを再現し、柔軟な可動構造とプロポーションを両立。胸部装甲の内側には内部メカが精巧に造形されている。HGUC「陸戦型ガンダム」（別売り）のコンテナを装備することも可能。

MG RX-79(G)Ez-8 ガンダムイージーエイト

DATA
スケール：1/100／発売：2000年10月／価格：3,240円／武器：100mmマシンガン（マガジン×3）、ビーム・ライフル、地上用ハイパー・バズーカ、シールド、ビーム・サーベル×2

MG「陸戦型ガンダム」と共通のフレームを用い、現地改修機ならではのディテールを造形。腕部と脚部の外装は着脱可能で、内部構造が再現されている。シロー・アマダの1/20スケールフィギュアが付属する。

胸部装甲とコクピット・ハッチは開閉可能で、内部メカが精巧に再現されている。

▲付属の地上用ハイパー・バズーカは分解して背部コンテナに格納できる。

▼ビーム・サーベルのビーム刃はクリア成形で、収納構造を差し替えて再現。

▲各種武装のほか、着脱可能なパラシュート・バックが付属する。パラシュート・バックのベルトは軟質素材で再現。

■ 地球連邦軍

HG RGM-79(G) ジム

DATA

スケール：1/144／発売：1996年6月／価格：864円／武器：100mmマシンガン、ロケット・ランチャー、ミサイル・ランチャー、シールド、ビーム・サーベル×2

完全新規設計によるアニメ設定準拠のプロポーション再現と、豊富な付属武装が特徴のキット。ビーム・サーベルはクリアパーツの一体成形で、コクピットハッチは着脱が可能となっている。

HG RGM-79(G) ジムスナイパー

DATA

スケール：1/144／発売：1999年10月／価格：1,080円／武器：ロングレンジ・ビーム・ライフル、100mmマシンガン、ロケット・ランチャー、ミサイル・ランチャー、シールド、ビーム・サーベル×2

成形色でカラーリングを再現したHG「ジム」のバリエーションキット。ロングレンジ・ビーム・ライフルと専用の左手パーツが追加され、1/1200スケールのアプサラスⅢが付属する。

MG RGM-79(G) 陸戦型ジム

DATA

スケール：1/100／発売：2001年7月／価格：3,240円／武器：100mmマシンガン（マガジン×3）、ビーム・ライフル、ロングレンジ・ビーム・ライフル、ミサイル・ランチャー（ミサイル×10）、シールド、ビーム・サーベル×2

MG「陸戦型ガンダム」と共通のフレームで可動性と内部ディテールを追求した陸戦型ジムのキット。付属のミサイル・ランチャーは各カートリッジとミサイルの着脱が可能。

▲ロングレンジ・ビーム・ライフルが付属し、立て膝ポーズも可能。

MG RGM-79(G) ジム・スナイパー

DATA

スケール：1/100／発売：2006年11月／価格：3,780円／武器：ロングレンジ・ビーム・ライフル、100mmマシンガン（マガジン×3）、ビーム・ライフル、ロケット・ランチャー、ミサイル・ランチャー（ミサイル×10）、シールド、ビーム・サーベル×2

MG「陸戦型ジム」をベースに劇中のスナイパー仕様を再現。ロングレンジ・ビーム・ライフルの外付けジェネレーターと強制冷却ランドセル、カモフラージュネットが付属する。

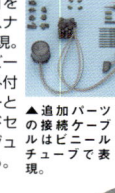

▲追加パーツの接続ケーブルはビニールチューブで表現。

LM RB-79K ボール

DATA

スケール：1/144／発売：1996年8月／価格：864円／武器：

オレンジの単色成形による『第08MS小隊』版ボールの簡易インジェクションキット。作業用アームとキャノン砲は基部が可動する。

▲▼ボディの3重構造が特徴。フィギュアやディスプレイスタンドが付属する。

MG RB-79K ボール（第08MS小隊版）

DATA

スケール：1/144／発売：2005年5月／価格：2,592円／

MG「ボール Ver. Ka」をベースにK型を再現。2種類のキャノン砲は換装が可能で、ウインチは差し替えでアンカーの展開を再現できる。

EXモデル ジェットコアブースター

DATA

スケール：1/144／発売：2002年3月／価格：3,240円／武器：スマート爆弾

精巧な造形で劇中に登場した戦闘爆撃機を再現。キャノピーはクリア成形で、スマート爆弾の装着を選択可能。ディスプレイスタンドが付属する。

U.C. HARD GRAPH 地球連邦軍 陸戦MS 小隊ブリーフィングセット

DATA

スケール：1/35／発売：2007年1月／価格：5,940円／武器：——

第08MS小隊のブリーフィング風景をモチーフにしたホバートラック（ブラッドハウンド）とフィギュア5体、テーブルや椅子などの小物のセット。

▲ホバートラックはアンダーグラウンドソナーやアウトリガーが可動。

■ ジオン公国軍

HG　MS-06J　ザクⅡ

DATA

スケール：1/144／発売：1998年4月／価格：864円／武器：ザク・マシンガン、ザク・バズーカ、ヒート・ホーク

地上用のJ型と宇宙用のF型を選択式で再現できるコンパチブルキット。劇中に登場した機体のディテールが再現されており、頭部はブレードアンテナ装備型にも変更可能。

HG　MS-07B3　グフカスタム

DATA

スケール：1/144／発売：1998年6月／価格：864円／武器：3連装35mm ガトリング砲、ガトリング・シールド、シールド、ヒート・サーベル、ヒート・ロッド

グフカスタムの力強いプロポーションと豊富な武装を忠実に再現。ガトリング・シールドはヒート・サーベルを収納可能で、ヒート・ロッドはリード線で射出状態を再現できる。

MG　MS-07B-3　グフカスタム

DATA

スケール：1/100／発売：2001年2月／価格：3,240円／武器：3連装35mm ガトリング砲、ガトリング・シールド、ヒート・サーベル、ヒート・ロッド

MG「グフ」をベースとして、新規パーツで改修機のプロポーションとディテールを表現。着脱などのギミックを再現した各種武装のほか、ノリス・パッカードの1/20スケールフィギュアが付属する。

▲ヒート・ロッドはリード線を用いた射出状態のパーツと専用の指パーツを差し替えて装着できる。

HG　MS-07H8　グフフライトタイプ

DATA

スケール：1/144／発売：1998年7月／価格：1,080円／武器：3連装35mm ガトリング砲、ガトリング・シールド、シールド、ヒート・サーベル、ヒート・ロッド

HG「グフカスタム」と一部パーツを共用しつつ、脚部や肩部、背部などのディテールを忠実に再現。ベースキットと同じ武装が付属し、左手はオプションパーツの5連マシンガンに差し替え可能。

HG　RX-79 MS-06J　ガンダム vs ザクⅡ

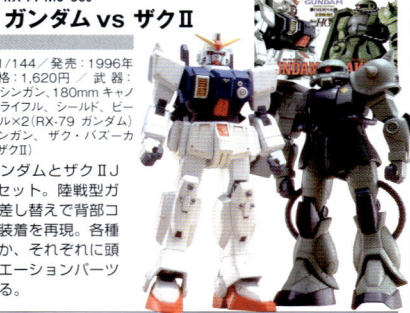

DATA

スケール：1/144／発売：1996年4月／価格：1,620円／武器：100mm マシンガン、180mm キャノン、ビーム・ライフル、シールド、ビーム・サーベル×2（RX-79 ガンダム）ザク・マシンガン、ザク・バズーカ（MS-06J ザクⅡ）

陸戦型ガンダムとザクⅡJ型の2体セット。陸戦型ガンダムは差し替えで背部コンテナの装着を再現。各種武装のほか、それぞれに頭部のバリエーションパーツが付属する。

HGUC　MS-07-B3　グフカスタム

DATA

スケール：1/144／発売：2010年11月／価格：1,728円／武器：3連装35mm ガトリング砲、ガトリング・シールド、ヒート・サーベル、ヒート・ロッド

グフカスタムの特徴のひとつである多彩な武装を精巧に造形したHGUCキット。ガトリング・シールドは75mmガトリング砲の着脱が可能で、ヒート・サーベルを収納できる。ヒート・ロッドはリード線で射出状態を再現している。

▲肩関節にはロック機構を盛り込み、ガトリング・シールドを装備した腕部の自重を支えることが可能。小型ポリキャップの採用によりポージング性能も良好。

EXモデル　ドダイツー

DATA

スケール：1/144／発売：2001年8月／価格：3,780円／武器：——

コクピットキャノピーはクリア成形で、ランディングギアを展開した着陸姿勢をパーツ選択で再現可能。同スケールのHG「グフカスタム」を搭載することもできる。

1997

新機動戦記ガンダム W Endless Waltz

NEW MOBILE REPORT
GUNDAM WING Endless Waltz

『新機動戦記ガンダム W』の1年後を描いた OVA シリーズ。A.C.196、トレーズ・クシュリナーダの娘を名乗るマリーメイアとバートン財団当主デキム・バートンを中心とするマリーメイア軍が、平和への道を歩む地球の支配を狙い、真のオペレーションメテオを開始。この状況に、廃棄されるはずだったガンダムが再び戦場に帰還し、最後の戦いを繰り広げる。1997年1月〜1997年7月発売／全3話／劇場版『新機動戦記ガンダム W Endless Waltz 特別篇』1998年8月公開

フィギュア付きで大ヒットした旧キットシリーズ

『EW』では、テレビ版のデザインをもとにカトキハジメ氏が新たにメカデザインを行っている。物語はテレビ版の約1年後の世界を舞台にしながらもメカデザインが異なるため、ガンプラも完全に新アイテムとしてリリースされることとなった。

これまでのガンプラは、1/144スケールは若年層向け低価格帯、1/100スケールは HG カテゴリーのハイエンド向けというターゲット分けを行っていた。しかし『EW』はハイエンド向けの OVA 作品ということもあり、初めて1/144と1/100の両スケールが HG でリリースされた。ふたつの HG の違いは、1/100スケールは成形色による色分けやギミックをパーツ差し替えなしで再現するなどの完成度の高さを目指し、1/144スケールではギミック再現が簡易版的な表現となっていた。しかし、成熟期に入っていた HG シリーズは両スケール共に完成度が高く、ユーザーから支持を得た。

そして『EW』のガンプラの最大の特徴となるのが、HG1/100スケールに付属したフィギュアである。『W』は登場キャラクターの人気が高く、さらに女性ファンが多い作品であったことから、これまではあまり重視されなかったキャラクターの立体化も強く望まれた。結果、HG1/100スケールには、1/20スケールのキャラクターフィギュアが付属し、女性ファンも多くガンプラを買い求めることになる。これをきっかけに、1/20スケールのキャラクターフィギュアは、MG でも一部のアイテムに付属することになった。

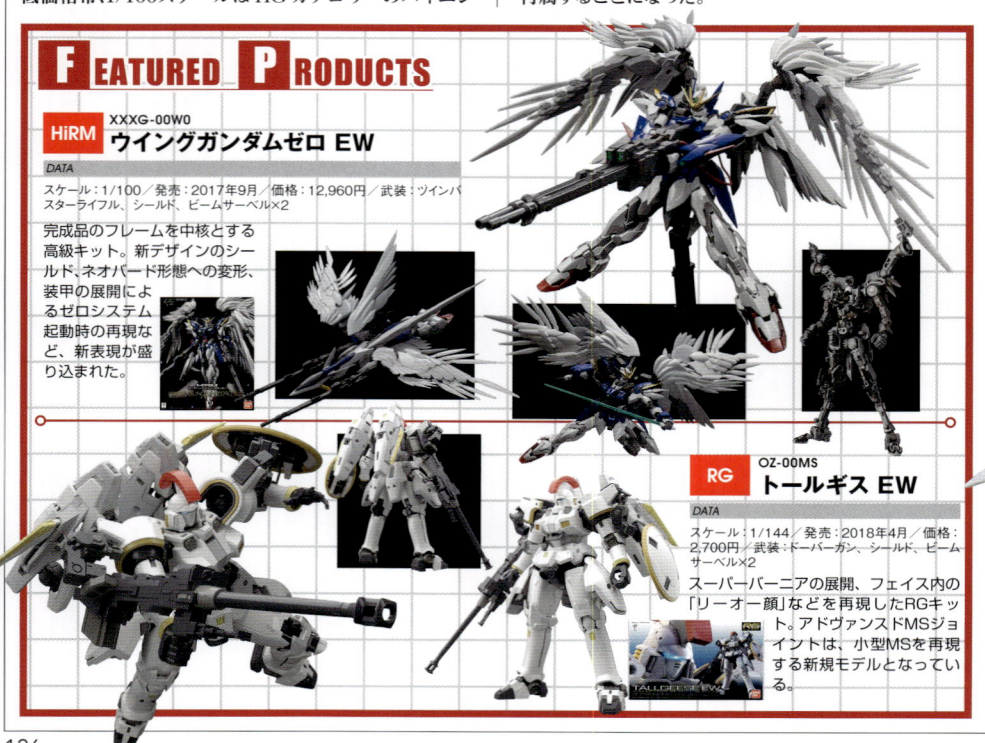

FEATURED PRODUCTS

HiRM　XXXG-00W0　ウイングガンダムゼロ EW

DATA
スケール：1/100／発売：2017年9月／価格：12,960円／武装：ツインバスターライフル、シールド、ビームサーベル×2

完成品のフレームを中核とする高級キット。新デザインのシールド、ネオバード形態への変形、装甲の展開によるゼロシステム起動時の再現など、新表現が盛り込まれた。

RG　OZ-00MS　トールギス EW

DATA
スケール：1/144／発売：2018年4月／価格：2,700円／武装：ドーバーガン、シールド、ビームサーベル×2

スーパーバーニアの展開、フェイス内の「リーオー顔」などを再現した RG キット。アドヴァンスドMSジョイントは、小型MSを再現する新規モデルとなっている。

■ ガンダムパイロット

HG XXXG-00W0 ウイングガンダムゼロカスタム

DATA
スケール：1/100／発売：1997年4月／価格：2,160円／武器：ツインバスターライフル、ビームサーベル×2

翼を持った独特のフォルムを精密なディテールで再現し、差し替えにより大気圏突入モードへの変形が可能となっている。ヒイロ・ユイの1/20スケールフィギュアが付属する。

W-GUNDAM ZeroCustom

▶ 劇中設定のゼロフレームを独自解釈のもとに精巧に再現している。

▶ 大腿部のスライドをはじめとする外装の移動構造を採用。

PG XXXG-00W0 ウイングガンダムゼロカスタム

DATA
スケール：1/60／発売：2000年11月／価格：16,200円／武器：ツインバスターライフル、ビームサーベル×2

ダイキャストパーツなどを多用したアクションモデルで、翼は変形・展開構造を忠実に再現。カメラアイと胸部サーチアイにはLEDによる発光ギミックを内蔵している。

RG XXXG-00W0 ウイングガンダムゼロ EW

DATA
スケール：1/144／発売：2014年12月／価格：2,700円／武器：ツインバスターライフル、ビームサーベル×2

実在技術や設定考証を踏まえた翼の表面構造や可動機構など、リアルさを追求した造形が特徴。ゼロフレームを再現したアドバンスドMSジョイントによって人体に近い動きを実現し、リアリスティックデカールで質感を表現している。

▶ 翼は小羽根まで柔軟に可動し、大気圏突入モードも再現可能。

HGFA XXXG-00W0 ウイングガンダムゼロカスタム

DATA
スケール：1/144／発売：1998年4月／価格：1,080円／武器：ツインバスターライフル、ビームサーベル×2

専用の差し替えパーツで劇中のツインバスターライフルの発射体勢を再現できるファイティング・アクション仕様。翼は軟質素材製で、大気圏突入モードへの変形も可能。

MG XXXG-00W0 ウイングガンダムゼロ（エンドレスワルツ版）

DATA
スケール：1/100／発売：2004年10月／価格：4,104円／武器：ツインバスターライフル、ビームサーベル×2

脚部各部の可動域を広めとする可動構造も特徴のひとつ。開きめとするとともに。

翼には翼面積が拡大する可動ギミックを採用し、合成ゴム素材を用いた小羽は豊かな表現が可能。内部フレームの造形や肩部マシンキャノンの展開なども精巧に再現されている。専用のディスプレイスタンドが付属。

MG XXXG-01W ウイングガンダム Ver.Ka

DATA
スケール：1/100／発売：2004年3月／価格：3,780円／武器：バスターライフル（エネルギー・カートリッジ×9）、シールド、ビームサーベル

カトキハジメ氏の全面監修によるEW版ウイングガンダムのVer.Ka仕様。腹部の多重関節などにより優れた可動性を実現。バスターライフルのカートリッジは着脱可能で、2基のカートリッジホルダーも付属する。

WING GUNDAM Ver.Ka

◀ 脚部に新解釈の機構を盛り込んでバード形態への変形を完全再現。

■ ガンダムパイロット

HG　XXXG-01D2　ガンダムデスサイズヘルカスタム

スケール1/100／発売：1998年2月／価格：2,160円／武器：ビームシザース

特徴的なアクティブクロークの曲面を忠実に造形し、開閉機構を再現。デュオ・マックスウェルの1/20スケールフィギュアが付属する。

▼アクティブクロークには新解釈の可動ギミックを盛り込み、はばたきやクロースモードを再現できる。

▶劇中設定の XXX-G フレームを再現したフレーム構造を採用し、フレキシブルな可動を実現。

HGFA　XXXG-01D2　ガンダムデスサイズヘルカスタム

DATA
スケール1/144／発売：1998年5月／価格：1,080円／武器：ビームシザース

パーツ差し替えでビームシザースを振り上げたポーズを再現できるファイティング・アクション仕様。アクティブクロークは組み換えで開閉する。

MG　XXXG-01D2　ガンダムデスサイズヘル EW

DATA
スケール1/100／発売：2011年2月／価格：4,860円／武器：ビームシザース

カトキハジメ氏の描き起こし画稿を元に、シャープなスタイリングやアクティブクロークの展開ギミックなどを再現。クリア成形のビーム刃の着脱が可能なビームシザースのほか、カトキハジメ氏デザインのマーキングシールなどが付属する。

HG　XXXG-01H2　ガンダムヘビーアームズカスタム

DATA
スケール1/100／発売：1997年11月／価格：2,160円／武器：ダブルガトリングガン×2

各部武装のハッチは差し替えなしで展開が可能で、フェイスパーツの差し替えでピエロマスクを再現。トロワ・バートンの1/20スケールフィギュアが付属する。

HGFA　XXXG-01H2　ガンダムヘビーアームズカスタム

DATA
スケール1/144／発売：1998年4月／価格：864円／武器：ダブルガトリングガン×2

胸部と肩部のウェポンハッチは開閉が可能で、脚部ミサイルはハッチパーツの差し替えでハッチフルオープン状態を再現できるファイティング・アクション仕様。

HG　XXXG-01SR2　ガンダムサンドロックカスタム

DATA
スケール1/100／発売：1998年3月／価格：2,160円／武器：ヒートショーテル×2

マントは不織布とオプションアーマーで再現し、ヒートショーテルはバックパックへの装着が可能。カトル・ラバーバ・ウィナーの1/20スケールフィギュアが付属する。

HGFA　XXXG-01SR2　ガンダムサンドロックカスタム

DATA
スケール1/144／発売：1998年5月／価格：864円／武器：ヒートショーテル×2、シールド

胴体パーツの差し替えでヒートショーテルを振り下ろしたファイティング・アクションを再現可能。また、劇中未登場のシールドが付属し、クロスクラッシャーを再現できる。

■ ガンダムパイロット／プリベンダー／マリーメイア軍

HG XXXG-01S2
ガンダムナタク（アルトロンガンダム）

DATA
スケール1/100／発売：1997年2月／価格：1,944円／武器：ドラゴンハング×2、ツインビームトライデント

最大の特徴であるドラゴンハングは差し替えなしで展開し、多重関節のアームや先端部クローの開閉によって多彩な表現が可能。ツインビームトライデントのビーム刃はクリア成形で、張五飛の1/20スケールフィギュアが付属する。

HG OZ-00MS2B
トールギスⅢ

DATA
スケール1/100／発売：1997年6月／価格：2,700円／武器：メガキャノン、ドーバーガン、シールド×2、ビームサーベル×2、ヒートロッド

トールギス、Ⅱ、Ⅲの3タイプを選択して再現可能なコンパチブルキット。メガキャノンは差し替えなしで最大出力モードへの展開が可能で、ゼクス・マーキスの1/20スケールフィギュアが付属する。

HGFA MMS-01
サーペントカスタム

DATA
スケール1/144／発売：1998年4月／価格：864円／武器：ダブルガトリングガン、ビームキャノン

ダブルガトリングガンとビームキャノンを精巧に造形。各部の柔軟な可動とハンドパーツによって、劇中の戦闘シーンをイメージさせるファイティング・アクションを再現。

HGFA XXXG-01S2
ガンダムナタク

DATA
スケール1/144／発売：1998年5月／価格：1,080円／武器：ドラゴンハング×2、ツインビームトライデント

ドラゴンハングは差し替えなしで展開し、先端部クローは開閉する。さらに、3種類のアームブロックの組み合わせによってドラゴンハングの多彩なファイティング・アクションを再現することもできる。

HGFA OZ-00MS2B
トールギスⅢ

DATA
スケール1/1440／発売：1998年4月／価格：864円／武器：メガキャノン、ドーバーガン、シールド×2、ビームサーベル、ヒートロッド

1/144「トールギスⅡ」をベースにトールギス、Ⅱ、Ⅲを選択式で再現できるコンパチブルキット。メガキャノンは最大出力モードで再現されており、ヒートロッドは収納状態と展開状態の2種が付属する。

HG MMS-01
サーペントカスタム

DATA
スケール1/100／発売：1998年7月／価格：2,160円／武器：ダブルガトリングガン×2、ビームキャノン、バズーカ

重量級量産MSのプロポーションと豊富な武装を忠実に再現。肩アーマーはスライドしてミサイルランチャーが展開し、バズーカとビームキャノンはバックパックにマウント可能。ダブルガトリングガンは2基が付属し、両腕に装備させることができる。マリーメイア・クシュリナーダとリリーナ・ドーリアンの1/20スケールフィギュアが付属する。

新機動戦記ガンダム W Endless Waltz 敗者たちの栄光

NEW MOBILE REPORT GUNDAM W Endless Waltz The Glory Losers

1999年5月

宇宙世紀のMSを最新技術でキット化する「HGUC」シリーズが誕生。第一弾モデルはHG「RX-78-2 ガンキャノン」

コミックと同時展開のMGシリーズ

『EW』のMG化は、2004年発売のMG「ウイングガンダム Ver.Ka」とMG「ウイングガンダムゼロ(エンドレスワルツ版)」で一旦ストップした。しかし『月刊ガンダムエース』で、『EW』準拠のメカデザインでテレビシリーズ版『W』をコミカライズした『新機動戦記ガンダム W Endless Waltz 敗者たちの栄光』の連載が開始されると、リリースが再開された。

画期的な点は、テレビ版前期のガンダムを『EW』準拠でリファインした「アーリータイプ」のMG化で、5機すべてを立体化。ガンダムエピオンやトールギスのMG化も本シリーズで行われたほか、テレビ版ベースの「ウイングゼロ」がMG「ウイングガンダムプロトゼロ EW」として発売され、旧作ファンにも喜ばれた。

■ ガンダムパイロット

RG XXXG-01W
ウイングガンダム EW

DATA
スケール:1/144／発売:2016年1月／価格:2,700円／武器:バスターライフル(エネルギー・カートリッジ×9)、シールド、ビームサーベル

「アーリータイプ」のウイングガンダムをRGで立体化。小型キットながら、バード形態への変形が可能となっている。ヒイロ・ユイのフィギュアが付属する。

▼バード形態はソリッドな航空機的スタイルを実現。背部の翼(フェザータッチウイング)は基部だけでなく、各構成パーツが独自に可動する。

MG XXXG-01W
ウイングガンダム EW

MG「ウイングガンダム Ver.Ka」の成形色を、『EW』版の設定イメージにあわせて変更したバリエーションキット。付属パーツによりアクションベースに対応する。

DATA
スケール:1/100／発売:2011年3月／価格:3,780円／武器:バスターライフル(エネルギー・カートリッジ×9)、シールド、ビームサーベル

▲構造は Ver.Kaと同じなためバード形態に変形できる。バード形態でもアクションベースに対応。

MG XXXG-00W0
ウイングガンダムプロトゼロ EW

DATA
スケール:1/100／発売:2013年10月／価格:5,184円／武器:ツインバスターライフル、シールド、ビームサーベル×2

『EW』版ウイングゼロの改修前の姿を、完全新規金型の精密なディテールで再現。ウイングの連動開閉や脚部のスライド変形など、多彩なギミックが盛り込まれている。専用台座とジョイントパーツが付属する。

■ ガンダムパイロット／OZ

MG XXXG-01D
ガンダムデスサイズ EW

DATA
スケール：1/100／発売：2010年9月／価格：4,104円／武器：ビームサイズ、バスターシールド

ウイングゼロからの派生機という設定に基づくXXX-Gフレームを採用して高い可動性を実現。さらに、手首のスナップ機構によってビームサイズを構えるポーズも柔軟に決まる。

▶バスターシールドは展開し、ビームエフェクトパーツを装着できる。

MG XXXG-01SR
ガンダムサンドロック EW

DATA
スケール：1/100／発売：2011年10月／価格：4,104円／武器：ヒートショーテル×2、ビームマシンガン、シールド

カトキハジメ氏描き起こしの新デザインを精巧に造形し、XXX-Gフレームでダイナミックな可動を実現。ヒートショーテルはシールドと組み合わせてクロスクラッシャーを再現できる。

◀付属のビームマシンガンはグリップとストックの展開が可能。

MG OZ-13MS
ガンダムエピオン EW

DATA
スケール：1/100／発売：2011年6月／価格：5,184円／武器：ビームソード、ヒートロッド、シールド

カトキハジメ氏描き下ろしの設定画稿に基づいてシャープに造形されたEW仕様。MA形態への変形を完全再現し、脚部にしなり可動のギミックなどを盛り込んでいる。付属のビームソードはケーブルをリード線で再現している。

▶MA形態は脚部を双頭の竜に見立て、つま先に開口ギミックを内蔵。

▶ヒートロッドは各パーツが独立して可動し、鞭のしなりを再現。

▼TV版に登場した左前腕部の隠しサーベルを差し替えで再現している。

良好な可動性と、フルハッチオープンをはじめとする武装のギミックが特徴。アーミーナイフは新規デザインで造形され、展開と着脱が可能。

MG XXXG-01H
ガンダムヘビーアームズ EW

DATA
スケール：1/100／発売：2012年1月／価格：4,104円／武器：ビームガトリング、シールド、アーミーナイフ、ビームサーベル

MG XXXG-01S
シェンロンガンダム EW

DATA
スケール：1/100／発売：2011年3月／価格：4,104円／武器：ドラゴンハング、ビームトライデント、シールド

XXX-Gフレームと足首の二重可動によって迫力あるポージングが可能。ドラゴンハングは設定イメージを忠実に再現し、シールドは新規デザインを精巧なディテールで造形している。

▶ドラゴンハングは各部の可動ギミックによって攻撃時の展開状態を再現できる。ビームトライデントは背部にマウントが可能。

MG OZ-00MS
トールギス EW

DATA
スケール：1/100／発売：2013年1月／価格：4,104円／武器：ドーバーガン、シールド、ビームサーベル×2

カトキハジメ氏のリニューアルデザインを忠実に再現したEW仕様のキット。背部スラスターは展開とノズルのせり出しが連動し、腰部スラスターも独自解釈による展開が可能。

◀付属のドーバーガンにはブローバックギミックが内蔵されている。

◀頭部内部のセンサーやインナーフレームにはリーオーの意匠を盛り込んでいる。

∀ガンダム TURN A GUNDAM

ガンダムのテレビシリーズ第7弾。宇宙戦争の歴史が忘れ去られていたC.C.(正暦)2345年、牧歌的な暮らしを営む地球に、月の民ムーンレィスが侵攻する。検体として地球に潜入していたロラン・セアックは争いを止めようとするが、両勢力の無理解と内紛により軍事衝突は拡大していく。
放送期間：1999年4月～2000年4月／全50話／映画『劇場版∀ガンダムⅠ 地球光』(02年2月9日公開)、『劇場版∀ガンダムⅡ 月光蝶』(02年2月10日公開)

「無印」の旧キットと MG・HGCC での復活

富野由悠季氏による5年ぶりの新作ガンダムとして鳴り物入りでスタートした『∀ガンダム』は、その世界観やストーリーで新旧ガンダムファンの支持を集めた。放映開始と共にガンプラもラインナップされ、比較的低価格な1/144シリーズと高価格かつ再現性の高い1/100スケールの2系統の商品展開が行われている。共にHGやMGといったブランド名は付されず、いわゆる「無印」のキットである点が特徴だった。

1/144シリーズでは『ZZ』放映時にガンプラ化されなかった水陸両用MSカプールとほぼ同型のモビルカプルが、1/100ではギミックの再現性やスタイルに優れるターンエーガンダムやモビルスモー／ゴールドタイプが発売され、ユーザーを唸らせた。

しかし放映当時、『∀』のガンプラは8点がリリースされた時点で終息してしまう。後に富野総監督が認めているようにアニメ本編でホビー面に訴求する要素が薄かったこと、ほぼ同時期にHGUCの展開が始まったこと、MGでもザクⅠやドムといった強力な製品がラインナップされたことなどにより、ユーザーがHGUCやMGに流れてしまった結果と考えられよう。

もっとも『∀』のメカが不人気だというわけではない。中でもシド・ミード氏がデザインした∀ガンダムは、唯一無二のスタイルや劇中での印象的な活躍により、不動の人気がある。ライバル機のターンXも、他に類を見ないデザインや全身が分離する特徴的なギミックなどから、ファンが多いMSである。

そして放映終了から7年後、∀ガンダムは記念すべき100体目のMGとして発売されるに至った。2014年には∀ガンダムのHGCC化とターンXのMG化が実現し、さらなるラインナップの充実が期待されている。

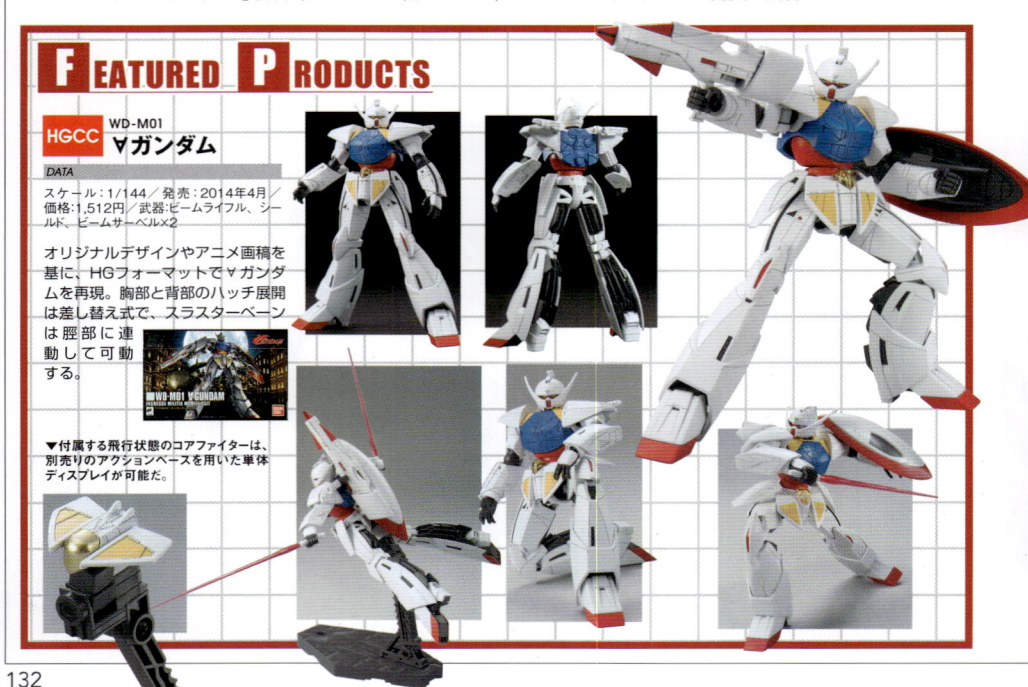

FEATURED PRODUCTS

HGCC WD-M01
∀ガンダム

DATA
スケール：1/144／発売：2014年4月／価格：1,512円／武器：ビームライフル、シールド、ビームサーベル×2

オリジナルデザインやアニメ画稿を基に、HGフォーマットで∀ガンダムを再現。胸部と背部のハッチ展開は差し替え式で、スラスターベーンは腔部に連動して可動する。

▼付属する飛行状態のコアファイターは、別売りのアクションベースを用いた単体ディスプレイが可能だ。

■ ミリシャ

1/144 WD-M01 モビルスーツ ターンエーガンダム

DATA

スケール：1／144／発売：1999年4月／価格：540円／武器：ビームライフル、シールド、ビームサーベル

独特のフォルムを忠実に再現し、細部のディテールまで精巧に造形している。胸部マルチパーパスサイロは差し替えによる展開が可能で、肩部サーベルラックは可動する。

1/100 WD-M01 モビルスーツ ターンエーガンダム

DATA

スケール：1／100／発売：1999年7月／価格：2,160円／武器：ビームライフル、シールド、ビームサーベル×4

脚部スラスターベーンの展開や背部オプションハンガーのマウント構造、ビームライフルのスライド機構など、多彩なギミックが特徴。飛行状態のコアファイターが付属する。

MG WD-M01 ∀ガンダム

DATA

スケール：1／100／発売：2007年8月／価格：4,104円／武器：ビームライフル、シールド、ビームサーベル×2、ガンダムハンマー

シド・ミード氏のオリジナルデザインを徹底解析し、立体としてのプロポーションとディテールを追求したMG版。胸部マルチパーパスサイロの展開と内部サイロの着脱、背部ナノマシン散布用ベーンのハッチ開閉などのギミックを再現した。

▶同スケールのロラン・セアック（立ち姿、着座の2種）と、アニメ8話に登場した牛のフィギュアが付属する。牛のフィギュアは、劇中のように胸部のサイロに収納可能。

▲各部の可動域は幅広く、デザインと可動性を両立。コクピットは分離とコアファイターへの変形が可能。ビームライフルは銃把の折り畳み、銃床のスライド、側面ダイヤルの回転を再現。

1/144 AMX-109 モビルカプル

DATA

スケール：1／144／発売：1999年6月／価格：540円／武器：ハンドガン

特徴的なフォルムを忠実に造形したカプルのキット。頭頂部と胸部のハッチ開閉を差し替えなしで再現。腕部の多重関節部分は2分割構造になっており、クローが可動する。

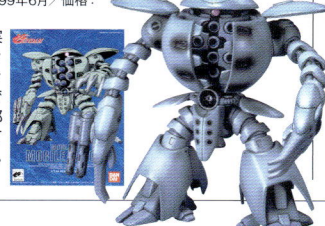

1/144 FLAT-L06D モビルフラット

DATA

スケール：1／144／発売：1999年5月／価格：540円／武器：ボックスビームライフル

独特のパネルラインと各部のスパインフレームを精密に再現し、膝の二重関節などによって幅広い可動域を確保。踵パーツの差し替えと各部の変形で降下形態を再現できる。

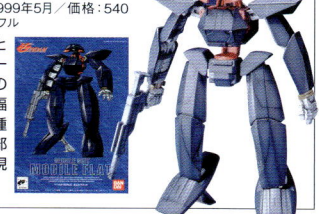

▶ ディアナ・カウンター／ギンガナム軍

1/144　MRC-F20
モビルスモー / ゴールドタイプ

DATA
スケール：1/144／発売：1999年8月／価格：648円／武器：IFジェネレーター、ハンドビームガン、ヒートファン

金色のカラーリングをメタリックイエローの成形色で再現。フェイスパーツは外装が展開したスカーフェイス形態となっている。色分け用ホイルシールなどが付属する。

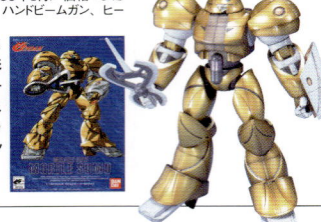

1/144　MRC-F20
モビルスモー / シルバータイプ

DATA
スケール：1/144／発売：1999年10月／価格：648円／武器：IFジェネレーター、ハンドビームガン、ヒートファン

1/144「モビルスモー／ゴールドタイプ」の成形色を変更し、一般機のシルバータイプを再現したバリエーションキット。基本的な内容はベースキットと同じだが、フェイスパーツは外装が閉じたノーマル状態に変更されている。左右どちらの腕にも装備可能なIFジェネレーターをはじめ、ベースキットと同じ各種武装と色分け用ホイルシールが付属する。

1/100　MRC-F20
モビルスモー / ゴールドタイプ

DATA
スケール：1/100／発売：1999年9月／価格：2,700円／武器：IFジェネレーター、ハンドビームガン、ヒートファン

ゴールドメッキでハリー・オード機のカラーリングを表現した1/100スケールキット。胸部と脏腔のハッチ開閉を差し替えなしで再現し、フェイスパーツはノーマルとスカーフェイスの2種から選択できる。ヒートファンは展開可動で腰部へのマウントが可能で、IFジェネレーターに装着する2種類のエフェクトパーツが付属する。

MG　CONCEPT-X6-1-2
ターンX

DATA
スケール：1/100／発売：2014年6月／価格：6,480円／武器：ビームライフル、バズーカ、ハンドビームガン、3連ミサイルランチャー

機体各部の分離構造や溶断破砕マニピュレーターの展開など、印象的なギミックを忠実に再現したターンXのMGキット。また、腰部の前後スイングや肩関節の引き出し機構などの可動構造によって、ダイナミックなアクションポーズを実現している。キットオリジナルのマーキングシールやガンダムデカールが付属する。

▲付属の各種武装は背部ウェポンプラットフォームにマウントが可能。溶断破砕マニピュレーターに装着するビームエフェクトパーツも付属する。

1/144　CONCEPT-X6-1-2
モビルターンエックス

DATA
スケール：1/144／発売：1999年12月／価格：648円／武器：ビームライフル、バズーカ

特徴的な左右非対称のデザインと、全身のパネルラインやモールドを精巧に再現したターンXの1/144スケールキット。各部の関節は幅広い可動域が確保されており、付属のビームライフルとバズーカは背部ウェポンプラットフォームにマウントが可能。

分離状態のオールレンジ攻撃を再現可能なディスプレイベースが付属する。

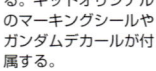
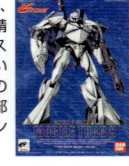

The GUNPLA Chronicles

新たなるミレニアムに、
新世代ガンプラの
伝説が始まる。

03
CHAPTER
2000 ▶▶▶ 2010

機動戦士ガンダム SEED

2002

MOBILE SUIT GUNDAM SEED

2000年代最初のテレビシリーズ。「新たなスタンダードとなりえるガンダム」を目指し、遺伝子操作された人類"コーディネイター"と、旧来の人間"ナチュラル"との戦いを描く。登場人物が織成す群像劇は、原点回帰のみならず、多くの新たなファンを獲得した。テレビ放映シリーズでは初のデジタル作品である。

原作：矢立肇、富野由悠季／監督：福田己津央／シリーズ構成：両澤千晶／放映期間：2002年10月5日～2003年9月27日／全50話

初期の豊富なラインナップと HDリマスターに伴う新展開

新世紀初のテレビシリーズにふさわしく、各スケールで新たな試みのもと積極的な商品展開がされた。敵味方問わず多数のガンダム・タイプが登場するストーリーのためラインナップの多くがガンダムの名を持つキットで占められたこと、パーツ数を抑えて組み立てやすさを重視した「SEED HG」シリーズの展開、異なる商品としてリリースされた主人公機ストライクガンダムの各種装備形態などが該当する。

2012年からは、アニメ本編の「ガンダムSEED HDリマスタープロジェクト」に合わせ、成形色の変更やシールの付属、アクションベースへの対応などがなされた「SEED HG」のリニューアル、MG「エールストライクガンダム」のモデルチェンジを含む第1期 GAT-XシリーズのMG化といった商品展開が進んだ。

FEATURED PRODUCTS

MG **Figure riseBust** ZGMF-X10A
フリーダムガンダム Ver.2.0 & キラ・ヤマト

DATA
スケール：1/100／発売：2017年2月／価格：6,156円／武器：MA-M20ルプス・ビームライフル、ラミネートアンチビームシールド、MA-M01ラケルタ・ビームサーベル×2

MG フリーダムガンダムVer.2.0とFigure-rise Bust キラ・ヤマトを同梱したドラマティックコンビネーション仕様。ディスプレイは、単体販売版のVer.2.0のものとは異なる新規モデルとなっている。

▲キャラクターが大きく描かれた、ガンプラには珍しいボックスアート。

▶キラのフィギュアを台座に接続することで、フリーダムガンダムとの同時ディスプレイが可能。

MG ZGMF-X09A
ジャスティスガンダム

DATA
スケール：1/100／発売：2017年6月／価格：5,184円／武器：MA-M20ルプス・ビームライフル、ラミネートアンチビームシールド、RQM51バッセル・ビームブーメラン、MA-M01ラケルタ・ビームサーベル×2

ジャスティスガンダム初のMG化。既存のSEED系とMGと一部共通フレームを使用することで設定を再現している。アスラン・ザラのフィギュア2種が付属。

▲ファトゥム-00は単体だけでなく、ジャスティスガンダムを乗せた状態でも展示可能だ。

MG ZGMF-X13A
プロヴィデンスガンダム

DATA
スケール：1/100／発売：2017年3月／価格：5,400円／武器：MA-M221ユーディキウム・ビームライフル、MA-MV05A 複合兵装防盾システム（大型ビームサーベル）、ドラグーンシステム×11

MG「フリーダムガンダムVer.2.0」のフォーマットを使用し、高度な可動性やプロポーションを実現。別商品として、特製台座やデカール付属の特別版2種も発売された。

■ 地球連合軍

1/144 GAT-X105 ストライクガンダム

DATE
スケール：1/144／発売：2002年10月／価格：324円／武器：57mm 高エネルギービームライフル、対ビームシールド

ストライカー未装備のストライクガンダムの廉価キット。肘・膝関節は無可動だが、いろプラとシールドによる再現性に優れる。

1/60 GAT-X105 ストライクガンダム

DATE
スケール：1/60／発売：2002年12月／価格：3,780円／武器：57mm 高エネルギービームライフル、対ビームシールド、コンバットナイフ・アーマーシュナイダー×2

PGと並び、ストライクガンダムとしては最大のキット。HGに近いシンプルなパーツ構成で、サイズに比して組み立てやすい。

▼フレームとアーマーが連動してスライドするため、ポーズの自由度が高い。

▶コクピットや各部装甲が開閉可能。設定通り、左右腰にアーマーシュナイダーを収納できる。

HG GAT-X105 エールストライクガンダム

DATE
スケール：1/144／発売：2002年11月／価格：1,296円／武器：57mm 高エネルギービームライフル、対ビームシールド、ビームサーベル×3

高機動仕様のエールストライカーを装備したストライクガンダムのHGモデル。少ない部品点数と高い再現性の両立したSEED HGの特徴は、本キットの時点で既に実現している。ストライカーは着脱可能。

PG GAT-X105 ストライクガンダム

DATE
スケール：1/60／発売：2004年11月／価格：15,120円／武器：57mm 高エネルギービームライフル、対ビームシールド、コンバットナイフ・アーマーシュナイダー×2、XM404グランドスラム

ストライクガンダムのガンプラの最高峰。発光ダイオードによるカメラアイの点灯、フレームとアーマーの連動による柔軟な可動性、全指関節の可動などPGならではの機能が充実。グランドスラムは本キットのオリジナル武器。

MG GAT-X105 エールストライクガンダム

DATE
スケール：1/100／発売：2003年10月／価格：4,104円／武器：57mm 高エネルギービームライフル、対ビームシールド、コンバットナイフ・アーマーシュナイダー×2、ビームサーベル×2

先行した1/100モデルを上回る、可動性や再現性を持つMGキット。内部フレームや装甲の裏面にも、リアルなディテールが施されている。カタパルトデッキをイメージした大型ディスプレイベースが付属する。

◀四肢のアーマーの取り外しや、コクピットの開閉も可能。

1/100 GAT-X105 エールストライクガンダム

DATE
スケール：1/100／発売：2002年12月／価格：2,160円／武器：57mm 高エネルギービームライフル、対ビームシールド、コンバットナイフ・アーマーシュナイダー×2、ビームサーベル×2

SEED HGに近い構造と大型キットならではの色分けで、1/100ながら作りやすい。同時期の小型キットにはないアーマーシュナイダーが付属。

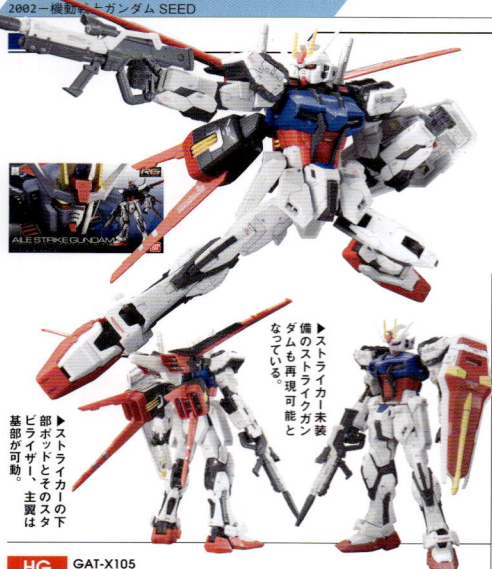

▲ストライカー未装備のストライクガンダムも再現可能となっている。

▲ストライカーの下部にポッドとそのスタビライザー、主翼の基部が可動。

RG　GAT-X105
エールストライクガンダム

DATA
スケール：1/144／発売：2011年4月／価格：2,700円／武器：57mm 高エネルギービームライフル、対ビームシールド、コンバットナイフ・アーマーシュナイダー×2、ビームサーベル×2

アドヴァンスドMSジョイント3により、X100系フレームの精密さやストライクガンダムの可動性能を再現したRGモデル。エールストライカーは別売りのRG「スカイグラスパー ランチャー／ソードパック」と合体することもできる。アクションベース2（別売り）と接続するためのジョイントが付属。

HG　GAT-X105
R01
エールストライクガンダム

DATA
スケール：1/144／発売：2011年11月／価格：1,296円／武器：57mm 高エネルギービームライフル、対ビームシールド、ビームサーベル×3

アニメ本編のHDリマスター化を受けて、HG「エールストライクガンダム」の成形色を変更し、アクションベース2（別売り）対応のアタッチメントパーツを追加したキット。

HG　GAT-X105
CE
エールストライクガンダム

DATA
スケール：1/144／発売：2014年2月／価格：1,404円／武器：57mm 高エネルギービームライフル、対ビームシールド、コンバットナイフ・アーマーシュナイダー×2、ビームサーベル×2

HGCEの第1弾として、エールストライクガンダムを新設計で立体化。新ポリキャップPC-002や新たな関節機構を盛り込み、より洗練されたプロポーションと可動性を両立している。

▲ストライカーの主翼は折り畳み可能となった。

MG　GAT-X105
エールストライクガンダム Ver.RM

DATA
スケール：1/100／発売：2013年5月／価格：4,536円／武器：57mm 高エネルギービームライフル、対ビームシールド、コンバットナイフ・アーマーシュナイダー×2、ビームサーベル×2

第1期GAT-XシリーズMG化の最後の1機として、MG「エールストライクガンダム」をフルモデルチェンジ。別売りのMG「ランチャー／ソードストライクガンダム」を用いると、パーフェクトストライクガンダムを再現可能だ。キラとムウのフィギュア（それぞれ2種）が付属する。

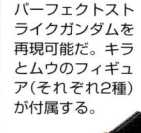

▶付属品のみで、劇中で印象的なアーマーシュナイダー二刀流も再現可能。

▼付属台座の併用で浮遊感のあるポーズがとれる。

1/60　GAT-X105
ストライクガンダム・ストライカーウェポンシステム

DATA
スケール：1/60／発売：2003年3月／価格：5,400円／武器：57mm 高エネルギービームライフル、対ビームシールド、コンバットナイフ・アーマーシュナイダー×2、ビームサーベル×2、15.78m 対艦刀「シュベルトゲベール」、ロケットアンカー「パンツァーアイゼン」、ビームブーメラン「マイダスメッサー」、320mm 超高インパルス砲「アグニ」、120mm 対艦バルカン砲／2連装350mm ガンランチャー・コンボユニット

1/60「ストライクガンダム」と、ストライカーパック3種（エール、ソード、ランチャー）を同梱したセット。ストライカーを差し替えることで、ストライクガンダムの基本3種すべてを再現可能。

MG GAT-X105
ランチャー / ソードストライクガンダム

DATA

スケール：1/100／発売：2008年4月／価格：5,400円／武器：57mm 高エネルギービームライフル、対ビームシールド、コンバットナイフ・アーマーシュナイダー×2、320mm 超高インパルス砲「アグニ」、120mm 対艦バルカン砲／2連装350mm ガンランチャー・コンボユニット、15.78m 対艦刀「シュベルトゲベール」、ロケットアンカー「パンツァーアイゼン」、ビームブーメラン「マイダスメッサー」

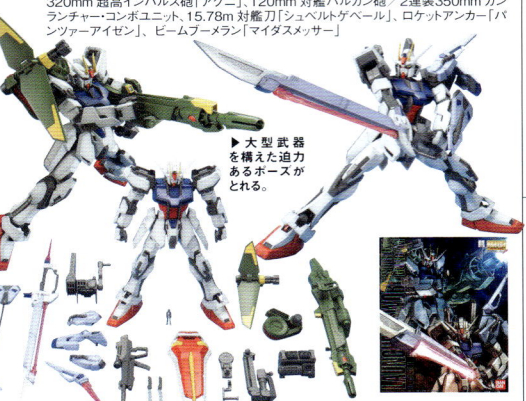

▶ 大型武器を構えた迫力あるポーズがとれる。

ストライカーパックの換装により、砲撃用のランチャーストライクガンダムか格闘戦用のソードストライクガンダムを再現できるMGキット。素体のストライクガンダムはMG「エールストライクガンダム」のものと同じモデルのため、両キットでストライカーパックの互換性がある。

1/144 GAT-X105
ランチャーストライクガンダム

DATA

スケール：1/144／発売：2003年2月／価格：540円／武器：320mm 超高インパルス砲「アグニ」、120mm 対艦バルカン砲／2連装350mm ガンランチャー・コンボユニット

1/144「ストライクガンダム」と同じ素体に、ランチャーストライカーを同梱したセット。アグニとバックパックをつなぐアームは、ポリキャップで柔軟に可動する。

HG R17 GAT-X105+AQM/E-YM1
パーフェクトストライクガンダム

DATA

スケール：1/144／発売：2013年2月／価格：1,836円／武器：57mm 高エネルギービームライフル、対ビームシールド、ビームサーベル×3、15.78m 対艦刀「シュベルトゲベール」、ロケットアンカー「パンツァーアイゼン」、ビームブーメラン「マイダスメッサー」、320mm 超高インパルス砲「アグニ」、120mm 対艦バルカン砲／2連装350mm ガンランチャー・コンボユニット

▼ パンツァーアイゼンはリード線で発射状態を再現可能。

アニメ本編のHDリマスター版に登場する、ストライカーパック3種混合装備のストライクガンダムをHG化。ストライカーの大部分と背部エネルギーパックは新規に造形。

1/144 GAT-X105
ソードストライクガンダム

DATA

スケール：1/144／発売：2003年2月／価格：540円／武器：15.78m 対艦刀「シュベルトゲベール」、ロケットアンカー「パンツァーアイゼン」、ビームブーメラン「マイダスメッサー」

格闘戦・近接攻撃用のソードストライカーを装備した、ストライクガンダムの廉価版キット。マイダスメッサーは肩への収納状態と手持ちの抜刀状態の両方を再現できる。ストライカーは着脱可能である。

1/100 GAT-X105
ソードストライクガンダム

DATA

スケール：1/100／発売：2003年3月／価格：2,376円／武器：57mm 高エネルギービームライフル、対ビームシールド、コンバットナイフ・アーマーシュナイダー×2、ビームサーベル、15.78m 対艦刀「シュベルトゲベール」、ロケットアンカー「パンツァーアイゼン」、ビームブーメラン「マイダスメッサー」

ソードストライカーを装備したストライクガンダムの大型キット。ストライカーの武装3種は、収納状態と展開状態の双方を再現可能となっている。パンツァーアイゼンを射出状態にする際は、PS樹脂製の棒状パーツを使用する。

1/100 GAT-X105
ランチャーストライクガンダム

DATA

スケール：1/100／発売：2003年3月／価格：2,376円／武器：57mm 高エネルギービームライフル、対ビームシールド、コンバットナイフ・アーマーシュナイダー×2、ビームサーベル、320mm 超高インパルス砲「アグニ」、120mm 対艦バルカン砲／2連装350mm ガンランチャー・コンボユニット

砲撃用のランチャーストライカーを装備する、ストライクガンダムの大型キット。本キットのストライクガンダム本体は、1/100「エールストライクガンダム」のものと同じ。キラ・ヤマトのフィギュアが付属している。

MG GAT-X105
ストライクガンダム + I.W.S.P.

DATA

スケール：1/100／発売：2006年10月／価格：4,536円／武器：57mm 高エネルギービームライフル、対ビームシールド、コンバインドシールド（ビームブーメラン）、コンバットナイフ・アーマーシュナイダー×2、XM404グランドスラム、I.W.S.P.（9.1m 対艦刀×2）

『SEED MSV』で設定された統合兵装ストライカーパックを搭載する、ストライクガンダムのMGモデル。ストライクガンダムの成形色は黒味の強いものに変更された。ディスプレイ用の台座が付属する。

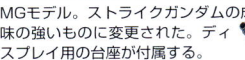

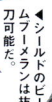

◀シールドのビームブーメランは抜刀可能だ。

■ 地球連合軍

PG FX-550+AQM/E-X01
スカイグラスパー＋エールストライカー

DATA

スケール：1/60／発売：2005年6月／価格：5,400円／武器：57mm 高エネルギービームライフル、対ビームシールド、ビームサーベル×2

ストライクガンダムの大気圏内用支援戦闘機と高機動型ストライカーパックをPGで立体化。PGシリーズ唯一の非MSキットであり、エールストライカーは設定通りスカイグラスパーと合体可能なうえ、別売りのPG「ストライクガンダム」にも接続できる。

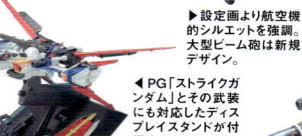

▶ 設定画より航空機的シルエットを強調。大型ビーム砲は新規デザイン。

◀ PG「ストライクガンダム」とその武装にも対応したディスプレイスタンドが付属する。

RG FX-550
スカイグラスパー ランチャー／ソードパック

DATA

スケール：1/144／発売：2012年2月／価格：2,700円／武器：15.78m 対艦刀「シュベルトゲベール」、ロケットアンカー「パンツァーアイゼン」、ビームブーメラン「マイダスメッサー」、320mm超高インパルス砲「アグニ」、120mm 対艦バルカン砲／2連装350mm ガンランチャー・コンボユニット

RG「ストライクガンダム」（別売り）に対応するストライカーパック2種と支援戦闘機をセットでRG化。RGストライク付属のエールストライカーを接続することも可能である。

X-550 SKYGRASPER

▼ 付属のランチャーストライカー（左）とソードストライカー（右）。

▼ ソードストライカーを装備して対艦刀を降ろすと、劇中の対艦攻撃状態を再現できる。

EX モデル ガンダム SEED メカセット 1
メビウス〈ゼロ〉＆スカイグラスパー

DATA

スケール：1/144／発売：2003年7月／価格：3,780円／武器：ガンバレル×4（メビウス〈ゼロ〉）

地球連合軍の特殊部隊用空間MAと大気圏内支援戦闘機をセットで立体化したEXモデル。両キットに対応するディスプレイスタンドが付属する。メビウス〈ゼロ〉のガンバレルは4基すべてが着脱可能で、チューブと専用スタンドを用いて展開状態を再現できる。

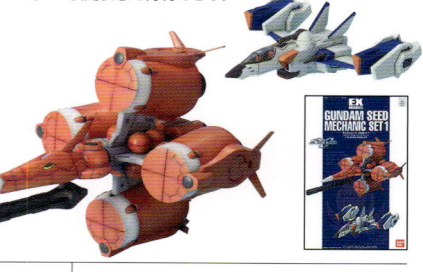

GUNDAM SEED MECHANIC SET 1

EX モデル LCAM-01XA
アークエンジェル

DATA

スケール：1/1700／発売：2004年9月／価格：4,860円／武器：陽電子破城砲「ローエングリン」×2、225cm2連装高エネルギー収束火線砲「ゴットフリート Mk.71」×2、110cm 単装リニアカノン「バリアント Mk.8」×2

劇中で主人公たちの母艦となる強襲機動特装艦をEXモデルで立体化。同型艦ドミニオンとのコンパチブルキットとなっている。ローエングリンを始めとする各種武装とリニアカタパルトは、差し替えにより展開状態を再現可能。

EX ARCH ANGEL

EX モデル LCAM-01XA
アークエンジェル リミテッドエディション

DATA

スケール：1/1700／発売：2005年9月／価格：5,940円／武器：陽電子破城砲「ローエングリン」×2、225cm2連装高エネルギー収束火線砲「ゴットフリート Mk.71」×2、110cm 単装リニアカノン「バリアント Mk.8」×2

EXモデル「アークエンジェル」をメッキコーティングした限定版キット。同梱品は通常版と同じで、ディスプレイスタンドや同スケールの艦載機（ストライクガンダム等）、差し替えパーツもメッキコーティングされている。

EX ARCH ANGEL

1/144 GAT-01
ストライクダガー

DATA

スケール：1/144／発売：2004年3月／価格：432円／武器：M703 57mm ビームライフル、対ビームシールド

地球連合軍の主力MSストライクダガーを立体化した唯一のガンプラ。低価格帯のキットで可動が簡略化されているが、多色成形と付属シールにより未塗装でも劇中に近いイメージを再現可能。

■ 地球連合軍／ザフト

1/144 GAT-X102 デュエルガンダム

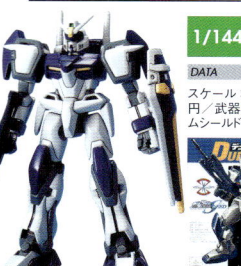

DATA
スケール：1/144／発売：2002年10月／価格：324円／武器：57mm 高エネルギービームライフル、対ビームシールド

アサルトシュラウド未装備のデュエルガンダム単体を再現している数少ないガンプラ。300円台の低価格帯商品ながら、いろプラによる再現性が高く、ポリキャップも使用されている。

1/100 GAT-X102 デュエルガンダム アサルトシュラウド

DATA
スケール：1/100／発売：2003年5月／価格：2,376円／武器：57mm 高エネルギービームライフル、シヴァ、ミサイルポッド、対ビームシールド、ビームサーベル×2

アサルトシュラウド装備のデュエルガンダムの大型キット。増加装備は分離可能で、ノーマルのデュエルガンダムに換装できる。イザーク・ジュールのフィギュアが付属する。

▶デュエルバズーカこと携帯リニアキャノン「ゲイボルグ」は本編未登場の武器。肩に担ぐ形で装備できる。

▲肘や膝の二重関節、可動範囲を持つ腰部ジョイントなどによりポージングの自由度が高い。

HG GAT-X102 デュエルガンダム アサルトシュラウド

DATA
スケール：1/144／発売：2002年11月／価格：1,296円／武器：57mm 高エネルギービームライフル、シヴァ、ミサイルポッド、対ビームシールド、ビームサーベル×2

強化装備アサルトシュラウドを追加装備したデュエルガンダムをHGモデルで立体化。アサルトシュラウド用の胴体パーツを装着するスペースを確保するため、両肩関節は外側に引き出せるようになっている。アサルトシュラウドは着脱式なため、ノーマル装備のデュエルガンダムを再現することも可能。

◀アサルトシュラウドを分離したデュエルガンダム。手持ち武器はそのまま装備可能。

HG R02 GAT-X102 デュエルガンダム アサルトシュラウド

DATA
スケール：1/144／発売：2011年11月／価格：1,296円／武器：57mm 高エネルギービームライフル、シヴァ、ミサイルポッド、対ビームシールド、ビームサーベル×2

HG「デュエルガンダム アサルトシュラウド」のリニューアルキット。成形色がリマスターカラーに変更された他、新規のマーキングシールが付属しており、劇中のイメージをより忠実に再現可能。別売りのアクションベース2に対応する。

◀HDリマスター版のアニメ本編に準拠した鮮やかな成形色を採用。股関節の形状はアクションベース2に対応。

MG GAT-X102 デュエルガンダム アサルトシュラウド

DATA
スケール：1/100／発売：2012年2月／価格：4,536円／武器：60mm 高エネルギービームライフル、ゲイボルグ、シヴァ、ミサイルポッド、対ビームシールド、ビームサーベル×2

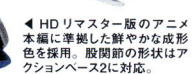

新規画稿を元にデュエルガンダム アサルトシュラウドをMG化。旧キット同様、アサルトシュラウドは着脱可能。X100系を再現した可動フレーム、新解釈による着脱式の「シヴァ」などMGならではの機構が採用されている。イザーク・ジュールの同スケールフィギュア（立ち、座りの2点）が付属する。

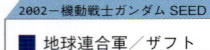

1/144 GAT-X103 バスターガンダム

DATA
スケール：1/144／発売：2002年12月／価格：432円／武器：350mm ガンランチャー、94mm 高エネルギー収束火線ライフル

いろプラとシールの併用により低価格帯ながら再現性が高いキット。腕は肩から手首まで固定されているが、武器を持つ姿勢に最適化しているためディスプレイに向いている。

HG GAT-X103 バスターガンダム

DATA
スケール：1/144／発売：2003年1月／価格：1,080円／武器：350mm ガンランチャー、94mm 高エネルギー収束火線ライフル

HGならではの完成度で、重武装かつ多彩なギミックのバスターガンダムを立体化。バスターガンダム最大の特徴である分離・合体式の多用途武器も再現されており、設定準拠の各種攻撃形態をとることができる。

▶ 手持ち武器は設定通り腰部サブアームを介して接続。肩部ミサイルポッドは開閉式である。

▶ 下半身関節の可動範囲は広く、接続武装を構えた状態の開脚ポーズも容易にとることができる。

1/100 GAT-X103 バスターガンダム

DATA
スケール：1/100／発売：2003年3月／価格：2,160円／武器：350mm ガンランチャー、94mm 高エネルギー収束火線ライフル

バスターガンダムの大型キット。合体・分離式武器が再現されている他、自由度が高い関節により片膝立ちのポーズも可能。ディアッカ・エルスマンのフィギュアが付属する。

HG R03 GAT-X103 バスターガンダム

DATA
スケール：1/144／発売：2011年11月／価格：1,080円／武器：350mm ガンランチャー、94mm 高エネルギー収束火線ライフル

HG「バスターガンダム」のリニューアル版。成形色の変更、マーキングシールの追加などがなされている。また、アクションベース2（別売り）に対応したジョイントパーツが新規に付属。

MG GAT-X103 バスターガンダム

DATA
スケール：1/100／発売：2012年9月／価格：4,320円／武器：350mm ガンランチャー、94mm 高エネルギー収束火線ライフル

アニメ版を元に描き起こされた新規画稿を反映したMGモデル。X100系を再現した柔軟な内部フレーム、より広い可動範囲を持つ武器用サブアーム、大型化した各種武器により、従来モデル以上に迫力あるポーズをとることができる。同スケールのディアッカ・エルスマンのフィギュア2点（立ち、座り）が付属している。

▼ 両武器のグリップは前後にスライドするため、各攻撃形態で最適なポーズをとりやすい。

▼合体時の武器は MS 本体以上のサイズ。これに本体の広範な可動領域を組み合わせることで、大迫力のポーズが可能。

▲ 合体式の武器は、超高インパルス長射程狙撃ライフルと対装甲散弾砲の双方を再現可能。

1/144　GAT-X207　ブリッツガンダム

DATA

スケール：1/144／発売：2003年1月／価格：432円／武器：攻盾システム「トリケロス」、ピアサーロック「グレイプニール」

ステルスMSブリッツガンダムの低価格帯キット。シールの併用で再現性に優れる。可動部分こそ少ないものの、肩幅に脚を開いた立ちポーズは迫力がある。

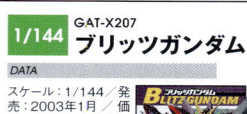

1/100　GAT-X207　ブリッツガンダム

DATA

スケール：1/100／発売：2003年12月／価格：2,160円／武器：攻盾システム「トリケロス」（3連装超高速運動体貫徹弾「ランサーダート」×3）、ピアサーロック「グレイプニール」

1/100の大型キット。別パーツによりトリケロスのサーベル展開状態とグレイプニールの射出状態を再現できる。ニコル・アマルフィのフィギュアが付属する。

MG　GAT-X207　ブリッツガンダム

DATA

スケール：1/100／発売：2012年6月／価格：4,320円／武器：攻盾システム「トリケロス」（3連装超高速運動体貫徹弾「ランサーダート」×3、ビームサーベル、ピアサーロック「グレイプニール」

ブリッツガンダムの最高峰キット。新規描き起こし画稿を元に、シャープなシルエットとボリューム感を両立した他、新解釈の肩部開閉式ミラージュコロイド発生装置が追加されている。『機動戦士ガンダムSEED』のMGならではの広い可動範囲により、片膝立ちのポーズも容易にとることができる。ニコル・アマルフィのフィギュア3種（コクピット内、座り、立ち）が付属する。

HG　GAT-X207　ブリッツガンダム

DATA

スケール：1/144／発売：2003年4月／価格：1,296円／武器：攻盾システム「トリケロス」（3連装超高速運動体貫徹弾「ランサーダート」）、ピアサーロック「グレイプニール」

ブリッツガンダムを可動性と再現性のバランスに優れるHGで立体化。関節の広い可動範囲により、イメージイラストで見られる大開脚で武器を構えるポーズなども再現できる。ランサーダートは射出状態を再現でき、グレイプニールはクローの開閉が可能である。

▶付属の専用スタンドとリード線によってグレイプニールの射出状態を再現可能。

HG R04　GAT-X207　ブリッツガンダム

DATA

スケール：1/144／発売：2011年11月／価格：1,296円／武器：攻盾システム「トリケロス」（3連装超高速運動体貫徹弾「ランサーダート」）、ピアサーロック「グレイプニール」

HG「ブリッツガンダム」のリニューアル版。成形色がリマスターカラーに変更された他、付属のジョイントパーツによりアクションベース2（別売り）にディスプレイすることが可能。

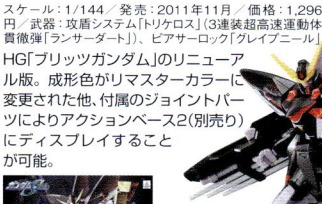

▲▼トリケロスを新規解釈でディテールアップ。ビームサーベルは単体で装備することも可能。

▲柔軟な腰部や股関節などの関節より、劇中を思わせる派手なアクションポーズをとれる。

◀別パーツのリード線を用いることでグレイプニールの射出状態を再現。クローは開閉可能。

■地球連合軍／ザフト

1/144 GAT-X303 イージスガンダム

DATA

スケール：1/144／発売：2002年10月／価格：324円／武器：60mm 高エネルギービームライフル、対ビームシールド

低価格帯ながら、いろブラとシールを併用するイージスガンダムのキット。他のモデルと異なり変形はせずMS形態のみの再現だが、肩幅の広い独特なシルエットをスタイリッシュに再現している。

1/100 GAT-X303 イージスガンダム

DATA

スケール：1/100／発売：2003年2月／価格：2,376円／武器：60mm高エネルギービームライフル、対ビームシールド、ビームサーベル×2

可変機構を再現したイージスガンダムの大型キット。MA形態は巡航、攻撃の各形態をとることができる。両前腕のビームサーベルはクリアパーツで再現。パイロットのアスラン・ザラのフィギュアが付属している。

HG R05 GAT-X303 イージスガンダム

DATA

スケール：1/144／発売：2011年11月／価格：1,296円／武器：60mm高エネルギービームライフル、対ビームシールド

▲可変モデルながらMS形態時のスタイルも優れ、突起物が多い特徴的な形状をよく再現している。

アニメ本編のHDリマスター化に合わせて、HG「イージスガンダム」の成形色を鮮やかなリマスターカラーに変更したキット。新規デザインのマーキングシールと、別売りのアクションベース2に対応するジョイントパーツ（MS・MA両形態に対応）が追加されている。

DATA

スケール：1/144／発売：2002年12月／価格：1,296円／武器：60mm高エネルギービームライフル、対ビームシールド

1/144ながら特徴的な可変機構を実現したイージスガンダムのHGモデル。MS形態、MA形態（攻撃形態）、MA形態（巡航形態）の3モードへの変形を再現。変形に対応するため大腿部に回転軸を設けた他、胴体の前後分割、頭部の前傾機構などの特殊関節を盛り込んでいる。

▲ MA（攻撃）形態。変形時は MS 形態用の手首を外す。バインダーは外した後、再度装着する。

MG GAT-X303 イージスガンダム

DATA

スケール：1/100／発売：2012年10月／価格：5,184円／武器：60mm 高エネルギービームライフル、対ビームシールド、ビームサーベル×4

肩や爪先クローなど、特徴的な張り出し部分を強調した新規画稿を元に作られたイージスガンダムのMGモデル。前腕・爪先用のビームサーベルが付属しており、イージスガンダム特有の「四刀流」を再現できる。アスラン・ザラのフィギュア2種（立ち、コクピット内座り）が付属する。

▲両 MA 形態に変形。顔部やアンテナのスライド、サイドバインダーや足首の伸縮、スカートの移動など、関節以外にも変形のためのギミックを多数搭載。

■ 地球連合軍

1/144 GAT-X131
カラミティガンダム

DATA

スケール：1/144／発売：2003年6月／価格：540円／武器：337mm プラズマサポットバズーカ砲「トーデスブロック」、対ビームシールド

カラミティガンダムの低価格帯キット。いろプラとシールの併用により劇中を彷彿とさせるスタイルを再現。関節にはボールジョイント状のポリキャップを使用している。

HG GAT-X131
カラミティガンダム

DATA

スケール：1/144／発売：2003年8月／価格：1,296円／武器：337mm プラズマサポットバズーカ砲「トーデスブロック」、対ビームシールド

重砲撃タイプのMSカラミティガンダムのHGモデル。特徴的かつ複雑な塗り分けをいろプラとシールで、トップヘビーで重厚な外観を設定準拠の付属武器と造形で再現している。HGならではの広い可動範囲と関節の保持性により、劇中の各種砲撃体勢も無理なくとることができる。

◀背部やシールド上の火砲も可動式であるため、MS本体の可動域と組み合わせた発射体勢は多彩。

1/144 GAT-X252
フォビドゥンガンダム

DATA

スケール：1/144／発売：2003年7月／価格：540円／武器：重刻首鎌「ニーズヘグ」

フォビドゥンガンダムの低価格帯キット。低価格ながら、5色の成形色とシールにより未塗装でも設定に近い完成度を実現した。バックパックの差し替えにより、強襲形態に変形可能である。可動箇所は首、肩、股間、足首、バックパック付属武器の基部。

▼他のリニューアル版 HG 同様、成形色はより鮮やかなリマスターカラーに変更されている。

HG R08 GAT-X131
カラミティガンダム

DATA

スケール：1/144／発売：2012年1月／価格：1,296円／武器：337mmプラズマサポットバズーカ砲「トーデスブロック」、対ビームシールド

HG「カラミティガンダム」のリニューアル版。成形色が変更されたほか、新規マーキングシールとアクションベース2（別売り）対応のジョイントパーツが付属している。

◀別売りのアクションベース2を使うことで、浮遊感のあるポーズでのディスプレイが可能だ。

HG GAT-X252
フォビドゥンガンダム

DATA

スケール：1/144／発売：2003年9月／価格：1,620円／武器：重刻首鎌「ニーズヘグ」

再現性と可動域に優れるHGで、フォビドゥンガンダムを立体化。差し替えなしで強襲形態に変形可能である。特徴的装備のゲシュマイディッヒ・パンツァーは、多段式のサブアームを介してバックパックに接続されており、手足と異なる可動域を持っている。

▼バックパックを頭上に移動し、「エクツァーン」を前方に倒すことで強襲形態に変形。

HG R09 GAT-X252
フォビドゥンガンダム

DATA

スケール：1/144／発売：2012年1月／価格：1,620円／武器：重刻首鎌「ニーズヘグ」

HG「フォビドゥンガンダム」のリニューアル版キット。新規マーキングとアクションベース2（別売り）に接続可能な新規ジョイントパーツが付属。ジョイントパーツは上半身と下半身で挟み込む形で装着する。

■ 地球連合軍／ザフト

1/144　GAT-X370　レイダーガンダム

DATA
スケール：1/144／発売：2003年
8月／価格：540円／武器：――

いろプラと
シール、設
定準拠のシ
ルエットに
より低価格
帯ながら高い再現度を実現したレイダーガンダム
のキット。肩、股関節、足首にポリキャップを使
用し、関節の保持力が高い。

HG R10　GAT-X370　レイダーガンダム

DATA
スケール：1/144／発売：2012年1月／価格：
1,620円／武器：2連装52ミリ超高初速防盾砲、
破砕球「ミョルニル」

アニメのHDリマスターに伴い、HG「レイ
ダーガンダム」をリニューアルしたキット。
成形色の変更、アクションベース2(別売
り)対応のジョ
イントパーツの追
加などが特徴。

HG　GAT-X370　レイダーガンダム

DATA
スケール：1/144／発売：2003年11月
／価格：1,620円／武器：2連装52ミリ高
初速防盾砲、破砕球「ミョルニル」

変形可能なレイダーガンダムの
HGキット。多色成形ランナー(い
ろプラ)とホイルシールにより、
未塗装でも劇中のイメージに近い
仕上がりにできる。武器の破砕球
「ミョルニル」はリード線で射出状
態を再現可能だ。

▲鳥型のMA形態
に変形可能。可変
翼、サブアーム式の
クローなど設定準拠
の可変機構を実現。

1/144　ZGMF-X13A　プロヴィデンスガンダム

DATA
スケール：1/144／発売：2004年1月／価格：
648円／武器：MA-M221ユーディウム・ビーム
ライフル、MA-MV05A 複合兵装防盾システム

プロヴィデンスガンダム
の低価格帯キット。いろ
プラとシールを併用。肘
と膝が固定されているた
め立ちポーズ重視の設
計だが、首、肩、股間、
足首、サイドアーマーの可動により表
情をつけられる。

HG　ZGMF-X13A　プロヴィデンスガンダム

DATA
スケール：1/144／発売：2004年3月／価格：
1,620円／武器：MA-M221ユーディウム・ビー
ムライフル、MA-MV05A 複合兵装防盾システム
(大型ビームサーベル)、ドラグーンシステム×11

HGならではの高度な色分けと可動部
位、設定準拠のプロポーションにより、
1/144スケールながら特徴的シルエッ
トを再現。ドラ
グーンシステムや
大型ビームサーベ
ルは着脱が可能。

1/100　ZGMF-X13A　プロヴィデンスガンダム

DATA
スケール：1/100／発売：
2004年5月／価格：2,700円
／武器：MA-M221ユーディ
ウム・ビームライフル、MA-
MV05A 複合兵装防盾システ
ム(大型ビームサーベル)、ドラ
グーンシステム×11

プロヴィデンスガンダム
の大型キット。プロヴィ
デンスガンダムの重厚な
スタイルを再現しつつ、ドラ
グーンシステ
ムの着脱・基部可
動ギミックも実
現した。ラウ・
ル・クルーゼ
のフィギュア
が付属。

HG R13　ZGMF-X13A　プロヴィデンスガンダム

DATA
スケール：1/144／発売：2012年2月／価格：
1,620円／武器：MA-M221ユーディウム・ビー
ムライフル、MA-MV05A 複合兵装防盾システム
(大型ビームサーベル)、ドラグーンシステム×11

アニメ本編のHDリマスター化にあわせて、HG「プロヴィ
デンスガンダム」をリニューアルしたキット。成形色をリ
マスターカラーに変更したほか、新規マーキング
シール(ザフト所属MS共通)と別売りのアク
ションベース2に対応した新規ジョイント
パーツが追加されている。

◀ドラグーンシステムや
シールドは分離可能。
シールドの大型ビーム
サーベルも着脱式。

1/144 ZGMF-1017 モビルジン

DATA
スケール：1/144／発売：2002年11月／価格：432円／武器：MMI-M8A3 76mm重突撃機銃、MA-M3重斬刀

ザフト軍の主力MSジンを立体化した低価格帯キット。複数の成形色とホイルシールにより完成時の再現性は高い。肘と膝は固定されているが、その他の主要関節にはポリキャップを使用。

HG R06 ZGMF-1017 モビルジン

DATA
スケール：1/144／発売：2011年11月／価格：1,080円／武器：MMI-M8A3 76mm重突撃機銃、MA-M3重斬刀、M68バルデュス3連装短距離誘導弾発射筒×2

HG「モビルジン」をリニューアルしたリマスター版。成形色はアニメ本編のHDリマスターを意識したリマスターカラーに変更。ザフト系MS共通のマーキングシールとアクションベース2（別売り）対応のジョイントパーツが付属する。

▲傑作ポリキャップ **PC-001** の採用もあって大胆なポージングが可能。

HG R07 ZGMF-515 モビルシグー

DATA
スケール：1/144／発売：2012年1月／価格：1,296円／武器：MMI-M7S 76mm重突撃機銃、M7070 28mmバルカンシステム内装防盾、MA-M4A 重斬刀

アニメ本編のHDリマスター化を受けた、HG「モビルシグー」のリニューアルバージョン。他のリマスター版のHG GUNDAM SEEDシリーズと同じく、リマスターカラーへの成形色の変更が行われている。また、ザフト系MS用の新規マーキングシールとアクションベース2（別売り）対応の新規ジョイントパーツが追加されている。

▼ジョイントパーツと別売りのアクションベース2により、空間戦やジャンプを意識したポーズをとれる。

HG ZGMF-1017 モビルジン

DATA
スケール：1/144／発売：2003年4月／価格：1,080円／武器：MMI-M8A3 76mm重突撃機銃、MA-M3重斬刀、M68バルデュス3連装短距離誘導弾発射筒×2

▲ジンの外見上の特徴であるウイング型バックパックは、一部が可動する。

『機動戦士ガンダムSEED』全編で活躍するジンを、価格と完成度のバランスに優れたHGで立体化。ジン独特の複雑なカラーリングはいろプラとホイルシールで再現され、未塗装でも設定に近い色分けを実現。鶏冠などのピンポイントの黄色部分も別パーツだ。

HG ZGMF-515 モビルシグー

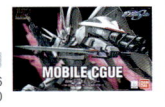

DATA
スケール：1/144／発売：2004年4月／価格：1,296円／武器：MMI-M7S 76mm重突撃機銃、M7070 28mmバルカンシステム内装防盾、MA-M4A 重斬刀

劇中最初のラウの乗機MSシグーをHG化。ホワイトとグレーの微妙な色分けも、いろプラで再現されており、ホイルシールの併用で設定に近いカラーリングを再現した。可動式の背部ウイングスラスターの側面には、重斬刀をマウント可能。

▼手足とウイングスラスターを動かすことで、ダイナミックなポーズでディスプレイ可能である。

1/144 ZGMF-600 モビルスーツゲイツ

DATA
スケール：1/144／発売：2003年10月／価格：432円／武器：MA-M21G ビームライフル、対ビームシールド

第1次連合・プラント大戦末期のザフト軍主力MSゲイツを立体化した唯一のガンプラ。低価格帯のキットで可動部分も限られるが、複数の成形色と付属シールによりアニメのイメージを再現できる。

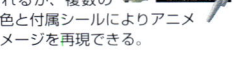

■ ザフト

1/144　AMF-101　モビルディン

DATA
スケール：1/144／発売：2003年11月／価格：540円／武器：MMI-M7S 76mm重突撃機銃、MMI-M1001 90mm対空散弾銃

ザフト軍の飛行型MSディンを立体化した唯一のガンプラ。低価格帯のキットながら設定通り武器を腰部ホルスターに収納でき、飛行形態への変形も可能。モノアイや一部の色分けを再現するホイルシールが付属する。

HG　TMF/A-802　モビルバクゥ

DATA
スケール：1/144／発売：2007年1月／価格：1,512円／武器：400mm13連装ミサイルポッド、450mm2連装レールガン、2連装ビームサーベル

バクゥのHGモデル。関節節を中心に多用されたABS樹脂、首を無段階関節としたリード線、キャタピラを再現した合成ゴムなど、様々な素材を採用。武器は差し替え式である。

▲口部ビームサーベルはクリア成形の別パーツで再現。低姿勢の走行形態をとることもできる。

HG R11　TMF/A-803　ラゴゥ

DATA
スケール：1/144／発売：2012年2月／価格：1,512円／武器：2連装ビームサーベル

アンドリュー・バルトフェルド専用の四足獣型MSをHGリマスター版で立体化。ラゴゥとしては初のガンプラ化。ABS樹脂を多用した関節、リード線を用いた無段階関節の首などHG「モビルバクゥ」のノウハウが活かされている。走行形態への変形も可能だ。

▲ HG「モビルバクゥ」同様、獣型MSの躍動感溢れるポージングが可能である。アクションベース2（別売り）を用いたディスプレイにも対応する。

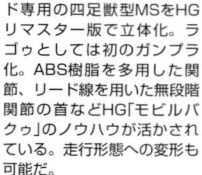

1/144　TMF/A-802　モビルバクゥ

DATA
スケール：1/144／発売：2003年3月／価格：432円／武器：—

ザフト軍・地上部隊の四足獣型MSバクゥの低価格帯キット。モノアイや一部の塗り分けを再現するホイルシールが付属する。各脚の基部や胴体上の砲塔はポリキャップにより、柔軟な可動と保持性を実現している。

HG R12　TMF/A-802　モビルバクゥ

DATA
スケール：1/144／発売：2012年2月／価格：1,512円／武器：400mm13連装ミサイルポッド、450mm2連装レールガン、2連装ビームサーベル

アニメ本編のHDリマスター化に伴う、HG「モビルバクゥ」のリニューアルバージョン。旧HGからの主な変更点は、リマスターカラーの成形色の採用、アクションベース2（別売り）への対応である。新規に付属するマーキングシールにはアンドリュー・バルトフェルドのマークを含む。

▲ 野性味溢れるポージング。別売りのアクションベース2を使うと跳躍姿勢でのディスプレイも可能。

1/144　UMF-4A　モビルグーン

DATA
スケール：1/144／発売：2003年6月／価格：432円／武器：—

ザフト軍の水中用MSグーンを立体化した低価格帯キット。外伝や続編を含む『SEED』系作品の水中用MSでは唯一のガンプラ。モノアイなどを再現するホイルシールが付属。

■ ザフト／三隻同盟

1/144 フリーダムガンダム
ZGMF-X10A

DATA

スケール：1/144／発売：2003年4月／価格：432円／武器：MA-M20ルプス・ビームライフル、ラミネートアンチビームシールド

アニメ本編後期の主人公機の低価格帯キット。5色の成形色、ホイルシール、2種類のポリキャップなど内容物が充実。背部ウイングは独自の可動域を持っている。

HG フリーダムガンダム
ZGMF-X10A

DATA

スケール：1/144／発売：2003年6月／価格：1,620円／武器：MA-M20ルプス・ビームライフル、ラミネートアンチビームシールド、MA-M01ラケルタ・ビームサーベル×3

フリーダムガンダムのHGモデル。手足は勿論、背部ウイングや腰部武装にも可動ギミックを備えており、小スケールながらフリーダムガンダム独自の各種形態を再現可能。

▶通常の形態だけでなく、ハイマットモードとフルバーストモードも再現できる。

1/100 フリーダムガンダム
ZGMF-X10A

DATA

スケール：1/100／発売：2003年7月／価格：2,376円／武器：MA-M20ルプス・ビームライフル、ラミネートアンチビームシールド、MA-M01ラケルタ・ビームサーベル×2

フリーダムガンダムの大型キットで、頭部と胴体のボリュームを重視したスタイルが特徴。1/20スケールのラクス・クラインのフィギュアが付属している。

1/60 フリーダムガンダム
ZGMF-X10A

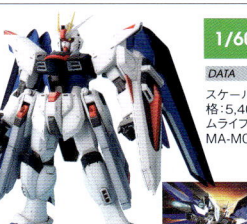

DATA

スケール：1/60／発売：2003年8月／価格：5,400円／武器：MA-M20ルプス・ビームライフル、ラミネートアンチビームシールド、MA-M01ラケルタ・ビームサーベル×2

フリーダムガンダムの最大スケールキット。いろプラで極めて高度な色分けがなされており、未塗装での完成度が高い。コクピット内用のキラ・ヤマトのフィギュアが付属する。

◀劇中での描写が印象的な「ハイマットフルバーストモード」を再現できる。

RG フリーダムガンダム
ZGMF-X10A

DATA

スケール：1/144／発売：2011年11月／価格：2,700円／武器：MA-M20ルプス・ビームライフル、ラミネートアンチビームシールド、MA-M01ラケルタ・ビームサーベル×2

1/144スケールの最高峰のRGで立体化。アドヴァンスドMSジョイント4を採用し、高度な可動性と組み立てやすさを両立。背部ウイングを含めシャープなスタイルとなっている。

MG フリーダムガンダム
ZGMF-X10A

DATA

スケール：1/100／発売：2004年7月／価格：4,104円／武器：MA-M20ルプス・ビームライフル、ラミネートアンチビームシールド、MA-M01ラケルタ・ビームサーベル×2

ハイディテールとギミックを両立するMGで、フリーダムガンダムを立体化。各部に二重関節を採用し可動範囲が広い。装甲内のフレームや機器類もディテールアップされている。

HG CE フリーダムガンダム
ZGMF-X10A

DATA

スケール：1/144／発売：2015年8月／価格：1,944円／武器：MA-M20ルプス・ビームライフル、ラミネートアンチビームシールド、MA-M01ラケルタ・ビームサーベル×2

▶ポリキャップ PC-002、REVIVE版で多用される二重関節により、革新的な可動ギミックを実現。

HG REVIVEの第3弾として立体化（ブランドはHGCE）。可動性と組み立て時の簡便性を重視した設計が特徴。ハイマットフルバーストモードも各部の可動ギミックによって再現できる。

HG R15 フリーダムガンダム
ZGMF-X10A

DATA

スケール：1/144／発売：2012年2月／価格：1,620円／武器：MA-M20ルプス・ビームライフル、ラミネートアンチビームシールド、MA-M01ラケルタ・ビームサーベル×3

HG「フリーダムガンダム」のリニューアルバージョンキット。リマスターカラーへの成形色の変更に加え、新規マーキングシールとアクションベース2（別売り）に対応したジョイントパーツが追加されている。

ザフト／三隻同盟

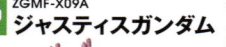

▲ウイングや各種武装の展開機構により、ハイマットフルバーストモードを再現できる。

MG ZGMF-X10A
フリーダムガンダム Ver.2.0

DATA
スケール：1/100／発売：2016年4月／価格：4,860円／武器：MA-M20ルプス・ビームライフル、ラミネートアンチビームシールド、MA-M01ラケルタ・ビームサーベル×2

新解釈の画稿を基に設計されたMG Ver.2.0。可動性を重視しており、一例として胸部のスライド機構により腕部の自由度が大幅に向上した。オーブ軍版キラ・ヤマトのフィギュア2種（立ち、コクピット内着座）が付属する。

1/100 ZGMF-X09A
ジャスティスガンダム

DATA
スケール：1/100／発売：2003年8月／価格：2,376円／武器：MA-M20ルプス・ビームライフル、ラミネートアンチビームシールド、MA-M01ラケルタ・ビームサーベル×2、ファトゥム-00

ジャスティスガンダムの大型キット。背部のファトゥム-00は、胴体と直角に配置する飛行状態と分離状態を再現できる。カガリ・ユラ・アスハのフィギュアが付属。

RG ZGMF-X09A
ジャスティスガンダム

DATA
スケール：1/144／発売：2012年7月／価格：3,240円／武器：MA-M20ルプス・ビームライフル、ラミネートアンチビームシールド、MA-M01ラケルタ・ビームサーベル×2、ファトゥム-00

アドヴァンスドMSジョイントにより高度な可動性能を実現。着脱式のファトゥム-00は、スライド機構により幅を変更可能。

1/144 ZGMF-X09A
ジャスティスガンダム

DATA
スケール：1/144／発売：2003年5月／価格：540円／武器：MA-M20ルプス・ビームライフル、ラミネートアンチビームシールド、ファトゥム-00

いろプラとシールによる再現性に秀でた低価格帯キット。肘、膝、手首は可動しないが、他はポリキャップ式で可動性と保持性に優れる。ファトゥム-00の展開・分離も可能。

HG ZGMF-X09A
ジャスティスガンダム

DATA
スケール：1/144／発売：2003年7月／価格：1,620円／武器：MA-M20ルプス・ビームライフル、ラミネートアンチビームシールド、MA-M01ラケルタ・ビームサーベル×2、ファトゥム-00

いろプラとホイルシールの併用により、未塗装でも充分な完成度を実現したHGキット。バックパックのファトゥム-00は、肩部に装着した展開・飛行状態を再現可能だ。

▲関節の保持性が高く、ファトゥム-00を背負ってもポーズを維持しやすい。

HG R14 ZGMF-X09A
ジャスティスガンダム

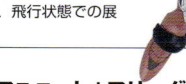

DATA
スケール：1/144／発売：2012年8月／価格：1,620円／武器：MA-M20ルプス・ビームライフル、ラミネートアンチビームシールド、MA-M01ラケルタ・ビームサーベル×2、ファトゥム-00

HG「ジャスティスガンダム」の成形色などを変更したリニューアルキット。アクションベース2（別売り）対応のジョイントパーツは、上半身と下半身の間に挟むベーシックなタイプで、飛行状態での展示に適する。

HG
ミーティアユニット＋フリーダムガンダム

DATA
スケール：1/144／発売：2004年5月／価格：8,640円／武器：MA-X200ビームソード×2（ミーティアユニット）MA-M20ルプス・ビームライフル、ラミネートアンチビームシールド、MA-M01ラケルタ・ビームサーベル×3（ZGMF-X10A フリーダムガンダム）

HG「フリーダムガンダム」とアームドモジュール「ミーティア」のセット。ミーティアは単独で収納状態に変形させることもできる。

Figure riseBust
キラ・ヤマト／アスラン・ザラ／ラクス・クライン

DATA
スケール：──／発売：2016年6月／価格：1,296円（キラ・ヤマト、アスラン・ザラ）　発売：2017年2月／価格：1,944円（ラクス・クライン）

瞳までも多色成形するレイヤードインジェクションにより、精密な胸像を簡単に製作できるキット。アクションベース（別売り）と連結できる。

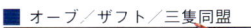
■ オーブ／ザフト／三隻同盟

MG　MBF-02
ストライクルージュ

DATA

スケール：1/100／発売：2004年9月／価格：4,320円／武器：57mm 高エネルギービームライフル、対ビームシールド、ビームサーベル×2、コンバットナイフ・アーマーシュナイダー×2

MG「ストライクガンダム」の成形色を変更し、ストライクルージュとしたキット。1/20のカガリ・ユラ・アスハのフィギュア、マーキングシールとガンダムデカールが付属する。

◀武器と専用スタンドは MG ストライクガンダムと同じもの。シールド外縁やビームサーベルの成形色はピンク系に変更されている。

PG　MBF-02
ストライクルージュ＋スカイグラスパー

DATA

スケール：1/60／発売：2005年8月／価格：20,520円／武器：57mm 高エネルギービームライフル、対ビームシールド、ビームサーベル×2、コンバットナイフ・アーマーシュナイダー×2、XM404グランドスラム

PG「ストライクガンダム」とPG「スカイグラスパー」の成形色を変更し、セットにしたキット。マーキングシールとガンダムデカールは、本キット専用のものが付属している。

▲スカイグラスパーの成形色はリアリティ重視のものに変更されている。

HGCE　MBF-02+AQM/E-X01
ストライクルージュ

DATA

スケール：1/144／発売：2014年3月／価格：1,512円／武器：57mm 高エネルギービームライフル、対ビームシールド、ビームサーベル×2、コンバットナイフ・アーマーシュナイダー×2

先行発売されたHGCE「エールストライクガンダム」の成形色を変更したキット。成形色以外ではホイルシールの一部が異なる他、カガリのパーソナルマークを含むテトロンシールが付属している。

▲ HGCE エールストライクと同じく装備はエールストライカー準拠。

MG　MBF-02+EW454F
ストライクルージュ　オオトリ装備 Ver.RM

DATA

スケール：1/100／発売：2013年9月／価格：4,536円／武器：57mm 高エネルギービームライフル、対ビームシールド、コンバットナイフ・アーマーシュナイダー×2、大型斬艦刀

MG「エールストライクガンダム Ver.RM」の成形色を変更し、ストライカーを新デザインのオオトリとしたキット。専用スタンド、シール2種、ガンダムデカールが付属する。

▲付属スタンドを用いて、オオトリ単体のディスプレイも可能だ。

1/144　MBF-M1
M1 アストレイ

DATA

スケール：1/144／発売：2004年3月／価格：540円／武器：71式ビームライフル、対ビームシールド

オーブ軍の主力MS、M1アストレイの低価格帯キット。ポリキャップを併用するいろプラ（計4色）で、シールが付属。シールの張り替えで211〜213号機を選択できる。

HGR16　MBF-M1
M1 アストレイ

DATA

スケール：1/144／発売：2012年6月／価格：1,512円／武器：71式ビームライフル、対ビームシールド、70式ビームサーベル×2、対艦刀×2

M1アストレイをHGリマスター版でキット化（ラゴゥ同様、非リマスター版HGは存在しない）。オリジナルのマーキングシールが付属する。付属武器の対艦刀は本キットのオリジナル装備である。

クライン派の戦闘艦をEXモデルで立体化。側面スタビライザーは展開式、カタパルトは差し替えで出撃状態を再現できる。台座とストライクガンダム以下3機のMSが付属。

EXモデル　FFMH-Y101
エターナル

DATA

スケール：1/1700／発売：2005年2月／価格：3,780円／武器：ミーティアユニット×2

EXモデル　FFMH-Y101
エターナル
リミテッドエディション

DATA

スケール：1/1700／発売：2005年2月／価格：3,780円／武器：ミーティアユニット×2

EXモデル「エターナル」にメッキを施した限定版。艦体はピンクベースのメタリック、ミーティアやスタビライザーなどはシルバー調のメッキでコーティングされた。

機動戦士ガンダム SEED DESTINY　MOBILE SUIT GUNDAM SEED DESTINY

『SEED』の後を受けた、テレビシリーズでは初となる宇宙世紀外の作品の続編である。地球連合とプラントの戦争が終結して2年。平和が訪れたかに見えた世界だったが、再び戦火に包まれようとしていた。地球連合を操るロゴスやプラント上層部が策謀を巡らせる中、かつて戦乱の終結に尽力したキラ・ヤマトたちは、再び戦うことを決意する。

原作／矢立肇、富野由悠季、監督／福田己津央、シリーズ構成／両澤千晶、放送期間／2004年10月～2005年10月、全50話

前シリーズからの踏襲、変更、商品展開の拡大

『SEED DESTINY』では前作『SEED』と共通するキャラクターやMSも多数登場するため、当初はSEED HGシリーズに共通の通し番号が与えられる等、部分的に2作品を通じて1シリーズとみなすような展開が見られた。SEED HGシリーズではカラーバリエーションを含む36種が発売された。これは前作の14種類を大きく超えるリリース数であり、作品の人気の高さがうかがえる。これらは通常のHGシリーズよりもパーツ数を抑え、組み立て易さを優先したSEED HGの基本フォーマットに則ったものとなっている。

一方で廉価版シリーズや1/100スケール等では、当初から新たな商品番号が与えられた。なお初期の1/100は従来と同じくHGに近いパーツ構成だったが、後期には2重関節の採用や外装ディテールの追加など、MGシリーズに準じた方向転換が図られている。

新たな方向性で行われた MG、PG、HGCE化

2008年のMG化に当たっては、アニメ本編のメカ作画監督の協力を仰ぐことで設定資料からだけでは読み取れない機体のキャラクターや搭乗者の感情的な表れ、作画演出等をガンプラに盛り込む試みがなされた。2010年にはカトキハジメ氏の協力の下、ストライクフリーダムがPG化。HGでは2014年のHGCE化に続いて2016年には新たな視点からリニューアルされたREVIVE版としてフォースインパルスガンダムが発売され、ガンプラの技術的、文化的進化と共に新たなスタンダードとしてリニューアルされ続けている。

FEATURED PRODUCTS

HGCE ZGMF-X20A
ストライクフリーダムガンダム

ZGMF-X20A STRIKE FREEDOM GUNDAM

DATA

スケール：1/144／発売：2016年11月／価格：2,160円／武器：MA-M21KF 高エネルギービームライフル×2、MX2200ビームシールド、MA-M02G シュベールラケルタビームサーベル×2

旧HGから設計を一新した、新フォーマット「REVIVE」版。2重関節の多用等により可動範囲が大幅に拡大した他、ハイマットおよびフルバーストモードへの移行、武器の連結・変形機構等も再現されている。

HGCE ZGMF-X56S/α
フォースインパルスガンダム

DATA

スケール：1/144／発売：2016年6月／価格：1,944円／武器：MA-BAR72高エネルギービームライフル、MMI-RG59V 機動防盾、MA-M941ヴァジュラビームサーベル×2

REVIVEのHGCE版。旧HGの分離機構を継承しつつ新規設計によりプロポーションや可動性に優れる。コアスプレンダー、シルエットフライヤーが付属。

ZGMF-X56S/α FORCE IMPULSE GUNDAM

◀アクションベース（別売り）を複数用いれば、分離状態の各機を一括ディスプレイ可能だ。

■ ザフト

1/144 フォースインパルスガンダム
ZGMF-X56S/α

DATA

スケール：1/144／発売：2004年10月／価格：432円／武器：MA-BAR72高エネルギービームライフル、MMI-RG59V 機動防盾、MA-M941ヴァジュラビームサーベル×2

フォースインパルスガンダムの低価格帯キット。成形色は計5色で、シールも付属するため再現性は高い。ポリキャップはボールジョイントを連結したような特異な形状。

HG フォースインパルスガンダム
ZGMF-X56S/α

DATA

スケール：1/144／発売：2004年11月／価格：1,620円／武器：MA-BAR72高エネルギービームライフル、MMI-RG59V 機動防盾、MA-M941ヴァジュラビームサーベル×3

物語前半の主人公機インパルスガンダムの高機動装備仕様をHGで立体化。1/144スケールながら、上半身のチェストフライヤー、腹部のコアスプレンダー（ブロック形状）、下半身のレッグフライヤーに分離可能である。

▲フォースシルエットは付属のシルエットフライヤーにも接続可能。

◀胴体にコアスプレンダーを収納しながらも、腰を捻るポーズもとれる。

1/100 フォースインパルスガンダム
ZGMF-X56S/α

DATA

スケール：1/100／発売：2004年12月／価格：2,376円／武器：MA-BAR72高エネルギービームライフル、MMI-RG59V 機動防盾、MA-M941ヴァジュラビームサーベル×2、M71-AAK フォールディングレイザー対装甲ナイフ×4

フォースインパルスガンダムの大型キット。ガンダム本体は3機に分離できるうえ、コアスプレンダーは戦闘機からブロック状態に変形可能。1/20のシン・アスカのキャラクタープレートが付属する。

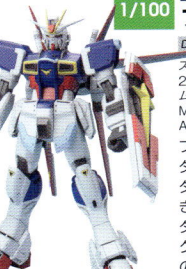

1/60 フォースインパルスガンダム
ZGMF-X56S/α

DATA

スケール：1/60／発売：2004年12月／価格：5,400円／武器：MA-BAR72高エネルギービームライフル、MMI-RG59V 機動防盾、MA-M941ヴァジュラビームサーベル×2、M71-AAK フォールディングレイザー対装甲ナイフ×2

フォースインパルスの最大キット。MS本体の合体・分離に加え、カメラアイの発光、各指の可動など、超大型キットならではのギミックを多数搭載している。

MG フォースインパルスガンダム
ZGMF-X56S/α

DATA

スケール：1/100／発売：2008年5月／価格：4,860円／武器：MA-BAR72高エネルギービームライフル、MMI-RG59V 機動防盾、MA-M941ヴァジュラビームサーベル×2、M71-AAK フォールディングレイザー対装甲ナイフ×2、MMI-710エクスカリバーレーザー対艦刀×2、航空ミサイルランチャー×2

ガンプラの中でも屈指の完成度を誇るインパルスガンダムのMGキット。MGならではの新解釈による細身かつ力強いボディラインを持ちつつ、3機への分離・合体機構、各関節の柔軟な可動性と保持性も実現しており、スタイルとギミックを兼ね備えた傑作キットとなっている。同スケールのシン・アスカ以下フィギュア3体、コアスプレンダーなどをアクションベース1（別売り）にディスプレイ可能なパーツが付属。

▼別売りのフリーダムガンダムと組み合わせれば劇中の対決シーンを再現可能。

▶分離各機とシルエットフライヤーは、降着脚を取り付けることで駐機状態を再現可能である。

▲手足の可動範囲が広いうえ上半身を引き出すことで腰も旋回できるため、迫力あるポーズをとれる。

■ ザフト

1/144 ZGMF-X56S/β ソードインパルスガンダム

DATA

スケール：1/144／発売：2004年12月／価格：540円／武器：MA-BAR72高エネルギービームライフル、MMI-RG59V 機動防盾、MMI-710エクスカリバーレーザー対艦刀×2、RQM60フラッシュエッジビームブーラン×2

ソードインパルスガンダムの低価格帯キット。いろプラでシールも付属する。ソードシルエットの全武器が付属し、エクスカリバーレーザー対艦刀をアンビデクストランスフォームに連結できる。

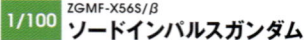

1/100 ZGMF-X56S/β ソードインパルスガンダム

DATA

スケール：1/100／発売：2005年5月／価格：2,484円／武器：MA-BAR72高エネルギービームライフル、MMI-RG59V 機動防盾、M71-AAK フォールディングレイザー対装甲ナイフ×4、MMI-710エクスカリバーレーザー対艦刀×2、RQM60フラッシュエッジビームブーメラン×2

同スケールのフォースインパルスガンダムの成形色を変更し、シルエットを近接戦タイプとしたキット。1/20のシン・アスカ（パイロットスーツ姿）のキャラクタープレートが付属している。

MG ZGMF-X56S/β ソードインパルスガンダム

DATA

スケール：1/100／発売：2009年4月／価格：4,860円／武器：MA-BAR72高エネルギービームライフル、MMI-RG59V 機動防盾、M71-AAK フォールディングレイザー対装甲ナイフ×2、MMI-710エクスカリバーレーザー対艦刀×2、RQM60フラッシュエッジビームブーメラン×2、航空ミサイルランチャー×2

MG「フォースインパルスガンダム」の成形色の変更などを加えたうえ、付属シルエットをソードシルエットとしたキット。ビームブーメランの基部同士を接続可能。フィギュア3種、シルエット用の台座、他キットの地球連合軍系ストライカーパックを接続可能なマルチパックなどが付属する。

◀▶肘・膝の二重関節を中心に可動範囲が広く、劇中のイメージを再現できる。

▶ソードシルエットは付属のシルエットフライヤーにも接続可能となっている。

▶成形色は赤と白がメイン。フォースインパルスガンダムと異なり、機動防盾は収縮状態となっている。

HG ZGMF-X56S/β ソードインパルスガンダム

DATA

スケール：1/144／発売：2005年2月／価格：1,620円／武器：MA-BAR72高エネルギービームライフル、MMI-RG59V 機動防盾、MMI-710エクスカリバーレーザー対艦刀×2、RQM60フラッシュエッジビームブーメラン×2

HG「フォースインパルスガンダム」から成形色や付属シルエットなどを変更したキット。メイン武器のエクスカリバーはアンビデクストランスフォームに連結できる。コアブレンダーは戦闘機形態とガンダムの腹部に収納できるブロック状態の2種類が付属する。

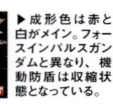

1/144 ZGMF-X56S/γ ブラストインパルスガンダム

DATA

スケール：1/144／発売：2005年3月／価格：540円／武器：MA-BAR72高エネルギービームライフル

ブラストインパルスガンダム唯一のガンプラ。いろプラ（成形色は5色）で、ホイルシールが付属する。低価格帯のキットながら背部ビーム砲とレール砲が可動式で、それぞれ発射体勢をとることができる。

1/144 ZGMF-X42S デスティニーガンダム

DATA
スケール：1/144／発売：2005年6月／価格：648円／武器：MA-BAR73/S 高エネルギービームライフル、M2000GX 高エネルギー長射程ビーム砲、対ビームシールド、MMI-714アロンダイトビームソード

デスティニーガンダムの低価格帯キット。ウイングユニットの可動、組み換えによるアロンダイトと長射程ビーム砲の展開、2種類の右手首の付属など低価格帯キットとしては充実した内容となっている。

1/100 ZGMF-X42S デスティニーガンダム

DATA
スケール：1/100／発売：2005年7月／価格：2,808円／武器：MA-BAR73/S 高エネルギービームライフル、M2000GX 高エネルギー長射程ビーム砲、MX2351 ソリドゥスフルゴールビームシールド発生装置、対ビームシールド、MMI-714アロンダイトビームソード、RQM60F フラッシュエッジ2ビームブーメラン×2

デスティニーガンダムの大型キット。ビームブーメラン用のビーム刃状クリアパーツ2種類、握りと平手のハンドパーツが付属するなど細部の再現も徹底されている。

HG ZGMF-X42S デスティニーガンダム

DATA
スケール：1/144／発売：2005年11月／価格：1,728円／武器：MA-BAR73/S 高エネルギービームライフル、M2000GX 高エネルギー長射程ビーム砲、MX2351ソリドゥスフルゴールビームシールド発生装置、対ビームシールド、MMI-714アロンダイトビームソード、RQM60F フラッシュエッジ2ビームブーメラン×2

物語後半の主人公機デスティニーガンダムをHGで立体化。「光の翼」を再現したエフェクトパーツ、フライングアクション再現用の専用ディスプレイなどが付属。ビームブーメランはエフェクトパーツの差し替えでブーメランとサーベルを選択可能。

◀アロンダイトと長射程ビーム砲は収納・展開の双方を再現できる。

MG ZGMF-X42S デスティニーガンダム

DATA
スケール：1/100／発売：2007年10月／価格：5,184円／武器：MA-BAR73/S 高エネルギービームライフル、M2000GX 高エネルギー長射程ビーム砲、MX2351ソリドゥスフルゴールビームシールド発生装置、対ビームシールド、MMI-714アロンダイトビームソード、RQM60F フラッシュエッジ2ビームブーメラン×2

▶一部装甲は取り外し可能。内部ディテールも精細に造形されている。

▶斬新な可動機構を備え、付属台座の使用で迫力あるポージングが可能。

▼設定準拠の全武器が付属。掌部ビーム砲を露出したものを含むハンドパーツは5種類同梱。

描き起こし画稿を元に設計されたMG版。可動ギミックが重視されており、胴体部では肩、腰、股間部に柔軟な関節を持つ（腰は上体反らし用のストッパー、股関節部には大開脚用のスライドスイッチがある）。大腿部・膝装甲は膝関節を曲げるとスライドし、可動を補助する。3軸可動式の台座が付属する。

MG ZGMF-X42S デスティニーガンダム エクストリームブラストモード

DATA
スケール：1/100／発売：2007年10月／価格：7,560円／武器：MA-BAR73/S 高エネルギービームライフル、M2000GX 高エネルギー長射程ビーム砲、MX2351ソリドゥスフルゴールビームシールド発生装置、対ビームシールド、MMI-714アロンダイトビームソード、RQM60F フラッシュエッジ2ビームブーメラン×2

MG「デスティニーガンダム」に多彩なエフェクトパーツなどを追加したキット。「光の翼」はグラデーションプリントとホログラムシートを重ねたクリア素材で表現。腕・脚関節などにはクロムメッキ処理が施されている。シン・アスカとキラ・ヤマトの1/20スケールクリアフィギュアも付属する。

◀「必殺技」的に用いられた掌部ビーム砲のエフェクトパーツも付属。

▼ビームブーメランの投擲を再現するエフェクトパーツは2個付属する。

RG ZGMF-X42S デスティニーガンダム

DATA
スケール：1/144／発売：2013年4月／価格：2,880円／武器：MA-BAR73/S 高エネルギービームライフル、M2000GX 高エネルギー長射程ビーム砲、MX2351ソリドゥスフルゴールビームシールド発生装置、対ビームシールド、MMI-714アロンダイトビームソード、RQM60F フラッシュエッジ2ビームブーメラン×2

小スケールと可動ギミックに優れるRGで、デスティニーガンダムを立体化。MS本体はアドヴァンスドMSジョイントで、ウイングユニットと武器は新規設計で柔軟に可動する。

▶リアリスティックデカールが付属。ビームシールドはエフェクトパーツとシールの併用で再現。

■ ザフト

1/144 ZGMF-X23S セイバーガンダム

DATA

スケール：1/144／発売：2005年2月／価格：540円／武器：MA-BAR70高エネルギービームライフル、MMI-RD11空力防盾

アスラン・ザラ初期の乗機、可変MSセイバーガンダムの低価格帯キット。低価格ではあるが、いろプラとホイルシールによる再現性が高いうえ、MA形態への簡易変形が可能である。

1/100 ZGMF-X23S セイバーガンダム

DATA

スケール：1/100／発売：2006年10月／価格：2,808円／武器：MA-BAR70高エネルギービームライフル、MMI-RD11空力防盾、MA-M941ヴァジュラビームサーベル×2

セイバーガンダムの1/100スケールキット。MA形態への変形が可能で、頭部アンテナの折り畳み、太腿部間の連結パーツなど変形への配慮が徹底されている。背部ビーム砲は設定通りに発射体勢をとることができる。

HG ZGMF-X23S セイバーガンダム

DATA

スケール：1/144／発売：2005年3月／価格：1,620円／武器：MA-BAR70高エネルギービームライフル、MMI-RD11空力防盾、MA-M941ヴァジュラビームサーベル×2

価格と再現性のバランスに優れるHGで、セイバーガンダムを立体化。高速戦闘機型のMA形態に変形可能。MS形態では背部のMA-78スーパーフォルティスビーム砲2門を脇下に移動させた攻撃体勢を再現できる。変形機構の都合上、膝が二重関節になっていることもあり、ポージングの自由度が高い点も特徴となっている。

▶ MA形態は、2門のビーム砲を突き出した双胴戦闘機的スタイルを再現している。

▲ MS形態は広い肩幅と大型の背部ビーム砲により、トップヘビーの外見を再現。

HG ZGMF-X666S レジェンドガンダム

DATA

スケール：1/144／発売：2005年11月／価格：1,620円／武器：MA-BAR78F 高エネルギービームライフル、MX2351ソリドゥスフルゴールビームシールド発生装置、MA-M80S デファイアント改ビームジャベリン×3、GDU-X5突撃ビーム機動砲×8、GDU-X7突撃ビーム機動砲×2

レイ・ザ・バレル最後の乗機となったハイパーデュートリオン搭載MSレジェンドガンダムをHG化。レジェンド最大の特徴であるドラグーン（突撃ビーム機動砲）はバックパックや腰部から取り外せるうえ、エフェクトパーツにより射出状態を再現可能。ビームジャベリンは通常の2本に加え、連結状態のアンビデクストランスフォーム用も付属している。

◀エフェクトパーツ（6本付属）を用いた突撃機動ビーム砲の射出状態。

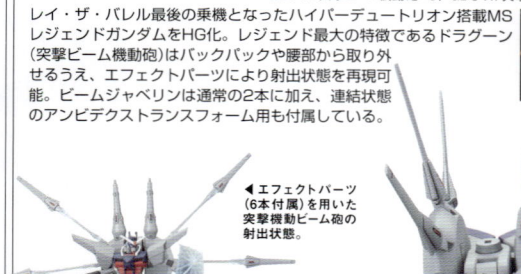

1/100 ZGMF-X666S レジェンドガンダム

DATA

スケール：1/100／発売：2006年6月／価格：2,808円／武器：MA-BAR78F 高エネルギービームライフル、MX2351ソリドゥスフルゴールビームシールド発生装置、MA-M80S デファイアント改ビームジャベリン×3、GDU-X5突撃ビーム機動砲×8、GDU-X7突撃ビーム機動砲×2

突撃ビーム機動砲の分離機構、バックパックの可動機構、脚部のビームジャベリン用ホルダーなどを備える。1/100「デスティニーガンダム」などにも対応する台座が付属する。

▲本体と付属物。他にも、別売りキット付属の台座に接続するためのパーツが同梱されている。

1/144 ZGMF-1000 ザクウォーリア

DATA
スケール：1/144／発売：2004年10月／価格：324円／武器：MMI-M633ビーム突撃銃、対ビームシールド

『DESTINY』でのザフト軍主力MSザクウォーリアの低価格帯キット。肘と膝は非可動だが可動範囲が広い肩関節と腕の形状により、ビーム突撃銃を両手で構えることができる。

1/144 ZGMF-1000/A1 ガナーザクウォーリア（ルナマリア・ホーク専用機）

DATA
スケール：1/144／発売：2004年11月／価格：540円／武器：MMI-M633ビーム突撃銃、対ビームシールド、ガナーウィザード（M1500オルトロス高エネルギー長射程ビーム砲）

アニメ本編のヒロインのひとり、ルナマリア・ホークの専用ザクウォーリアの低価格帯キット。1/144「ザクウォーリア」の成形色を変更し、ガナーウィザードを追加したもの。

HG ZGMF-1000/A1 ガナーザクウォーリア（ルナマリア・ホーク専用機）

DATA
スケール：1/144／発売：2005年2月／価格：1,404円／武器：MMI-M633ビーム突撃銃（バッテリーパック×3）、ハンドグレネード×4、対ビームシールド、MA-M8ビームトマホーク、ガナーウィザード（M1500オルトロス高エネルギー長射程ビーム砲）

ルナマリア専用ザクウォーリアのHGキット。MS本体はHG「ザクウォーリア」の成形色を変更したもの。ガナーウィザードは新規造形で、砲身・砲尾を展開することで砲撃形態に移行可能である。

◀ビーム砲を構えつつ、脚を開いて踏ん張る力強いポーズをとれる。

HG ZGMF-1000 ザクウォーリア（ライブコンサートバージョン）

DATA
スケール：1/144／発売：2005年3月／価格：1,080円／武器：MMI-M633ビーム突撃銃（バッテリーパック×3）、ハンドグレネード×4、対ビームシールド、MA-M8ビームトマホーク

アニメ本編19話のミーア・キャンベルのライブシーンなどに登場した、ピンクのザクウォーリアをHGでキット化。HG「ザクウォーリア」の成形色変更版であるが、シールやガンダムデカールは新規のものが付属している。

HG ZGMF-1000 ザクウォーリア

DATA
スケール：1/144／発売：2004年11月／価格：1,080円／武器：MMI-M633ビーム突撃銃（バッテリーパック×3）、ハンドグレネード×4、対ビームシールド、MA-M8ビームトマホーク

ザクウォーリアをHGで立体化。頭部と四肢以外ではシールドが独立して可動し、ビーム突撃銃は弾倉基部が可動式。別売りのHGキットに付属するウィザードの装備も可能。

◀柔軟かつ可動範囲が広い関節により、片膝をついたポーズもとれる。

1/100 ZGMF-1000/A1 ガナーザクウォーリア（ルナマリア・ホーク専用機）

DATA
スケール：1/100／発売：2005年3月／価格：2,484円／武器：MMI-M633ビーム突撃銃（バッテリーパック×3）、ハンドグレネード×4、対ビームシールド、MA-M8ビームトマホーク、ガナーウィザード（M1500オルトロス高エネルギー長射程ビーム砲）

砲撃仕様の赤いザクウォーリアを立体化した大型キット。ウィザードのコードはメッシュのチューブで再現。1/20のルナマリア・ホークのキャラクタープレートが付属する。

HG ZGMF-1000/A1 ガナーザクウォーリア

DATA
スケール：1/144／発売：2005年3月／価格：1,404円／武器：MMI-M633ビーム突撃銃（バッテリーパック×3）、ハンドグレネード×4、対ビームシールド、MA-M8ビームトマホーク、ガナーウィザード（M1500オルトロス高エネルギー長射程ビーム砲）

一般カラーのザクウォーリアとガナーウィザードを組み合わせたHGキット。MSの成形色以外、ルナマリア専用機と同じ内容で、ザクウォーリア単体でもディスプレイ可能だ。

1/100 ZGMF-1000 ザクウォーリア＋ブレイズウィザード＆ガナーウィザード

DATA
スケール：1/100／発売：2005年5月／価格：3,240円／武器：MMI-M633ビーム突撃銃（バッテリーパック×3）、ハンドグレネード×4、対ビームシールド、MA-M8ビームトマホーク、ブレイズウィザード、ガナーウィザード（M1500オルトロス高エネルギー長射程ビーム砲）

一般カラーのザクウォーリアに、ブレイズウィザードとガナーウィザードを同梱した1/100キット。ザクウォーリア本体は1機のみが付属し、ウィザードの換装で各装備形態を再現できる。

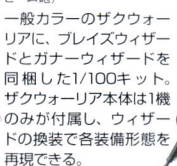

■ ザフト

1/144 ZGMF-1001/M ブレイズザクファントム
（レイ・ザ・バレル専用機）

DATA
スケール：1/144／発売：2005年1月／価格：540円／武器：MMI-M633ビーム突撃銃、対ビームシールド×2、ブレイズウィザード

レイ・ザ・バレル専用の白い高機動型ザクファントムの低価格帯キット。機体色はいろプラで、モノアイはホイルシールで再現される。ブレイズウィザードの左右ポッドは可動式で、ミサイルのカバーも開閉が可能。

▲ HG「ザクウォーリア」に比べビームトマホークやビーム突撃銃の弾倉の数が増えている。

▲膝の二重関節、自由度の高い股間部関節などにより片膝立ちも容易である。

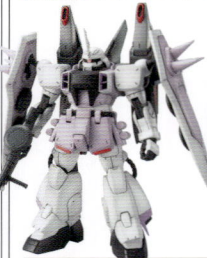

1/100 ZGMF-1001/M ブレイズザクファントム（レイ・ザ・バレル専用機）

DATA
スケール：1/100／発売：2005年4月／価格：2,808円／武器：MMI-M633ビーム突撃銃（バッテリーパック×5）、ハンドグレネード×4、対ビームシールド×2、MA-M8ビームトマホーク、ブレイズウィザード

レイ専用ザクファントムの大型キット。1/100「ザクウォーリア」の一部金型を変更し、新規造形のブレイズウィザードを追加。レイ・ザ・バレルのキャラクタープレートが付属。

HG ZGMF-1001/M ブレイズザクファントム（ディアッカ・エルスマン専用機）

DATA
スケール：1/144／発売：2007年9月／価格：1,620円／武器：MMI-M633ビーム突撃銃（バッテリーパック×5）、ハンドグレネード×4、対ビームシールド×2、MA-M8ビームトマホーク、ブレイズウィザード

物語後半でディアッカ・エルスマンが搭乗した黒いザクファントムをHG化。レイ専用ブレイズザクファントムとの相違点は、成形色とアクションベース2（別売り）への対応である。

HG ZGMF-1001/M ブレイズザクファントム（レイ・ザ・バレル専用機）

DATA
スケール：1/144／発売：2005年6月／価格：1,620円／武器：MMI-M633ビーム突撃銃（バッテリーパック×5）、ハンドグレネード×4、対ビームシールド×2、ブレイズウィザード

レイ専用ザクファントムをHGで立体化。HG「ザクウォーリア」との違いは、成形色の変更、頭部のツノの追加、右肩アーマーからシールドへの換装などである。劇中で装備していた高機動戦闘用のブレイズウィザードが付属し、左右のポッド基部、ミサイルとスラスターのカバーが可動する。

▶別売りのアクションベース2への対応で、ポーズの自由度が向上。

1/144 ZGMF-1001/M ブレイズザクファントム（ハイネ・ヴェステンフルス専用機）

DATA
スケール：1/144／発売：2005年2月／価格：540円／武器：MMI-M633ビーム突撃銃、対ビームシールド×2、ブレイズウィザード

本編9話に登場したハイネ・ヴェステンフルス専用ザクファントムの低価格帯キット。同スケールのブレイズザクファントム（レイ・ザ・バレル専用機）の成形色変更版である。

1/100 ZGMF-1001/M ブレイズザクファントム（ハイネ・ヴェステンフルス専用機）

DATA
スケール：1/100／発売：2005年6月／価格：2,808円／武器：MMI-M633ビーム突撃銃（バッテリーパック×5）、ハンドグレネード×4、対ビームシールド×2、MA-M8ビームトマホーク、ブレイズウィザード

同スケールのブレイズザクファントム（レイ専用機）の成形色変更キット。1/20本のハイネのキャラクタープレート、パーソナルマークのスペシャルマーキングシールが付属。

1/144 ZGMF-1001/K スラッシュザクファントム（イザーク・ジュール専用機）

DATA
スケール：1/144／発売：2005年4月／価格：540円／武器：MMI-M633ビーム突撃銃、対ビームシールド×2、MA-MRファルクスG7ビームアックス、スラッシュウィザード

イザーク・ジュール専用ザクファントムの低価格帯キット。ザクファントム本体はレイ専用機の成形色替えで、ウィザードが近接格闘戦用のスラッシュウィザードとなっている。

▶ スレイヤーウィップは湾曲したものと直線的に伸びたものが、ビームソードは展開状態と折り畳み状態が付属。

▶ バックパックは翼とスタビライザーが可動。浮遊感あるディスプレイが可能な台座が付属。

◀ 肩関節を胴体から引き出すことで、より迫力あるアクションポーズが可能になる。

ニューミレニアムシリーズの1機種グフイグナイテッドの量産仕様機をHG化。ハイネ専用機の成形色を変更したもので、本キット専用の付属品にマーキングシールがある。

HG ZGMF-2000
グフイグナイテッド（量産機）
DATA
スケール：1/144／発売：2005年5月／価格：1,620円／武器：MA-M757スレイヤーウィップ×2、MMI-558テンペストビームソード×2、対ビームシールド

HG ZGMF-X2000
グフイグナイテッド（ハイネ・ヴェステンフルス専用機）
DATA
スケール：1/144／発売：2005年5月／価格：1,620円／武器：MA-M757スレイヤーウィップ×2、MMI-558テンペストビームソード×2、対ビームシールド

FAITH隊員ハイネ・ヴェステンフルス最後の乗機となったグフイグナイテッドをHGで立体化。成形色はハイネのパーソナルカラーで、ブレイズザクファントムでも使われたオレンジ系。バックパックの主翼と補助翼の連結には金属シャフトを用い、強度を高めている。

HG ZGMF-2000
グフイグナイテッド（イザーク・ジュール専用機）
DATA
スケール：1/144／発売：2007年8月／価格：1,620円／武器：MA-M757スレイヤーウィップ×2、MMI-558テンペストビームソード×2、対ビームシールド

物語後半でイザーク・ジュールが搭乗したグフイグナイテッドをHGで再現。他のHGグフイグナイテッド系キットとは成形色が異なる他、コクピット両脇とバックパックのスタビライザー先端に貼るホイルシールの色がオレンジとなっている。他の同名キット同様、台座が付属。

HG ZGMF-1017M2
ジンハイマニューバ2型
DATA
スケール：1/144／発売：2005年7月／価格：1,620円／武器：MMI-M636K ビームカービン、対ビームシールド、MA-M92斬機刀

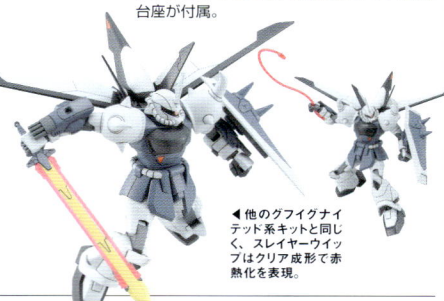

◀ 他のグフイグナイテッド系キットと同じく、スレイヤーウィップはクリア成形で赤熱化を表現。

▶ HG「モビルジン」の関節構造を受け継いでおり、柔軟なポージングが可能。

▼ 武器は HG「モビルジン」から全面的に変更。斬機刀は鞘から抜ける。

アニメ本編序盤で「ブレイク・ザ・ワールド」事件を引き起こした過激派コーディネーターの高機動型MSをHGで立体化。HG「モビルジン」のパーツと構造を引き継ぎつつ、頭部、肩、脚部増加スラスター、バックパック、武器などに変更を加えることでジンハイマニューバ2型の特徴的外観を再現している。

EX モデル LHM-BB01
ミネルバ
DATA
スケール：1/1700／発売：2005年11月／価格：4,320円／武器：陽電子破砕砲 QZX-1「タンホイザー」、42cm3連装砲 M10「イゾルデ」、2連装高エネルギー収束火線砲 XM47「トリスタン」×2

主人公たちの母艦であるセカンドステージシリーズ運用艦を立体化。パーツの差し替えで艦首陽電子砲やカタパルトの展開状態を再現できるほか、主翼を前後に動かすことが可能。デスティニーガンダム以下、同スケールのMS3機が付属。

■ ザフト／オーブ

1/144 ZGMF-X20A ストライクフリーダムガンダム

DATA

スケール：1/144／発売：2005年6月／価格：540円／武器：MA-M21KF 高エネルギービームライフル×2、MMI-M15E クスィフィアス3レール砲×2

物語後期のキラ・ヤマトの乗機ストライクフリーダムガンダムの低価格帯キット。機動兵装ウイングを開いたハイマットモードを再現可能。劇中イメージの爪先立ちが可能な専用ベースが付属する。

1/100 ZGMF-X20A ストライクフリーダムガンダム

DATA

スケール：1/100／発売：2005年8月／価格：2,808円／武器：MA-M21KF 高エネルギービームライフル×2、MMI-M15E クスィフィアス3レール砲×2、MX2200ビームシールド、MA-M02G シュベールラケルタビームサーベル×2、EQFU-3X スーパードラグーン×8

ストライクフリーダムガンダムの大型キット。機動兵装ウイングやレール砲の展開、スーパードラグーンの分離などが可能。キラ・ヤマト＆ラクス・クラインのキャラクタープレートが付属。

HG ZGMF-X20A ストライクフリーダムガンダム

DATA

スケール：1/144／発売：2005年9月／価格：1,728円／武器：MA-M21KF 高エネルギービームライフル×2、MMI-M15E クスィフィアス3レール砲×2、MX2200ビームシールド、MA-M02G シュベールラケルタビームサーベル×2、EQFU-3X スーパードラグーン×8

HGでストライクフリーダムガンダムを立体化。ハイマットモードへの移行、レール砲の展開と後翼への移動、一部スーパードラグーンの分離、ビームライフルの連結など設定上の基本ギミックをほぼすべて再現可能である。

◀スーパードラグーンの射出を再現したエフェクトパーツが付属する。

1/60 ZGMF-X20A ストライクフリーダムガンダム ライトニングエディション

DATA

スケール：1/60／発売：2005年11月／価格：10,260円／武器：MA-M21KF 高エネルギービームライフル×2、MMI-M15E クスィフィアス3レール砲×2、MX2200ビームシールド、MA-M02G シュベールラケルタビームサーベル×2、EQFU-3X スーパードラグーン×8

ストライクフリーダムガンダムの最大スケールキット。ライトニングギミックを搭載し、カメラアイ、胸部、前腕、膝が発光。専用台座が付属している。

MG ZGMF-X20A ストライクフリーダムガンダム フルバーストモード

DATA

スケール：1/100／発売：2006年12月／価格：7,560円／武器：MA-M21KF 高エネルギービームライフル×2、MMI-M15E クスィフィアス3レール砲×2、MX2200ビームシールド、MA-M02G シュベールラケルタビームサーベル×2、EQFU-3X スーパードラグーン×8

MGモデルにパーツを追加し、関節や機動兵装ウイングの一部を金メッキしたキット。アクションベース1が原型のスペシャルベーススタンドが付属しており、MS本体と浮遊イメージのスーパードラグーンを同時にディスプレイできる。

MG ZGMF-X20A ストライクフリーダムガンダム

DATA

スケール：1/100／発売：2006年12月／価格：5,184円／武器：MA-M21KF 高エネルギービームライフル×2、MMI-M15E クスィフィアス3レール砲×2、MX2200ビームシールド×2、EQFU-3X スーパードラグーン×8

ハイディテール、柔軟な可動性、ギミックを兼ね備えるMGでストライクフリーダムガンダムを立体化した。ハイマットモードの再現など設定上の各種ギミックを搭載しつつ、胴体部（肩、腰、股間）にも可動部分を盛り込んでいる。三軸可動式のディスプレイスタンド、フィギュア2種が付属。

▲上体反らしが可能な腰部、膝関節に連動してスライドする脚部装甲などを備える。

PG ZGMF-X20A ストライクフリーダムガンダム

DATA

スケール：1/60／発売：2010年12月／価格：27,000円／武器：MA-M21KF 高エネルギービームライフル×2、MMI-M15E クスィフィアス3レール砲×2、MX2200ビームシールド、MA-M02G シュベールラケルタビームサーベル×2、EQFU-3X スーパードラグーン×8

カトキハジメ氏全面協力の下、ガンプラの最高峰であるPGブランドでストライクフリーダムをキット化。エクストラフィニッシュを施した金色のフレームを効果的に露出させるべく、関節の動きに合わせて装甲がスライドする。専用ディスプレイスタンド、キラ・ヤマトのフィギュア2種が付属。

▲ずば抜けた柔軟性の関節により人間的なポーズも可能。

RG ZGMF-X20A ストライクフリーダムガンダム

DATA

スケール：1/144／発売：2013年11月／価格：2,700円／武器：MA-M21KF 高エネルギービームライフル×2、MMI-M15E クスイフィアス3レール砲×2、MX2200ビームシールド、MA-M02G シュペールラケルタビームサーベル×2、EQFU-3X スーパードラグーン×8

金色で成形されたアドヴァンスドMSジョイント4をベースに、設定上の各種ギミックを再現したストライクフリーダムガンダムのRGモデル。複雑な形状のMSだが、アドヴァンスドMSジョイントならではの作りやすさと可動性を持ち、金メッキを含む豊富な成形色やマーキングシールによる再現性も高い。アクションベース対応ジョイントが付属。

HG ZGMF-X19A インフィニットジャスティスガンダム

DATA

スケール：1/144／発売：2004年5月／価格：1,728円／武器：MA-M1911高エネルギービームライフル、MX2002ビームキャリーシールド、MA-M02G シュペールラケルタビームサーベル×2、ファトゥム -01

アニメ本編後半におけるアスラン・ザラの愛機インフィニットジャスティスガンダムをHGで立体化。単独飛行型のバックパック「ファトゥム-01」は分離可能で、付属のディスプレイスタンドを用いた単独ディスプレイが可能となっている。

▶ファトゥム-01の上に、MS本体を乗せたり、下部に懸架することも可能。

MG ZGMF-X19A インフィニットジャスティスガンダム

DATA

スケール：1/100／発売：2008年10月／価格：5,400円／武器：MA-M1911高エネルギービームライフル、MX2002ビームキャリーシールド（RQM55シャイニングエッジビームブーメラン、EEQ8グラップルスティンガー）、MA-M02G シュペールラケルタビームサーベル×2、ファトゥム -01

▼分離可能なファトゥム-01や胴体を含め、柔軟かつ可動範囲が広い関節を持つ。

アニメ本編の作画監督、重田智氏の協力を受けて開発されたMGモデル。固定式を含むビームサーベル（ブーメラン）すべてにエフェクトパーツを採用。アクションベース1（別売り）に対応するジョイントが付属する。

1/100 ZGMF-X19A インフィニットジャスティスガンダム

DATA

スケール：1/100／発売：2006年5月／価格：2,808円／武器：MA-M1911高エネルギービームライフル、MX2002ビームキャリーシールド（RQM55シャイニングエッジビームブーメラン、EEQ8グラップルスティンガー）、MA-M02G シュペールラケルタビームサーベル×2、ファトゥム -01

設定上の各種武装やファトゥム-01の分離機構を再現しつつ、関節の可動範囲も重視した大型キット。ファトゥム-01の下面にはハンドルが設置されており、分離状態のMS本体がつかまることができる。

HG ORB-01 オオワシアカツキガンダム

DATA

スケール：1/144／発売：2006年4月／価格：2,592円／武器：72D5式ビームライフルヒャクライ、試製71式防盾、73J2式試製双刀型ビームサーベル×3、大気圏内航空戦闘装備"オオワシ"

オーブ軍の象徴的MSアカツキのHGキット。付属バックパック「オオワシ」を含むほぼ全体に金メッキが施された。ランナーからパーツを切り出す際にメッキを傷つけにくいアンダーゲートランナーを採用している。

HG ORB-01 シラヌイアカツキガンダム

DATA

スケール：1/144／発売：2006年1月／価格：2,592円／武器：72D5式ビームライフルヒャクライ、試製71式防盾、73J2式試製双刀型ビームサーベル×3、宇宙戦闘装備"シラヌイ"（M531R 誘導機動ビーム砲塔システム×5）

▼誘導機動ビーム砲塔は付属エフェクトパーツで射出状態を再現可能。

宇宙戦闘装備「シラヌイ」を搭載したアカツキのHGキット。シラヌイの左右ポッドは可動式。他の同スケールの『SEED』系キットに付属する台座にディスプレイ可能。

1/100 ORB-01 アカツキガンダム（オオワシバック／シラヌイバック フルセット）

DATA

スケール：1/100／発売：2007年3月／価格：7,020円／武器：72D5式ビームライフルヒャクライ、試製71式防盾、73J2式試製双刀型ビームサーベル×2、宇宙戦闘装備"シラヌイ"（M531R 誘導機動ビーム砲塔システム×7）、大気圏内航空戦闘装備"オオワシ"

オオワシとシラヌイの双方が付属するアカツキの大型キット。オオワシの翼と武器は可動式で、シラヌイのビーム砲塔は分離可能。専用スタンドとガンダムデカールが付属する。

■オーブ／ザフト／地球連合軍

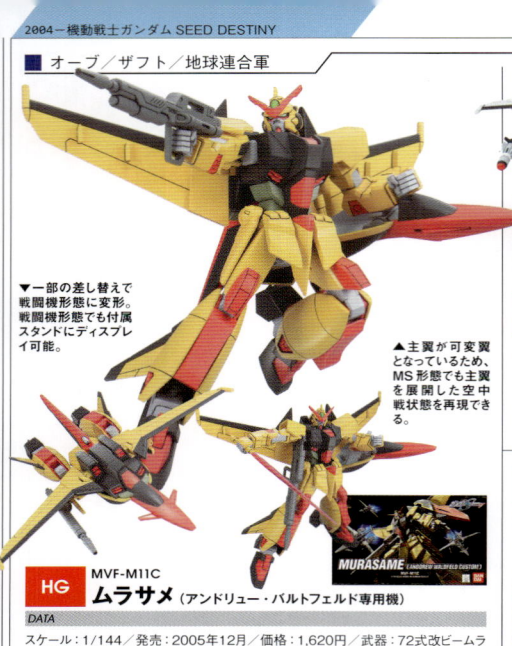

▼一部の差し替えで戦闘機形態に変形。戦闘機形態でも付属スタンドにディスプレイ可能。

▲主翼が可変翼となっているため、MS形態で主翼を展開した空中戦状態を再現できる。

▲主翼の下にミサイルを、戦闘機形態時の機体下面に降着脚を設置できる。

MURASAME (ANDREW WALDFELD CUSTOM)

HG　MVF-M11C
ムラサメ （アンドリュー・バルトフェルド専用機）

DATA
スケール：1/144／発売：2005年12月／価格：1,620円／武器：72式改ビームライフル"イカヅチ"、シールド、70J式改ビームサーベル

可変MSムラサメのアンドリュー・バルトフェルド専用機をHGで立体化。成形色はバルトフェルドのイメージカラーであるイエローがメイン。戦闘機形態に変形する際は、スタンド用ジョイントを兼ねる股関節部パーツを用いる。

HG　MVF-M11C
ムラサメ （量産機）

DATA
スケール：1/144／発売：2006年3月／価格：1,620円／武器：72式改ビームライフル"イカヅチ"、シールド、70J式改ビームサーベル、Mk438 3連装ヴルガー空対空ミサイルポッド×4

オーブ軍主力可変MSムラサメの量産仕様機をHGで立体化した。先行発売されたアンドリュー・バルトフェルド専用機の成形色を変更しつつ、大型ミサイル4基、国家章や機体ナンバーのマーキングシールが追加されている。

1/144　ZGMF-X24S
カオスガンダム

DATA
スケール：1/144／発売：2004年11月／価格：540円／武器：MA-BAR721高エネルギービームライフル、MMI-RG30巡航機動防盾、EQFU-5X機動兵装ポッド×2

セカンドステージシリーズの機種カオスガンダムの低価格帯キット。いろプラとホイルシールの併用で、未塗装で組み立てても見栄えする。機動兵装ポッドは着脱可能である。

HG　ZGMF-XX09T
ドムトルーパー

DATA
スケール：1/144／発売：2005年7月／価格：1,620円／武器：JP536X ギガランチャー DR1マルチプレックス、MX2351 ソリドゥスフルゴールビームシールド発生装置、MA-X848HD 強化型ビームサーベル

クライン派のMSドムトルーパーの唯一のガンプラ。ビームサーベルとビームシールドのビーム部分は、クリア成形のエフェクトパーツで再現されている。同キットを3機揃え、付属台座の段差を利用することで「ジェットストリームアタック」を再現できる。

HG　ZGMF-X24S
カオスガンダム

DATA
スケール：1/144／発売：2004年12月／価格：1,620円／武器：MA-BAR721高エネルギービームライフル、MMI-RG30巡航機動防盾、MA-M941ヴァジュラビームサーベル×2、EQFU-5X機動兵装ポッド×2

可変MSカオスガンダムのHGキット。MA形態に変形可能。着脱式の機動兵装ポッドはミサイルのカバーが開閉可能なほか、ビーム砲身が伸縮式となっている。複相ビーム砲のハッチは開閉を選択できる。

▲頭部を外すこと以外、パーツの差し替えなしでMA形態に変形可能。

▲手持ち武器のギガランチャー DR1マルチプレックスは、後腰にマウントすることも可能。

▶手首パーツは握り手と平手（左手のみ）が付属。肩関節は引き出し式で可動範囲が広い。

DOM TROOPER

1/100　ZGMF-X24S
カオスガンダム

DATA
スケール：1/100／発売：2005年1月／価格：2,484円／武器：MA-BAR721高エネルギービームライフル、MMI-RG30巡航機動防盾、MA-M941ヴァジュラビームサーベル×2、EQFU-5X機動兵装ポッド×2

カオスガンダムの大型キット。差し替えなしでMA形態に完全変形できる。膝と爪先のクローに接続可能なビームサーベル状エフェクトパーツが付属。機動兵装ポッドは着脱式。

■ 地球連合軍

1/144 ZGMF-X31S アビスガンダム

DATA
スケール：1/144／発売：2005年1月／価格：540円／武器：MX-RQB516ビームランス

アビスガンダムの低価格帯キット。MA形態に簡易変形可能。低価格帯ながら、いろプラ、ホイルシール、ポリキャップなどガンプラの主要技術が投入されている。

HG ZGMF-X31S アビスガンダム

DATA
スケール：1/144／発売：2005年4月／価格：1,620円／武器：MX-RQB516ビームランス

セカンドステージシリーズの1機種であり、水中戦対応の可変MSアビスガンダムのHGキット。シールド裏のパーツを外すことで、MA形態に変形可能である。独立可動する両肩の巨大シールド、前部スカートがないデザインと柔軟な股関節により、迫力あるポージングを容易にとれる。

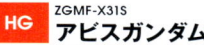

▶ビームランス先端のビーム刃にはクリア成形のエフェクトパーツを採用。

▲専用台座はビームランス装備のMA形態を干渉なくディスプレイ可能。

1/144 ZGMF-X88S ガイアガンダム

DATA
スケール：1/144／発売：2004年12月／価格：540円／武器：MA-BAR71XE 高エネルギービームライフル、MMI-RS1機動防盾

可変MSガイアガンダムの低価格帯キット。低価格帯のキットだが、四足獣型のMA形態に簡易変形可能なうえ、複数の成形色とホイルシールによる再現性も高い。関節にはポリキャップを使用。

▶パーツ密度が高い上半身、シャープかつハイヒールの脚部を再現したMS形態。

▼独特な形状のMA形態。変形には前腕パーツの差し替えが必要。

HG ZGMF-X88S ガイアガンダム（アンドリュー・バルトフェルド専用機）

DATA
スケール：1/144／発売：2005年8月／価格：1,620円／武器：MA-BAR71XE 高エネルギービームライフル、MMI-RS1機動防盾、MA-M941ヴァジュラビームサーベル×2

クライン派の手に渡り、バルトフェルド用に調整された赤いガイアガンダムのHGキット。四足獣型のMA形態への変形を、一部パーツの差し替えで実現した。HG「ガイアガンダム」の成形色を変更し、バルトフェルドのパーソナルマークを再現したスペシャルマーキングシールを追加した内容となっている。

◀ HG「ガイアガンダム」の成形色変更キットであるため、劇中では未使用だったMA形態にも変形可能。

HG ZGMF-X88S ガイアガンダム

DATA
スケール：1/144／発売：2005年1月／価格：1,620円／武器：MA-BAR71XE 高エネルギービームライフル、MMI-RS1機動防盾、MA-M941ヴァジュラビームサーベル×2

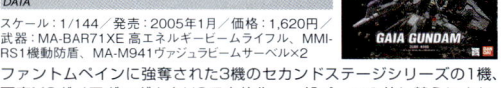

ファントムペインに強奪された3機のセカンドステージシリーズの1機、可変MSガイアガンダムをHGで立体化。一部パーツの差し替えにより、四足獣型のMA形態に変形可能だ。MS形態は、シャープな脚部と高重心のシルエットにより設定画に近いイメージを再現。脚部の可動範囲が広いため、ポーズの自由度も高くなっている。

EXモデル TS-MA4F モビルアーマーエグザス

DATA
スケール：1/144／発売：2005年6月／価格：3,456円／武器：M16M-D4ガンバレル×4

特殊MAエグザスのEXモデル。リード線と専用台座でガンバレルの分離を、エフェクトパーツによりビームサーベルの展開状態を再現。ミサイルランチャーの開閉ギミックとリニアガンの可動ギミックも備える。

機動戦士ガンダム SEED C.E.73－ STARGAZER － GUNDAM SEED C.E.73 STARGAZER

『機動戦士ガンダム SEED DESTINY』と同じ時代を描いた映像作品。バンダイチャンネルの有料コンテンツとして制作された。中立研究機関DSSD(深宇宙探査開発機構)で無人探査用MS スターゲイザーの開発に関わるセレーネ・マクグリフと、地球連合軍非正規部隊ファントムペインのメンバーとして各地を転戦するスウェン・カル・バヤン。スターゲイザーの AI 奪取を目論むロゴスの暗躍により、交わることのなかったふたりの運命が宇宙に交錯する！
2006年7月配信開始／全3話

新造パーツが多い
派生 MS のガンプラ

『DESTINY』シリーズに次いで発売を開始。『SEED』、『DESTINY』、『ASTRAY』系と同じく、HG GUNDAM SEED ブランドで発売されており、外箱の意匠も同ブランドと同系列のものとなっている。HG 以外ではストライクノワールガンダムが後に MG 化された。

アニメ本編に登場するメカは、DSSD 側を除けば、『SEED』本編に登場した機体の派生型という設定である(例えばストライクノワールガンダムはストライクガンダムの派生型にあたる)。そういったメカのガンプラは金型流用と思われがちだが新規造形の商品が多く、四足獣型ガンプラの HG「ケルベロスバクゥハウンド」に至っては本家の HG「バクゥ」より先に商品化された。これに加えて、地球連合軍主力 MS 系列機の数少ない HG キットである HG「105スローターダガー」が発売されるなど、『SEED』シリーズのガンプラのラインナップに大きな影響を与えることとなった。

ABS 樹脂の多用による
新たな可能性

2006年頃は ABS 樹脂を大胆に採り入れたガンプラが数多くリリースされた時期で、本シリーズもその例に漏れない。HG「シビリアンアストレイ DSSD カスタム」などは ABS 樹脂を関節に多用して可動性、保持性、耐磨耗性を兼ね備えることに成功。HG「スターゲイザーガンダム」に至っては関節のみならず光輪状のエフェクトパーツにも使用され、破損しにくくなっている。

■ DSSD

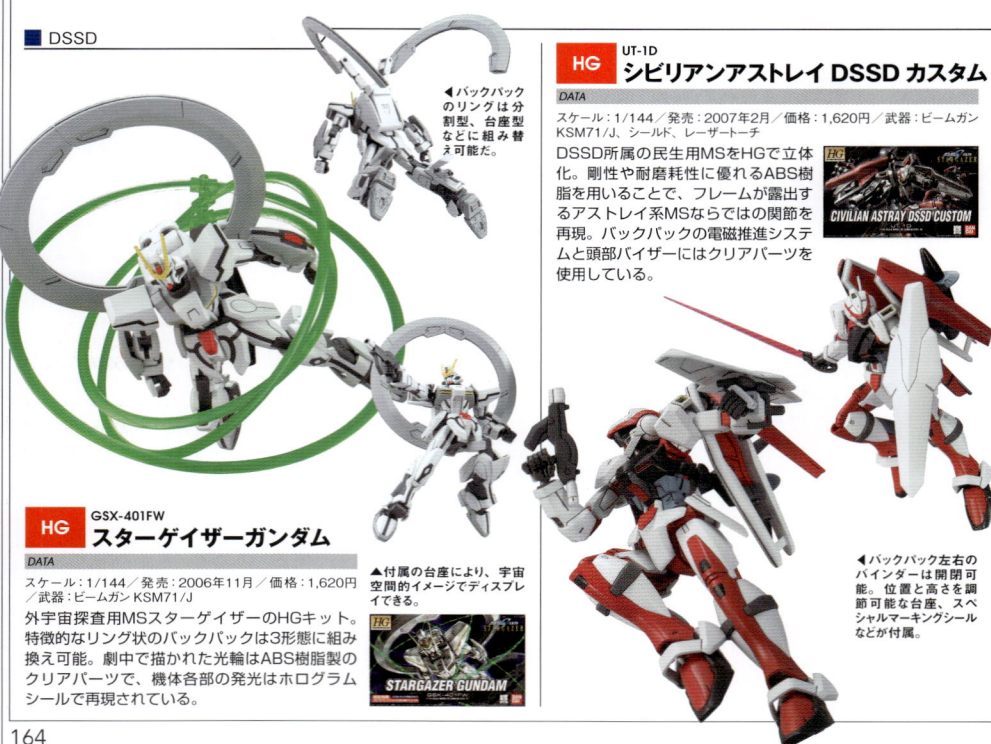

▶バックパックのリングは分割型、台座型などに組み替え可能だ。

HG GSX-401FW
スターゲイザーガンダム
DATA
スケール：1/144／発売：2006年11月／価格：1,620円／武器：ビームガン KSM71/J
外宇宙探査用MSスターゲイザーのHGキット。特徴的なリング状のバックパックは3形態に組み換え可能。劇中で描かれた光輪はABS樹脂製のクリアパーツで、機体各部の発光はホログラムシールで再現されている。

▲付属の台座により、宇宙空間的イメージでディスプレイできる。

HG UT-1D
シビリアンアストレイ DSSD カスタム
DATA
スケール：1/144／発売：2007年2月／価格：1,620円／武器：ビームガン KSM71/J、シールド、レーザートーチ
DSSD所属の民生用MSをHGで立体化。剛性や耐磨耗性に優れるABS樹脂を用いることで、フレームが露出するアストレイ系MSならではの関節を再現。バックパックの電磁推進システムと頭部バイザーにはクリアパーツを使用している。

◀バックパック左右のバインダーは開閉可能。位置と高さを調節可能な台座、スペシャルマーキングシールなどが付属。

■ 地球連合軍／ザフト／レジスタンス

HG GAT-X105E
ストライクノワールガンダム

DATA
スケール：1/144／発売：2006年6月／価格：1,620円／武器：M8F-SB1ビームライフルショーティー×2、ノワールストライカー（MR-Q10フラガラッハ3ビームブレイド×2）、EQS1358/EQS1358T アンカーランチャー

ストライクガンダムの再設計機ストライクノワールのHGキット。関節などにABS樹脂を多用した他、大腿部軸の前後方向に可動する股間部関節を採用することで、ポージングの自由度が大きく向上している。

▲アンカーランチャーの射出状態はリード線で再現。ハンドパーツは4種8個が付属している。

MG GAT-X105E
ストライクノワールガンダム

DATA
スケール：1/100／発売：2007年3月／価格：4,860円／武器：M8F-SB1ビームライフルショーティー×2、175mm グレネードランチャー装備57mm 高エネルギービームライフル、57mm 高エネルギービームライフル、ノワールストライカー（MR-Q10フラガラッハ3ビームブレイド×2）、EQS1358/EQS1358T アンカーランチャー×2

新規画稿を元にストライクノワールをMG化。関節、内部フレーム、ストライカーなどにABS樹脂を多用しつつ、肩の展開機構と膝関節と連動・スライドする脚装甲を盛り込むことで耐久性と柔軟な可動性を両立。ガンダムデカールを含むシール3種が付属する。

HG GAT-X1022
ブルデュエルガンダム

DATA
スケール：1/144／発売：2006年9月／価格：1,728円／武器：175mm グレネードランチャー装備57mm 高エネルギービームライフル、ES05A ビームサーベル×2

▼手首は通常の握り手に加えて、対装甲貫入弾を握った右手首が付属。

デュエルガンダムの再設計機をHGで立体化。複合追加装備フォルテストラ搭載の重厚なフォルムを再現している。肩の武器コンテナは、パーツの差し替えで閉鎖状態か開放状態を選択できる。

HG GAT-X103AP
ヴェルデバスターガンダム

DATA
スケール：1/144／発売：2006年8月／価格：1,728円／武器：──

▼左右の手持ち武器を連結することで、2連装ランチャーを再現できる。

バスターガンダム再設計機のキット。ポリキャップとABS樹脂の併用、横方向にも回転軸を持つ股間部などにより、可動性と保持力に優れる。ABSは腰部サブアームにも用いられている。

HG GAT-01A2R
105 スローターダガー

DATA
スケール：1/144／発売：2006年8月／価格：1,296円／武器：MX703G ビームライフル、対ビームシールド、ES01ビームサーベル×2、エールストライカー

特殊部隊ファントムペインの黒い105ダガー改修機をHG化。ストライクガンダム用とは成形色が異なるエールストライカーが付属。ホイルシールとスペシャルマーキングシールも同梱されている。

HG ZGMF-1017
ジンタイプインサージェント

DATA
スケール：1/144／発売：2006年9月／価格：1,296円／武器：MMI-M8A3 76mm 重突撃銃、M68キャットゥス500mm 無反動砲、M68バルデュス3連装短距離誘導弾発射筒×2

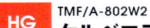

「ブレイク・ザ・ワールド」時に南米フォルタレザを襲撃したジンのHGキット。HG「モビルジン」の一部金型を変更し、新規パーツを追加。胸の「K」の文字はホイルシールで再現。

▶頭部、肩、腰に投光器を装備。武器は500mm 無反動砲を追加した。

HG TMF/A-802W2
ケルベロスバクゥハウンド

DATA
スケール：1/144／発売：2006年11月／価格：1,620円／武器：ケルベロスウィザード、ビームファング×3

四足獣型MSバクゥの近代化改修仕様をHG化。ビームファング用のエフェクトパーツは、3つの頭部に接続可能な他、HGザクシリーズ用の手持ち武器にも転用できる。

▶ケルベロスウィザードとは他キットのケルベロスウィザードとは互換性がある。

機動戦士ガンダム SEED 外伝シリーズ MOBILE SUIT GUNDAM SEED ASTRAY SERIES

アニメ『機動戦士ガンダム SEED』シリーズの放映と平行して、複数の外伝作品が展開された。その代表的作品が『機動戦士ガンダム SEED ASTRAY』シリーズで、漫画、小説、フォトストーリー、メカ設定等が発表されている。『ASTRAY』では、オーブの試作 MS ガンダム アストレイを手に入れたジャンク屋ロウ・ギュールと傭兵・叢雲劾の活躍を中心に、アニメ本編では語られなかった歴史の裏側が描かれる。外伝作品で設定されたキャラやメカが、アニメ本編に逆輸入的に登場することもあった。

アニメ本編と同列に扱われる外伝シリーズのガンプラ

『ASTRAY』シリーズがアニメ本編と同時並行的に発表されたのと同じく、ガンプラも同時期に発売が開始されている。外伝のガンプラがアニメ本編と同発となるのは『ガンダム F91』系列以来のことであった。1/144「ガンダムアストレイ レッドフレーム」に至ってはアニメ放送前に発売されたうえ、1/144『SEED』シリーズ初の商品であることを示すナンバー「00」が割り振られている。テレビ放映終了後もアニメ本編のメカがガンプラ化され続けたのと同様に、外伝系メカの商品も数多くリリースされることとなった。

ブランドは『SEED』本編のガンプラと同じ1/144、1/100、HG でラインナップされた。アニメ本編と外伝のガンプラは同シリーズとして発売されており（『SEED MSV』の HG モデルは当初別ナンバーだったが後に統合）、同列に扱われている。例えば HG「ガンダムアストレイ レッドフレーム」は、HG GUNDAM SEED シリーズのナンバー「012」として発売された。

更に2009年にはアストレイブルーフレームセカンドリバイが MG 化。そしてアストレイレッドフレームが PG 化され（外伝作品では初の PG 化）、SEED 外伝のキットはガンプラのスタンダードのひとつになった。

FEATURED PRODUCTS

RG MBF-P01-Re2
ガンダムアストレイゴールドフレーム天ミナ

DATA
スケール：1/144／発売：2017年3月／価格：3,240円／武器：攻盾システム「トリケロス改」（3連装超高速運動体貫通弾「ランサーダート」×3）、トツカノツルギ×2、マガノイクタチ（マガノシラホコ×2）、ツムハタノタチ、オキツノカガミ

RG「ガンダムアストレイ レッドフレーム」をベースに、膨大な数の新規造形パーツを追加。初ガンプラ化となる武器「オキツノカガミ」はエフェクトパーツやリード線を用いて、3つのモードを再現可能となっている。

MG MBF-03D
ガンダムアストレイブルーフレーム D

DATA
スケール：1/100／発売：2014年11月／価格：5,184円／武器：ブレイドガン×2、ソードドラグーン×2、ビームキャノンドラグーン×2、ステルスドラグーン×4、センサードラグーン×2

MG「ガンダムアストレイブルーフレームセカンドリバイ」をベースに、4種10基のドラグーンを持つ形態をキット化。付属武器を合体させることで大型武器のシベールソードを再現できる。

■ 機動戦士ガンダム SEED ASTRAY

1/144 MBF-P02 ガンダムアストレイレッドフレーム

DATA

スケール：1/144／発売：2002年8月／価格：324円／武器：ビームライフル、対ビームシールド

低価格帯ながら、いろプラによる再現性に優れ、ボールジョイント状のポリキャップにより関節の保持性も高い。造形は頭部や四肢のボリュームを重視したものとなっている。

1/100 MBF-P02 ガンダムアストレイレッドフレーム

DATA

スケール：1/100／発売：2004年4月／価格：2,160円／武器：ビームライフル、対ビームシールド、ビームサーベル×2、ガーベラ・ストレート

レッドフレームの大型キット。HGモデルより関節の自由度が向上しているうえ、無彩色時の再現性にも優れる。メッキ仕上げのガーベラストレートは刃紋や銘も再現されている。

▶アドヴァンスドMSジョイント9を採用。

◀▶色分けはほぼ設定に準拠。

RG MBF-P02 ガンダムアストレイレッドフレーム

DATA

スケール：1/144／発売：2015年8月／価格：2,700円／武器：ビームライフル、対ビームシールド、ビームサーベル×2、ガーベラ・ストレート

アドヴァンスドMSジョイントにより、アストレイならではの可動性とコンパクトさを両立したRGモデル。金属色を再現したリアリスティックデカール、ロウ・ギュールのフィギュアが付属する。

1/100 MBF-P03 ガンダムアストレイブルーフレーム

DATA

スケール：1/144／発売：2002年11月／価格：324円／武器：ビームライフル、対ビームシールド

同シリーズのレッドフレームの成形色を変更し、ブルーフレームを再現したモデル。肘と膝は固定だが、ボールジョイント式ポリキャップ等により可動部は柔軟性に富む。

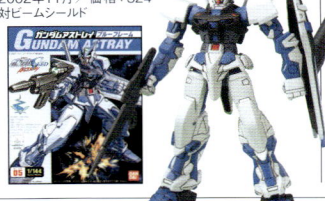

▲M1アストレイと同型のビームライフルとシールドが付属。

HG MBF-P02 ガンダムアストレイレッドフレーム

DATA

スケール：1/144／発売：2003年11月／価格：1,296円／武器：ビームライフル、対ビームシールド、ビームサーベル×2、ガーベラ・ストレート

レッドフレームをHGで再現したキット。ガーベラストレートの刃身はシルバーメッキ加工。フレーム色に合わせてポリキャップも赤で成形されるなど、細部への配慮がなされている。

PG MBF-P02 ガンダムアストレイレッドフレーム

DATA

スケール：1/60／発売：2009年3月／価格：19,440円／武器：ビームライフル、対ビームシールド、ビームサーベル×2、ガーベラ・ストレート

ガンプラの最高峰であるPGで、レッドフレームを立体化したキット。レッドフレームならではの人間的動作が可能なフレームを、多数の多重関節や引き出し式関節などで再現した。

◀▼精巧なディテールを再現しつつ関節の自由度も非常に高い。

▶ロウ・ギュールのフィギュア2種が付属する。

HG MBF-P03 ガンダムアストレイブルーフレーム

DATA

スケール：1/144／発売：2004年2月／価格：1,296円／武器：ビームライフル、M68キャットゥス500mm無反動砲、対ビームシールド、ビームサーベル×2

HG「アストレイレッドフレーム」の成形色と一部武器等を変更したキット。傭兵部隊「サーペントテール」のエンブレムを含むマーキングシールやホイルシールが付属している。

■ 機動戦士ガンダム SEED ASTRAY

1/100　MBF-01
ガンダムアストレイゴールドフレーム

DATA

スケール：1/100／発売：2009年5月／価格：2,700円／武器：ビームライフル、350mmレールバズーカ「ゲイボルグ」、対ビームシールド、ビームサーベル×2

同シリーズのレッドフレームの成形色等を変更し、フレーム部分には金メッキを使用。漫画の隻腕状態を再現できる、右腕基部パーツが付属。

HG　MBF-P01-Re2
ガンダムアストレイゴールドフレーム天ミナ

DATA

スケール：1/144／発売：2013年9月／価格：1,944円／武器：攻盾システム「トリケロス改」（ビームサーベル）、トツカノツルギ×2、マガノシラホコ×2

アストレイ ゴールドフレームの改修機、天ミナをHGで立体化。新フォーマットHGアストレイシリーズに準拠したキットで、多彩なギミックを再現している。

▲ マガノシラホコはリード線を用いて射出状態を表現。

▼ トリケロス改はビームサーベルを再現。

■ 機動戦士ガンダム SEED DESTINY ASTRAY

1/100　MBF-P01-Re2
ガンダムアストレイゴールドフレームアマツ

DATA

スケール：1/100／発売：2006年7月／価格：4,104円／武器：攻撃システム「トリケロス改」（3連装超高速連動体貫通弾「ランサーダート」×3）、トツカノツルギ×2、マガノイクチ（マガノシラホコ×2）

1/100「レッドフレーム」に大幅な変更を加え、新規パーツによりゴールドフレーム天(仕様は天ミナ)のシルエットを再現。フレーム部は金メッキ仕様。

■ 機動戦士ガンダム SEED MSV

1/100　MBF-P03 second L
ガンダムアストレイブルーフレームセカンド L

DATA

スケール：1/100／発売：2004年7月／価格：2,700円／武器：タクティカルアームズ、アーマーシュナイダー×2

ブルーフレームセカンドの大型格闘武器装備仕様を、1/100「レッドフレーム」をベースに立体化。タクティカルアームズは3形態に変形可能である。

HG　MBF-02
ストライクルージュ＋ I.W.S.P.

DATA

スケール：1/144／発売：2004年5月／価格：1,620円／武器：57mmビームライフル、対ビームシールド、コンバインドシールド、I.W.S.P.（9.1m対艦刀×2）

HG「エールストライクガンダム」をベースに、成形色やストライカーの変更等を加えたキット。パーソナルマークを含むマーキングシールやホイルシールが付属。

▶▶ I.W.S.P. は着脱可能で、ノーマル状態のストライクルージュも再現できる。

HG　GAT-01A1
105 ダガー＋ガンバレル

▶ MS とストライカーの双方に対応する台座が付属。

DATA

スケール：1/144／発売：2004年9月／価格：1,620円／武器：M703 57mmビームライフル、対ビームシールド、ES01ビームサーベル×2

105ダガーに特殊能力者用ストライカーを装備した機体のHGキット。ガンバレルストライカーは変形式で、HG「エールストライクガンダム」などにも装備可能。

HG　YMF-X000A
ドレッドノートガンダム（X アストレイ）

DATA

スケール：1/144／発売：2004年10月／価格：1,620円／武器：MA-M22Y ビームライフル、MA-MV04複合兵装防盾システム、XM1プリスティス ビームリーマー×2、ドラグーンシステム

着脱式バックパックの有無でドレッドノートガンダムとXアストレイを再現できるHGキット。付属シールには、2形態分のマーキングが含まれている。

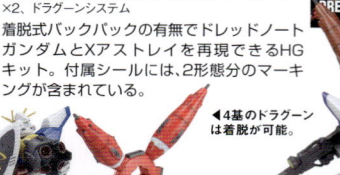

◀4基のドラグーンは着脱可能。

HG　CAT1-X1/3
ハイペリオンガンダム

DATA

スケール：1/144／発売：2004年7月／価格：1,296円／武器：RFW-99ビームサブマシンガン「ザスタバ・スティグマト」、ビームナイフ「ロムテクニカ RBW タイプ7001」×4、光波防御シールド「アルミューレ リュミエール」

光波防御シールドを持つMSハイペリオンのHGキット。1号機準拠のキットだが、付属のシールで2号機と3号機のマーキングを再現することも可能。

◀ 光波防御帯展開イメージを再現可能。

HG ZGMF-1017
モビルジン（ミゲル・アイマン専用機）

DATA

スケール：1/144／発売：2004年5月／価格：1,080円／武器：MMI-M8A3 76mm 重突撃銃、MA-M3重斬刀、M68バルデュス3連装短距離誘導弾発射筒×2

HG「モビルジン」の成形色やシール類を変更し、『ASTRAY B』等に登場するミゲル・アイマン専用のジンを再現したキット。マーキングシールにはパーソナルマークを含む。

▶パーソナルマークは肩部や脚部に貼付。

MOBILE GINN MIGUEL'S GINN

HG ZGMF-1017M
ジンハイマニューバ

DATA

スケール：1/144／発売：2004年6月／価格：1,296円／武器：JDP2-MMX22試製27mm機甲突撃銃、MA-M3重斬刀、MA-M3重刀

MSジンの高機動型バリエーション機をHGで立体化。HG「モビルジン」をベースとするが、手持ち火器や増加推進器等は新造形となっている。

▶重斬刀は銃剣として装備可能。

▶バックパックなどを精密に再現。

GINN Type High-Maneuv

HG YFX-200
シグーディープアームズ

DATA

スケール：1/144／発売：2004年8月／価格：1,620円／武器：NOL-Y941レーザー重斬刀

HG「モビルシグー」の一部仕様を変更し、シグーのビーム兵器試験型を再現したキット。パイロットのシホ・ハーネンフースのパーソナルマークを含むシール類が付属している。

CGUE Type D

▶各部の可動構造により、様々なポージングをとれる。

▶大型ビームユニットは砲撃形態への移行が可能。

MG GAT-X105E
ストライク E + I.W.S.P.
（ルカス・オドネル専用機）

DATA

スケール：1/100／発売：2008年2月／価格：4,860円／武器：M8F-SB1ビームライフルショーティー×2、175mm グレネードランチャー装備57mm 高エネルギービームライフル×2、57mm 高エネルギービームライフル、コンバインドシールド（ビームブーメラン）、アンカーランチャー×2、XM404グランドスラム、I.W.S.P.（9.1m 対艦刀×2）

▼肩部のせり出し機構によって柔軟なポージングを実現。

MG「ストライクノワール」をベースに、成形色や付属ストライカーの変更等を加えたキット。ルカスのパーソナルマークや開発企業のマークを含むシール類などが付属する。

▶対艦刀はストライカーの鞘に収納することも可能。

▼ I.W.S.P. を精密に造形。

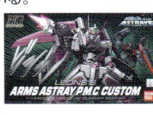

■ 機動戦士ガンダム SEED FRAME ASTRAYS

1/100 MBF-P04
ガンダムアストレイグリーンフレーム
（トロヤ・ノワレ専用機）

DATA

スケール：1/100／発売：2009年3月／価格：2,700円／武器：ビームライフル、ツインソードライフル、対ビームシールド、ビームサーベル×2

『FRAME ASTRAYS』に登場する4番目のアストレイを、1/100「レッドフレーム」をベースに立体化。新規造形の武器、トロヤ・ノワレの1/20スケールフィギュアなどが付属。

GUNDAM ASTRAY GREEN FRAME

HG MBF-P04
ガンダムアストレイグリーンフレーム
（トロヤ・ノワレ専用機）

DATA

スケール：1/144／発売：2008年3月／価格：1,296円／武器：ビームライフル、ツインソードライフル、対ビームシールド、ビームサーベル×2

GUNDAM ASTRAY GREEN FRAME

▶付属のツインソードライフルは2種のモードに変形。

HG「アストレイレッドフレーム」の成形色と一部付属武器を変更し、グリーンフレームを再現。専用のマーキングシール、ホイルシールが付属する。

HG PMC-1L
アームズアストレイ P.M.C. カスタム
（レオンズ・グレイブス専用機）

DATA

スケール：1/144／発売：2008年3月／価格：1,620円／武器：ビームガン KSM71/J、シールド、レーザートーチ

HG「シビリアンアストレイDSSDカスタム」の一部仕様を変更したキット。変更点は頭部形状や成形色、シール類等で、ベースキットの優秀な可動性は受け継がれている。

▶電磁推進システムはクリア成形。

ARMS ASTRAY P.M.C CUSTOM

■ 機動戦士ガン　　　　　AME ASTRAYS

▶各部のマーキングを再現。

HG ZGMF-2000
グフイグナイテッド
（ルドルフ・ヴィトゲンシュタイン専用機）

DATA
スケール：1/144／発売：2008年1月／価格：1,620円／武器：MA-M757スレイヤーウィップ×2、MMI-558テンペストビームソード×2、対ビームシールド

成形色と各種シールでルドルフ専用機を再現。ディスプレイスタンドが付属する。

▶ウイングは独立可動する。

HG ZGMF-515
モビルシグー
（ジスト・エルウェス専用機）

DATA
スケール：1/144／発売：2008年2月／価格：1,296円／武器：MMI-M7S 76mm重突撃機銃、M7070 26mmバルカンシステム内装防盾、MA-M4A 重斬刀

HG「モビルシグー」をベースにジスト専用機を再現したバリエーションキット。

▶ウィザードは他キットに装備可能。

HG MF/A-802W2
ケルベロスバクゥハウンド
（アレック・ラッド専用機）

DATA
スケール：1/144／発売：2008年2月／価格：1,620円／武器：ケルベロスウィザード、ビームファング×3

HG「ケルベロスバクゥハウンド」の成形色を白系に変更し、アレック専用機を再現。

■ 機動戦士ガンダム SEED VS ASTRAY

▼ユニット中央のビームトーチは着脱可能。

▶Vフォームを背部に装備した状態。

MG MBF-P02KAI
ガンダムアストレイレッドフレーム改

DATA
スケール：1/100／発売：2010年2月／価格：5,400円／武器：タクティカルアームズⅡL（ビームトーチ）、ガーベラ・ストレート、タイガーピアス

MG「ブルーフレームセカンドリバイ」をベースにレッドフレーム改を立体化。新規武器のタクティカルアームズⅡLは、設定通り5つのフォームに変形可能。オリジナルマーキングシールなども付属する。

▶ソードアームは腕部にマウントできる。

▶ガトリングフォームなどの各形態を再現可能。

MG MBF-P03R
ガンダムアストレイブルーフレームセカンドリバイ

DATA
スケール：1/100／発売：2009年9月／価格：5,184円／武器：タクティカルアームズⅡ、アーマーシュナイダー×2

アストレイ初のMGキット。MGならではの多重関節や引き出し、スライド機構の多用によって、極めて柔軟なポージングが可能だ。タクティカルアームズⅡは設定準拠の変形・分離機構が再現されている。

▼グラディエーターモードに変形可能。

▶腕部と脚部のソードを展開を再現。

1/100 MBF-P05LM
ガンダムアストレイミラージュフレーム

DATA
スケール：1/100／発売：2009年10月／価格：2,700円／武器：ビームライフル、対ビームシールド、ビームサーベル×2、天羽々斬（アメノハバキリ）

「第5のアストレイ」の大型キット。ベースは傑作キットの1/100「アストレイレッドフレーム」で、腕部・脚部用や頭部用を中心に新規パーツを追加している。設定準拠の2形態に変形可能である。

▼人型のタイラントモードを忠実に再現。

▲四足獣型のブルートモードに変形可能。

1/100 MBF-P05LM2
ガンダムアストレイ
ミラージュフレームセカンドイシュー

DATA
スケール：1/100／発売：2010年1月／価格：2,700円／武器：ビームライフル、対ビームシールド、ビームサーベル×2、天羽々斬（アメノハバキリ）

ミラージュフレームの改造機セカンドイシューを、1/100「アストレイレッドフレーム」をベースに再現した大型キット。別売りのミラージュフレームのパーツを用いることで、サードイシューも再現できる。

1/100 LG-GAT-X105 ゲイルストライクガンダム

DATA

スケール：1/100／発売：2009年8月／価格：2,700円／武器：57mm 高エネルギービームライフル、ビームサーベル×2、アーマーシュナイダー×2、ウイングソー×2、シールドストライカー（対ビームシールド）

秘密結社「ライブラリアン」によるエールストライクの強化改修機のキット。1/100「エールストライクガンダム」を基に新規パーツの追加などがなされている。

◀背部シールドは柔軟に可動。

▶特徴的なディテールを再現。

1/100 LH-GAT-X103 ヘイルバスターガンダム

DATA

スケール：1/100／発売：2009年8月／価格：2,700円／武器：バスターストライカー（350mm ガンランチャー、94mm 高エネルギー収束火線ライフル）

1/100「バスターガンダム」をベースに、ライブラリアンの強化改修型バスターを立体化。バスターから受け継いだ携行武装は、設定通りバスターストライカーとして着脱が可能となっている。

▶新規造形により細部を再現。

1/100 LN-GAT-X207 ネブラブリッツガンダム

DATA

スケール：1/100／発売：2009年12月／価格：3,024円／武器：攻盾システム「トリケロス」（ビームサーベル）、3連装超高速運動体貫通弾「ランサーダート」、ピアサーロック「グレイプニール」、ツムハノタチ、マガノイクタチストライカー（マガノシラホコ×2）

ライブラリアンの強化改修型ブリッツを、1/100「ブリッツガンダム」「ゴールドフレームアマツ」を基に立体化。同シリーズの他キットと同じく別売りのアクションベース1に対応。

◀フェイス部やストライカー基部などは新規造形。

1/100 LR-GAT-X102 レーゲンデュエルガンダム

DATA

スケール：1/100／発売：2009年9月／価格：2,700円／武器：175mm グレネードランチャー装備57mm 高エネルギービームライフル、115mm レールライフル「ルドラ」、対ビームシールド、ビームサーベル×2、バズーカストライカー（350mmレールバズーカ「ゲイボルグ」）

ライブラリアンの強化改修型デュエルを再現した大型キット。1/100「デュエル アサルトシュラウド」をベースに、独自の構造を再現。

▶半が新規造形。増加装備は大

◀他キットのパーツも装備可能。

1/100 LV-ZGMF-X23S ヴァンセイバーガンダム

DATA

スケール：1/100／発売：2009年11月／価格：3,024円／武器：MA-BAR70高エネルギービームライフル、MMI-RD11空力防盾、MA-M941ヴァジュラビームサーベル

ライブラリアンのセイバー改修機の大型キット。ベースは1/100「セイバーガンダム」で、頭部や背部等に新規パーツが盛り込まれた。

▶MA 形態。主翼位置が変更されている。

1/100 LN-ZGMF-X13A ニクスプロヴィデンスガンダム

DATA

スケール：1/100／発売：2009年9月／価格：3,024円／武器：MA-MV05A 複合兵装防盾システム（ビームサーベル）、大型ドラグーン×3、小型ドラグーン×8、ドラグーンストライカー

ライブラリアンのプロヴィデンス強化再設計機の大型キット。ベースは1/100「プロヴィデンスガンダム」で、新規パーツの追加などで特徴を再現している。

◀新規造形部を再現。各部を

■ 機動戦士ガンダム SEED DESTINY ASTRAY B

HG MBF-P03 second L ガンダムアストレイブルーフレームセカンド L

DATA

スケール：1/144／発売：2013年5月／価格：1,836円／武器：タクティカルアームズ、アーマーシュナイダー×4

ブルーフレームセカンドLの新規HGキット。旧HGのアストレイ系から金型を一新し、別売りのアクションベース2に対応。

▶専用の台座が付属する。

◀各フォームへの変形を再現。

■ 機動戦士ガンダム SEED DESTINY ASTRAY R

HG MBF-P02 ガンダムアストレイレッドフレーム （フライトユニット装備）

DATA

スケール：1/144／発売：2013年8月／価格：1,836円／武器：ビームライフル、対ビームシールド、ビームサーベル×2、ガーベラ・ストレート、バクゥ戦術偵察タイプ頭部ユニット、フライトユニット

フライトユニット装備のレッドフレームをHG化。主要パーツをHG「ブルーフレームセカンドL」と共用し、可動性は旧HG以上。

▶バクゥの頭部が付属。

機動戦士ガンダム MS IGLOO 1年戦争秘録／黙示録0079
機動戦士ガンダム MS イグルー2
MOBILE SUIT GUNDAM MS IGLOO

初作「1年戦争秘録」の全3話は松戸市にあったバンダイミュージアムで公開後、DVD化。続いて「黙示録0079」3話がDVDでリリースされた。その2年後には「MSイグルー2 重力戦線」全3話がリリースされた。いずれもフル3DCGを駆使したハイディテールな描写や、徹底した考証等で人気を博した。MS IGLOO-1年戦争秘録 -(2004年7月～11月公開)／MS IGLOO- 黙示録0079-(2006年4月～8月リリース)／MSイグルー2(2008年10月～2009年4月リリース)

ハードな考証とリアリティが見せた
独自のガンプラシーン

『IGLOO』ブランドのガンプラのリリースは比較的遅い時期に始まった。ミリタリー色を前面に押し出した『IGLOO』は、主力商品のMGやHGに適するメカニックが少ないことが要因と考えられ、シリーズ第1弾のHGUC「ヅダ」が発売されたのは、1作目公開の2年後にあたる2006年6月のこととなった。完全新造形のMG化はなされず、MG「ボール Ver.Ka」をベースとするMG「RB-79 ボール(シャークマウス仕様)」を含めた2点がリリースされるに止まっている。

だが2007年、EXモデル「ヒルドルブ」や同「オッゴ」がリリースされると風向きが変わってくる。MS・MA以外の立体化に積極的なうえミリタリー調のリファインを行っていたEXモデルは、HG「ヅダ」発売以前から『IGLOO』シリーズのデザインを採り入れていたのである。これが、ガンダム世界におけるミリタリーテイストを極限まで追求しつつ、ガンプラならではの作りやすさも兼ね備える「U.C.HARD GRAPH」の展開に繋がっていく。U.C.HARD GRAPHではワッパやホバートラックといった非MSメカニックを『IGLOO』テイストで立体化したシリーズであり、スケールはミリタリーモデルで一般的な1/35に統一された。

同シリーズの「ジオン公国軍 機動偵察セット」や「地球連邦軍 対MS特技兵セット」等のデザインは、一年戦争の地上戦を描いた映像作品『MS イグルー2 重力戦線』で採用されており、ガンプラがアニメ本編に多大な影響を与えた一例となっている。

■ ジオン公国軍／地球連邦軍

EXモデル YMT-05 ヒルドルブ

DATA
スケール：1/144／発売：2007年3月／価格：7,344円／武器：105mmマシンガン

主砲の排莢装置をはじめとする各部のディテールを精密に造形し、パーツ差し替えでモビル形態への変形を再現。ショベル・アームは柔軟に可動し、パイロットや甲板員の同スケールフィギュア4体が付属する。

HGUC EMS-10 ヅダ

DATA
スケール：1/144／発売：2006年6月／価格：1,512円／武器：120mm ザク・マシンガン、135mm 対艦ライフル、シュツルム・ファウスト、ヒート・ホーク

選択式の頭部パーツによって1、2、3番機と予備機のいずれかを再現できるコンパチブルキット。特徴的な腕部の伸縮ギミックやシールドの可動構造が再現されている。

▶肩関節のせり出し機構などの各部の可動により、対艦ライフルを両手で構えるポーズも可能。

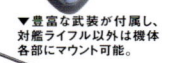

▼豊富な武装が付属し、対艦ライフル以外は機体各部にマウント可能。

EXモデル MP-02A オッゴ

DATA
スケール：1/144／発売：2007年4月／価格：3,780円／武器：ザク・マシンガン、ザク・バズーカ、6連装ロケット・ポッド、シュツルム・ファウスト×2

独特の形状とディテールを精巧に再現。アームの展開は差し替え式で、両端のターレットは180度の回転が可能。高さを調節できるディスプレイスタンドが付属する。

MG RB-79 ボール (シャークマウス仕様)

DATA
スケール：1/100／発売：2006年8月／価格：2,376円／武器：—

劇中に登場したシャークマウス塗装の機体をイメージしたMG「ボール Ver.Ka」のバリエーションキット。特徴的なマーキングは水転写デカールで再現している。

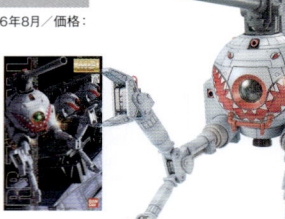

■ 地球連邦軍／ジオン公国軍

U.C. HARD GRAPH 地球連邦軍 61式戦車 5型 "セモベンテ隊"

DATA

スケール：1/35／発売：2009年1月／価格：9,720円／武器：——

本編のモデリングデータと連動し、直線構成のスタイルと細部のディテールをリアルに再現。セモベンテ隊をモチーフにしたフィギュア3体が付属する。

▲砲塔のバスケットなどを精細に再現できるエッチングパーツが付属。

U.C. HARD GRAPH 地球連邦軍 対MS特技兵セット

DATA

スケール：1/35／発売：2007年6月／価格：2,700円／武器：——

対MS特技兵分隊のフィギュア5体と対MS重誘導弾M-101A3リジーナをはじめとする各種装備品、陸戦型ガンダムの腕部のセット。リジーナは発射、収納形態いずれかの選択式。

▶陸戦型ガンダムの腕部やリジーナのの弾頭などをリアルに再現。

HGUC RX-79(G) 陸戦型ガンダム地上戦セット

DATA

スケール：1/144／発売：2009年9月／価格：2,376円／武器：100mmマシンガン、180mmキャノン、レール・キャノン×2、シールド、ビーム・サーベル×2

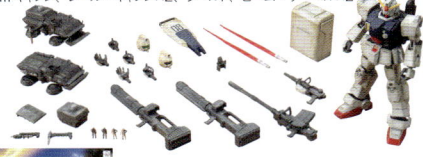

『MSイグルー2 重力戦線』をイメージしたHGUC仕様の陸戦型ガンダムとブラッドハウンド2輌のセット。各種武装のほか、差し替え用のジムヘッドが付属する。

U.C. HARD GRAPH ジオン公国軍 機動偵察セット

DATA

スケール：1/35／発売：2006年9月／価格：1,620円／武器：——

『MSイグルー2 重力戦線』にも登場したワッパとフィギュア2体のセット。吸着時限爆薬や双眼鏡といったアクセサリーや、ワッパの計器などを再現する水転写デカールが付属。

▶ワッパは一部外装の着脱が選択可能で、内部構造が精巧に再現されている。

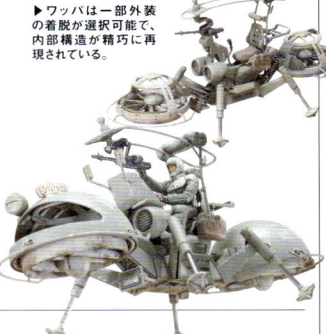

MG MS-06J ザクⅡ "ホワイトオーガー"

DATA

スケール：1/100／発売：2009年6月／価格：3,780円／武器：120mmザク・マシンガン、ザク・バズーカ（予備弾ケース×2）、3連装ミサイル・ポッド×2、ヒート・ホーク

『MSイグルー2 重力戦線』に登場したエルマー・スネル機を再現したMG『ザクⅡ Ver.2.0』のバリエーションキット。成形色が劇中イメージの白系に変更されている。

▲特徴的なトカゲのマーキングは専用のガンダムデカールで再現。

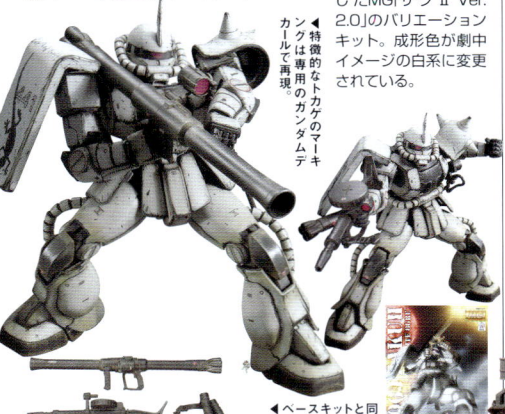

◀ベースキットと同じ各種武装に加え、バズーカの予備弾倉が付属する。

HGUC MS-06 ザク地上戦セット

DATA

スケール：1/144／発売：2009年2月／価格：2,376円／武器：ザク・マシンガン、ザク・バズーカ、シュツルム・ファウスト×2、3連装ミサイル・ポッド（ミサイル×3）×2、クラッカー×2、ヒート・ホーク

『MSイグルー2 重力戦線』の世界観を再現できるザクⅡと61式戦車、ワッパなどのセット。各種武装のほか、戦闘シーンを演出する多彩なエフェクトパーツが付属する。

▼付属のエフェクトパーツを用いて爆発する61式戦車を再現することも可能。

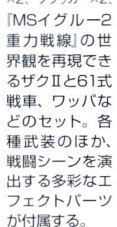

2004年10月

『機動戦士ガンダムSEED DESTINY』シリーズのスタート。第一弾の1/144『ZGMF-X56S/α フォースインパルスガンダム』は工具不要のタッチゲートを採用。

機動戦士ガンダム00 MOBILE SUIT GUNDAM OO

テレビシリーズでは初めて前編（ファーストシーズン）25話と後編（セカンドシーズン）25話の2期に分けて放送された。前編ではエネルギー問題を背景に内戦や紛争の絶えない西暦2307年の地球圏各国に対し、武力による戦争根絶を掲げた私設武装組織ソレスタルビーイングの戦いを描く。

原作／矢立肇、富野由悠季　監督／水島精二　シリーズ構成／黒田洋介　放送期間／2007年10月〜2008年3月 全25話（ファーストシーズン）

柔軟な設計変更等により
完成度を高めた HG 00

シリーズ展開開始当初の主要なラインナップは、低価格とディテールを両立したFG、主力商品のHG

GUNDAM 00、ギミックの再現性が高い1/100という3路線からなっていた（1/60もエクシア1点を発売）。

HG 00ではシリーズ通算72種ものキットがリリースされた。これは、1作品に対してのリリース数としては初代をしのぐ数であり、高い人気がうかがえる。キットの特徴としては、十分な可動域の確保、クリアパーツやホイルシールを用いたレンズ状・発光部位の再現、デザインに適合した設計の随時適応等がある。例えばエクシアでは関節稼動軸の位置や方向を工夫することでフォルムを壊さず可動域を大幅に確保し、キュリオスは一部差し替えによる変形を採用。設定上同一機体のヴァーチェとナドレは変形機構をオミットし別キットとして発売された。

FEATURED PRODUCTS

PG GN-001
ガンダムエクシア
（LIGHTING MODEL）

DATA

スケール：1/60／発売：2017年12月／価格：34,560円／武器：GN ソード、GN ロングブレイド、GN ショートブレイド、GN ビームサーベル×2、GN ビームダガー×2、GN シールド

「GUNPLA EVOLUTION PROJECT」第3弾として発売されたPG。GN粒子の蓄積・圧縮時の発光挙動演出を、新設計のLEDユニットや導光素材等で再現。専用台座が付属。

◀細部まで再現された外装はハッチオープンギミックで開閉する。

▶GN ドライヴは着脱式。

PG GN-001
ガンダムエクシア

DATA

スケール：1/60／発売：2017年12月／価格：19,440円／武器：GN ソード、GN ロングブレイド、GN ショートブレイド、GN ビームサーベル×2、GN ビームダガー×2、GN シールド

主人公機エクシアをPGで立体化。LEDユニットが付属せず、発光箇所をメタリックシールで再現する点を除けばLIGHTING MODELと同じ内容である。

▶爪先と踵が独自に可動するため、無理なく膝立ちの姿勢をとることができる。

FG GN-001 ガンダムエクシア

DATA
スケール：1/144／発売：2007年9月／価格：540円／武器：GN ロングブレイド、GN ショートブレイド

工具不要のタッチゲートといろプラによる組み易さが特徴のファーストシーズン主役機のキット。武装のほか、色分け用のホイルシールが付属する。

1/100 GN-001 ガンダムエクシア

DATA
スケール：1/100／発売：2007年11月／価格：2,484円／武器：GN ソード、GN ロングブレイド、GN ショートブレイド、GNビームサーベル×2、GNビームダガー×2、GN シールド

エクシアの特徴のひとつである7本の剣、セブンソードを着脱・変形ギミックとともに再現。胸や膝のレンズ部はクリアパーツとホイルシールで質感を表現している。

1/100 GN-001 ガンダムエクシア EXF （トランザムモード）

DATA
スケール：1/100／発売：2008年8月／価格：5,400円／武器：GN ソード、GN ロングブレイド、GN ショートブレイド、GN ビームサーベル×2、GN ビームダガー×2、GN シールド

パールピンクのメッキ処理とホログラムホイルシールによってトランザムモードを再現した1/100「ガンダムエクシア」のエクストラフィニッシュ仕様。

HG GN-001 ガンダムエクシア （トランザムモード）グロスインジェクションバージ

DATA
スケール：1/144／発売：2009年1月／価格：1,296円／武器：GN ソード、GN ロングブレイド、GN ショートブレイド、GN ビームサーベル×3、GN ビームダガー×2、GN シールド

グロスインジェクション成形によってトランザム発動時の演出を表現したHG「ガンダムエクシア」のバリエーションキット。ベースキットと同じく、多彩な武装が再現されている。

◀ GN ソードの刀身にはメタリック調の成形色を採用。

▶ホログラムホイルシールで発光を再現。

▲ GN ソードはライフルモードへの変形が可能。

HG GN-001 ガンダムエクシア

DATA
スケール：1/144／発売：2007年10月／価格：1,296円／武器：GN ソード、GN ロングブレイド、GN ショートブレイド、GN ビームサーベル×3、GN ビームダガー×2、GN シールド

メカデザイナー海老川兼武氏の手によるディテールを精巧に再現し、肘と膝の二重関節や腰部、足の可動構造によってダイナミックなアクションポーズを実現。

▲ 各部の可動によって多彩なボージングを実現。

1/60 GN-001 ガンダムエクシア

DATA
スケール：1/60／発売：2007年12月／価格：4,860円／武器：GN ソード、GN ロングブレイド、GN ショートブレイド、GN ビームサーベル×2、GN ビームダガー×2、GN シールド

大スケールならではの緻密なディテールが特徴で、胸部や頭部のホイルシールにはマーキングが施され、コクピットハッチは開閉が可能。

MG GN-001 ガンダムエクシア

DATA
スケール：1/100／発売：2009年7月／価格：4,104円／武器：GN ソード、GN ロングブレイド、GN ショートブレイド、GN ビームサーベル×2、GN ビームダガー×2、GN シールド

描き起こしの新規設定画を基に力強いフォルムを再現し、多彩な可動構造で人体に近いアクションを追求。全身のコード部分はホログラム加工を施したクリア樹脂パーツで表現している。

▼背部 GN ドライヴは着脱可能。レンズ部は2重のクリアパーツで再現。

▶GN プレイドをシャープに造形。

■ ソレスタルビーイング

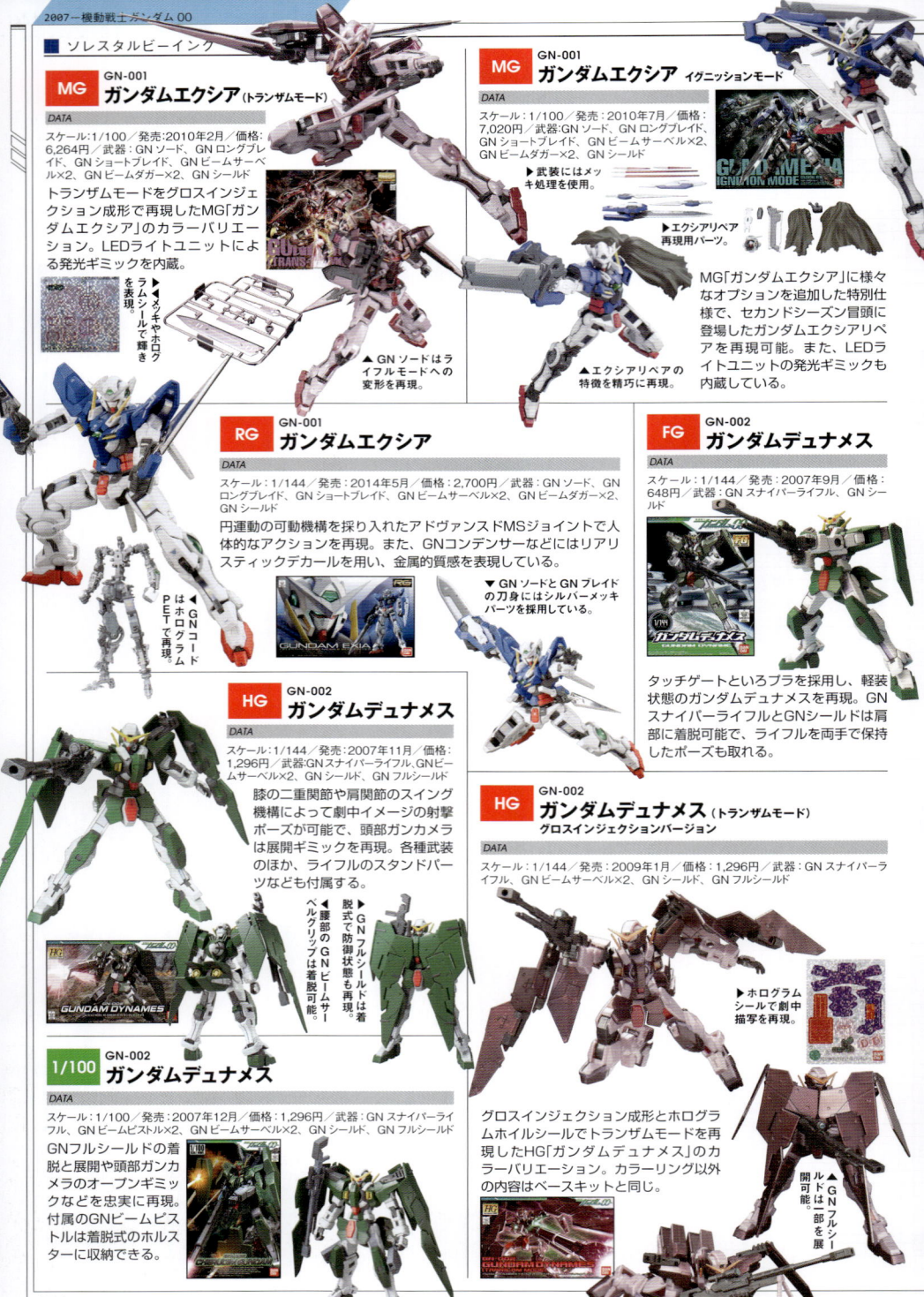

MG GN-001 ガンダムエクシア（トランザムモード）

DATA

スケール：1/100／発売：2010年2月／価格：6,264円／武器：GN ソード、GN ロングブレイド、GN ショートブレイド、GN ビームサーベル×2、GN ビームダガー×2、GN シールド

トランザムモードをグロスインジェクション成形で再現したMG「ガンダムエクシア」のカラーバリエーション。LEDライトユニットによる発光ギミックを内蔵。

◀ メッキやホログラムシールで輝きを表現。

▶ GN ソードはライフルモードへの変形を再現。

MG GN-001 ガンダムエクシア イグニッションモード

DATA

スケール：1/100／発売：2010年7月／価格：7,020円／武器：GN ソード、GN ロングブレイド、GN ショートブレイド、GN ビームサーベル×2、GN ビームダガー×2、GN シールド

▶ 武装にはメッキ処理を使用。

▶ エクシアリペア再現用パーツ。

MG「ガンダムエクシア」に様々なオプションを追加した特別仕様で、セカンドシーズン冒頭に登場したガンダムエクシアリペアを再現可能。また、LEDライトユニットの発光ギミックも内蔵している。

▲ エクシアリペアの特徴を精巧に再現。

RG GN-001 ガンダムエクシア

DATA

スケール：1/144／発売：2014年5月／価格：2,700円／武器：GN ソード、GN ロングブレイド、GN ショートブレイド、GN ビームサーベル×2、GN ビームダガー×2、GN シールド

円運動の可動機構を採り入れたアドヴァンスドMSジョイントで人体的なアクションを再現。また、GNコンデンサーなどにはリアリスティックデカールを用い、金属的質感を表現している。

◀ GN コードはホログラムPETで再現。

▶ GN ソードとGN ブレイドの刀身にはシルバーメッキパーツを採用している。

FG GN-002 ガンダムデュナメス

DATA

スケール：1/144／発売：2007年9月／価格：648円／武器：GN スナイパーライフル、GN シールド

タッチゲートといろプラを採用し、軽装状態のガンダムデュナメスを再現。GNスナイパーライフルとGNシールドは肩部に着脱可能で、ライフルを両手で保持したポーズも取れる。

HG GN-002 ガンダムデュナメス

DATA

スケール：1/144／発売：2007年11月／価格：1,296円／武器：GN スナイパーライフル、GNビームサーベル×2、GN シールド、GN フルシールド

膝の二重関節や肩関節のスイング機構によって劇中イメージの射撃ポーズが可能で、頭部ガンカメラは展開ギミックを再現。各種武装のほか、ライフルのスタンドパーツなども付属する。

▶ GN フルシールドは着脱式で防御状態も再現。

▶ 腰部の GN ビームサーベルグリップは着脱可能。

HG GN-002 ガンダムデュナメス（トランザムモード）
グロスインジェクションバージョン

DATA

スケール：1/144／発売：2009年1月／価格：1,296円／武器：GN スナイパーライフル、GN ビームサーベル×2、GN シールド、GN フルシールド

▶ ホログラムシールで劇中描写を再現。

グロスインジェクション成形とホログラムホイルシールでトランザムモードを再現したHG「ガンダムデュナメス」のカラーバリエーション。カラーリング以外の内容はベースキットと同じ。

▲ GN フルシールドは一部を展開可能。

1/100 GN-002 ガンダムデュナメス

DATA

スケール：1/100／発売：2007年12月／価格：1,296円／武器：GN スナイパーライフル、GN ビームピストル×2、GN ビームサーベル×2、GN シールド、GN フルシールド

GNフルシールドの着脱と展開や頭部ガンカメラのオープンギミックなどを忠実に再現。付属のGNビームピストルは着脱式のホルスターに収納できる。

FG GN-003
ガンダムキュリオス

DATA

スケール:1/144／発売:2007年9月／価格:648円／武器:GN ビームサブマシンガン、GN シールド

変形機構を特徴とするガンダムキュリオスのMS形態をタッチゲートといろプラで再現したキット。GNシールドは着脱式となっている。

1/100 GN-003
ガンダムキュリオス

DATA

スケール:1/100／発売:2008年1月／価格:2,808円／武器:GN ビームサブマシンガン、GN ビームサーベル×2、GN シールド

MS形態から飛行形態への変形を一部パーツの差し替えで再現。GNビームサブマシンガンはグリップをマウントラッチに差し替えて前腕部に装着が可能。

FG GN-005
ガンダムヴァーチェ

DATA

スケール:1/144／発売:2007年10月／価格:756円／武器:GN バズーカ

タッチゲートといろプラでガンダムヴァーチェの重厚なプロポーションを再現。バックパックのGNキャノンは回転が可能。

HG GN-005
ガンダムヴァーチェ

DATA

スケール:1/144／発売:2007年12月／価格:1,620円／武器:GN バズーカ、GN ビームサーベル×2

重武装の特徴的なフォルムを忠実に造形し、各種武装のギミックを再現。GNバズーカは砲身のスライド展開と伸長が可能で、GNフィールド発生装置の展開も再現されている。

▼ GN キャノンはアームが可動し、取り外して手に持たせることも可能。

▶ GN バズーカは変形してバーストモードを再現可能。

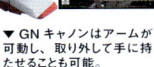

1/100 GN-005
ガンダムヴァーチェ

DATA

スケール:1/100／発売:2008年3月／価格:4,320円／武器:GN バズーカ、GN キャノン×2、GN ビームサーベル×2

装甲のパージを再現し、ガンダムヴァーチェ最大の特徴であるガンダムナドレへの換装を実現。付属する各武装はナドレに持たせることもできる。

▶ 変形には専用パーツを使用。

▼ GN シールドは変形が可能。

HG GN-003
ガンダムキュリオス

DATA

スケール:1/144／発売:2007年11月／価格:1,620円／武器:GN ビームサブマシンガン、GN ビームサーベル×2、GN シールド

飛行形態への完全変形と、各部の二重関節やスライド機構による幅広い可動構造を両立。各種武装のギミックも再現されている。

HG GN-003
ガンダムキュリオス（トランザムモード）
グロスインジェクションバージョン

DATA

スケール:1/144／発売:2009年1月／価格:1,620円／武器:GN ビームサブマシンガン、GN ビームサーベル×2、GN シールド

HG「ガンダムキュリオス」をベースに、グロスインジェクション成形とホログラムホイルシールでトランザムモードを表現したキット。

◀ トランザムをイメージした4種の成形色を使用。

▼ 飛行形態への変形を再現。

▶ ホログラムシールで劇中描写を表現。

HG GN-005
ガンダムヴァーチェ（トランザムモード）
グロスインジェクションバージョン

DATA

スケール:1/144／発売:2009年1月／価格:1,620円／武器:GN バズーカ、GN ビームサーベル×2

ガンダムヴァーチェのトランザムモードをグロスインジェクション成形とホログラムホイルシールで再現した、同HGキットのカラーバリエーション。

付属のホイルシール。

HG GN-004
ガンダムナドレ

DATA

スケール:1/144／発売:2008年4月／価格:1,296円／武器:GN ビームライフル、GN ビームサーベル×2、GN シールド

スマートなプロポーションを再現。GNビームライフルは先端にクリア成形のビーム刃を装着でき、HG「ガンダムヴァーチェ」(別売り)のGNキャノンを腕部に装備可能。

▶ GN ビームサーベルはクリアパーツで再現。

▶ 股関節には立体的な回転軸を採用。

■ ソレスタルビーイング

▶大型GN ソードなどの各種ギミックを再現。

GN アーマー形態に変形可能。

HG GNR-001E
GN アームズ TYPE-E ＋ ガンダムエクシア（トランザムモード）

DATA
スケール：1/144／発売：2008年3月／価格：5,940円／武器：GN ソード、GN ロングブレイド、GN ショートブレイド、GN ビームサーベル×3、GN ビームダガー×2、GN シールド（GN-001 ガンダムエクシア）

HG「ガンダムエクシア」と支援メカのGN アームズTYPE-Eのセット。専用ディスプレイベースが付属する。

◀付属のフィギュアで劇中シーンを再現可能。

HG GNR-001D
GN アームズ TYPE-D ＋ガンダムデュナメス

DATA
スケール：1/144／発売：2008年9月／価格：6,480円／武器：GN スナイパーライフル、GN ビームピストル×2、GN ビームサーベル×2、GN シールド、GN フルシールド（GN-002 ガンダムデュナメス）

ガンダムデュナメスとGNアームズTYPE-Dのセット。追加武装としてホルスターに収納可能なGNビームピストルが付属する。

▼ TYPE-D の特徴を精巧に再現。

HG GNW-002
ガンダムスローネツヴァイ

DATA
スケール：1/144／発売：2008年3月／価格：1,728円／武器：GN バスターソード、GN ハンドガン、GN ビームサーベル×2

HG「ガンダムスローネアイン」と一部パーツを共用したスローネシリーズ2号機のキット。GNバスターソードはGN粒子放出時のスライド展開が再現されている。

HG GNW-001
ガンダムスローネアイン

DATA
スケール：1/144／発売：2008年2月／価格：1,728円／武器：GN ビームライフル、GN ビームサーベル×2

長距離砲撃を得意とするスローネシリーズの1号機を忠実に再現。特徴であるGNランチャーは差し替えなしで展開できる。

▲GNビームライフルが付属。

◀GN バスターソードは右肩部に装備可能。

HG GNW-003
ガンダムスローネドライ

DATA
スケール：1/144／発売：2008年4月／価格：1,728円／武器：GN ハンドガン、GN ビームサーベル×2

スローネシリーズの3号機を、HG「ガンダムスローネアイン」をベースに再現。背部ユニットとGNシールドはハッチが展開する。

▶リード線の接続ケーブルでスローネアインと連結が可能。

▶背部ユニットは柔軟に可動する。

■ ユニオン

HG SVMS-01
ユニオンフラッグ量産型

DATA
スケール：1/144／発売：2007年10月／価格：1,080円／武器：リニアライフル、ソニックブレイド（プラズマソード）、ディフェンスロッド

独特なプロポーションと飛行形態への変形機構を忠実に再現。背部のウイングはMS形態時に折り畳みが可能。

▲各部のスライド可動により飛行形態を再現。

HG SVMS-01E
グラハム専用ユニオンフラッグカスタム

DATA
スケール：1/144／発売：2007年12月／価格：1,080円／武器：試作新型リニアライフル、ソニックブレイド（プラズマソード）、ディフェンスロッド

HG「ユニオンフラッグ量産型」をベースにグラハム・エーカー専用機を再現。独特のディテールを精巧に造形している。

▶高速飛行形態も再現可能。

HG VMS-01O
オーバーフラッグ

DATA
スケール：1/144／発売：2008年3月／価格：1,296円／武器：新型リニアライフル、ソニックブレイド（プラズマソード）、ディフェンスロッド

HG「グラハム専用ユニオンフラッグカスタム」のバリエーションキット。ホイルシールによって一般機と隊長機を選択して再現できる。

▼飛行形態への変形を再現。

1/100 SVMS-01O
オーバーフラッグ

DATA
スケール：1/100／発売：2008年5月／価格：2,376円／武器：新型リニアライフル、ソニックブレイド（プラズマソード）、ディフェンスロッド

福地仁氏の手によるメカディテールを採り入れ、主翼フラップの差し替え稼動などを精巧に再現。同スケールのフィギュア3体が付属する。

■ AEU

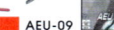

HG AEU-09Y812/A
サーシェス専用 AEU イナクトカスタム（アグリッサ型）

DATA

スケール：1/144／発売：2008年6月／価格：1,080円／武器：ブレイドライフル、ミサイルランチャー、大型ソニックブレイド（プラズマソード）×2、ディフェンスロッド

特徴的なディテールを再現したアリー・アル・サーシェス専用のカスタム機のキット。武装のギミックも再現。

▶関節にABS樹脂を用いてスムーズな変形を実現。

HG AEU-09Y812
サーシェス専用 AEU イナクトカスタム（モラリア開発実験型）

DATA

スケール：1/144／発売：2008年9月／価格：1,080円／武器：ブレイドライフル、ミサイルランチャー、大型ソニックブレイド（プラズマソード）×2、ディフェンスロッド

HG「サーシェス専用AEUイナクトカスタム（アグリッサ型）」の成形色を変更し、PMCトラスト所属時を再現したバリエーションキット。

▶ベースキット同様のギミックを備える。

HG MSJ-06II-SP
ティエレンタオツー

DATA

スケール：1/144／発売：2008年1月／価格：1,620円／武器：200mm ×25口径長滑腔砲（宇宙型）、カーボンブレイド

HG「ティエレン地上型」をベースに超兵専用機のディテールを再現。両肩部のシールドはアームが展開して柔軟に可動する。

▶ 長滑腔砲は放熱板装備の宇宙型を再現

HG MSJ-06II-E
ティエレン宇宙型

DATA

スケール：1/144／発売：2008年2月／価格：1,620円／武器：200mm ×25口径長滑腔砲（宇宙型）、カーボンワイヤー発射装置、カーボンネット発射装置、ジェル発射管、カーボンブレイド

▶カーボンワイヤーはリード線で再現。

宇宙戦仕様機を再現したHG「ティエレン地上型」のバリエーションキット。各部のディテールを精巧に造形し、多彩な特殊装備が付属する。

■ 国連軍

HG GNX-603T
ジンクス

DATA

スケール：1/144／発売：2008年7月／価格：1,296円／武器：GNビームライフル（GN ロングバレルビームライフル）、GN ビームサーベル×2、GN シールド

擬似太陽炉搭載型MSの精悍なプロポーションと独特のディテールを再現。GNビームライフルはGNロングバレルビームライフルに差し替えが可能。

▶GN ビームサーベルのビーム刃やレンズ部にはクリアパーツを使用。

HG AEU-09
AEU イナクト（デモカラー）

DATA

スケール：1/144／発売：2008年8月／価格：1,080円／武器：リニアライフル、ソニックブレイド（プラズマソード）、ディフェンスロッド

物語冒頭に登場したデモンストレーション機を成形色と新規パーツで再現。頭部は指揮官型と量産型の選択式となっている。

▶飛行形態に変形可能。

■ 人類革新連合

HG MSJ-06II-A
ティエレン地上型

DATA

スケール：1/144／発売：2007年11月／価格：1,296円／武器：200mm ×25口径長滑腔砲、カーボンブレイド

独特のプロポーションを再現しつつ、各部の柔軟な可動構造によって多彩なアクションポーズを実現したキット。

▶脚部シールド越しの射撃ポーズも再現できる。

1/100 MSJ-06II-A
ティエレン地上型

DATA

スケール：1/100／発売：2008年6月／価格：3,024円／武器：200mm ×25口径長滑腔砲、バズーカ（550mm ミサイルランチャー）、カーボンブレイド

寺岡賢司氏が手がけたディテールを再現し、装甲表面にシボ加工を施して兵器的な質感を表現。フィギュア3体が付属する。

HG MSJ-06II-ET
ティエレン宇宙指揮官型

DATA

スケール：1/144／発売：2008年5月／価格：1,620円／武器：200mm ×25口径長滑腔砲（宇宙型）、カーボンワイヤー発射装置、カーボンネット発射装置、ジェル発射管、カーボンブレイド

HG「ティエレン宇宙型」をベースに、宇宙指揮官型の特徴を造形。専用のマーキングシールが付属する。

▶シールドは柔軟に可動。

MG GNX-603T
ジンクス

DATA

スケール：1/100／発売：2010年1月／価格：3,888円／武器：GN ビームライフル（GN ロングバレルビームライフル）、GN ビームサーベル×2、GN シールド

MG用に描き起こされた新規設定画に基づき、ガンダムエクシアの流れを汲む内部フレームなどを再現。各部の可動により多彩なポージングが可能。

▶GN ビームライフルはロングバレルに換装可能。

▶擬似太陽炉は着脱式。フィギュアが付属する。

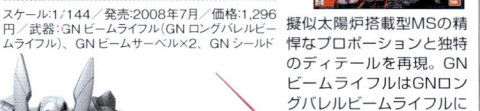

2008

機動戦士ガンダム 00 2nd season　MOBILE SUIT GUNDAM OO SECOND SEASON

『00』ファーストシーズンの続編。ソレスタルビーイング壊滅から4年が経過した西暦2312年、地球圏のほぼ全域を統治下に置いた地球連邦政府は、非連邦参加国への弾圧を強めていた。連邦政府直轄の治安維持部隊アロウズが猛威を振るう中、復活したソレスタルビーイングは新たな戦いに身を投じる。
原作／矢立肇、富野由悠季　監督／水島精二　シリーズ構成／黒田洋介　放送期間／2008年10月〜2009年3月　全25話

ポリキャップの変更とグロスインジェクション

『00』セカンドシーズンのガンプラは HG（HG GUNDAM 00）と1／100のみで展開が開始された。これは主力商品としての HG の定着や、メインユーザーの年齢層を考慮した結果と考えていいだろう。

商品ナンバーはセカンドシーズン独自のものではなく、ファーストシーズンからの連番となった。一例として、セカンドシーズン初の HG キットである HG ダブルオーガンダムは、HG GUNDAM 00シリーズのナンバー「022」として発売されている。

セカンドシーズンのキットの革新的側面としては、新型ポリキャップの採用が挙げられる。具体的には PC-123から PC-001への変更である。PC-001を採用した HG「ダブルオーガンダム」の可動範囲は、それ以前のガンプラとは一線を画しており、発売当時、話題となった。「ポリキャップの世代交代はガンプラの進化の目安」という見解があることからも分かるように、セカンドシーズンのキットがガンプラ史に与えた影響は大きいのだ。以後、PC-001は PC-002が登場するまで、HG モデルの標準的ポリキャップとなっていく。

赤く発光するトランザムモードを表現するため、グロスインジェクションが採用されたのも画期的だった。当初はファーストシーズンの HG をグロスインジェクション化した商品が展開され、後にセカンドシーズンのキットでもリリースされるにいたった。

FEATURED PRODUCTS

RG　GN-0000+GNR-010
ダブルオーライザー

OO RAISER

DATA
スケール：1／144／発売：2015年4月／価格：3,240円／武器：GN ソードⅢ、GN ソードⅡ×2、GN ビームサーベル×2、GN シールド×2

円運動対応のアドヴァンスドMSジョイント、GNコンデンサー内部のきらめきも再現するリアリスティックデカール等により、小キットながら完成度が極めて高い。粒子貯蔵タンク型に換装するためのパーツが付属。

Figure riseBust
刹那・F・セイエイ

MOBILE SUIT GUNDAM OO　SETSUNA F SEIEI

DATA
スケール：—／発売：2016年9月／価格：1,296円／武器：—

主人公・刹那の胸像型フィギュア。レイヤードインジェクションにより、瞳は色分けされた状態。別売りのアクションベースと連携可能だ。

■ ソレスタルビーイング

HG GN-0000
ダブルオーガンダム

DATA
スケール：1/144／発売：2008年9月／価格：1,080円／武器：GN ソードⅡ×2、GN ビームサーベル×2

新型ポリキャップの採用と多彩な関節構造によって優れた可動性を実現したセカンドシーズン主役機のキット。GNソードⅡはソードとライフルのモード変更を差し替えで再現可能。

◀ツインドライヴシステムは前方にも向けられる。

1/100 GN-0000
ダブルオーガンダム

DATA
スケール：1/100／発売：2008年11月／価格：3,024円／武器：GN ソードⅡ×2、GN ビームサーベル×2、GN シールド×2

劇中のスタイルと演出を意識した可動構造と造形が特徴で、LEDユニットによるGNドライヴの発光ギミックを内蔵。シールドの伸縮と連結といった各種武装のギミックも再現されている。

1/100 GN-0000+GNR-010
ダブルオーライザー

DATA
スケール：1/100／発売：2008年12月／価格：5,400円／武器：GN ソードⅡ×2、GN ビームサーベル×2、GN シールド×2

1/100「ダブルオーガンダム」と「オーライザー」にソレスタルビーイングVer.のアクションベース1を追加したスペシャルセット。ダブルオーライザーのドッキングを再現している。

HG GN-0000+GNR-010
ダブルオーライザー
（ダブルオーガンダム＋オーライザー）

DATA
スケール：1/144／発売：2009年2月／価格：1,944円／武器：GN ソードⅡ×2、GN ビームサーベル×2、GN シールド×2

HG「ダブルオーガンダム」と「オーライザー」のセットでダブルオーライザーを再現。海老川兼武氏のイラストイメージを成形色で表現し、GNソードⅡ連結用パーツやディスプレイスタンドが付属。

▲GNソードⅡビームサーベルモードを再現するクリアパーツやGN粒子をイメージしたディスプレイスタントが付属する。

HG GN-0000+GNR-010
トランザムライザー
グロスインジェクションバージョン

DATA
スケール：1/144／発売：2009年4月／価格：2,160円／武器：GN ソードⅢ、GN ソードⅡ×2、GN ビームサーベル×2、GN シールド×2

トランザムモードをグロスインジェクションとホログラムホイルシールで再現したHG「ダブルオーライザー」のバリエーションキット。GNソードⅢとライザーソード再現用エフェクトパーツなどが追加されている。

1/100 GN-0000+GNR-010
ダブルオーライザー
（デザイナーズカラー Ver.）

DATA
スケール：1/100／発売：2009年5月／価格：5,400円／武器：GN ソードⅢ、GN ソードⅡ×2、GN ビームサーベル×2、GN シールド×2

成形色と特別マーキングで海老川兼武氏の画稿を再現した1/100「ダブルオーライザー」のバリエーションキット。GNソードⅢが追加されている。

HG GN-0000+GNR-010
ダブルオーライザー＋ GN ソードⅢ

DATA
スケール：1/144／発売：2009年10月／価格：2,160円／武器：GN ソードⅢ、GN ソードⅡ×2、GN ビームサーベル×2、GN シールド×2

HG「ダブルオーライザー」にGNソードⅢとライザーソードなどのクリアエフェクトパーツを追加したバリエーションキット。成形色には通常カラーを採用している。

▶ GN ソードⅢはソードモードとライフルモードの変形が可能。ソードモードの刃にはクリアパーツを使用。

2006年6月

HGUC『EMS-10 ズゴ』が発売。『機動戦士ガンダム MS IGLOO ー1年戦争秘録ー』シリーズのスタート。

■ ソレスタルビーイング

PG GN-0000+GNR-010 ダブルオーライザー

DATA

スケール：1/60／発売：2009年11月／価格：27,000円／武器：GN ソードⅢ、GN ソードⅡ×2、GN ビームサーベル×2、GN シールド×2（GN-0000 ダブルオーガンダム）GN ハンドミサイルユニット×2、GN ミサイル A/S ×8、粒子攪乱ミサイル×2、追加 GN コンデンサー×2（GNR-010 オーライザー）

内部骨格を完全再現し、各部のGNコンデンサーにはクラッチ機構を採用して関節の保持力を向上。GNドライヴにはLEDライトユニットによる発光と内部回転のギミックを盛り込んでいる。

▼追加武装によってオーライザーの重武装形態を再現。

MG GN-0000+GNR-010 ダブルオーライザー

DATA

スケール：1/100／発売：2011年5月／価格：7,020円／武器：GN ソードⅢ、GN ソードⅡ×2、GN ビームサーベル×2、GN シールド×2

ダブルオーガンダムとオーライザーの分離・合体や、各部の発光や武装の変形などのギミックを再現。劇場版仕様の粒子貯蔵タンク型を再現可能なパーツも付属する。

▲ダブルオーガンダムとオーライザーの一部に内部フレームを精巧に再現。両肩部の GN ドライヴは着脱が可能。

1/100 GNR-010 オーライザー

DATA

スケール：1/100／発売：2008年12月／価格：1,728円／武器：――

1/100「ダブルオーガンダム」との合体ギミックと、各部のスラスターや武装の可動を再現。航空機としてのシャープなフォルムも精巧に造形されている。

HG GN-006 ケルディムガンダム

DATA

スケール：1/144／発売：2008年10月／価格：1,296円／武器：GN スナイパーライフルⅡ、GN ビームピストル×2、GN シールドビット×9

フォロスクリーンの展開やGNシールドビットの着脱などのギミックを再現し、柔軟な可動構造と両立。GNスナイパーライフルⅡは三連バルカンモードに差し替え可能で、GNシールドビット用のクリアスタンドが付属する。

▼ GN ビームピストルⅡは背部にマウントでき、グリップが可動する。

▼ 頭部センサーは開閉ギミックが再現され、膝立ちの射撃ポーズも可能。

HG GNR-010 オーライザー

DATA

スケール：1/144／発売：2009年1月／価格：864円／武器：GN シールド×2

ダブルオーガンダムの支援機をHGフォーマットで再現。GNソードⅡ用ジョイントパーツや別売りのアクションベース2と連結可能なディスプレイスタンドが付属する。

▲各部の可動とHG「ダブルオーガンダム」との合体構造を再現している。

1/100 GN-006 ケルディムガンダム

DATA

スケール：1/100／発売：2009年1月／価格：2,808円／武器：GN スナイパーライフルⅡ、GN ビームピストル×2、GN シールドビット×9

肩部のスイング機構などによって多彩な射撃ポーズが可能で、フォロスクリーンや頭部センサーの展開といったギミックを再現。GN シールドビット用のクリアスタンドが付属する。

1/100 GN-006
ケルディムガンダム
（デザイナーズカラー Ver.）

DATA

スケール：1/100／発売：2009年9月／価格：
3,240円／武器：GN スナイパーライフルⅡ、
GN ビームピストル×2、GN シールドビット×9

柳瀬敬之氏のイラストイメージを成形
色で再現した1/100「ケルディムガン
ダム」のカラーバリエーションキット。
海老川兼武氏デザインの特製マーキングが付属する。

HG GN-006GNHW/R
ケルディムガンダム GNHW/R

DATA

スケール：1/144／発売：2009年7月／
価格：1,944円／武器：GN スナイパーラ
イフルⅡ、GN ビームピストル×2、GN シー
ルドビット×9、GN ライフルビット×6

HG「ケルディムガンダム」をベー
スとして最終決戦仕様を再現。
追加武装のGNライフルビット
は分離が可能で、左肩部のGNシー
ルドビットはジョイントパーツで7
基の連結を再現できる。

HG GN-007
アリオスガンダム

DATA

スケール：1/144／発売：2008年10月／価格：1,620
円／武器：GN ツインビームライフル、GN ビームサー
ベル×2

▲差し替え式の変形に加えて攻撃モードも再現。

飛行形態への変形ギミックを
忠実に再現。GNツインビー
ムライフルは銃身が可動し、
両腕部のGNサブマシンガン
は差し替えで発射形態を再現
できる。ディスプレイスタン
ドが付属する。

HG GN-007
アリオスガンダム
（トランザムモード）グロスインジェクションバージョン

DATA

スケール：1/144／発売：2009年12月／価格：
1,620円／武器：GN ツインビームライフル、GN
ビームサーベル×2

グロスインジェクショ
ンとホログラムホイル
シールでトランザム
モードを表現したHG
「アリオスガンダム」の
カラーバリエーショ
ン。変形や武装のギ
ミックはベースキット
と同じ。

HG GN-006
ケルディムガンダム
（トランザムモード）グロスインジェクションバージョン

DATA

スケール：1/144／発売：2009年12月／価格：1,296円／武器：GN スナイパーラ
イフルⅡ、GN ビームピストル×2、GN シールドビット×9

HG「ケルディムガンダム」
をベースに、グロスイン
ジェクション成形とホログ
ラムホイルシールでトラン
ザムモードを再現。その他
の内容はベースキットと同
じとなっている。

◀ベースキットと同
じくギミックを再現
した各種武装が付
属する。

1/100 GN-007
アリオスガンダム

DATA

スケール：1/100／発売：2009年2月／価格：
2,808円／武器：GN ツインビームライフル、GN
ビームサーベル×2

飛行形態への変形を差し替
えなしで再現し、各部の
ロック機構によって力強い
ポージングが可能。GNド
ライヴのレンズ部分やGN
ビームシールドのビーム部
はオーロラシールで質感を
表現している。

1/100 GN-007
アリオスガンダム（デザイナーズカラー Ver.）

DATA

スケール：1/100／発売：2009年9月／価格：
3,240円／武器：GN ツインビームライフル、
GN ビームサーベル×2

柳瀬敬之氏と海老川兼武
氏のデザインイメージを
再現した1/100「アリオ
スガンダム」のバリエー
ションキット。頭部には
付属のLEDライトユニッ
トによる発光ギミックを
内蔵している。

HG GN-007GNHW/M
アリオスガンダム GNHW/M

DATA

スケール：1/144／発売：2009年8月／価格：
1,944円／武器：GN ツインビームライフル、GN
ビームサーベル×2、GN キャノン、GN ミサイルコン
テナ×2

最終決戦時の重武装形態を新規パーツで
再現したHG「アリオスガンダム」のバリ
エーションキット。追加武装を忠実に造
形し、GNミサイルコンテナは差し替え
で発射形態を再現できる。

◀飛行形態の機首部には
GN ビームライフルが再現
され、付属の GN キャノン
はマウント可能。

■ ソレスタルビーイング

HG　GN-008　セラヴィーガンダム

DATA
スケール：1/144／発売：2008年11月／価格：1,728円／武器：GN バズーカⅡ

独特のプロポーションを柔軟な可動構造とともに再現。付属のGN バズーカⅡはダブルバズーカへの合体が可能で、バーストモードも再現可能。各部のGNキャノン砲口は可動式で、キャノン砲口や各部のレンズはクリアパーツとホイルシールで質感を表現している。

▼各武装の組み合わせでツインバスターキャノンなどの様々な攻撃形態を再現できる。

▼背部フェイスとアンテナは差し替えなしで展開し、フェイスバーストモードを再現可能。

1/100　GN-008　セラヴィーガンダム

DATA
スケール：1/100／発売：2009年3月／価格：3,888円／武器：GN バズーカⅡ、GN ビームサーベル×2

GN バズーカⅡの各種ギミックに加えて、セラフィムガンダムの分離・変形を完全再現。また、膝部 GNキャノンはハンドパーツの差し替えで隠し腕を再現。

1/100　GN-008　セラヴィーガンダム（デザイナーズカラー Ver.）

DATA
スケール：1/100／発売：2009年9月／価格：4,536円／武器：GN バズーカⅡ、GN ビームサーベル×2

柳瀬敬之氏のイラストと海老川兼武氏のマーキングのイメージを再現した1/100「セラヴィーガンダム」のカラーバリエーション。頭部とバックパックにLEDライトユニットによる発光ギミックを内蔵している。

▼バックパック形態のセラフィムガンダムは差し替えで隠し腕を再現。

▲ GN バズーカⅡはセラフィムガンダムに持たせることも可能。

HG　GN-008&GN-009　セラヴィーガンダム＆セラフィムガンダム（トランザムモード）グロスインジェクションバージョン

DATA
スケール：1/144／発売：2009年12月／価格：2,592円／武器：GN バズーカⅡ、GN ビームサーベル×2

グロスインジェクション成形とホログラムホイルシールでトランザムモードを再現したHG「セラヴィーガンダム」と「セラフィムガンダム」のセット。セラフィムガンダムは変形・合体が可能で、非変形のバックパックも付属する。

HG　GN-008GNHW/B　セラヴィーガンダム GNHW/B

DATA
スケール：1/144／発売：2009年9月／価格：1,944円／武器：GN バズーカⅡ、GN ビームサーベル×2、GN ビームサブマシンガン

HG「セラヴィーガンダム」をベースに、追加装備を施した最終決戦仕様を再現。追加パーツの一部は別売りのHG「セラフィムガンダム」に装着でき、同キット用のGN ビームマシンガンが付属する。

▼肩部と脚部のGN フィールド発生装置は展開が可動。GN キャノンは柔軟に可動し、スライド展開が再現されている。

HG　GN-009　セラフィムガンダム

DATA
スケール：1/144／発売：2009年2月／価格：1,080円／武器：GN ビームサーベル×2

バックパック形態への変形とボディユニットの展開によるフェイスバーストモードを再現し、HG「セラヴィーガンダム」（別売り）との合体が可能。ビームサーベルのビーム刃は長短2種が付属する。

▼HG「セラヴィーガンダム」と組み合わせて劇中描写を完全再現できる。

■ ソレスタルビーイング／イノベイター／旧人革連

HG GN-001REII
ガンダムエクシアリペアII

DATA
スケール：1/144／発売：2009年6月／価格：1,296円／武器：GNソード改、GNビームサーベル×3、GNシールド

HG「ガンダムエクシア」をベースとして、最終決戦仕様のエクシア改修機を再現。GN粒子噴射口が追加された肩部や腰部リアアーマーなどのディテールを忠実に造形し、大腿部には可動軸を新設している。

▼GNソード改は刃にクリアパーツを用い、ライフルモードへの変形を再現。

▲背部GNドライヴはブースト状態をパーツ選択で再現できる。

HG GN-000
Oガンダム

DATA
スケール：1/144／発売：2009年9月／価格：1,296円／武器：ビームガン、ビームサーベル、ガンダムシールド

物語冒頭に登場した原点たるMSをキット独自のアレンジで再現。背部GNドライヴは新規造形で、劇中で印象的に描写されたGN粒子の翼、GNフェザーをクリアエフェクトパーツで再現している。

▲胴体部や脚部の二重可動によって柔軟なアクションポーズを実現。

HG GN-000
Oガンダム (実戦配備型)

DATA
スケール：1/144／発売：2009年6月／価格：1,296円／武器：ビームガン、ビームサーベル、ガンダムシールド

劇中終盤で活躍した実戦配備型の特徴的なカラーリングを成形色で再現し、背部GNドライヴは粒子貯蔵タンクとの差し替えが可能。ビームサーベルはクリア成形のビーム刃が付属する。

◀劇中をイメージしたポージングも可能。

HG GNR-101A
GNアーチャー

DATA
スケール：1/144／発売：2009年1月／価格：1,296円／武器：GNビームライフル×2

飛行形態への変形を差し替えなしで再現し、付属の接続パーツを用いてHG「アリオスガンダム」と合体可能。また、オリジナルギミックとしてバックパックをHG「ダブルオーガンダム」に装着できる。

▲膝関節の二重可動などにより、飛行形態への変形とシャープなフォルムを再現。

HG MSJ-06III-A
セルゲイ専用ティエレンタオツー

DATA
スケール：1/144／発売：2009年2月／価格：1,620円／武器：非太陽炉搭載機専用ビームライフル、200mm×25口径滑腔砲(宇宙型)、カーボンブレイド

ティエレン全領域対応型のセルゲイ・スミルノフ専用機を再現したHG「ティエレンタオツー」のバリエーションキット。ベースキットから新たに非太陽炉搭載機専用ビームライフルが追加されており、ビーム刃パーツを銃剣として装着できる。

▶腰部の可動軸をはじめとする各部関節が柔軟に可動し、様々なポージングが可能。

HG GNW-20000
アルケーガンダム

DATA
スケール：1/144／発売：2009年5月／価格：1,728円／武器：GNバスターソード、GNビームサーベル×2、GNシールド

独特のプロポーションを忠実に造形。GNバスターソードのスライド展開や腰部GNファング格納部のハッチ開閉、バックパックのコアファイターへの差し替え変形といった多彩なギミックを再現している。

▶つま先にはGNビームサーベルのエフェクトパーツを装着できる。脚部はGN粒子噴射口のスライド展開を再現している。

■アロウズ／地球連邦軍

HG GNX-609T
ジンクスⅢ（アロウズ型）

DATA

スケール：1/144／発売：2008年10月／価格：1,296円／武器：GN ビームライフル、GN ランス、GN ビームサーベル×2、GN シールド

HG「ジンクス」をベースとして、2ndシーズンに登場した発展機を再現。成形色はアロウズ所属機のカラーリングに準じ、GNランスはランスモードからライフルモードへの変形が可能となっている。

HG GNX-704T
アヘッド

DATA

スケール：1/144／発売：2008年11月／価格：1,296円／武器：GN サブマシンガン（GN ビームライフル）、GN ビームサーベル×2、GN シールド、オートマトンコンテナ、オートマトン×2

アロウズを象徴するMSを劇中イメージのプロポーションで再現。GNサブマシンガンはバレル等のパーツを装着することでGNビームライフルに変更でき、腰部に装着可能なオートマトンコンテナと同スケールのオートマトン2体が付属する。

▶特徴的な背部スラスターはフレキシブルに可動する。

HG GNX-704T/SP
アヘッドスマルトロン

DATA

スケール：1/144／発売：2009年4月／価格：1,296円／武器：GN サブマシンガン（GN ビームライフル）、GN ビームサーベル、GN シールド

HG「アヘッド」をベースに、脳量子波対応型の独特なディテールを再現。背部GNスラスターは360度の回転が可能で、左右の角度調整もできる。付属のGNサブマシンガンはGNビームライフルへの換装が可能。

HG GNX-Y901TW
スサノオ

DATA

スケール：1/144／発売：2009年6月／価格：1,620円／武器：強化サーベル「シラヌイ」、強化サーベル「ウンリュウ」、ビームチャクラム

頭部内部のフラッグフェイスや胸部トライパニッシャーの展開など、特徴的な各部のディテールを再現。2本の強化サーベルは連結が可能で、リード線で再現されたケーブルを接続できる。

▶腰部サイドスラスターはGN クローを展開可能。

HG GNX-609T
ジンクスⅢ（連邦軍型）

DATA

スケール：1/144／発売：2009年1月／価格：1,296円／武器：GN ビームライフル、GN ランス、GN ビームサーベル×2、GN シールド

地球連邦軍配備機のカラーリングを成形色で再現したHG「ジンクスⅢ」のカラーバリエーションキット。成形色以外の内容はベースキットと同じで、各種武装のギミックも再現されている。

HG GNX-704T/AC
ミスター・ブシドー専用アヘッド

DATA

スケール：1/144／発売：2008年12月／価格：1,296円／武器：GNビームサーベル、GN ショートビームサーベル、GN シールド

ミスター・ブシドーの専用機であるアヘッド近接戦闘機を再現したHG「アヘッド」のバリエーションキット。後頭部のエネルギーケーブルにはリード線を用い、自由に表情をつけることが可能。

HG GNX-U02X
マスラオ

DATA

スケール：1/144／発売：2009年12月／価格：1,620円／武器：GN ロングビームサーベル「ハワード」、GN ショートビームサーベル「ダリル」、ビームチャクラム

HG「スサノオ」と一部パーツを共用しつつ、サイドスラスターなどの新規造形でディテールを表現。腕組みポーズを再現できる左右の平手や、2種類の角度が選べるディスプレイスタンドが付属する。

▶ビームチャクラムや GN ビームサーベルのビーム刃はクリアパーツで再現。

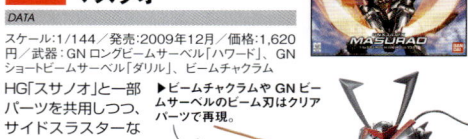

HG GNX-Y901TW
スサノオ（トランザムモード）グロスインジェクションバージョン

DATA

スケール：1/144／発売：2010年1月／価格：1,620円／武器：強化サーベル「シラヌイ」、強化サーベル「ウンリュウ」、ビームチャクラム

▶胴体部と肩は差し替えなしで展開し、トライパニッシャーの発射状態を再現できる。

トランザムモードを発動させたスサノオをグロスインジェクション成形とホログラムホイルシールで表現した、同HGキットのカラーバリエーション。ベースキットと同じ武装やディスプレイスタンドが付属する。

■ イノベイター

HG GNZ-003 ガデッサ

DATA

スケール：1/144／発売：2009年1月／価格：1,620円／武器：GN メガランチャー

イノベイター専用機独特のプロポーションを忠実に造形し、GN メガランチャーは発射時のスライド展開を再現。差し替えで2種類の角度が選べるディスプレイスタンドが付属する。

▼ GN メガランチャーは腰部背面にマウントすることが可能。

HG GNZ-005 ガラッゾ

DATA

スケール：1/144／発売：2009年3月／価格：1,620円／武器：GN ビームクロー×2

近接格闘仕様のイノベイター専用機をHG「ガデッサ」との一部パーツ共用で再現。成形色はブリング・スタビリティ機のカラーリングに準じ、ディスプレイスタンドなどが付属する。

▲両手に装備されたナックルは上下に可動する。

HG GNZ-005 ヒリング・ケア専用ガラッゾ

DATA

スケール：1/144／発売：2009年6月／価格：1,620円／武器：GN ビームクロー×2

ヒリング・ケアが搭乗した機体のカラーリングを再現したHG「ガラッゾ」のバリエーションキット。成形色以外の構成はベースキットと同じで、豊富なハンドパーツなどが付属する。

HG GNZ-007 ガッデス

DATA

スケール：1/144／発売：2009年8月／価格：1,728円／武器：GN ヒートサーベル、GN ビームサーベルファング×7

HG「ガデッサ」をベースに、アニュー・リターナーの乗機を再現。最大の特徴であるGNビームサーベルファングはすべて着脱が可能で、付属のクリアパーツで攻撃状態を再現できる。また、差し替え式のディスプレイスタンドが付属する。

▼付属のクリアパーツは HG「ケルディムガンダム」（別売り）にも使用できる。

HG CB-0000G/C リボーンズガンダム
（トランザムモード）グロスインジェクションバージョン

DATA

スケール：1/144／発売：2010年1月／価格：1,944円／武器：GN バスターライフル、大型 GN ビームサーベル×2、GN シールド、大型 GN フィンファング×4

▼キャノンモード腕部にはエングナーウィッチのディテールを造形している。

リボーンズ・アルマーク専用機のトランザムモードを再現したHG「リボーンズガンダム」のカラーバリエーション。グロスインジェクション成形とホログラムホイルシールで質感を表現している。

▶キャノンモードの主砲となる GN ファングは基部が柔軟に可動。

HG CB-0000G/C リボーンズガンダム

DATA

スケール：1/144／発売：2009年9月／価格：1,944円／武器：GN バスターライフル、大型 GN ビームサーベル×2、GN シールド、大型 GN フィンファング×4

最大の特徴であるガンダムモードとキャノンモードの変形を再現。大型 GNファングやGNシールド、GNバスターランチャーといった各種武装のギミックも忠実に再現している。

◀大型 GN フィンファングは着脱が可能。GN シールドの小型 GN フィンファングはスライド展開する。

187

2006年9月

2010

MG「XM-X1 クロスボーンガンダムX-1 Ver. Ka」が発売。コミックス原作『機動戦士クロスボーン・ガンダム』シリーズがスタート。

劇場版機動戦士ガンダム00
-Awakening of the Trailblazer-

MOBILE SUIT GUNDAM OO THE MOVIE
-Awakening of the Trailblazer-

完全新作の映画版『00』。地球外生命体との遭遇を描いた点が、ガンダム作品としては特異である。舞台はセカンドシーズン終了から2年後の西暦2314年。地球連邦新政府の下、平和な時代に入りつつあった世界で、謎の地球外生命体ELS（エルス）が出現した。人類や機械との融合を始めたELSの真意を知るため、ソレスタルビーイングが調査を開始する。
2010年9月公開

「自立困難」なデザインを
巧みに立体化したシリーズ

『劇場版00』のガンプラは当初、HGとMGが発売された。テレビシリーズ版と同様に、HGはHG GUNDAM 00ブランドで展開されており、ファーストシーズンからの通しナンバーを与えられていた点も変わっていない。外箱のデザイン傾向も同じであるが、イラストの背景は白で統一されている。これは劇中の場面を想定すると背景が宇宙のみになってしまうこと、黒主体の宇宙が背景だとMSのイラストが映えにくいこと、一目で劇場版のキットだと分かることなどが理由と考えられる。MGに関しては、シリーズ展開開始の3ヵ月後という異例の速さでMG「ダブルオークアンタ」がリリースされ、高度な再現性やギミックと共に話題となった。

主力商品のHGはセカンドシリーズ以前と同じく、ホイルシールとクリアパーツを組み合わせたレンズ状部位の再現、可動範囲が極めて広い関節（腹部も可動）によるポージングの自由度等が特徴である。

『劇場版00』のメカニック、特にガンダム・タイプは大きな付属パーツを備えるデザインが多く、ガンプラ化の際、自立が難しくなりかねなかった。中でも設定上、ガンダムの上にガンダムを載せているラファエルガンダムは極端なトップヘビーであり、そのガンプラは自立困難に見える（実際には自立可能）。しかし別売りのアクションベースの併用により、高重心メカのガンプラも難なくディスプレイ可能となっており、アクセサリーを含むガンプラの進化がメカデザインの自由度向上に寄与することを証明してもいた。

■ ソレスタルビーイング

HG GNT-0000 **ダブルオークアンタ**

DATA
スケール：1/144／発売：2010年8月／価格：1,728円／武器：GNソードV、GNシールド（GNソードビット×6）

劇場版の主役機をシャープな造形で再現し、腹部の二重可動などによる柔軟な可動構造を実現。GNソードVはライフルモードへの差し替え変形が可能で、高さや角度を変えられるディスプレイベースが付属する。
▶バスターソードとバスターライフルを再現可能。

HG GN-0000RE+GNR-010 **ダブルオーライザー** （粒子貯蔵タンク型）

DATA
スケール：1/144／発売：2010年10月／価格：2,160円／武器：GNソードIII、GNソードII×2、GNビームサーベル×2、GNシールド×2

HG「ダブルオーライザー＋GNソードIII」に新規パーツとなるGNコンデンサーを追加し、劇場版の序盤に活躍した粒子貯蔵タンク型を再現したキット。オーライザーとの合体や各種武装のギミックもベースキットから引き継がれている。

肩部のGNドライヴがGNコンデンサーに変更されているほか、オーライザーのセンサー部が乳白色のパーツになっている。その他の内容はベースキットと同じ。

MG GNT-0000 **ダブルオークアンタ**

DATA
スケール：1/100／発売：2010年11月／価格：4,860円／武器：GNソードV、GNシールド（GNソードビット×6）

手首の二重関節や各部の可動軸によって柔軟なアクションを実現し、各部には精密なパネルラインとモールドを追加。GNドライヴは別売りのLEDユニットによる発光が可能で、GNドライヴのディスプレイ台座や専用のアクションベースが付属する。

▶ GNソードビットはバスターソードとバスターライフルへの合体ギミックを再現し、ソードビット同士の合体も可能。

■ ソレスタルビーイング／地球連邦軍

RG GNT-0000
ダブルオークアンタ

DATA
スケール：1/144／発売：2016年5月／価格：2,700円／武器：GN ソードV、GN シールド（GN ソードビット×6）

前身機からの系譜を踏まえて改良を加えたアドヴァンスドMSジョイントを中心に、直列ツインドライヴのギミックや各部GNコンデンサーのディテールなどをリアルに再現。RGシリーズ屈指の可動性によるポージング性能も特徴。

▼ GN ソードビットの組み換えギミックを完全に再現。

▶ GN シールドの展開によって直列ツインドライヴを再現。

HG GN-011
ガンダムハルート

DATA
スケール：1/144／発売：2010年9月／価格：1,728円／武器：GN ソードライフル×2

各部の柔軟な可動によって飛行形態への変形と様々なポージングを実現。GNソードライフルはソードモードとライフルモードの変形やクローの展開が可能で、GNミサイルコンテナなどのディテールも精巧に再現されている。

▶ ロック機構によって変形後のフォルムを両立。

▲クルーズポジションに変形可能で、ロック機構でシルエットを保持。

HG GNX-Y903VW
ブレイヴ指揮官用試験機

DATA
スケール：1/144／発売：2010年11月／価格：1,728円／武器：GN ビームライフル「ドレイクハウリング」、GN ビームサーベル

独特なプロポーションを精巧に造形し、頭部や背部擬似太陽炉、サイドバインダーなどの指揮官用試験機の特徴を忠実に再現。GNビームライフルは砲口の差し替え展開とショートバレルへの変更が可能。ディスプレイスタンドが付属する。

HG GN-010
ガンダムサバーニャ

DATA
スケール：1/144／発売：2010年8月／価格：1,944円／武器：GN ピストルビット（GN ライフルビットII）×2、GN ホルスタービット×6

特徴的なGNホルスタービットは分離・結合が可能で、付属のジョイントパーツでシールド状態を再現できる。頭部センサーやGNミサイルポッドの展開も再現されており、多彩なギミックが特徴。

HG CB-002
ラファエルガンダム

DATA
スケール：1/144／発売：2010年9月／価格：2,160円／武器：GN ビームライフル、GN ビッグキャノン（GN クロー）×2

頭上に巨大なバックパックを備える独特のフォルムを忠実に再現。バックパックは本体から分離でき、GNビッグキャノンは回転と着脱が可能。また、差し替えで可動式のGNクローに変形させることもできる。

▶ GN クローは柔軟に可動し、付属するクリア成形の専用台座を用いて射出状態を再現できる。

HG GNX-Y903VS
ブレイヴ一般用試験機

DATA
スケール：1/144／発売：2010年11月／価格：1,728円／武器：GN ビームライフル「ドレイクハウリング」、GN ビームサーベル

HG「ブレイヴ指揮官用試験機」とパーツを共用し、一般用試験機のディテールを再現。成形色と頭部や背部などの各部形状を除き、キットの内容は指揮官用試験機と同じで、各種武装のほか差し替え式のディスプレイスタンドが付属する。

▲一部パーツの差し替えによってクルーズポジションへの変形を再現。

2006年9月

ミリタリーモデルと同スケールで展開する「U.C.ハードグラフ」シリーズが誕生。1/35「ジオン公国軍 機動偵察セット」が第一弾としてリリースされた。

2007 機動戦士ガンダム00外伝　MOBILE SUIT GUNDAM 00 SIDE STORIES

アニメ本編未登場の MSV 的メカの立体化

『00』のアニメ本編の放送と平行して、その外伝作品も展開された。本編の前日譚をフォトストーリーで語る『00P』(電撃ホビーマガジン連載)、本編未登場のメカを設定画稿とフォトストーリーで紹介した『00V』(月刊ホビージャパン連載)、ソレスタルビーイングの支援組織の活躍を漫画で描く『00F』(月刊ガンダムエース連載)等がそれである。

外伝シリーズのガンプラは、HG(HG GUNDAM 00)、1/100、MG でラインナップされた。1/100はアニメ本編版と同時期に、HG は2nd シーズンから劇場版の中間期に集中的に発売されており、商業的な位置付けや販売戦略が異なっていたことが分かる。

キット自体は既存のガンプラがベースだが、HG「ガンダムアストレア タイプF」(HG「ガンダムエクシア」が原型)や MG「ダブルオーガンダム セブンソード／G」のように追加パーツが多いものが目立っており、単なる仕様変更の域を超えた商品となっている。

機動戦士ガンダム00P

■ ソレスタルビーイング

1/100 GNY-001
ガンダムアストレア
DATA
スケール:1/100／発売:2008年4月／価格:3,024円／武器:GN ランチャー、GN ビームライフル、プロト GN ソード、GN ビームサーベル×2、GN シールド

1/100「ガンダムエクシア」をベースに海老川兼武氏の画稿に基づく精細なディテールを施し、肩関節のスライド機構や各部の二重関節などによって多彩なポージングを実現。付属のプロトGNソードは展開を再現。

HG GNY-001
ガンダムアストレア
DATA
スケール:1/144／発売:2010年7月／価格:1,728円／武器:GN ランチャー、GN ビームライフル、プロト GN ソード、GN ビームサーベル×2、GN シールド

ガンダムエクシアに繋がるプロト機のデザインとギミックを、HG「ガンダムエクシア」をベースに再現。背部GNドライヴはスリースラスター型とタイプBのコーン型の2種から選択可能で、機体各部のハードポイントには様々な武装を装着できる。

▶ GN ランチャーは肩部のアンテナを外して機体に接続できる。

機動戦士ガンダム00F

■ フェレシュテ

1/100 GNY-001F
ガンダムアストレアタイプ -F
DATA
スケール:1/100／発売:2008年6月／価格:3,024円／武器:GN ランチャー、GN ビームライフル、プロト GN ソード、GN ビームサーベル×2、GN シールド

フェレシュテによる改良機を成形色の変更などにより再現した、1/100「ガンダムアストレア」のバリエーションキット。タイプ-Fとタイプ-F2のコンパチブル仕様で、ベースキットと同じ武装が付属する。

▲ フェイスマスクやGN コンデンサーなどを変更可能。

HG GNY-001F
ガンダムアストレアタイプ -F
DATA
スケール:1/144／発売:2010年4月／価格:1,944円／武器:GN ランチャー、GN ビームライフル、NGN バズーカ、GN ハンドユニット、GN ビームピストル×2、プロト GN ソード、GN ビームサーベル×2、GN ハンマー、GN シールド

HG「ガンダムエクシア」をベースとして、ギミックを盛り込んだ多彩な武装を追加して重武装型を再現。機体各部のハードポイントには付属の武装を装着可能で、パーツ選択によってタイプ-F2を再現することもできる。

◀ GN ハンマーはトゲ部分にクリアパーツを用い、リード線で射出状態を再現可能。

機動戦士ガンダム00V

■ ソレスタルビーイング

▶付属する各種武装はアヴァランチユニットにマウントが可能。

1/100 GN-001/hs-A01
ガンダムアヴァランチエクシア

DATA
スケール：1/100／発売：2008年7月／価格：3,456円／武器：GN ソード、GN ロングブレイド、GN ショートブレイド、GN ビームサーベル×2、GN ビームダガー×2

1/100「ガンダムエクシア」に新規パーツを加えた特殊装備タイプのキット。海老川兼武氏の手によるメカディテールと、アヴァランチユニットの展開による長距離航行形態を再現。

▲肩部アーマーは大きく可動し、バーニアがスライド展開する。

機動戦士ガンダム00I

■ イノベイド

HG CB-001.5
1.5（アイズ）ガンダム

DATA
スケール：1/144／発売：2010年5月／価格：1,944円／武器：GN バスターライフル、GN ビームサーベル×2、GN シールド

イノベイド専用機の1.5ガンダムを1（アイ）ガンダムとのコンパチブル仕様で再現。HG「リボーンズガンダム」と一部パーツを共用しつつ、差し替えによる背部バインダーユニットの変形で多彩な攻撃形態を再現することができる。

▲頭部とバインダーユニットの選択で1（アイ）ガンダムを再現可能。

▶アルヴァロンキャノンモードをはじめとする様々な形態を再現。

機動戦士ガンダム00V 戦記

■ ソレスタルビーイング

HG GN-001/hs-A01D
ガンダムアヴァランチエクシアダッシュ

DATA
スケール：1/144／発売：2010年6月／価格：2,160円／武器：GN ソード、GN ロングブレイド、GN ショートブレイド、GN ビームサーベル×3、GN ビームダガー×2

エクシアの宇宙用高機動仕様をHG「ガンダムエクシア」をベースに再現。各ユニットの展開によって高機動モードに変形し、選択でアヴァランチエクシアも再現可能。飛行形態で飾れる台座が付属。

◀ダッシュユニットは差し替えで先端部 GN クローの展開を再現。

HG GN-0000GNHW/7GS
ダブルオーガンダム セブンソード /G

DATA
スケール：1/144／発売：2010年2月／価格：1,728円／武器：GN ソードⅡブラスター、GN バスターソードⅡ、GN ソードⅡロング、GN ソードⅡショート、GN カタール×2、GN ビームサーベル×2

HG「ダブルオーガンダム」に新規パーツを加えて改修装備型を再現したバリエーションキット。GNバスターソードⅡはソードモードとシールドモードに変形する。

▼ GN ソードⅡショートは刃先の射出をリード線で再現可能。

MG GN-0000GNHW/7GS
ダブルオーガンダム セブンソード /G

DATA
スケール：1/100／発売：2011年9月／価格：5,940円／武器：GN ソードⅡブラスター、GN ソードⅡロング、GN ソードⅡショート、GN カタール×2、GN ビームサーベル×2

新規パーツでセブンソード/Gを再現したMG「ダブルオーライザー」のバリエーション。オリジナルギミックとしてGNカタールのジョイントパーツが付属し、2基の連結やGNドライヴへの装着が可能。

▲付属武装は MG ならではの精密なディテールとギミックを再現。

▲別売りの LED ライトユニットを内蔵可能。

> ガンプラ30周年記念作品。ガンプラをメインテーマとした初の映像作品である。イベントやBSで公開後、DVD・BD化された。舞台は、ガンプラを使用したバーチャル対戦ゲーム「ガンプラバトル」が流行する2009年の日本。謎のガンプラ「ビギニングガンダム」を手に入れ、ガンプラバトルに参加したイレイ・ハルは、強敵ボリス・シャウアーと出会う。
> 公開：2010年／全3話

定上の繋がりはなく、『ビルドファイターズ』の世界での『ビギニング G』は劇中劇という扱い）。

ガンプラの自由さを体言するユニークなキット

『ビギニング G』のガンプラは「HG GUNPLA BUILDERS」ブランドで展開された。劇中の設定と同じく、主人公機を除くキットは、既存のガンプラをベースとしたものとなっている。中でも HG「ベアッガイ」はマスコット的ガンプラという新たなスタイルを提示し、『ガンダムビルドファイターズ』のベアッガイ III へと繋がった（ただし『ビギニング G』と『ビルドファイターズ』に設

HG「ビギニングガンダム」とガンプラ30年の技術蓄積

本シリーズ唯一の完全新造形キットである HG「ビギニングガンダム」は、成形色の異なるパーツの組み合わせによる複雑な色分けや、可動範囲が広い二重関節を採用し、バリエーションキットの HG「ビギニング30ガンダム」はエフェクトパーツを含むクリア成形パーツをふんだんに盛り込んでおり、ガンプラ30周年の技術蓄積をうかがわせるキットとなっている。

HG「ビギニング J ガンダム」と HG「ビギニング D ガンダム」は模型誌連載の外伝作品に登場するガンプラで、HG「ビギニングガンダム」の仕様変更キットである。前者は『月刊ホビージャパン』で、後者は『電撃ホビーマガジン』で2011～2012年に連載された。

■ ガンプラビルダー

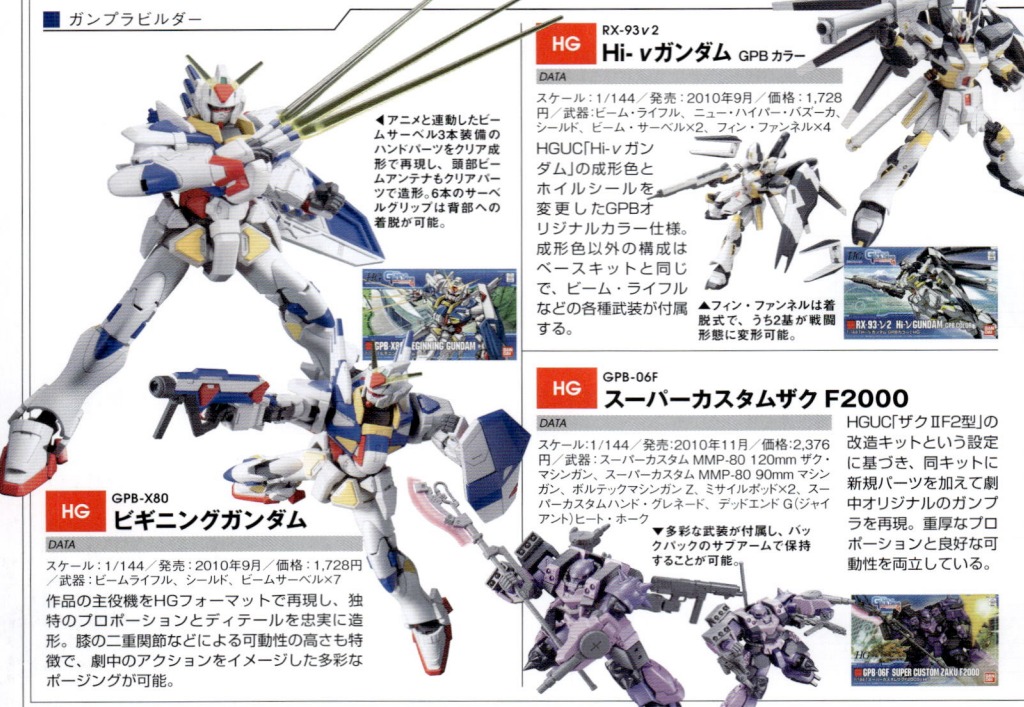

▲アニメと連動したビームサーベル3本装備のハンドパーツをクリア成形で再現し、頭部ビームアンテナもクリアパーツで造形。6本のサーベルグリップは背部への着脱が可能。

HG GPB-X80
ビギニングガンダム
DATA
スケール：1/144／発売：2010年9月／価格：1,728円／武器：ビームライフル、シールド、ビームサーベル×7
作品の主役機をHGフォーマットで再現し、独特のプロポーションとディテールを忠実に造形。膝の二重関節などによる可動性の高さも特徴で、劇中のアクションをイメージした多彩なポージングが可能。

HG RX-93ν2
Hi-νガンダム GPBカラー
DATA
スケール：1/144／発売：2010年9月／価格：1,728円／武器：ビーム・ライフル、ニュー・ハイパー・バズーカ、シールド、ビーム・サーベル×2、フィン・ファンネル×4
HGUC「Hi-νガンダム」の成形色とホイルシールを変更したGPBオリジナルカラー仕様。成形色以外の構成はベースキットと同じで、ビーム・ライフルなどの各種武装が付属する。

▲フィン・ファンネルは着脱式で、うち2基が戦闘形態に変形可能。

HG GPB-06F
スーパーカスタムザク F2000
DATA
スケール：1/144／発売：2010年11月／価格：2,376円／武器：スーパーカスタム MMP-80 120mm ザク・マシンガン、スーパーカスタム MMP-80 90mm マシンガン、ボルテックマシンガン Z、ミサイルポッド×2、スーパーカスタムハンド・グレネード、デッドエンド G（ジャイアント）ヒート・ホーク
HGUC「ザク II F2型」の改造キットという設定に基づき、同キットに新規パーツを加えて劇中オリジナルのガンプラを再現。重厚なプロポーションと良好な可動性を両立している。

▲多彩な武装が付属し、バックパックのサブアームで保持することが可能。

■ ガンプラビルダー

HG GPB-04B ベアッガイ

DATA
スケール:1/144／発売:2010年12月／価格:1,944円／武器:──

GPB-04B BEARGGUY

独創的なアッガイの改造キットを、HGUC「アッガイ」をベースに再現。クマをモチーフにした頭部などを新規パーツで造形した。腕部の展張状態は蛇腹状パーツの追加で再現する。

◀ランドセルユニットの内部にはミサイルが再現されている。

HG GPB-X78-30 フォーエバーガンダム

DATA
スケール:1/144／発売:2011年1月／価格:2,160円／武器:ビーム・ライフル、ハイパー・バズーカ、ビーム・サーベル×3、ガンダム・ハンマー、ファンネル×4

HG「ガンダム Ver.G30th」をベースに大河原邦夫氏デザインのフルアーマー系ガンプラを再現。ベースキット同様の豊富な武装が付属し、前腕部のサーベルグリップは着脱可能。

◀背部のファンネルは着脱が可能で、装着状態でも柔軟に可動する。

GPB-X78-30 FOREVER GUNDAM

HG GPB-X80J ビギニング J ガンダム

DATA
スケール:1/144／発売:2011年12月／価格:1,728円／武器:ビームライフル、シールド、ビームサーベル×2、バーニングJソード×2

外伝作品『模型戦士ガンプラビルダーズJ』の主人公機を、HG「ビギニングガンダム」に新規造形パーツを追加して再現。バーニングJソードは背部のアームにマウントでき、2基を接続してナギナタにすることも可能。

GPB-X80J BEGINNING J GUNDAM

▲ビームライフルとシールドなど、ベースキットと同じ武装が付属する。

▶ビームサーベルはツインタイプと3本装備のハンドパーツが付属。

▲ ifsユニットのビームエフェクトをクリアパーツで再現。

HG「ビギニングガンダム」に新規パーツを追加し、ヒロイックなスタイルの強化タイプを再現したキット。5色にも及ぶクリアパーツで劇中の演出を表現することが可能で、股関節や脚部を中心に柔軟な可動性が確保されている。

HG GPB-X80-30F ビギニング 30 ガンダム

DATA
スケール:1/144／発売:2011年1月／価格:2,376円／武器:ビームライフル、シールド、ビームサーベル×8、ifs ユニット(フィールドシールド)

GPB-X80-30F BEGINNING 30 GUNDAM

▶各部のフレキシブルな可動構造によって様々なアクションポーズが可能。

▼ビームサーベルの三刀流を再現したクリア成形のハンドパーツが付属。

HG GPB-X80D ビギニング D ガンダム

DATA
スケール:1/144／発売:2011年12月／価格:1,728円／武器:ビームライフル、ハイパーDライフル、シールド、ビームサーベル、ハイパーDサーベル×2

外伝『模型戦士ガンプラビルダーズD』より、HG「ビギニングガンダム」をベースに新規パーツで各部のディテールを再現した主人公機のキット。ハイパーDサーベルはグリップの着脱が可能で、クリア成形のビーム刃1本が付属する。

GPB-X80D BEGINNING D GUNDAM

2010 機動戦士ガンダム UC　MOBILE SUIT GUNDAM UNICORN

福井晴敏氏の原作小説を OVA 化した作品で、テレビ版の『機動戦士ガンダムユニコーン RE：0096』も放映。宇宙世紀0096、連邦政府の秘密を隠した『ラプラスの箱』を巡り、『箱』の『鍵』となるユニコーンガンダムを託されたバナージとジオンの忘形見ミネバを中心に、各勢力の思惑が入り乱れる。

原作／矢立肇、富野由悠季、福井晴敏　監督／長崎健司、シリーズ構成／黒田洋介、発表期間／2010年3月～2014年6月 全7話（OVA版）

小説版、OVA化、テレビ化、立像化と並行した商品展開

シリーズ初のキットは小説版の設定画を基にした MG「ユニコーンガンダム Ver.Ka」で、OVA化以前にリリースされた。これはカトキハジメ氏との綿密な連携による設計で、ユニコーンモードからデストロイモードへ差し替え無しでの変形、サイコフレームにクリア成形の蓄光樹脂を採用するなど、当時バンダイが持つ技術の集大成とも言える充実した内容だった。

OVA化に際しては、MGとHGUCを主要ブランドとして商品展開が始まり、ジェガンやリゼルといった量産機とその派生型、劇中に登場する旧作メカ（ゾゴック等）、巨大MAのネオ・ジオングもHGUCを中心に発売された。テレビ版放映後には、OPに登場する赤いサイコフレームのフルアーマーユニコーンガンダムがHGUC化され、お台場の立像展示と同時期にRGとメガサイズモデルのユニコーンガンダムが発売されるなど、メディア展開に合わせる形でもリリースが続いている。

FEATURED PRODUCTS

MEGA SIZE　RX-0　ユニコーンガンダム（デストロイモード）

DATA
スケール：1/48／発売：2017年8月／価格：10,800円／武器：ビーム・マグナム、シールド、ビーム・サーベル×2

約452mmの全高を誇る超大型キット。パーツ数が比較的少ないうえ、ダブルランナーロックや付属工具のダブルセパレーターにより組み立ては容易である。

▶通常より深い溝を形成する「シェーディングモールド」により隠影が明確に。プロポーションにも優れている。

RG　RX-0(N)　ユニコーンガンダム 2 号機 バンシィ・ノルン

DATA
スケール：1/144／発売：2018年2月／価格：4,320円／武器：ビーム・マグナム、リボルビング・ランチャー、アームド・アーマーDE、ビーム・サーベル×2

1/144スケールながら変形を実現したバンシィ・ノルンのRGモデル。アームド・アーマー2種も変形機構を備える。ボックスが異なるバージョンも発売された。

RG　RX-0　ユニコーンガンダム

DATA
スケール：1/144／発売：2017年8月／価格：4,104円／武器：ビーム・マグナム、ハイパー・バズーカ、シールド、ビーム・サーベル×2

変身機構とサイコフレームのカラーリングを両立したアドヴァンスドMSジョイント、変身時にパーツを固定するロック機構、変形をスムーズにするリンク機構を採用し、1/144ながら変身を実現。

■ 民間

MG RX-0 ユニコーンガンダム Ver.Ka

DATA
スケール：1/100／発売：2007年12月／価格：5,400円／武器：ビーム・マグナム（マガジン×3）、ハイパー・バズーカ（マガジン）、シールド、ビーム・サーベル×4

カトキハジメ氏監修のVer.Kaで小説版ユニコーンガンダムをMG化。ユニコーンモードからデストロイモードに変形可能。サイコフレーム部には集光性の特殊クリア樹脂を使用しており、デストロイモード時の発光イメージを再現できる。

▼武器は弾倉の着脱が可能。シールドは展開ギミックを再現している。

▲ガンダムデカールなどを併用することでVer.Kaならではの仕上がりに。

MG RX-0 ユニコーンガンダム

DATA
スケール：1/100／発売：2010年3月／価格：5,400円／武器：ビーム・マグナム（マガジン×3）、ハイパー・バズーカ（マガジン）、シールド、ビーム・サーベル×4

アニメ版準拠のユニコーンガンダムのMGキット。Ver.Kaから成形色や付属シール類を変更しつつ、一部パーツの改良により頭部バルカン砲の再現、可動範囲の拡大を実現した。ユニコーンモードとデストロイモードの変形も可能だ。

▶ビーム・サーベル（トンファー）の成形色もアニメ版に合わせて変更。

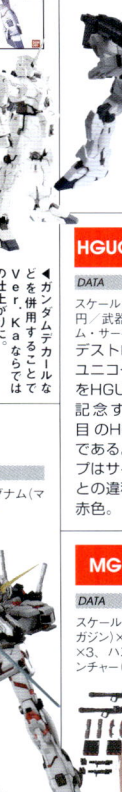

▲▶ユニコーン、デストロイの両モードでMGならではの可動範囲を実現している。

MG RX-0 ユニコーンガンダム HD カラー＋ MS CAGE

DATA
スケール：1/100／発売：2010年3月／価格：8,100円／武器：ビーム・マグナム（マガジン×3）、ハイパー・バズーカ（マガジン）、シールド、ビーム・サーベル×4

チタニウムイメージのHDカラーのMG「ユニコーンガンダム」と、それを格納可能なMSケージのセット。バナージ・リンクスを含む同スケールのフィギュア6点が付属している。

HGUC RX-0 ユニコーンガンダム（ユニコーンモード）

DATA
スケール：1/144／発売：2009年11月／価格：1,620円／武器：ハイパー・バズーカ、シールド、ビーム・サーベル×4

NT-D未発動状態のユニコーンガンダムをHGUCで再現したキット。設定上、装甲が分割されるパネルラインなどがモールドで再現されているため、墨入れが容易という利点がある。

▶肩関節や股関節、中心に関節由度が高い関節。武器は背部に装備可能。

HGUC RX-0 ユニコーンガンダム（デストロイモード）

DATA
スケール：1/144／発売：2009年11月／価格：1,944円／武器：ビーム・マグナム（マガジン）、シールド、ビーム・サーベル×4

デストロイモードのユニコーンガンダムをHGUCで立体化。記念すべき100番目のHGUCキットである。ポリキャップはサイコフレームとの違和感が少ない赤色。

▶サイコフレームは発光状態をイメージしたピンク色のクリア樹脂。

MG RX-0 フルアーマーユニコーンガンダム Ver.Ka

DATA
スケール：1/100／発売：2011年12月／価格：8,640円／武器：ビーム・マグナム（マガジン）×2、ハイパー・バズーカ（マガジン）×2、ビーム・ガトリングガン×6、シールド×3、ハンド・グレネード・ユニット×8、3連装Sミサイル・ランチャー×2、グレネード・ランチャー（マガジン×2）×2、ビーム・サーベル×4、ハイパー・ビーム・ジャベリン×2

重装備のユニコーンガンダムをVer.KaでMG化。サイコフレームは「覚醒」状態のエメラルドグリーンをイメージしたもの。ハイパー・ビーム・ジャベリンは本キットのためにデザインされた。

▲ハイパー・ビーム・ジャベリンは折り畳み状態でシールド裏に装着可能。

▼背部大型スラスターを転用する形で94式ベースジャバーを再現。

■ 民間／地球連邦軍

HGUC RX-0 フルアーマー・ユニコーンガンダム（ユニコーンモード）

DATA
スケール：1/144／発売：2013年5月／価格：3,240円／武器：ビーム・マグナム、ハイパー・バズーカ×3（マガジン）、ビーム・ガトリングガン×3、シールド×3、ハンド・グレネード×2、対艦ミサイル・ランチャー×2、グレネード・ランチャー×2、ビーム・サーベル×4

HGUC「ユニコーンガンダム（ユニコーンモード）」をベースに、新規パーツを盛り込んだキット。劇中で装備した全武装と大型ブースター、背部用の追加マウントフレーム、ブースター用支柱などが付属する。

▼すべての追加装備は着脱可能。ハンドパーツは5つが付属している。

HGUC RX-0 フルアーマー・ユニコーンガンダム（デストロイモード）

DATA
スケール：1/144／発売：2014年4月／価格：3,456円／武器：ビーム・マグナム（マガジン）、ハイパー・バズーカ×2、ビーム・ガトリングガン×3、シールド×4、ハンド・グレネード×2、対艦ミサイル・ランチャー×2、グレネード・ランチャー×2、ビーム・サーベル×4

HGUC「ユニコーンガンダム（デストロイモード）」に増加パーツと台座類を追加したキット。クリアグリーンとなったサイコフレーム部など、一部仕様も変更されている。

▼シールドは専用台座で展示でき、三連式ディフェンス状態も再現可能。

PG RX-0 ユニコーンガンダム

DATA
スケール：1/60／発売：2014年12月／価格：21,600円／武器：ビーム・マグナム（マガジン×2）、ハイパー・バズーカ（マガジン）、ビーム・ガトリングガン×2、シールド、ビーム・サーベル×4

ユニコーンモード、デストロイモードに加えて第三の形態「デストロイ・アンチェインド」への変身を再現したPGモデル。別売りのLEDユニットに対応する専用台座が付属。

HGUC RX-0 フルアーマー・ユニコーンガンダム（デストロイモード／レッドカラー Ver.）

DATA
スケール：1/144／発売：2016年6月／価格：3,672円／武器：ビーム・マグナム（マガジン）、ハイパー・バズーカ×2、ビーム・ガトリングガン×3、シールド×4、ハンド・グレネード×2、対艦ミサイル・ランチャー×2、グレネード・ランチャー×2、ビーム・サーベル×4、ハイパー・ビーム・ジャベリン×2

テレビ版「RE：0096」のOPに登場する仕様のフルアーマー・ユニコーンガンダムのHGUCモデル。レッドクリアの成形色とテトロンシールにより、サイコフレームの輝きを再現した。

▶ハイパー・ビーム・ジャベリンは展開状態と収納状態の2点が付属。

PG RX-0 ユニコーンガンダム用 LED ユニット

DATA
スケール：1/60／発売：2014年12月／価格：12,960円／武器：──

PG「ユニコーンガンダム」のサイコフレーム等を発光させる追加セット。LEDは計30個。

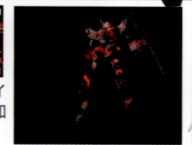

HGUC RGZ-95C リゼル（隊長機）

DATA
スケール：1/144／発売：2010年3月／価格：2,376円／武器：メガ・ビーム・ランチャー、シールド、ビーム・サーベル

量産可変MSリゼルの高性能仕様である隊長機のHGUCキット。ウェイブライダー形態に変形可能。メガ・ビーム・ランチャーのサブアームが可動式なためポーズの自由度が高い。

MG RGZ-95C リゼル（隊長機）

DATA
スケール：1/100／発売：2011年1月／価格：5,400円／武器：メガ・ビーム・ランチャー、シールド、グレネード×2、ビーム・サーベル×2

先行発売されたMG「リゼル」から一部パーツを変更し、隊長機を再現したキット。武器、バックパックの左右構造体（バインダー）、カメラ類用クリアパーツなどが変更された。

■ 地球連邦軍

HGUC RGZ-95
リゼル

DATA
スケール：1/144／発売：2010年1月／価格：2,160円／武器：ビーム・ライフル、シールド、ビーム・サーベル

量産可変MSリゼルのHGUC。ウェイブライダー用パーツを中心に組み替えることで変形が可能。可変機構の構造上、脚部を中心とした可動範囲が極めて広い。

▲WR形態用の背部グリップは可動式で、SFS的性格を再現している。

MG RGZ-95
リゼル

DATA
スケール：1/100／発売：2010年10月／価格：5,184円／武器：ビーム・ライフル（エネルギー・パック×3）、シールド、グレネード×2、ビーム・サーベル×2

リゼル一般機をMG化。フレームにABS樹脂を多用することで、ポリキャップの使用を最小限に抑えつつ、完全変形を可能とした。リディ・マーセナスのフィギュア3種が付属。

▲ビーム・ライフルは弾倉が着脱式で、ロング・ビーム・サーベルも再現可能。

HGUC RGZ-95C
リゼルC型
（ディフェンサーbユニット/ゼネラル・レビル配備機）

DATA
スケール：1/144／発売：2012年6月／価格：2,808円／武器：メガ・ビーム・ランチャー×2、シールド、ビーム・サーベル

ゼネラル・レビルに配備された長距離攻撃用のリゼルC型をHGUCで立体化。HGUC「リゼル（隊長機）」の成形色と一部パーツを変更し、ディフェンサーbユニットを追加。他のHGUCリゼル同様、変形が可能。

▲ウェイブライダー形態でもランチャー2門を備えた特徴的フォルムを再現可能。

MG RGZ-95C
リゼルC型
（ディフェンサーa+bユニット/ゼネラル・レビル配備機）

DATA
スケール：1/100／発売：2013年3月／価格：7,020円／武器：ディフェンサーaユニット、ディフェンサーbユニット（メガ・ビーム・ランチャー×2）、ビーム・ライフル（エネルギー・パック×3）、シールド、グレネード×2、ビーム・サーベル×2

MG「リゼル」をベースに、近中距離用のaユニット装備型と中遠距離戦用のbユニット装備型をコンパチで再現できるキット。ユニット装備状態でもウェイブライダー形態に変形可能。

▲aユニットはミサイルの蓋が開閉。bユニットはランチャーが可動。

HGUC RGM-89S
スタークジェガン

DATA
スケール：1/144／発売：2010年2月／価格：2,160円／武器：ビーム・ライフル、ハイパー・バズーカ、ビーム・サーベル

特務／対艦攻撃仕様の派生型ジェガンをHGUCで立体化。頭部、腰部、四肢に加えて、背部のスタビライザー3基が可動する。ロンド・ベル隊の部隊章を含むマーキングシールが付属。

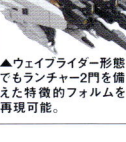

MG MSN-001A1
デルタプラス

DATA
スケール：1/100／発売：2011年8月／価格：4,860円／武器：ビーム・ライフル、シールド、ビーム・サーベル×2

ウェイブライダー形態への完全変形を実現したMGキット。ウェイブライダー形態時、ビーム・ライフルの装備位置を2箇所から選択可能。リディ・マーセナスとオードリー・バーンなどのフィギュア3体が付属する。

▶ジョイントパーツの併用によりウェイブライダー形態時の保持力が向上している。

HGUC MSN-001A1
デルタプラス

DATA
スケール：1/144／発売：2010年9月／価格：2,376円／武器：ビーム・ライフル、シールド、ビーム・サーベル

デルタガンダム／百式系列の可変MSデスタプラスをHGUC化。ABS樹脂とポリキャップの併用により、柔軟な可動性を実現。変形はウェイブライダー用専用パーツを用いる差し替えタイプである。

▶差し替えパーツを用い、ウェイブライダー形態も優れたプロポーションを誇る。

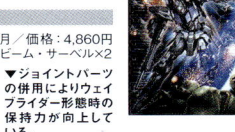

◀内部フレームにABS樹脂を多用し、ポリキャップの併用で柔軟な可動性を実現。

▲可変機構の構造から膝は二重関節、足部は爪先とカカトがクチバシ状に閉じるため可動範囲も広い。

■ 地球連邦軍

HGUC D-50C
ロト ツインセット

DATA
スケール：1/144／発売：2010年3月／価格：1,728円／武器：ロング・キャノン×4、メガ・マシン・キャノン×2、マシン・キャノン×2、ビーム・バーナー×4

特殊部隊用の小型MSロトを2体同梱したHGUCキット。HGUCシリーズ中屈指の小型モデルだが、タンク形態に完全変形が可能。メガ・マシン・キャノンなど、肩部用の換装パーツが付属する。

HGUC RGM-89De
ジェガン（エコーズ仕様）

DATA
スケール：1/144／発売：2011年4月／価格：1,728円／武器：ビーム・ライフル、バズーカ、シールド、ビーム・サーベル

特殊部隊エコーズが運用するジェガンをHGUCで立体化。特徴的な頭部バイザーは解放・閉鎖状態を差し替えで再現した。部隊章などのマーキングが付属する。

▼関節はABS樹脂とポリキャップを種類併用する。ビーム刃は2

HGUC RGM-96X
ジェスタ

DATA
スケール：1/144／発売：2011年9月／価格：1,728円／武器：ビーム・ライフル、シールド、ビーム・サーベル

ユニコーンガンダムのサポート用に開発されたジェガン系MSをHGUC化。バックパックとシールドを接続する長短2種のアームユニット、部隊章を含むマーキングシールが付属。

▲手首パーツはライフル用右手や平手を含む4種7個が付属。ビーム・ライフルを両手で構えた姿勢も容易にとれる。

MG RGM-96X
ジェスタ

DATA
スケール：1/100／発売：2013年4月／価格：4,320円／武器：ビーム・ライフル（エネルギー・パック×4）、シールド、ビーム・サーベル

関節の可動性を追求したジェスタのMGキット。全指が可動するエモーション・マニピュレーターSPを搭載。武器の保持性を高める引き起こし式リブを搭載。頭部カメラは別売りのLEDライトユニットで発光可能だ。

▼肘・膝のみならず爪先も多重関節になっている。股間部ジョイントは回転可動。

HGUC MSA-003
ネモ（ユニコーン Ver.）

DATA
スケール：1/144／発売：2012年4月／価格：1,620円／武器：ジム・ライフル、シールド、ビーム・サーベル×2

episode4冒頭のダカール戦に登場した連邦軍版ネモを、淡い緑の成形色で立体化。ネモ初のHGUCキットである。シールドは設定準拠の伸縮機構を備える。

◀可動式アームユニットで接続されるシールドは、裏面に上部対応ハンドルを備えている。

▼武器は劇中準拠のジム・ライフル。手首はライフル用の右手、サーベル用の左右握り手、左右平手等が付属している。

HGUC MSA-003
ネモ（ユニコーンデザートカラー Ver.）

DATA
スケール：1/144／発売：2013年11月／価格：1,620円／武器：ジム・ライフル、ビーム・ライフル、シールド、ビーム・サーベル×2

本編episode4でトリントン基地に配備されていた、デザートカラーのネモをHGUC化。成形色と武器が変更されているほか、トリントン基地マークを含むマーキングシールが付属する。

▶劇中で使用したビーム・ライフルが追加されており迎撃シーンを再現できる。

HGUC RX-160S バイアラン・カスタム

DATA
スケール：1/144／発売：2012年11月／価格：2,808円／武器：ビーム・サーベル×2

独立可動するメガ粒子砲は、クリアパーツで接続することでビーム・サーベルの展開状態を再現可能である。

飛行型MSバイアランの強化改修機をHGUCでキット化。有機的シルエットを再現しつつ、クローやヒールを含む各関節が柔軟に可動。トリントン基地マークを含むマーキングシールが付属する。

▲ ハンドルなどのSFS用オプションパーツを併用し、別売りのHGUC ジェガンなどを搭載できる。

HGUC RAS-96 アンクシャ

DATA
スケール：1/144／発売：2012年5月／価格：2,808円／武器：ビーム・サーベル×2
episode5登場の大気圏内用可変MSアンクシャのHGUCモデル。差し替えにより円盤状のMA形態に変形可能。頭部や四肢に加え、バインダーやスタビライザーなども可動する。

HGUC RGM-96X ジェスタ・キャノン

DATA
スケール：1/144／発売：2013年2月／価格：2,160円／武器：ビーム・ライフル×2、シールド、ビーム・サーベル、ビーム・キャノン、4連マルチ・ランチャー

ジェスタの重装仕様機を、HGUC「ジェスタ」をベースにキット化。バックパック部増加武器の基部は可動式となっている。部隊章を含むマーキングシールが付属。

HGUC MSZ-006A1 ゼータプラス（ユニコーン Ver.）

DATA
スケール：1/144／発売：2014年7月／価格：2,592円／武器：ビーム・ライフル、シールド、ビーム・サーベル×2

episode7仕様のゼータプラスをHGUC化。ウェイブライダー形態への変形は、外した四肢等を専用パーツに接続して行う。『ガンダムセンチネル』風のものを含むマーキングシールが付属。

テールスタビライザーの黄色の帯はホイルシールで再現される。

HGUC 89式ベースジャバー

DATA
スケール：1/144／発売：2013年6月／価格：1,296円／武器：—
episode6、7に登場した宇宙用SFSのHGUCキット。別売りのHG UCモデルを最大2機搭載可能だ。アクションベース2用の差込穴を利用するMS接続パーツが2個付属。

HGUC ベースジャバー（ユニコーン Ver.）

DATA
スケール：1/144／発売：2012年7月／価格：1,080円／武器：——

episode4等に登場したバージョンの大気圏内用SFSベースジャバーをHGUC化。別売りのHGUC「ジェスタ」などを搭載可能である。着陸状態を再現するランディング・ギアが付属する。

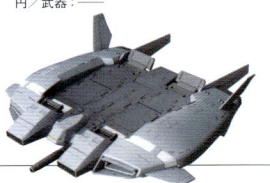

RE/100 ガンキャノン・ディテクター

DATA
スケール：1/100／発売：2018年2月／価格：4,320円／武器：専用ビーム・ライフル、170mmキャノン砲

episode4のトリントン防衛戦に参加した支援用MSを初ガンプラ化。脚部や腰部の可動ギミックにより、劇中の砲撃姿勢を再現できる。付属の170mmキャノン砲は、別売りの一部MGモデルに装備可能である。

■地球連邦軍

DATA

スケール：1/144／発売：2012年1月／価格：1,728円／武器：アームド・アーマー BS、アームド・アーマー VN、ビーム・サーベル×4

HGUC「ユニコーンガンダム（ユニコーンモード）」の一部パーツと成形色を変更。アンテナと首周りは新造形で、アームド・アーマーは閉鎖状態のものが付属する。

HGUC RX-0
ユニコーンガンダム 2 号機バンシィ
（ユニコーンモード）

HGUC RX-0
ユニコーンガンダム 2 号機バンシィ
（デストロイモード）

DATA

スケール：1/144／発売：2012年1月／価格：1,944円／武器：アームド・アーマー BS、アームド・アーマー VN、ビーム・サーベル×4

HGUC「ユニコーンガンダム（デストロイモード）」の一部仕様と成形色を変更し、新規パーツを追加したキット。サイコフレーム部はパールイエローの成形色で再現している。

HGUC RX-0(N)
ユニコーンガンダム 2 号機
バンシィ・ノルン（ユニコーンモード）

DATA

スケール：1/144／発売：2013年3月／価格：1,836円／武器：ビーム・マグナム／リボルビング・ランチャー、アームド・アーマー DE、アームド・アーマー XC、アームド・アーマー VN、ビーム・サーベル×2

HGUC「バンシィ（ユニコーンモード）」をベースに、アームド・アーマー XCの追加等の変更を加えたキット。アームド・アーマーは閉鎖状態のもの。

HGUC RX-0(N)
ユニコーンガンダム 2 号機バンシィ・ノルン（デストロイモード）

DATA

スケール：1/144／発売：2014年3月／価格：2,160円／武器：ビーム・マグナム／リボルビング・ランチャー（マガジン、リボルビング・ランチャー、ビーム・ジュッテ）、アームド・アーマー DE、アームド・アーマー XC、ビーム・サーベル×4

HGUC「バンシィ（デストロイモード）」をベースとするバンシィ・ノルンのキット。アームド・アーマー DEは背負ったブースター状態をとれる。リボルビング・ランチャー用のビーム・ジュッテは着脱式である。

DATA

スケール：1/100／発売：2012年3月／価格：5,940円／武器：アームド・アーマー BS、アームド・アーマー VN、ビーム・サーベル×4

MG RX-0
ユニコーンガンダム 2 号機バンシィ

MG「ユニコーンガンダム」をベースに、新規パーツの追加等で2号機バンシィを再現したキット。両アームド・アーマーは収納状態と展開状態の双方に変形できる。

PG RX-0(N)
ユニコーンガンダム 2 号機バンシィ・ノルン

DATA

スケール：1/60／発売：2015年7月／価格：23,760円／武器：ビーム・マグナム（マガジン×2）、リボルビング・ランチャー×2（ビーム・ジュッテ）、アームド・アーマー DE、アームド・アーマー XC、ビーム・サーベル×2

PG「ユニコーンガンダム」がベースで、第三の形態「デストロイ・アンチェインド」に変形可能。リディ・マーセナスのフィギュアが付属。

MG RX-0
ユニコーンガンダム
2 号機バンシィ Ver.ka

DATA

スケール：1/100／発売：2018年3月／価格：5,400円／武器：ビーム・マグナム、ハイパー・バズーカ、シールド、ビーム・サーベル×2

MG「ユニコーンガンダム Ver.Ka」を基に、小説版バンシィを再現。成形色や「ツノ」だけでなく、カトキハジメ氏デザインの水転写デカールにも変更が加えられている。

◀小説版準拠のため、武器はユニコーンガンダムと同じものが付属。

■ ネオ・ジオン

MG MSN-06S
シナンジュ Ver.Ka

DATA

スケール：1/100／発売：2008年12月／価格：7,560円／武器：ビーム・ライフル、グレネード・ランチャー、シールド、ビーム・サーベル×2、ビーム・アックス×2

カトキハジメ氏監修のVer.Kaで小説版シナンジュをMG化。『袖付き』独特の文様は立体的形状とデカールで再現した。同スケールのフル・フロンタルのフィギュア2種が付属する。

◀グレネード・ランチャーはビーム・ライフルの下部に、2本のビーム・アックスはシールド裏に装備可能。

◀新武器のロケット・バズーカは、組み替えてライフルやシールドに接続可能。

HGUC MSN-06S
シナンジュ

DATA

スケール：1/144／発売：2010年10月／価格：2,808円／武器：ビーム・ライフル、グレネード・ランチャー、シールド、ビーム・サーベル×2、ビーム・アックス×2

▶バックパックと脚部の推進器は独立して可動。迫力あるディスプレイが可能。

ライバル機シナンジュのHGUCキット。劇中初期の基本武器はすべて付属しており、ビーム・ナギナタも再現できる。特徴的な文様を再現するホイルシールが付属している。

MG MSN-06S
シナンジュ

DATA

スケール：1/100／発売：2013年3月／価格：8,100円／武器：ビーム・ライフル、グレネード・ランチャー、ロケット・バズーカ、シールド、ビーム・サーベル×2、ビーム・アックス×2

MG「シナンジュ Ver.Ka」ベースのアニメ版準拠キット。成形色はアニメ版寄りの明るい赤。ベースモデルでABSだったパーツがPSに変更されており、塗装が容易になった。

▲シナンジュ本体だけでなく、シールドのエングレービングも再現されている。

RG MSN-06S
シナンジュ

DATA

スケール：1/144／発売：2016年8月／価格：4,104円／武器：ビーム・ライフル、グレネード・ランチャー、シールド、ビーム・アックス×2、ビーム・サーベル×2

赤のグロスインジェクションを用いた装甲、メッキ処理やパーツ分割で表現されたエングレービングにより、シナンジュの美麗な外観を再現。ビームエフェクトパーツは3種付属。

HGUC NZ-666
クシャトリヤ・リペアード

DATA

スケール：1/144／発売：2014年5月／価格：7,020円／武器：ビーム・サーベル、改造ファンネル×12

HGUC「クシャトリヤ」をベースに、episode7登場の改修型を立体化。大型ブースターの末端に伸縮式のスタンドを備えるため、大型キットながらディスプレイ時の安定性に優れる。

▶独立可動するバインダーは裏面の構造を精密に再現。隠し腕も展開可能。

HGUC NZ-666
クシャトリヤ

DATA

スケール：1/144／発売：2009年10月／価格：4,860円／武器：ビーム・サーベル×2、ファンネル×24

4枚のバインダーを持つニュータイプ専用MSをHGUC化した大型キット。肩とバインダーを接続する可動アームはロック機構を有し、バインダーの角度を固定可能となっている。

■ネオ・ジオン

HGUC AMS-129
ギラ・ズール

DATA

スケール：1/144／発売：2009年12月／
価格：1,944円／武器：ビーム・マシンガン（マガジン×2）、グレネード・ランチャー・ユニット、シュツルム・ファウスト、ハンド・グレネード×2、ビーム・ホーク

『袖付き』の新主力MSの一般的仕様機をHGUCで立体化した。頭部は一般の他、角付きの隊長機を選択できる。特徴的なエングレービングは付属のホイルシールで再現。

▶ビーム・ホークのクリアパーツは2種が付属する。

HGUC AMX-009
ドライセン（ユニコーン Ver.）

DATA

スケール：1/144／発売：2011年5月／価格：2,160円／武器：ジャイアント・バズ、トライ・ブレード×6、ヒート・サーベル、ビーム・トマホーク×2、ビーム・ランサー

episode3登場の『袖付き』仕様のドライセンをHGUC化。各種武器を背部に接続できるラックジョイントが付属し、前腕部武器はカバーの差し替えで再現。

HGUC YAMS-132
ローゼン・ズール

DATA

スケール：1/144／発売：2012年12月／価格：3,024円／武器：インコム×2、サイコ・ジャマー×8、シールド

両腕に有線ビーム砲「インコム」を備えた特徴的シルエットのMSをHGUC化。インコムの射出状態はリード線と付属スタンドで再現可能。文様等を再現するホイルシールが付属。

◀サイコ・ジャマーのコンテナは可動式で開閉ギミックも備える。

HGUC AMX-102
ズサ（ユニコーン Ver.）

DATA

スケール：1/144／発売：2014年6月／価格：2,592円／武器：ビーム・マシンガン、シールド、ビーム・サーベル、ブースター・ポッド

『袖付き』仕様のズサをHGUCで立体化。UC版のカラーリングを成形色で再現し、劇中で用いた武器が付属。脚部と大腿部のミサイルハッチは開閉可能。胸部ミサイルハッチは組み替えで開閉する。

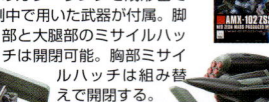

▲ブースター・ポッドは着脱と変形が可能で、単独ディスプレイにも対応。

HGUC AMS-129
ギラ・ズール（アンジェロ・ザウバー専用機）

DATA

スケール：1/144／発売：2010年7月／価格：2,376円／武器：ランゲ・ブルーノ砲・改、シールド

HGUC「ギラ・ズール」をベースに、長距離ビーム砲装備のアンジェロ機を再現。ランゲ・ブルーノ砲・改は新規造形で、バックパックと砲を繋ぐベルトは軟質素材製だ。

HGUC AMS-129
ギラ・ズール（親衛隊仕様）

DATA

スケール：1/144／発売：2011年3月／価格：2,160円／武器：ビーム・マシンガン（マガジン×2）、グレネード・ランチャー・ユニット、シュツルム・ファウスト、ハンド・グレネード×2、シールド、ビーム・ホーク

親衛隊用ギラ・ズールのHGUCキット。MS本体はHGUC「ギラ・ズール（アンジェロ・ザウバー専用機）」を、武装はHGUC「ギラ・ズール」をベースにしている部分が多い。

HGUC AMS-129M
ゼー・ズール

DATA

スケール：1/144／発売：2011年11月／価格：2,376円／武器：ビーム・マシンガン、ヒート・ナイフ×2、アイアン・ネイル×2

ギラ・ズールの水陸両用派生機をHGUC化。HGUC「ギラ・ズール」をベースに、大幅なパーツの変更を加えている。水中用装備を外した上陸戦状態も再現可能。

HGUC YAMS-132
ローゼン・ズール（エピソード 7Ver.）

DATA

スケール：1/144／発売：2014年8月／価格：3,024円／武器：インコム、サイコ・ジャマー×8

HGUC「ローゼン・ズール」の一部成形色や右前腕とシールドの形状などを変更し、最終決戦仕様を立体化。ベースキット同様、左腕は射出状態を再現可能。

HGUC AMX-101E
シュツルム・ガルス

DATA

スケール：1/144／発売：2014年7月／価格：2,592円／武器：チェーン・マイン×2、マグネット・アンカー×2、スパイク・シールド×2

細身のガルスJ派生機をHGUC化したキット。チェーン・マインとマグネット・アンカーはリード線で展開状態を再現。スパイク・シールドは打突状態に組み替え可能。

■ ネオ・ジオン／ジオン残党

HGUC NZ-999
ネオ・ジオング

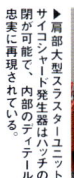

DATA
スケール：1/144／発売：2014年6月／価格：27,000円／武器：有線式大型ファンネル・ビット×6（NZ-999 ネオ・ジオング）ビーム・ライフル、グレネード・ランチャー・ユニット、バズーカ×2、シールド、ビーム・アックス×2（MSN-06S シナンジュ）

シナンジュをコアユニットとするMAを、全高86cmにおよぶ超大型キットで再現。シナンジュはHGUC版の成形色を変更したもの。付属台座にはファンネル・ビットを収納可能だ。

▶肩部大型スラスター・ユニットのサイコシャード発生器はハッチの開閉が可能で、内部のディテールも忠実に再現されている。

HGUC MS-05L
ザクⅠ・スナイパータイプ（ヨンム・カークス機）

DATA
スケール：1/144／発売：2012年3月／価格：1,728円／武器：ビーム・スナイパー・ライフル（バレルケース×2）、ザク・マシンガン

HGUC「ザクⅠ・スナイパータイプ」をベースに、episode4登場のカークス機を再現したキット。頭部アンテナ、胸部の機体固定用フックパーツ等が追加された。

HGUC RMS-108
マラサイ（ユニコーンVer.）

DATA
スケール：1/144／発売：2012年3月／価格：1,728円／武器：ビーム・ライフル、フェダーイン・ライフル、海ヘビ、ビーム・サーベル×2

HGUC「マラサイ」を基にジオン残党仕様機を再現。ベースキットから成形色が変更され、武器を追加。フェダーイン・ライフルにはサーベル用クリアパーツを装着可能。

HGUC MSM-04G
ジュアッグ（ユニコーンVer.）

DATA
スケール：1/144／発売：2012年3月／価格：1,838円／武器：――

ジオン残党の中距離支援用水陸両用MSのHGUCキット。上半身と下半身を分割した構造で可動性に優れ、腕部3連装ロケット・ランチャーやノーズ部も可動式。

HGUC MSM-08
ゾゴック（ユニコーン Ver.）

DATA
スケール：1/144／発売：2013年9月／価格：1,838円／武器：ヒート・ソード、ブーメラン・カッター×10、シュツルム・ファウスト×2

episode4でジオン残党が運用した格闘戦用水陸両用MSをHGUC化。モノアイは上下左右に可動。ブーメラン・カッターは着脱式で、ヒート・ソードは赤熱した刀身をクリアパーツで再現した。

▲アーム・パンチは差し替えで伸長。シュツルム・ファウストは腰部に装備可能。

HGUC
イフリード・シュナイド

DATA
スケール：1/144／発売：2017年7月／価格：1,944円／武器：ジャイアント・バズ、ヒート・ダート×14、手持ち用ヒート・ダート×2

ジオン残党の陸戦用MSを初HGUC化。動力パイプは軟質素材で、ポージングを阻害しにくい。手持ち用ヒート・ダートはクリアパーツで赤熱状態を再現。

アニメ本編以外の『ガンダムUC』関連作品 —— 漫画、ゲーム等の外伝 —— に登場するオリジナルのメカを統合する企画。『UC-MSV』に分類されるメカは漫画『機動戦士ガンダム UC バンデシネ』『機動戦士ガンダム U.C.0094 アクロス・ザ・スカイ』、小説『機動戦士ガンダム UC 戦後の戦争』等に登場するもので、『UC-MSV』そのもののストーリーは存在しない。シルヴァ・バレトやリゼル（ディフェンサー b ユニット）のように、アニメ本編に逆輸入されたメカも存在する。

外伝の枠を超えた造形と他シリーズへの転用

『UC-MSV』のガンプラはアニメ本編のものと同時並行的に発売された。MSV の性質上、アニメ本編に登場したメカの派生型が多いが、ガンプラは新規造形も目立つ。中でも HGUC「デルタガンダム」と HGUC「ドーベン・ウルフ（ユニコーン Ver.）」はほぼ完全な新造形で、後者は HGUC「シルヴァ・バレト」や HGUC「ドーベン・ウルフ」のベースともなった。

■ 地球連邦軍

FEATURED PRODUCTS

RG RX-0
ユニコーンガンダム （バンデシネ Ver.）

DATA
スケール：1/144／発売：2018年2月／価格：4,320円／武器：ビーム・マグナム、ハイパー・バズーカ、シールド、アームド・アーマー DE、ビーム・サーベル×2

漫画『機動戦士ガンダムUC バンデシネ』に登場した、アームド・アーマー DE装備のユニコーンガンダム1号機を RG化。本体はRG「ユニコーンガンダム」と、アームド・アーマー DEはRG「バンシィ・ノルン」用とほぼ同じ仕様。追加デカールが付属する。

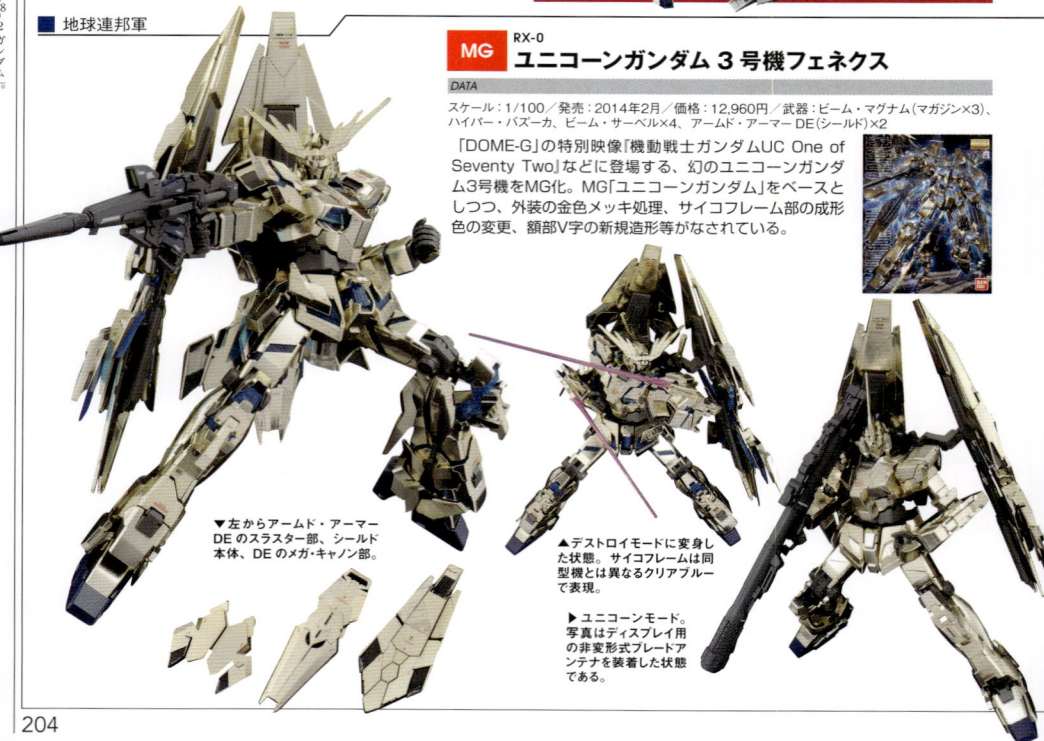

MG RX-0
ユニコーンガンダム 3 号機フェネクス

DATA
スケール：1/100／発売：2014年2月／価格：12,960円／武器：ビーム・マグナム（マガジン×3）、ハイパー・バズーカ、ビーム・サーベル×4、アームド・アーマー DE（シールド）×2

『DOME-G』の特別映像『機動戦士ガンダムUC One of Seventy Two』などに登場する、幻のユニコーンガンダム3号機をMG化。MG「ユニコーンガンダム」をベースとしつつ、外装の金色メッキ処理、サイコフレーム部の成形色の変更、額部V字の新規造形等がなされている。

▼左からアームド・アーマー DE のスラスター部、シールド本体、DE のメガ・キャノン部。

▲デストロイモードに変身した状態。サイコフレームは同型機とは異なるクリアブルーで表現。

▶ユニコーンモード。写真はディスプレイ用の非変形式ブレードアンテナを装着した状態である。

■ 地球連邦軍／ネオ・ジオン

HGUC MSN-001X
ガンダムデルタカイ

DATA

スケール：1/144／発売：2012年12月／価格：2,808円／武器：ロング・メガ・バスター、シールド（ハイ・メガ・キャノン）、ビーム・サーベル×2、プロト・フィン・ファンネル×2

漫画『機動戦士ガンダムU.C.00 94 アクロス・ザ・スカイ』などに登場するデルタガンダム系可変MSのHGUCキット。背部のプロト・フィン・ファンネルは着脱可能で専用台座が付属する。

▲シールドにはハイ・メガ・キャノンを装着することもできる。

▲変形はウェイブライダー専用パーツを用いた差し替えで再現。

▶頭部はガンダム・ヘッドとジム・ヘッドの2種を選択可能。

▶有線式ハンドはリード線と専用台座で射出状態も再現できる。無線式も選択できる。

HGUC MSN-001
デルタガンダム

DATA

スケール：1/144／発売：2012年3月／価格：4,536円／武器：ビーム・ライフル、シールド、ビーム・サーベル×2

百式の初期プランにあたる幻の可変MSを、ほぼ新規金型でHGUC化。機体色を金メッキで表現し、組み立てる際にメッキを損なわないようアンダーゲートを広く採用している。

▶関節にはポリキャップとABS樹脂を併用。

▶変形には専用のボディブロックを使用。

HGUC ARX-014
シルヴァ・バレット

DATA

スケール：1/144／発売：2014年2月／価格：2,376円／武器：ビーム・ライフル、有線式ハンド×2、対艦ミサイル×2、インコム×2、シールド、ビーム・サーベル×2

漫画『機動戦士ガンダムUC バンデシネ』などに登場する、ドーベン・ウルフのAE製改修機をHGUC化。特徴である多彩な武装が忠実に再現されており、シールド一体型のビーム・ランチャーは砲身の伸縮と砲口部のスライド展開が可能である。

HGUC AMX-014
ドーベン・ウルフ（ユニコーン Ver.）

DATA

スケール：1/144／発売：2013年8月／価格：2,376円／武器：メガ・ランチャー、対艦ミサイル×2、ビーム・ハンド×2、インコム×2、ビーム・サーベル×2

『バンデシネ』版ドーベン・ウルフのHGUCモデル。前腕は2種（指揮官機の無線式と隠し腕、一般機の有線式）を再現できる。メガ・ランチャーは腹部に接続可能。

▶インコムのポップアップなどバックパックのギミックを再現。

MG MSN-06S
シナンジュ・スタイン ver.Ka

DATA

スケール：1/100／発売：2013年2月／価格：7,560円／武器：ハイ・ビーム・ライフル、シナンジュ専用バズーカ、シールド、ビーム・サーベル×2

小説『戦後の戦争』などに登場する、シナンジュの原型機をVer.KaでMG化。ハンドパーツには全指可動のエモーションマニピュレーターSPを採用。フル・フロンタルのフィギュア2種が付属する。

◀脚部スラスターは独自の可動域を備える。

▶前腕のサーベル用ホルダーは開閉式。

ガンプラの限定アイテム

　プレミアムバンダイは店頭では買えない様々なアイテムを扱う通販サイトで、ガンプラも数多くラインナップされている。なお商品はすべて予約式で、予約期間を過ぎるか予約が予定数に達した時点で締め切られるため、ラインナップは常に変わる。ほぼ全商品が期間限定かつ数量限定ということである。

　プレミアムバンダイでのガンプラの傾向としては、PG「ガンダムアストレイブルーフレーム」のように既存のキットの成形色や一部仕様を変更したもの、MG「バリュートパック」を始めとする既存キットのオプション装備、HGUC「キュベレイ用ファンネルエフェクトセット」に代表されるエフェクトパーツなどが見られる。中でも人気なのは、HGUC「リバウ」などの既存キットに多数の新規パーツを追加したモデル、そして HGUC「ガンダム TR-6［ウーンドウォート］」といった完全新造形の商品である。HG「ギャラルホルン アリアンロッド艦隊コンプリートセット」のように、複数のキットとオプション装備が同梱されたセット商品もリリースされている。

プレミアムバンダイURL
http://p-bandai.jp/

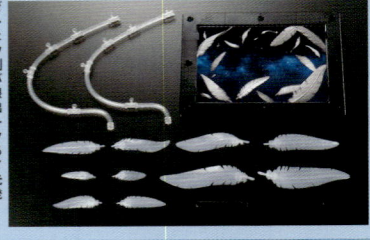

RG「ウイングガンダムゼロ EW 用拡張エフェクトユニット"セラフィックフェザー"」。別売りのRG「ウイングガンダムゼロ EW」に対応したプレミアムバンダイ限定商品で、羽根が舞い上がる劇中の演出を再現可能。劇中のシーンを再現可能なエフェクトパーツが充実しているのもプレミアムバンダイの特徴で、いわゆる「光の翼」系の商品が多く発売された。

コラボやイベントの限定ガンプラ

　ガンプラの中には、他企業とのコラボで製作されたものや、イベント限定で発売されたものがある。そうしたガンプラは基本的に既存のキットの成形色を変更したものが多い（新規パーツやシールを追加したものもある）。企業コラボのガンプラの中でもバリエーション豊かなのがコンビニチェーン「セブン - イレブン」のもので、緑、白、オレンジなどの「セブン - イレブンカラー」を新規の成形色やシールで再現している。変わったところでは、店員の制服のカラーリングを再現した HG「ベアッガイⅢ（さん）セブン - イレブンカラー」がある。

　ガンプラ EXPO やキャラホビ、イベント上映などで販売された限定ガンプラも既存キットの成形色変更版が多い。中でも目立っているのがクリアカラー仕様やメッキ仕様で、『機動戦士ガンダム UC』episode7 のイベント上映では、メッキ処理した内部フレームとクリア成形の外装をあわせ持つ HGUC「ユニコーンガンダム（デストロイモード）劇場版限定メッキフレーム／メカニカルクリア Ver.」も販売された。

　Blu-ray やゲーム、CD などに付属する特典ガンプラにも、特殊な成形色や表面処理のものが多い。

セブン - イレブンとコラボした HG「ガンダム ゴールドインジェクションカラー」（左上）、『ガンダムビルドファイターズトライ Blu-ray BOX 1（ハイグレード版）』の特典キット HGBF「ビルドバーニングガンダム（フルカラーメッキVer.）」（右上）、『機動戦士ガンダム展 THE ART OF GUNDAM』の東京会場限定で販売された MG「ダブルオーライザー カラークリア」（右下）。

The GUNPLA Chronicles

04
CHAPTER
2011 ▶▶▶ 2018

「ガンプラ 40 周年」へ ──
未来への飛翔。
進化の歩みは止まらない。

2011

機動戦士ガンダム AGE　MOBILE SUIT GUNDAM AGE

レベルファイブが企画協力で参加したテレビシリーズ第14作目。人類が宇宙進出を果たして数百年を経た世界で、謎の敵UE(アンノウン・エネミー)との戦いを描く。従来の作品と異なり、主人公の家系3代の物語となっている。「AGEシステム」と呼ばれる自動開発システムでガンダム自体がバージョンアップしていくのが見せ場にもなっていた。
放映期間：2011年10月9日～2012年9月23日／全49話

マルチメディア展開が産んだ
アドバンスグレード

　当初よりゲームとのマルチメディア展開が計画されていたため、従来のHG、MGシリーズの他に、アーケードゲーム『ゲイジングバトルベース』に対応した「アドバンスグレード」という1/144シリーズが展開された。これはタッチゲートの採用や成形色だけで簡単に機体のカラーリングまで再現できるブロックビルドと呼ばれるキット構成に、ゲーム用のICチップを組み込んだ商品で、同じシリーズ内で腕や足などを換装することができた。また、ゲイジングが行える1/100フィギュア「ゲイジングビルダー」シリーズがトイとしてリリースされていたことも興味深い。

HGシリーズの洗練と
バリエーション展開

　一方、2011年10月からリリースがされてHGシリーズでは積極的な商品展開がなされた。キットの基本的な設計は従来のHGシリーズを踏襲しているが、色分けやパーツ構成への配慮が進み、塗装派にも無塗装派にも嬉しい洗練された構成となっていた。物語の構成ではガンダムは1機のみというのが基本だが、AGEシステムによってバージョンアップしていくという特性上、ガンダム各機のウェア違いや各世代のガンダムが広くキット化されているのも特徴である。

　2012年2月から展開が始まったMGは、手足の関節部分がブロックごとに組み立てられるよう効率化されており、パーツ数の減少にも繋がっている。

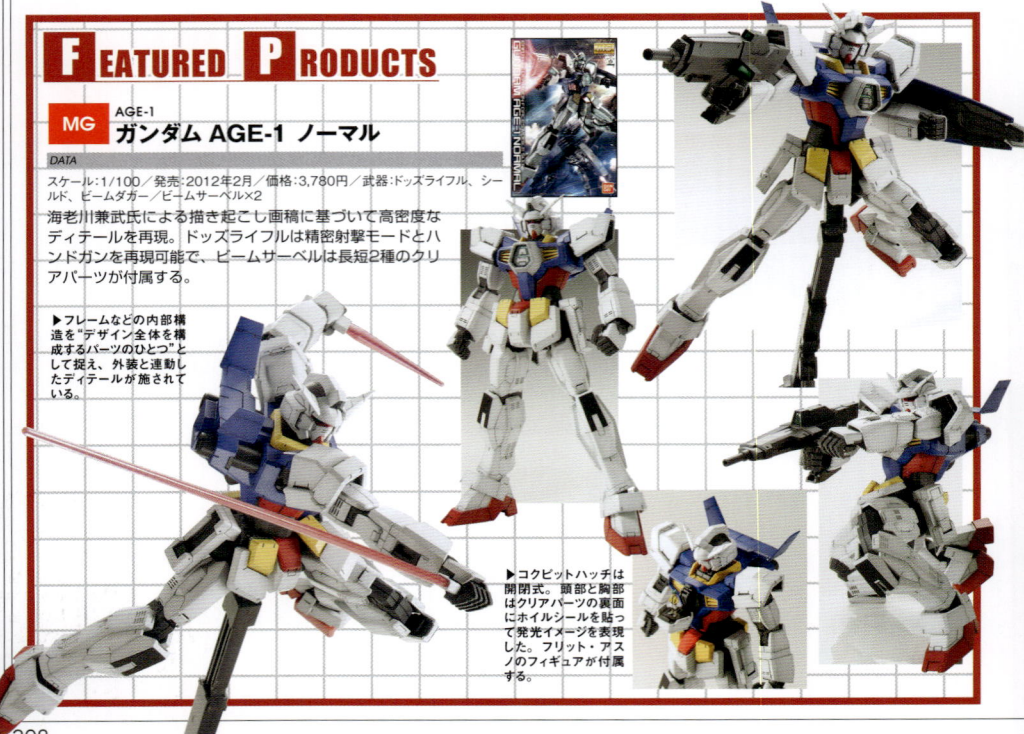

FEATURED PRODUCTS

MG　AGE-1
ガンダム AGE-1 ノーマル

DATA

スケール：1/100／発売：2012年2月／価格：3,780円／武器：ドッズライフル、シールド、ビームダガー／ビームサーベル×2
海老川兼武氏による描き起こし画稿に基づいて高密度なディテールを再現。ドッズライフルは精密射撃モードとハンドガンを再現可能で、ビームサーベルは長短2種のクリアパーツが付属する。

▶フレームなどの内部構造を"デザイン全体を構成するパーツのひとつ"として捉え、外装と連動したディテールが施されている。

▶コクピットハッチは開閉式。頭部と胸部はクリアパーツの裏面にホイルシールを貼って発光イメージを表現した。フリット・アスノのフィギュアが付属する。

■ 地球連邦軍

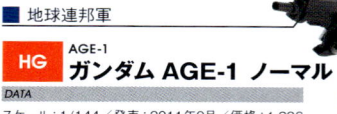

HG AGE-1 ガンダム AGE-1 ノーマル

DATA

スケール：1/144／発売：2011年9月／価格：1,296円／武器：ドッズライフル、シールド、ビームダガー／ビームサーベル×2

第一世代主人公機を劇中イメージのシャープなプロポーションで造形。ドッズライフルは3形態に組み換え可能で、ビームサーベルのビーム刃パーツは長短2種が付属する。

◀バックパックなどの特徴的なディテールを忠実に再現。

AG AGE-1 ガンダム AGE-1

DATA

スケール：1/144／発売：2011年10月／価格：648円／武器：ドッズライフル、シールド、ビームサーベル×2

直感的に組み立てられるブロックビルド方式で、プロポーションを再現。成形色による色分けも忠実に再現されている。付属のビームダガーはビーム刃との一体成形。

MEGA SIZE AGE-1 ガンダム AGE-1 ノーマル

DATA

スケール：1/48／発売：2011年12月／価格：9,180円／武器：ドッズライフル、シールド、ビームダガー／ビームサーベル×2

全高375mmの大サイズで、メカニックデザインの海老川兼武氏描き起こしのディテールを精巧に再現。大型キットながら組み立ては容易だ。ドッズライフルは精密射撃モードなどへの変形が可能である。

▶ビーム刃のエフェクトパーツはサーベル用が2本、ダガー用が2本付属する。

HG AGE-1T ガンダム AGE-1 タイタス

DATA

スケール：1/144／発売：2011年11月／価格：1,296円／武器：ビームラリアット×2、ビームショルダータックル／ビームニーキック×14

各間接関節の2軸可動機構などによって、近接格闘戦仕様ならではのダイナミックなポージングを実現。ビームラリアットなどの必殺技はクリアパーツで表現。

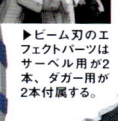

▼カメラアイと胸部にはLEDによる発光ギミックを内蔵。組み立て済みのLEDライトユニットとテスト用電池も付属している。

AG AGE-1T ガンダム AGE-1 タイタス

DATA

スケール：1/144／発売：2011年11月／価格：648円／武器：——

ブロックビルド方式で重厚なプロポーションを再現。特徴的な各部の形状が忠実に造形され、パーツごとの色分けによるカラーリングの再現性も高い。

◀ビームラリアットやビームショルダータックルなどを再現するエフェクトパーツが付属。

MG AGE-1T ガンダム AGE-1 タイタス

DATA

スケール：1/100／発売：2012年3月／価格：3,780円／武器：ビームラリアット×2、ビームショルダータックル／ビームニーキック×14

海老川兼武氏の描き下ろし画稿を基にしたディテールの再現と、新規関節パーツによる力強い可動表現が特徴。アニメ設定同様、同作品のMGキットとのウェア換装も再現できる。

■ 地球連邦軍

AG AGE-1S
ガンダム AGE-1 スパロー

DATA
スケール：1/144／発売：2011年12月／価格：648円／武器：シグルブレイド

ブロックビルドで組み易さを追求しつつ、スマートなフォルムと青基調のカラーリングを再現。付属のシグルブレイドは腰部背面にマウントが可能。

HG AGE-1S
ガンダム AGE-1 スパロー

DATA
スケール：1/144／発売：2011年12月／価格：1,296円／武器：シグルブレイド

▼2軸可動の関節構造と回転軸の組み合わせによって多彩なアクションポーズが可能。

高速戦闘に最適化された細身のプロポーションを忠実に造形。前腕部ブースターや膝部ニードルガンの展開ギミックを再現。左右の平手などが付属する。

AG RGE-B790
ジェノアス

DATA
スケール：1/144／発売：2011年10月／価格：648円／武器：ビームスプレーガン、シールド

ブロックビルド方式による組み易さと忠実なプロポーション再現が特徴。2種の成形色でカラーリングを再現し、フェイスカバーはクリア造形となっている。

AG RGE-B790CW
ジェノアスカスタム

DATA
スケール：1/144／発売：2011年10月／価格：648円／武器：ビームスプレーガンⅢB、シールド

ウルフ・エニアクル専用のカスタム機をブロックビルド方式で再現。成形色は純白のカラーリングを再現し、フェイスカバーにはクリアパーツを用いている。

▶シグルブレイドは刀身にクリアパーツを用い、腰部背面にマウントが可能。

MG AGE-1S
ガンダム AGE-1 スパロー

DATA
スケール：1/100／発売：2012年4月／価格：3,780円／武器：シグルブレイド

スマートなフォルムに海老川兼武氏の手による高密度ディテールを盛り込み、前腕部ブースターや膝部ニードルガンの展開を再現。指の組み換えが可能なハンドパーツが付属する。アニメの設定通り、AGE-1シリーズのMGキット間でのウェア換装も再現されている。

▶股関節の回転式可動軸などによって柔軟なポージングを実現。

HG RGE-B790
ジェノアス

DATA
スケール：1/144／発売：2011年10月／価格：1,296円／武器：ビームスプレーガン、シールド、ヒートスティック／ビームサーベル

第一世代期産MSのシンプルなフォルムを幅広い可動構造とともに再現。フェイスカバー内部には精巧なメカディテールが施されている。また、付属のヒートスティックはシールドの内側に収納できる。

▶ヒートスティックは刀身をクリア成形のビームサーベルに差し替え可能。

HG RGE-B790CW
ジェノアスカスタム

DATA
スケール：1/144／発売：2011年11月／価格：1,296円／武器：ビームスプレーガンⅢB（ナイフ）、シールド、ヒートスティック／ビームサーベル、マーカーショット

▲劇中の模擬戦で使用されたマーカーショットも付属する。

新規パーツと成形色の変更でカスタム機を再現したHG「ジェノアス」のバリエーションキット。ビームスプレーガンⅢBのナイフパーツは着脱式で、シールドのパーソナルマークはホイルシールで再現。

■ 地球連邦軍／ヴェイガン

AG WMS-GEX1
G エグゼス

DATA

スケール：1/144／発売：2011年12月／価格：648円／武器：ビームライフル、シールド

ウルフ専用のカスタムメイドMSをブロックビルドで再現。白とグレー、ライトグリーンの3色で成形され、シールドにはウルフのパーソナルマークがモールドされている。

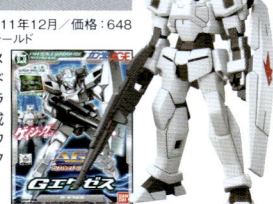

▲ビームライフルは腰背面のマウントラッチに装着することも可能。

HG WMS-GEX1
G エグゼス

DATA

スケール：1/144／発売：2011年12月／価格：1,296円／武器：ビームライフル、シールド、ビームサーベル×2

劇中イメージのプロポーションをシャープに再現し、2軸可動や胴体部ボールジョイントで多彩なポージングを実現。ビームサーベルはバックパックからの着脱が可能。

HG ## ガフラン

DATA

スケール：1/144／発売：2011年10月／価格：1,296円／武器：――

フリット編に登場したUE（ヴェイガン）機の独特のフォルムを飛行形態への変形とともに再現。背部のビームライフルはスイング可動して前方に構えることが可能。

AG ## ガフラン

DATA

スケール：1/144／発売：2011年10月／価格：648円／武器：ビームライフル

ガフランのMS形態の特徴的なプロポーションをブロックビルド方式で造形。2種類の成形色でカラーリングを再現し、付属のビームライフルは右手に接続することができる。

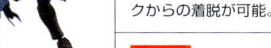

AG XVV-XC
ゼダス

DATA

スケール：1/144／発売：2011年11月／価格：648円／武器：ゼダスソード

ブロックビルド方式を用いて、フリット編に登場したUEの高機動機のMS形態を再現。付属のゼダスソードはどちらの腕に持たせることもでき、腰に取り付けることも可能。

HG XVV-XC
ゼダス

DATA

スケール：1/144／発売：2011年11月／価格：1,620円／武器：ゼダスソード

設定寄りのプロポーションを精巧に造形し、胴体部ボールジョイントなどの柔軟な可動構造を盛り込んでいる。尾部のゼダスソードは着脱可能で、手に持たせることもできる。

◀手首の差し替えで飛行形態への変形を再現。

HG ovv-a
バクト

DATA

スケール：1/144／発売：2011年12月／価格：1,620円／武器：――

重装甲を特徴とするフォルムを忠実に再現し、胸部ビームスパイクはクリアパーツで表現。背部のビームライフルは下方に展開することができる。ハンドパーツは2種類が付属する。

▶飛行形態への変形が可能で、脚部装甲の展開が再現されている。

HG xvb-xd
ファルシア

DATA

スケール：1/144／発売：2012年4月／価格：1,296円／武器：ファルシアソード、ファルシアビット×5

他のUE機とは一線を画す印象的なフォルムを再現。ファルシアベースと専用スタンドが付属し、ファルシアビットは軟質クリア棒でオールレンジ攻撃をイメージしたディスプレイが可能。

▶ファルシアソードは着脱式で、左右の平手に装着することもできる。

■ 地球連邦軍

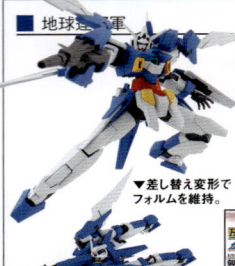

▼差し替え変形でフォルムを維持。

HG AGE-2　ガンダム AGE-2 ノーマル
DATA
スケール：1/144／発売：2012年1月／価格：1,620円／武器：ハイパードッズライフル、シールド、ビームサーベル×2

第二世代主人公機のスマートなフォルムと、最大の特徴であるストライダーフォームの変形を再現。胴体のひねりなど可動性にも優れ、両形態をディスプレイ可能な専用スタンドが付属する。

AG AGE-2　ガンダム AGE-2 ノーマル
DATA
スケール：1/144／発売：2012年1月／価格：756円／武器：ハイパードッズライフル、シールド

ブロックビルド方式によってMS形態のプロポーションを忠実に再現。

MEGA SIZE AGE-2　ガンダム AGE-2 ノーマル
DATA
スケール：1/48／発売：2012年3月／価格：9,504円／武器：ハイパードッズライフル、シールド、ビームサーベル×2

全高約380mmの大サイズに精細なディテールを盛り込んだ非変形キット。頭部カメラアイと胸部はLEDによる発光が可能で、ビームサーベルはグリップを腰部に収納できる。

MG AGE-2　ガンダム AGE-2 ノーマル
DATA
スケール：1/100／発売：2012年8月／価格：4,536円／武器：ハイパードッズライフル、シールド、ビームサーベル×2

ストライダーフォームへの変形を各部のスライドギミックによって完全再現。海老川兼武氏描き下ろし画稿によるハイディテールを表現。コクピットシートのスライド構造なども再現。

◀ランディングギアの展開ギミックを内蔵。

AG AGE-2DB　ガンダム AGE-2 ダブルバレット
DATA
スケール：1/144／発売：2012年3月／価格：756円／武器：ツインドッズライフル×2

ブロックビルドやタッチゲートによってガンダムAGE-2の進化形を再現。サイドバインダーは可動し、ツインドッズキャノンは着脱可能で手に持たせることもできる。

MG AGE-2DB　ガンダム AGE-2 ダブルバレット
DATA
スケール：1/100／発売：2013年6月／価格：4,536円／武器：ツインドッズライフル×2、ビームサーベル×2、大型ビームサーベル×2

ツインドッズキャノンの着脱やカーフミサイルの装填と展開など、各種武器のギミックを忠実に再現。海老川兼武氏の描き下ろし画稿に基づくハイディテールも精巧に造形している。

▼大型ビームサーベルを再現可能なエフェクトパーツが付属。

HG AGE-2DB　ガンダム AGE-2 ダブルバレット
DATA
スケール：1/144／発売：2012年3月／価格：1,620円／武器：ツインドッズライフル×2、ビームサーベル×2

HG「ガンダムAGE-2ノーマル」をベースにフルウェポンウェアを再現。ツインドッズキャノンの着脱や脚部カーフミサイルの展開が可能で、2形態に対応した台座が付属する。

▼パーツの組み換えで高速航行形態への変形を再現している。

▲フライトモードへの変形とランディングギアの展開を再現。

AG WMS-GB5
G バウンサー

DATA
スケール：1/144／発売：2012年3月／価格：648円／武器：ドッズライフル、シールド

アセム編のウルフ・エニアクルの専用機をブロックビルドで再現。頭部カメラのライトグリーン以外は白の単色成形で、シールドはシグルブレイドと一体成形となっている。

AG RGE-G1100
アデル

DATA
スケール：1/144／発売：2012年1月／価格：648円／武器：ドッズライフル、シールド

アセム編の地球連邦軍量産機をブロックビルドで再現。成形色は一般機のカラーリングに準じたライトグリーン基調で、フェイスカバーにはクリアパーツを用いている。

HG RGE-G1100
アデル

DATA
スケール：1/144／発売：2012年2月／価格：1,296円／武器：ドッズライフル、シールド、ビームサーベル×2

ガンダムAGE-1の発展量産機という設定を反映し、一部パーツをHG「ガンダムAGE-1ノーマル」と共用してディテールを再現。別売りのAGE-1系キットとのウェア換装も可能。

▶ビームサーベルはグリップを腰部サイドアーマーに格納可能。シールドは取り付け角度を選択でき、細部のディテールまで精巧に造形されている。

AG RGE-B890
ジェノアスⅡ

DATA
スケール：1/144／発売：2012年2月／価格：648円／武器：ドッズガン、シールド

ブロックビルド方式でジェノアス改修機のディテールを造形し、一般機のカラーリングを赤と白の2種類の成形色で再現。フェイスカバーにはクリアパーツを用いている。

HG WMS-GB5
G バウンサー

DATA
スケール：1/144／発売：2012年2月／価格：1,620円／武器：ドッズライフル、シールド（シグルブレイド）、ビームサーベル×2

エース専用機の精悍なフォルムを設定に沿って再現。シグルブレイドはシールドに着脱が可能で、バックパックバインダーはスラスターノズルの展開ギミックが再現されている。

▼関節の2軸可動や回転軸によって柔軟なポージングが可能。ビームサーベルはグリップを腰部に格納できる。

◀バックパックは着脱式でHG「アデル」にも装備できる。ドッズライフルは腰部に装着可能。

HG RGE-G1100
アデル（ディーヴァ所属部隊カラー）

DATA
スケール：1/144／発売：2012年4月／価格：1,296円／武器：ドッズライフル、シールド、ビームサーベル×2

ディーヴァ所属機のカラーリングを成形色で再現したHG「アデル」のバリエーションキット。ベースキットと同じ武装が付属し、ドッズライフルは腰部背面にマウントが可能。

▲フェイスカバーはクリア成形で、内部には精密なディテールを再現。

◀1番機と2番機を示す胸部の数字をマーキングシールで再現。

HG RGE-B890
ジェノアスⅡ

DATA
スケール：1/144／発売：2012年3月／価格：1,296円／武器：ドッズガン、シールド、ヒートスティック／ビームサーベル

HG「ジェノアスカスタム」をベースにジェノアスの第二世代機を再現し、一般機のカラーリングを成形色で表現。ドッズガンはハンドガンモードに組み替え可能で、ヒートスティックはシールド裏に格納できる。

◀ビームサーベルは刀身の差し替えでヒートスティックを再現。

■ 地球連邦軍／ヴェイガン

▲ジェノアスⅡと同じドッズガンが付属。シールドは G エグゼスと同型。

DATA
スケール：1/144／発売：2012年4月／価格：1,296円／武器：ドッズガン、シールド、ビームサーベル

G エグゼスを素体とする設定に準じ、HGの同キットをベースに新規パーツでディテールを再現。バックパックのサーベルラックには回転構造を盛り込んでいる。

AG xvm-zgc
ゼイドラ

DATA
スケール：1/144／発売：2012年2月／価格：648円／武器：ゼイドラガン、ゼイドラソード

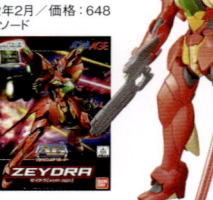

真紅のゼハート専用機をブロックビルドで再現。胸部のビームバスターにはクリアパーツを用い、ゼイドラソードは腰部から外してどちらの手に持たせることも可能。

HG xvm-zgc
ゼイドラ

DATA
スケール：1/144／発売：2012年2月／価格：1,404円／武器：ゼイドラガン、ゼイドラソード

人型に近い特徴的なプロポーションを再現し、胸部や背部ウイングにクリアパーツを用いて質感を表現している。また、各部の二重関節やボールジョイントによって多彩なアクションポーズが可能。

▲尾部のゼイドラソードは着脱式で、掌部のビームバルカンに接続が可能。ゼイドラガンは左右両方の持ち手が付属する。

DATA
スケール：1/144／発売：2012年1月／価格：1,620円／武器：ゼダスソード

成形色の変更でゼハート・ガレットの専用機を再現したHG「ゼダス」のカラーバリエーション。ベースキットと同じくゼダスソードは尾部からの着脱が可能で、手に持たせることができる。

▶関節のギミックとハンドパーツの差し替えによって飛行形態への変形を再現。

HG ovm-e
ドラド

DATA
スケール：1/144／発売：2012年1月／価格：1,296円／武器：三連ビームバルカン×2

アセム編に登場したヴェイガンの新型量産機を精巧なディテールで再現。尾部のビームライフルは3箇所の可動部によって様々なポージングが可能で、掌部ビームバルカンに接続して保持もできる。

▼三連ビームバルカンは前腕部に着脱が可能。

AG ovm-e
ドラド

DATA
スケール：1/144／発売：2012年4月／価格：648円／武器：ビームライフル、三連ビームバルカン×2

ブロックビルド方式を用い、スマートなフォルムを忠実に再現。成形色はパープルとグレーの2色で、ビームライフルは腰部背面から取り外して右掌部に装着できる。

AG xvm-dgc
クロノス

DATA
スケール：1/144／発売：2012年3月／価格：756円／武器：クロノスガン

両肩にクロノスキャノンを備える重厚なプロポーションをブロックビルドで造形。クロノスキャノンは可動式で、胸部ビームバスターはクリアパーツで再現されている。

■ 地球連邦軍

AG AGE-3
ガンダム AGE-3 ノーマル

DATA

スケール：1/144／発売：2012年4月／価格：864円／武器：シグマシスライフル

第三世代主人公機の力強いフォルムをブロックビルド方式で表現。6種類の成形色を用いた精巧な色分けも特徴で、ガンダムらしいカラーリングを忠実に再現している。

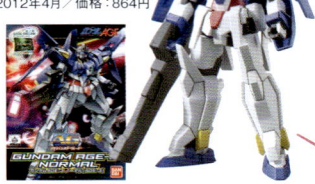

AG AGE-3F
ガンダム AGE-3 フォートレス

DATA

スケール：1/144／発売：2012年5月／価格：864円／武器：——

腕部と肩部のシグマシスキャノンや脚部のホバーユニットなど、AGE-3の重武装形態の特徴的な機体構造をブロックビルドで造形。複数の成形色によるカラーリングの再現性も高い。

HG AGE-3F
ガンダム AGE-3 フォートレス

DATA

スケール：1/144／発売：2012年11月／価格：1,944円／武器：シグマシスキャノン×2

HG「ガンダムAGE-3ノーマル」と一部パーツを共用しつつ、火力を向上させた陸戦形態のディテールを精巧に再現。肩部のシグマシスキャノンは上下左右に可動し、腕部の2基は着脱が可能。

◀ Gホッパーの変形は専用パーツによる差し替えで再現。MSとGホッパー、コアファイターの各形態に対応した専用スタンドが付属する。

◀ ビームサーベルはビーム刃をシールドに装着することも可能。

◀ 専用の胴体パーツを用いた差し替えによって、両形態のプロポーションを保ちつつGセプターへの変形を再現。

HG AGE-3
ガンダム AGE-3 ノーマル

DATA

スケール：1/144／発売：2012年5月／価格：1,728円／武器：シグマシスライフル、ビームサーベル×2

特徴である変形・合体ギミックとプロポーションの再現を両立。コアファイターとGセプターを同時にディスプレイでき、MS形態にも対応した専用スタンドが付属する。

AG AGE-3O
ガンダム AGE-3 オービタル

DATA

スケール：1/144／発売：2012年5月／価格：864円／武器：シグマシスロングキャノン

宇宙での機動戦闘を想定したAGE-3の高機動形態をブロックビルドで再現。脚部はつま先を折り畳んだ状態で造形されており、足先に装着してキットを直立させるスタンドが付属する。

HG AGE-3O
ガンダム AGE-3 オービタル

DATA

スケール：1/144／発売：2012年8月／価格：1,944円／武器：シグマシスロングキャノン、ビームサーベル×2

▼ 差し替え変形によってGバイパーのフォルムを再現。シグマシスロングキャノンのグリップは各形態に合わせて変形する。

専用パーツを用いた差し替えによる変形・合体ギミックと、高速戦闘に特化したスマートなプロポーションの再現が特徴。脚部は接地状態に変形可能で、専用スタンドが付属する。

■ 地球連邦軍

AG AGE-FX ガンダム AGE-FX

DATA
スケール：1/144／発売：2012年7月／価格：864円／武器：スタングルライフル、C ファンネル×14

タッチゲートやブロックビルド方式を採用した組み易さ重視の仕様で、ガンダムAGE-FXを再現。機体各部のCファンネルはクリア成形で、着脱が可能となっている。

▲コアファイターは変形と合体のギミックが再現されている。

▼ C ファンネルの射出状態を再現できるディスプレイスタンドが付属する。

HG AGE-FX ガンダム AGE-FX

DATA
スケール：1/144／発売：2012年8月／価格：1,728円／武器：スタングルライフル（ダイダルバズーカ）、C ファンネル×14

ガンダムAGEの究極進化形のシャープなフォルムを精巧に再現。Cファンネルはクリア成形で着脱可能。スタングルライフルはチャージモードに変形し、差し替えでダイダルバズーカを再現できる。

HG AGE-FX ガンダム AGE-FX バースト

DATA
スケール：1/144／発売：2013年1月／価格：1,944円／武器：スタングルライフル（ダイダルバズーカ）、C ファンネル×14

劇中終盤に登場したFXバーストモードを再現したHG「ガンダムAGE-FX」のバリエーションキット。成形色を青系に変更し、機体各部に発生した棘状のビームをクリアパーツで再現している。

▲ベースキットと同じ各種武装と成形色を合わせたディスプレイスタンドが付属する。

▶ビームエフェクトパーツはC ファンネルの取り付け部位に装着できる。

HG AGE-1G ガンダム AGE-1 フルグランサ

DATA
スケール：1/144／発売：2013年4月／価格：1,728円／武器：シールドライフル×2、ビームサーベル×2、グラストロランチャー

各部のアーマーとグラストロランチャーは着脱式で、AGE-1フラットとAGE-1グランサの両形態を再現できる。ミサイルランチャーは展開が可能で、シールドライフルにはビーム刃パーツを装着できる。

▶グラストロランチャーは砲身を前方にスイングさせることが可能。

HG RGE-G2100 クランシェ

DATA
スケール：1/144／発売：2012年9月／価格：1,404円／武器：ドッズライフル、シールド、ビームサーベル

飛行形態への変形を一部パーツの差し替えで再現し、脚部などの特徴的な構造と可動性を両立したHG「クランシェ」。付属のドッズライフルは背部へのマウントが可能で、専用のディスプレイスタンドが付属する。

飛行形態ではランディングギアの展開を差し替えで再現できる。

▲フェイスパーツはクリア成形で、内部メカのディテールをホイルシールで再現している。

HG RGE-G2100C クランシェカスタム

DATA
スケール：1/144／発売：2012年12月／価格：1,404円／武器：ドッズライフル、シールド、ビームサーベル

指揮官機仕様のカスタム機のディテールを忠実に再現したキット。ノーマルタイプと同じ武装とディスプレイスタンドが付属し、ビームサーベルのビーム刃は前腕部に直接装着することもできる。

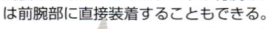

▲パーツの差し替えによって飛行形態への変形と、ランディングギアを展開した駐機状態を再現。

■ 宇宙海賊ビシディアン

AG AGE-2DH
ガンダム AGE-2 ダークハウンド

DATA
スケール:1/144／発売:2012年6月／価格:756円／武器:ドッズランサー、アンカーショット×2

宇宙海賊を象徴するAGE-2改造機のフォルムを、タッチゲートとブロックビルドで再現。アンカーショットはバインダーから取り外して手に持たせることもできる。

▼ストライダー形態への変形はパーツ組み換えで再現。両形態対応のディスプレイスタンドが付属する。

各部のスライド機構などによりストライダー形態への変形を完全再現。

◀ビームサーベルは腰部リアアーマーにグリップの収納が可能。

海老川兼武氏描き下ろしの画稿に基づく高密度なパーツを再現し、キット独自のギミックとして頭部アイパッチのスライド収納を盛り込んでいる。海老川氏デザインのマーキングシールなどが付属。

MG AGE-2DH
ガンダム AGE-2 ダークハウンド

DATA
スケール:1/100／発売:2013年6月／価格:4,536円／武器:ドッズランサー、アンカーショット×2、ビームサーベル×2

HG「ガンダムAGE-2ノーマル」をベースに新規パーツで改造機のディテールを再現。付属のアンカーショットは着脱可能で、リード線を用いて射出ギミックを再現できる。

HG AGE-2DH
ガンダム AGE-2 ダークハウンド

DATA
スケール:1/144／発売:2012年7月／価格:1,620円／武器:ドッズランサー、アンカーショット×2、ビームサーベル×2

HG BMS-004
G エグゼス ジャックエッジ

DATA
スケール:1/144／発売:2012年7月／価格:1,296円／武器:ドッズライフルⅡB(ナイフ)、シールド、ビームサーベル×2

Gエグゼスの改造機という設定を元に、同HGキットをベースに改修された頭部などのディテールを忠実に再現。付属のビームサーベルはグリップの背部への着脱が可能となっている。

◀バックパックはボールジョイント接続で柔軟に可動。腰部リアアーマーにはドッズライフルⅡBをマウントできる。

HG BMS-003
シャルドール ローグ

▶各関節の幅広い可動構造により迫力あるポージングを実現。

DATA
スケール:1/144／発売:2013年2月／価格:1,404円／武器:ドッズバスター、ビームサーベル、ビームアックス

成形色の変更と新規パーツで海賊仕様機を再現した、HG「シャルドール改」のバリエーションキット。ドッズバスターはハンドパーツとの差し替えが可能で、ビームサーベルはグリップの収納を再現している。

AG BMS-004
G エグゼス ジャックエッジ

DATA
スケール:1/144／発売:2012年6月／価格:756円／武器:ドッズライフルⅡB(ナイフ)、シールド

AG「Gエグゼス」の成形色を変更し、頭部や肩部などに新規パーツを採用して改造機を再現したバリエーションキット。ドッズライフルⅡBは下部の銃剣が着脱式で、手に持たせることも可能。

▶ドッズライフルⅡBの銃剣は着脱式。各部の可動構造と回転軸によって様々なアクションポーズを実現。

■ ヴェイガン／宇宙海賊ビシディアン

AG xvt-zgc ギラーガ

DATA
スケール：1/144／発売：2012年5月／価格：648円／武器：ギラーガスピア、ギラーガテイル

タッチゲートとブロックビルドで組み易さを追求したゼハート・ガレット専用機のキット。3色の成形色でカラーリングを再現し、着脱式のギラーガテイルは掌部に装着可能。

HG xvt-zgc ギラーガ

DATA
スケール：1/144／発売：2012年6月／価格：1,404円／武器：ギラーガスピア×2、ギラーガテイル

特徴的な人型のフォルムを忠実に造形し、差し替えでモードXを再現。胸部ビームバスターやXトランスミッターなどはクリアパーツで表現し、2本のギラーガスピアはハンドパーツを介して連結が可能。

▶ギラーガテイルは着脱が可能で、芯にリード線を用いることで柔軟に可動する。

AG xvm-fzc ガンダムレギルス

DATA
スケール：1/144／発売：2012年7月／価格：864円／武器：レギルスライフル、レギルスキャノン、レギルスシールド

タッチゲートとブロックビルドによる組み易さと、5種の成形色を用いた精巧な色分けが特徴。背部のレギルスキャノンは着脱が可能で、掌部に装着することもできる。

HG xvm-fzc ガンダムレギルス

DATA
スケール：1/144／発売：2012年10月／価格：1,620円／武器：レギルスライフル、レギルスシールド、ビームサーベル

ヴェイガン製のガンダムという設定をキットとして再現。頭部カメラアイのシールはツインアイと通常状態の選択式。レギルスシールドは差し替えでレギルスビット放出状態を再現でき、レギルスキャノンはフレキシブルに可動する。

▶頭部と背部ユニットがレギルスコアとして分離するギミックを盛り込んでいる。

▼ビームサーベルのビーム刃はクリア成形で、掌に装着できる。

HG ovv-af ダナジン

DATA
スケール：1/144／発売：2012年5月／価格：1,620円／武器：――

恐竜的なフォルムを再現し、首関節の引き出し構造や各部のボールジョイントで躍動感あるポージングを実現。尾部のダナジンスピアは2軸関節で立体的に可動する。

▲頭部パーツの差し替えと各部の可動によって飛行形態を再現可能。

HG BMS-005 G サイフォス

DATA
スケール：1/144／発売：2013年3月／価格：1,620円／武器：ドッズバスターH、高出力ヒートソード

外伝コミック『機動戦士ガンダムAGE ～追憶のシド～』に登場したGバウンサーの改造機を、HGの同キットをベースに再現。特徴的な頭部形状や肩部などの改修部位が精巧に造形されている。

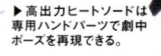

▶高出力ヒートソードは専用ハンドパーツで劇中ポーズを再現できる。

▶バックパックはスラスターハッチの展開ギミックを内蔵している。

▶ドッズバスターHはフックが可動し、通常のハンドパーツへの差し替えが可能。

ガンダムフロント東京

　2012年4月から2017年4月まで、東京都江東区のダイバーシティ東京 プラザ7F に置かれていた、ガンダムの体験・体感エンターテイメントスペースがガンダムフロント東京だ。施設内では1/1のストライクフリーダムガンダムの胸像やコア・ファイターが展示された他、直径16m の半球型シアター「DOME-G（ドーム・ジー）」が置かれた。アニメに関する情報が閲覧できるアーカイブカウンターやミュージアムスペースも魅力的で、まさにガンダムの総合施設と言えた。中でも施設の象徴と言えるのが（正確にはガンダムフロント東京の外だが）、実物大のガンダム立像であり、ガンダム世界を実際のものかのように体験することができたのだった。

　ガンダムフロント東京はガンプラに関しても充実していた。そもそも施設内最大の展示物のストライクフリーダム胸像が「RG 1/1 ZGMF-X20A ストライクフリーダムガンダム Ver.GFT」という名称である他、有料ゾーンに入場する際にはガンダムヘッドパーツがもらえた。また、無料ゾーンには1000体以上もの歴代ガンプラが展示された「ガンプラTOKYO」があり、ガンプラの歴史を実際のモデルで知ることもできたのだった。物販コーナーでは、ガンダム立像のディテールを盛り込んだ各種ガンダムのキットや「DOME-G」登場メカのキットなど、ガンダムフロント東京限定のガンプラが販売されていた。

ガンダムベース東京

　2017年8月、ガンダムフロント東京があったダイバーシティ東京 プラザ7F に開業したのがガンダムベース東京だ。実物大ガンダム立像が置かれていたフェスティバル広場には、実物大のユニコーンガンダムの立像「RX-0 ユニコーンガンダム Ver.TWC」が建設され、新たなランドマークとなっている。

　ガンダムベース東京の特徴はガンプラに特化した旗艦店である点で、ショップゾーンには約2,000種の商品、1,500点の展示品がならぶ。ガンダムベース東京限定商品も充実しており、HG「ガンダムベース限定 ユニコーンガンダム（光の結晶体）」を始めとするメカニックのキットだけでなく、「ガンダムベース限定 デプリパーツセット」のようなオリジナル台座などもラインナップされている。

　ビルドスペースは無料のガンプラ製作スペース（使用制限時間は1回約60分）で、工具も無料レンタルできるため、会場で買ったガンプラをすぐに作ることができる。マイスターが教えてくれるため未経験者でも安心なうえ、有料のペインティングルームではエアブラシを使った本格的な塗装も可能だ。

ダイバーシティ東京のフェスティバル広場に建てられていた実物大ガンダム立像（左上）。ダクトからの排気ギミックが盛り込まれた他、夜間にはデュアルアイの点灯やライトアップ、プロジェクションマッピングがなされた時期もあった。立像の足の間を通過できるウォークスルーが設けられたこともある。有料スペース内には、コクピット内も作りこまれた実物大のストライクフリーダムガンダムの胸像（左下）が置かれ、『SEED（DESTINY）』世代を中心に人気を集めていた。

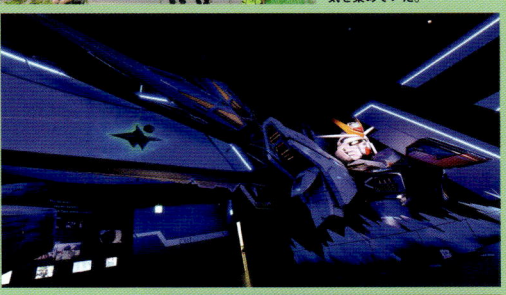

フェスティバル広場に立つ実物大の「RX-0 ユニコーンガンダム Ver.TWC」。通常はユニコーンモードで、定期的にデストロイモードに変身（昼4回）。デストロイモード時にはサイコフレーム部が LED で発光する。夜には映像や音楽の演出も加わったプログラムが6回開催される（プログラムは2018年6月現在のもの）。プロジェクションマッピングが行われたこともあった。

ガンダム G のレコンギスタ

2014

GUNDAM RECONGUISTA IN G

富野由悠季監督が『∀ガンダム』以来15年ぶりに監督を務めたテレビシリーズ。宇宙世紀が終焉を迎えた後のR.C.(リギルド・センチュリー)1014年を舞台に、ベルリ・ゼナムとアイーダ・スルガンの冒険を描く。
監督独自の文明論や社会観、政治論、身体論などが織込まれたストーリーは単純な冒険物の枠を超えた広がりを見せた。
放映期間：2014年10月〜2015年3月／全26話

シンプルさとスタイルを
立体化した好シリーズ

本シリーズは1/144のみでの展開となり、「HG Reconguista in G」のシリーズ名が与えられた。これは頭文字だけにしてしまうとHGRGとなり、すでに発売されていたRGと混同しかねないためである。

HG Reconguista in G シリーズの共通の特徴として、特異なデザインのMSを過不足無く立体化しているところが挙げられる。例えばG-セルフでは、従来のガンダムとは異なる逆向きのアンテナが眉間から伸びているというデザインを再現するため、よく見られる前後合わせのパーツ構成にアンテナを取り付けるというスタイルではなく、頭部の後ろ半分を2パーツとし、顔部分を挟み込んでアンテナと一体化された頭部前側のパーツを取り付けるという工夫が見られる。

新素材の活用と
新たなフォーマット

構造的な特徴としては、大幅に減らされたポリキャップと、それを補うための特殊素材の採用がある。

この特殊素材は一般的なPS樹脂と同様に接着、切削が可能であるのに加え、ABSレベルの柔軟性と耐摩擦性を持つ。これを腕部や脚部などに留まらず、外装部まで採用することで、組み立て易さとランナー数の削減を両立し、コストダウンと低価格化にも繋がっている。以降のガンプラにはフレーム部に本シリーズと同様の構造を持つものが多く見られ、エポックメイキングなシリーズであったと言える。

FEATURED PRODUCTS

HG BPMF-01
ガンダム G-セルフ (パーフェクトパック装備型)

DATA

スケール：1/144／発売：2015年8月／価格：2,700円／武器：ビーム・ライフル(トワサンガ製)、フォトン装甲シールド、ビーム・サーベル×2、パーフェクトパック

「全部入り」バックパックを装備したG-セルフのHGキット。パックの変形により、アサルトモードやリフレクターモードを再現可能。リフレクターモードの再現には、ブルークリア成形のバインダー状パーツを用いている。ハンドパーツは平手を含む3種5個が付属する。

■ 海賊部隊

▼翼を展開してポーズをとることで浮遊感を表現可能。

▲ビーム・サーベルの刃部分はクリア素材で再現。

▶大気圏内用バック本体と翼は折り畳み式。推進ノズルも偏向可能だ。

HG
YG-111
ガンダム G-セルフ（大気圏用バック装備型）

DATA
スケール：1/144／発売：2014年9月／価格：1,728円／武器：ビーム・ライフル、シールド、ビーム・サーベル×2、大気圏内用バック

主人公機ガンダムG-セルフの飛行装備搭載仕様をHGで立体化。特徴的な露出状態のフォトンフレームは、クリアパーツとホイルシールの併用で再現している。多彩な成形色とシールにより、未塗装でも設定に近い仕上がりにできる。

HG
BPAM-02
ガンダム G-セルフ用オプションユニット 宇宙用バック

DATA
スケール：1/144／発売：2014年12月／価格：1,296円／武器：ビーム・ライフル（アメリア製）、シールド（トワサンガ製）

別売りのHG「ガンダムG-セルフ」シリーズに対応する装備セット。宇宙用バックはG-セルフシリーズだけでなく、付属のコア・ファイターにも接続可能。

▲コア・ファイターとG-セルフ対応のベースが付属。

HG
BPAM-05
ガンダム G-セルフ（アサルトバック装備型）

DATA
スケール：1/144／発売：2015年4月／価格：4,104円／武器：ビーム・ライフル、アサルトバック

先制攻撃用の巨大バックバックを搭載した、ガンダムG-セルフの大型キット。MS本体は同HGキットの成形色を変更し、脚部に新規パーツを追加している。専用ベースが付属する。

▼左右ビーム・ライフルは可動式。ミサイルハッチは開閉可能である。

HG
VGMM-Gf10
G-ルシファー

DATA
スケール：1/144／発売：2015年3月／価格：2,160円／武器：ビーム・サーベル×2、スカート・ファンネル×3

巨大なスカートが印象的なガンダム G-ルシファーをHGで立体化。特徴的なスカート・ファンネルは基部の可動、MS本体との合体・分離ギミックを持つ他、ビーム刃展開状態も再現可能だ。

◀G-ルシファー本体用のベース1点と、スカート・ファンネル用のベース3点が付属する。ベースとの併用により、G-ルシファーのミノフスキー・フライト状態を再現可能である。

■ 海賊部隊／アメリア

HG　GH-001
グリモア

DATA
スケール：1/144／発売：2014年10月／価格：1,512円／武器：サブマシンガン（ビーム・ワイヤー）、シールド、プラズマナイフ

海賊部隊が装備する主力MSのHGキット。コクピット区画を含む球形の腹部、円盤状の頭部等、グリモアの特徴的シルエットを再現している。カメラアイにはクリアパーツを使用。

▶接続するビーム・ワイヤーは、緩やかに折り曲げ可能である。▼サブマシンガンに状態を再現可能。

▶大型武器の対艦ビーム・ライフルを無理なく構えられる。シールドは左右のビーム射出口も再現している。

HG　MSAM-033
ガンダム G-アルケイン

DATA
スケール：1/144／発売：2014年11月／価格：1,728円／武器：対艦ビーム・ライフル、大型ビーム・ソード、シールド、ビーム・サーベル×2、ビーム・ワイヤー×2

可変MS「姫様のアルケイン」を立体化したHGモデル。一部差し替えで飛行形態への変形が可能だ。対艦ビーム・ライフルはライフルモードとソードモードの2種が付属している。

▶変形にはアクションベース2別売り用ジョイントを兼ねる専用パーツを用いる。

HG　MSAM-YM03
モンテーロ
（クリム・ニック専用機）

DATA
スケール：1/144／発売：2014年11月／価格：1,728円／武器：ビーム・ライフル、ビーム・ジャベリン×3（ビーム・ワイヤー×2）

両肩の翼兼用シールドを展開することで飛行する状態を再現可能である。

クリム・ニック初期の乗機である長距離侵攻用MSのHGキット。ビーム・ジャベリンは分離状態が2本、接続状態が1本付属。接続状態のものは両端にビーム・ワイヤーを接続可能。

HG　MSAM-034
宇宙用ジャハナム（量産機）

DATA
スケール：1/144／発売：2014年12月／価格：1,512円／武器：ビーム・ライフル、シールド、ビーム・アックス×2

アメリア軍の宇宙用主力MSをHGで立体化。カメラアイはUV反応素材のクリアパーツを使用しつつ、マーキングシールを貼り付けることで再現する。手首パーツは2種4個が付属。

▼ビーム・アックスは展開状態のものと、シールド裏に設置する折り畳み状態のものが付属する。

▶掌部ビーム・バリアの展開状態は、クリアパーツと専用ハンドパーツを併用する形で再現される。

HG　MSAM-034a
宇宙用ジャハナム（クリム・ニック専用機）

DATA
スケール：1/144／発売：2015年1月／価格：1,512円／武器：ビーム・ライフル、シールド、ビーム・アックス×2

HG「宇宙用ジャハナム（量産機）」の成形色を変更し、頭部の「ツノ」パーツを加えたキット。成形色はクリム・ニックのパーソナルカラーである青が中心で、その他はベースキットに準ずる。

HG　VGMM-La01b
ダハック

DATA
スケール：1/144／発売：2015年5月／価格：1,944円／武器：ビーム・バリア×2、ビーム・サーベル×4

ストーリー終盤でクリム・ニックが搭乗した高性能MSのHGキット。掌の発光はホイルシールで再現される。展示用のベースが付属（展示時にはジョイントパーツを併用する）。

▶式の背面アームにクリアパーツのビーム・サーベルの接続可能である。4本備える可動

■ キャピタル・アーミィ／ビーナス・グロゥブ

▲クリアパーツを装着することで脚部ビーム・サーベルを再現。

HG CAMS-02 **カットシー**
DATA
スケール：1/144／発売：2015年4月／価格：1,944円／武器：ビーム・ライフル、シールド、ビーム・サーベル×2

キャピタル・アーミィの飛行型MSをHG化。主翼は折り畳み式で、バックパックとの接続基部が可動する。設定通り、シールドは拡張アームを介してバックパックと接続できる。

HG CAMS-03 **エルフ・ブルック**（マスク専用機）
DATA
スケール：1/144／発売：2015年2月／価格：1,944円／武器：ビーム・サーベル×2、大型ブースター

マスクが駆る可変MSエルフ・ブルックのHGキット。飛行形態に変形可能。付属ベースはシャフトが長く、足部ビーム・サーベルの接続状態でも問題なくディスプレイできる。

▲専用パーツを併用した差し替えで変形ブースター装着状態でも変形可能。

HG CAMS-05 **マックナイフ**（マスク専用機）
DATA
スケール：1/144／発売：2015年3月／価格：1,512円／武器：フォトン・ボム×2、長距離用ブースター

劇中のトリッキーな挙動が印象的な、マスク専用マックナイフをHG化。長距離離用ブースターが付属。台座には可動アームを連結でき、吊り下げる形でのディスプレイが可能。

▲四肢の自由度が突出して高く、劇中の全翼的な姿勢が容易にとれる。

▼ビーム・リングはリード線で射出状態を再現可能。

HG VGMM-Git01 **カバカーリー**
DATA
スケール：1/144／発売：2015年7月／価格：2,160円／武器：ビーム・ショットガン（マガジン×2）、ビーム・リング×2

物語終盤でマスクが搭乗した超高性能MSのHGキット。両肩のシールドを展開することでミノフスキー・フライト状態を再現できる。脚部装甲（可動シールド）は差し替え式。

▲武器以外にビーム・リング用のディスプレイスタンド、ハンドパーツ等が付属。

HG VGMM-Gb03 **ジャイオーン**
DATA
スケール：1/144／発売：2015年2月／価格：1,944円／武器：ビーム・ライフル、ビッグアーム・ユニット×2（ビーム・サーベル×8）

ビッグアーム・ユニットを備えるG系MSを立体化。ビッグアーム・ユニットの「指」8本の先端にビーム・サーベルを接続可能。ジャイオーン本体を包み込み防御する、シールド状態も再現できる。

▼各（指）と基部が柔軟に可動するビッグアーム・ユニットは、劇中の各種攻撃・防御形態をとることができる。

HG VGMM-Sc02 **ジャスティマ**
DATA
スケール：1/144／発売：2015年6月／価格：1,836円／武器：ビーム・ライフル、ビーム・バリア、超大型ビーム・サーベル×2

有線ビーム・サーベルが特徴的な格闘戦用MSのHGキット。背部のフォトン・バランサーは通常色とクリアピンクから選択できる。右肩のファンネル・ミサイルは開閉式である。

▲有線式の超大型ビーム・サーベルをはじめ特徴的装備を再現している。

機動戦士ガンダム THE ORIGIN　MOBILE SUIT GUNDAM THE ORIGIN

『月刊ガンダムエース』創刊号から10年に亘って、安彦良和氏によって連載された同名コミックスをアニメ化。『機動戦士ガンダム』を新たな解釈やこれまで語られてこなかったエピソードなどを交えて再構築した。このうちシャアとセイラの幼少期より一年戦争開戦までが描かれた部分を4章構成とし、イベント公開、有料配信、BD、DVD販売で展開する。映像作品の監督も安彦良和氏が務める。
2015年2月〜公開／全6話(過去編)

従来以上のテイストを備える "ORIGIN"な HG シリーズ

　本シリーズを一言で表せば「従来の HG シリーズを超える、さらにハイグレードなシリーズ」となろう。

　シリーズ共通の特徴として、絶妙に再現されたプロポーション、可動構造の見直しがもたらした高いポージングの自由度、各関節機構の共通化による改造の自由度の向上などが挙げられる。

　具体的な例を挙げるとすれば、シリーズ第一弾として発売されたシャア専用ザクIIでは、本編中に使用された3DCG データを元に立体化されているため、劇中の姿を違和感なく再現しており、可動に関しても新たに胸部の両側が内側に稼働するような機構が設けられている。さらに、腰部分の可動域も広く、首が二重関節化されていることもあり、1章の冒頭に登場した対艦ライフルを構える姿も劇中と同じく再現できる。また、四角すぎるという指摘もあった前腕部は、やや丸みを帯びながら同一の形状であるドム試作実験機のものとの差し替えが可能となっており、シリーズを考えた開発過程を経ていることが伺える。

　このような関節機構の統一化はプレイバリューの拡大だけに留まらず、設定における同一系統での開発過程を見るような楽しさもあり、「HG ながら大人でも楽しめるガンプラ」という設計思想を体現している。

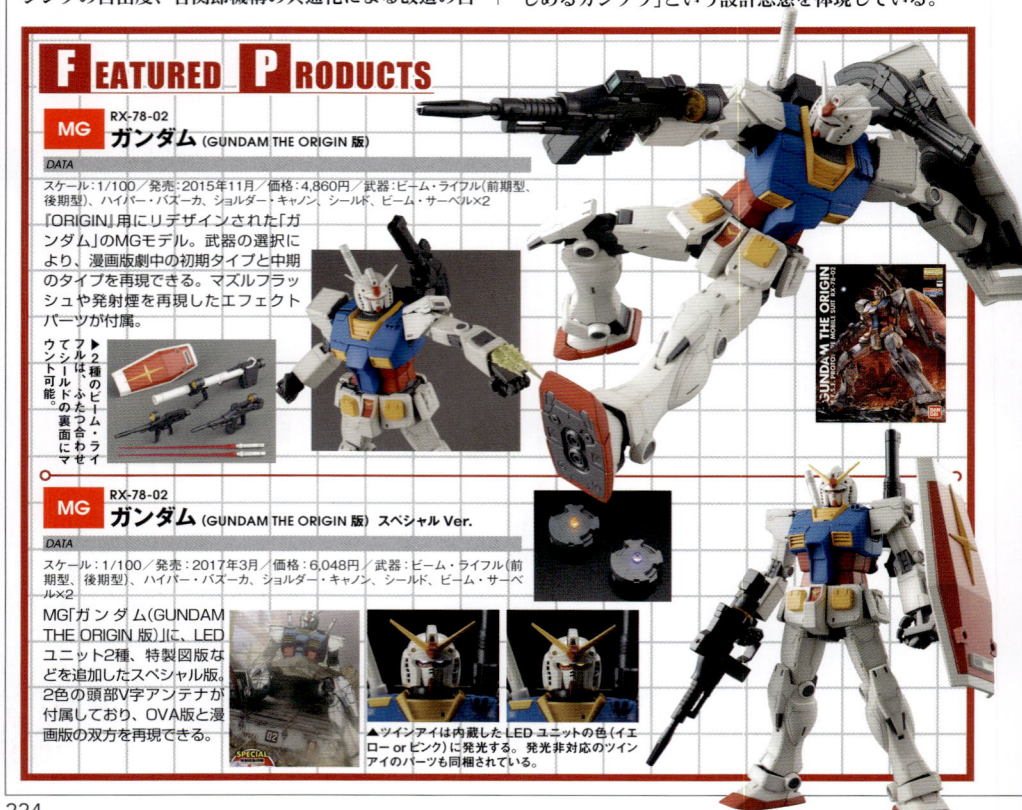

FEATURED **P**RODUCTS

MG RX-78-02
ガンダム (GUNDAM THE ORIGIN 版)
DATA
スケール:1/100／発売:2015年11月／価格:4,860円／武器:ビーム・ライフル(前期型、後期型)、ハイパー・バズーカ、ショルダー・キャノン、シールド、ビーム・サーベル×2
『ORIGIN』用にリデザインされた「ガンダム」のMGモデル。武器の選択により、漫画版劇中の初期タイプと中期のタイプを再現できる。マズルフラッシュや発射煙を再現したエフェクトパーツが付属。2種のビーム・ライフルはふたつ合わせてシールドの裏面にマウント可能。

MG RX-78-02
ガンダム (GUNDAM THE ORIGIN 版) スペシャル Ver.
DATA
スケール:1/100／発売:2017年3月／価格:6,048円／武器:ビーム・ライフル(前期型、後期型)、ハイパー・バズーカ、ショルダー・キャノン、シールド、ビーム・サーベル×2
MG「ガンダム(GUNDAM THE ORIGIN 版)」に、LEDユニット2種、特製図版などを追加したスペシャル版。2色の頭部V字アンテナが付属しており、OVA版と漫画版の双方を再現できる。

▲ツインアイは内蔵した LED ユニットの色(イエロー or ピンク)に発光する。発光非対応のツインアイのパーツも同梱されている。

■ 地球連邦軍／ジオン公国軍

▼背部の排煙ダクトや履帯駆動部など、細部のディテールを精巧に造形。腕部やキャノン砲は当然のこと、腹部も広い可動域を持つ。

▼特徴的な骨太のプロポーションを再現。ライフルとシールドはどちらの腕にも装備可能である。

HG **RTX-65**
ガンタンク初期型
DATA
スケール：1/144／発売：2015年5月／価格：1,836円／武器：——
装甲戦闘車輛の意匠を残したフォルムを再現し、各部の可動構造によって劇中イメージのポージングが可能。履帯ユニットは引き出し機構を備えており、角度をつけることができる。

HG **RCX-76-02**
ガンキャノン 最初期型（鉄騎兵中隊機）
DATA
スケール：1/144／発売：2016年11月／価格：1,944円／武器：ライフル、シールド、低反動キャノン砲、ミサイル・ランチャー
初期型MSならではの過渡期的デザインを、好プロポーションで立体化。腹部やスカートも可動式であるため、見た目以上に可動範囲が広い。左肩の武器はミサイル・ランチャーも選択可能。

▼後腰部には試作型MS用バズーカを、腰横にはビート・ホーク（収納状態）をマウント可能である。

HG モビルワーカー MW-01
01式 後期型（マッシュ機）
DATA
スケール：1/144／発売：2015年10月／価格：1,944円／武器：クロー、シールド
MS開発の過程で生まれた試作機の無骨なプロポーションを忠実に再現。前腕部はHG「プロトタイプグフ 戦術実証機」（別売り）などとの互換性があるアタッチメント構造を採用した。

HG **YMS-03**
ヴァッフ
DATA
スケール：1/144／発売：2016年4月／価格：1,836円／武器：試作型MS用バズーカ、シールド、ヒート・ホーク×2
ザクIに連なる初期型MSを設定準拠のスタイルでHG化。前腕はアタッチメント式で、HG「01式後期型（マッシュ機）」（別売り）などのものと交換可能となっている。

▼メインの成形色はランバ・ラル大尉機を示す青。肩の特徴的なディテールも再現されている。

HG **MS-04**
ブグ（ランバ・ラル機）
DATA
スケール：1/144／発売：2016年12月／価格：1,836円／武器：MS用マシンガン、シールド、ヒート・ホーク×2
ザクIの前身にあたる無骨なMSを、設定準拠で立体化したキット。HG ORIGINシリーズの標準的機構である引き出し式関節や二重関節を多用し、ポーズの自由度が極めて高い。

地球連邦軍／ジオン公国軍

▶胸部パネル、バックパック、右肩など、ベースキットから細かな変更が加えられている。

▶ベルト給弾式 MS 用マシンガンの給弾ベルトが軟質素材製であるため、ポージングをさまたげにくい。

HG MS-05
ザクⅠ
（シャア・アズナブル機）

DATA
スケール：1/144／発売：2017年3月／価格：1,836円／武器：MS 用マシンガン、シールド、ヒート・ホーク×2

HG「ザクⅠ（デニム／スレンダー機）」をベースに一部造形や成形色、武器などを変更したキット。シールドは、ジョイントとハンドルを介して腕部に接続する仕様である。

HG MS-05S
シャア専用ザクⅠ

DATA
スケール：1/144／発売：2016年12月／価格：1,836円／武器：ベルト給弾式 MS 用マシンガン、ヒート・ホーク×2

本体をHG「ザクⅠ（デニム／スレンダー機）」をベースとしつつ、左肩やバックパックなどはHG ORIGIN「ザクⅡ」シリーズに準拠。テトロンシールは劇中のMSV的デザイン。

◀左の写真はデニム機、右はスレンダー機としての作例。他の武器を選択することも可能。

▼HG「ザクⅠ（シャア・アズナブル機）」に近い武器の構成で、手持ちシールドも付属。

HG MS-05
ザクⅠ
（デニム／スレンダー機）

DATA
スケール：1/144／発売：2016年5月／価格：1,836円／武器：MS 用バズーカ A2型（マガジン×3）、MS 用対艦ライフル ASR-78、MS 用マシンガン（マガジン×2）、ヒート・ホーク×2

HG ORIGIN「ザクⅡ」シリーズのフォーマットを受け継ぎつつ、新規造形を大幅に盛り込んだ作例。肩パーツやマーキングシールの選択により、デニム機かスレンダー機を再現可能である。

HG MS-05
ザクⅠ（キシリア部隊機）

DATA
スケール：1/144／発売：2017年11月／価格：1,836円／武器：MS 用マシンガン（マガジン×2）、MS 用バズーカ A2型、シールド、ヒート・ホーク×2

HG「ザクⅠ（デニム／スレンダー機）」を基に、武器の変更、頭部クレストの追加などを行ったキット。説明書に記述されていないが、バズーカの弾倉は3つ組むことができる。

HG MS-06S
シャア専用ザクⅡ

DATA
スケール：1/144／発売：2015年4月／価格：1,836円／武器：MS 用バズーカ A2型（マガジン×3）、MS 用対艦ライフル ASR-78、ヒート・ホーク×2

HG ORIGINシリーズの第1弾として発売されたキット。『THE ORIGIN』版シャア専用ザクⅡを完全新規設計で再現し、独自のディテールやモールドを精密に造形した。ヒート・ホークは収納状態と展開状態の2種が付属する。

◀バズーカはランドセル横に、予備マガジンをシールドにマウント可能に。各部の幅広い可動構造により、射撃武器を両手で構えるポーズも容易にとれる。

◀ バックパックや斧は新規に造形。写真はガイア専用機としての製作例。

HG MS-06R-1A
高機動型ザクⅡ
ガイア／マッシュ専用機

DATA

スケール：1/144／発売：2015年6月／価格：2,160円／武器：MS用バズーカA2型（マガジン×5）、MS用対艦ライフルASR-78、MS用マシンガン（マガジン×2）、ヒート・ホーク×2

HG「シャア専用ザクⅡ」と一部パーツを共用し、黒い三連星の高機動型ザクⅡを再現。左肩や武器の選択により、ガイア機かマッシュ機を組み上げられるコンパチブルキットとなっている。

HG「高機動型ザクⅡ ガイア／マッシュ専用機」をベースにオルテガ機を再現。特徴的なジャイアント・ヒート・ホークに加え、専用台座やエフェクトパーツなどが付属する。

HG MS-06R-1A
高機動型ザクⅡ
オルテガ専用機

DATA

スケール：1/144／発売：2015年9月／価格：2,376円／武器：ジャイアント・ヒート・ホーク、MS用マシンガン（マガジン×2）、ヒート・ホーク×2

▶ エフェクトパーツはジャイアント・ヒート・ホークの刃部分に装着するもので、斬撃時の演出を表現できる。

◀ C型とC-5型のコンパチキット。『ORIGIN』版ザクⅡの標準的武装を網羅している点も特徴となっている。

HG MS-06C
ザクⅡ
（C型／C-5型）

DATA

スケール：1/144／発売：2017年9月／価格：1,944円／武器：MS用マシンガン（マガジン×2）、ベルト給弾式MS用マシンガン、2連装マシンガン、MS用バズーカA2型（マガジン×3）、MS用対艦ライフルASR-78、ヒート・ホーク×2

HG「シャア専用ザクⅡ」をベースに、成形色や付属品、一部金型を変更したキット。胸と左前腕のパーツ選択により、C型かC-5型のどちらかを再現できる。バックパックは2種が付属（タイプ選択とは無関係）。

機動戦士ガンダム THE ORIGIN MSD
2015 GUNDAM THE ORIGIN MOBILE SUIT DISCOVERY

「HG GUNDAM THE ORIGIN」には『機動戦士ガンダム THE ORIGIN MSD（Mobile Suit Discovery）』のガンプラも含まれる。これは『ORIGIN』版MSVといえるメカニカル考証企画で、アニメ未登場の派生機が大半を占める。ガンプラの展開はアニメ版と並行して行われ、基本フォーマットも共通している。

▶ 中央の写真が機動試験型、右が火力試験型の作例。武器と頭部が異なる。

HG RCX-76-01
ガンキャノン
機動試験型／火力試験型

DATA

スケール：1/144／発売：2017年1月／価格：1,944円／武器：マシンガン、シールド、4連装機関砲、肩部ガトリング砲×2、大口径砲×2

機動試験型か火力試験型の一方を再現できるコンパチキット。ベースキットのHG「ガンキャノン最初期型（鉄騎兵中隊機）」（別売り）とは、肩部武器の互換性がある。

▶ バックパック下部のノズルは可動式。キット自体は部品点数が少なく、組み立てやすい。

HG RX-78-01(N)
局地型ガンダム

DATA

スケール：1/144／発売：2016年7月／価格：2,160円／武器：MS用マシンガン、シールド、ビーム・サーベル×2

アニメ本編のメカを含むHG ORIGINシリーズでは、初のガンダム・タイプのガンプラ。バイポッドによる自立が可能なシールドは、裏面にビーム・サーベル2本を装着できる。

2010年3月　全高37.5センチのビッグスケールと組み立てやすさを両立した、メガサイズモデル「RX-78-2 ガンダム」が発売。

▶バックパックは新造形。特徴的な赤のラインとテトロンシールで再現されている。

HG　RX-78-01(N)
局地型ガンダム（北米戦仕様）

DATA
スケール：1/144／発売：2017年10月／価格：2,160円／武器：MS用マシンガン、ショルダー・キャノン、シールド、ビーム・サーベル×3

HG「局地型ガンダム」の一部仕様を変更し、漫画『MSD ククルス・ドアンの島』登場の北米戦仕様を再現。バックパックに武器を懸架可能なジョイントパーツが付属する（ショルダー・キャノンと排他式）。

▶武器だけでなく胸部ダクトも新規造形。ベーンスカートの武器はそのまま付属している。

HG　RX-78-01(FSD)
ガンダム FSD

DATA
スケール：1/144／発売：2018年4月／価格：2,376円／武器：腕部ガトリングガン、MS用マシンガン、ショルダー・キャノン、シールド×2、ビーム・サーベル×2

HG「局地型ガンダム（北米戦仕様）」を原型とし、漫画『MSD ククルス・ドアンの島』登場機を立体化。ガトリングガンの給弾ベルトには軟質素材を採用した。

▶ヒート・ロッドは右前腕に接続することで、前腕を通常の手に交換することで、ヒート・ホークを装備することもできる。

HG　YMS-07B-0
プロトタイプグフ（戦術実証機）

DATA
スケール：1/144／発売：2015年9月／価格：1,944円／武器：三連装マシンガン、試作型ヒート・ロッド、シールド、ヒート・ホーク×2

『MSD』の一般発売ガンプラ第1弾。前腕部はHG「01式後期型（マッシュ機）」やHG「ヴァッフ」と共通のアタッチメント構造で、試作型ヒート・ロッドは差し替えで展開状態を再現可能である。

▶自由度が高い、関節と可動式のグリップにより、ビーム・バズーカを構えたポーズをとりやすい。

HG　YMS-08B
ドム試作実験機

DATA
スケール：1/144／発売：2016年2月／価格：2,160円／武器：ビーム・バズーカ、ヒート・サーベル

ドムの前身にあたる試作機をプロポーションバランスを追求して再現。特徴的な十字型モノアイは可動式で、胸部パーツの選択によって地上戦用と宇宙仕様の2種を再現できる。

▶バックパックの武器は180mmキャノンとガトリング・ガンから選択、ガトリング・ガン装備時のビッグガンの搭載数は一門のみとなる。

HG　NS-06CK
ザク・ハーフキャノン

DATA
スケール：1/144／発売：2017年11月／価格：1,944円／武器：180mmキャノン砲、ガトリング・ガン、ビッグガン×2、ヒート・ホーク×2

HG「ザクII（C型／C-5型）」をベースに、成形色や武器などを変更。ハーフキャノン用の武器は新規に造形された。胸部パネルはC-5型とJ型のものから選択して装着する。

HG　YMS-11
アクト・ザク（キシリア部隊機）

DATA
スケール：1/144／発売：2018年1月／価格：2,160円／武器：4連装マシンガン、大型ヒート・ホーク×2、ヒート・ホーク×2

アクト・ザクの名称のMSとしては初のガンプラ化。腕部など一部にHG ORIGIN「ザクII」シリーズのパーツを流用するが、頭部クレストや専用武器を含めて新規造形が多い。

表現の幅を広げるアクセサリー

　ガンプラを浮遊状態で展示できるアクションベースとは別の方向性で、ガンプラの表現の幅を広げたのが、いわゆる「ドレスアップパーツ」である。

　その先陣を切ったのが、ガンプラ初期から発売されている「武器セット」の系譜に属する「システムウェポンセット」シリーズだ。1/144モデル用としてリリースされた本シリーズは、ハイディテールと組み替えによるバリエーション変更が特徴である。宇宙世紀を中心としたリアル路線の武器が多いのが、似た傾向のHGBCシリーズとの違いとなっている。

　次いで展開が始まった「ビルダーズパーツHD」シリーズは、より幅広いガンプラの演出や改造を前提としたカスタムパーツだ。特定の傾向はなく、様々な表情のハンドパーツが同梱された「MSハンド」、多種多様な形状の推進ノズルが揃った「MSバーニア」、ビームや噴射炎を再現した「MSエフェクト」などが販売されている。変わったところではトゲのセットである「MSスパイク」、可動式の基部を持つプロペラントタンクの「MSタンク」がある。「MSキャノン」や「MSファンネル」など「システムウェポンセット」とは別傾向の武器のセットも発売された。

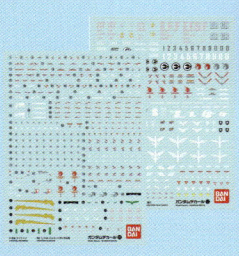

　写真右上の「ビルダーズパーツHD 1/144 MSハンド01(連邦系)ダークグレー」は、主にHGの1/144キットに対応する差し替え用ハンドパーツのセット。小型MS用と大型MS用、ジオン系MS用も発売された。右中央の「1/144 システムウェポンセット006」はラケーテン・バズやシュツルム・ファウスト、ザク用シールドなどのセット。差し替えにより別形態にすることもできる。他にも差し替え式のビーム・ガトリングガンとザク・マシンガンのセットなどがリリースされた。右下はパイロットやメンテナンスクルーなどのフィギュアで構成される「ビルダーズパーツHD 1/144 MSフィギュア01」。ガンプラに直接装着する他のアクセサリーと異なり、ディオラマに適しており、1/100モデルも販売されている。MS用ハンガーを再現した「ビルダーズパーツ システムベース001」も同様の傾向の商品である。

非プラモデルのドレスアップ商品として水転写デカールセットの「ガンダムデカール」が100種類以上発売されている。「ガンダムデカール No.112 RG ユニコーンガンダム用」のように特定のキット用の商品だけでなく、「ガンダムデカール No.107 機動戦士ガンダム UC 汎用1」を始め幅広いキットに対応したものもラインナップされた。

ガンプラ工場に止まらない先端施設

　静岡県静岡市葵区に位置するガンプラの生産拠点が「バンダイホビーセンター」である。ソーラーパネルに覆われた特徴的な外観のバンダイホビーセンターは、元々はプラモデル工場から始まり、現在は特殊技術を多用した設計開発から製造までを一手に行っている。ガンプラの総本山と言ってもいい。

　ガンダムに対するこだわりも強く、玄関前の窓には地球連邦軍やアナハイム・エレクトロニクス社(劇中でZガンダムやユニコーンガンダムなどを開発した企業)のロゴが貼られたうえ、外壁の高さはRX-78ガンダムの設定上の頭頂高に合わせている。

　一般の見学も受け付けており、歴代ガンプラが陳列された広大な展示スペースから、太陽光や雨水を利用したエコロジー設備、企画開発や設計などを担うオフィス、CAMデータを基にしたレーザー加工と職人芸により高精度な金型を製造する金型工場、実際にガンプラのランナーを成形する成形工場まで目にすることができる。地球連邦軍の野戦服を思わせる、特徴的な制服を来た社員と出会うことも多い。なお、見学の申し込みはインターネットでのみ受け付けており、倍率も高いため注意が必要だ。

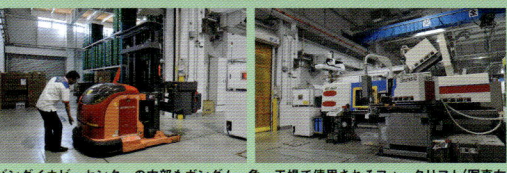

バンダイホビーセンターの内部もガンダム一色。工場で使用されるフォークリフト(写真左下)は、シャア専用ザクや量産型ザクを連想させるペイントが施されており、シャア専用風のものには「ツノ」すら設置されている。4色の同時成形に対応する射出成形機はホワイトベース風の塗り分けで、他にもドム風の塗装がされた機材が3機並んだセクションまで存在する(射出成形機そのものが限定でガンプラ化されたこともあった)。連邦軍の軍服を思わせる社員の制服の他、役職などに応じた「階級章」や「マイスター章」が制定されている点も興味深い。

2015

機動戦士ガンダム サンダーボルト

MOBILE SUIT GUNDAM THUNDERBOLT

太田垣康男氏の同名漫画をアニメ化したOVAで、ガンダムシリーズ初のネット配信作品。第1シーズンは一年戦争末期、第2シーズンは一年戦争後が舞台。イオ・フレミングとダリル・ローレンツのふたりの戦いを軸に物語が展開していく。
放送期間：2015年12月〜2016年4月（第1シーズン）、2017年3月〜7月（第2シーズン）／全8話／劇場版『DECEMBER SKY』（16年6月25日公開）、『BANDIT FLOWER』（17年11月18日公開）

ハイターゲットに向けた
独自の世界観の表現

『機動戦士ガンダム サンダーボルト』（以下、『サンダーボルト』）の漫画は、青年誌（ビッグコミックスペリオール／小学館刊）で連載されており、必然的に読者の年齢層も高い。そのため、『サンダーボルト』のガンプラはハイターゲットに重きを置いた商品展開がな

されている。

基本となるのは「HG GUNDAM THUNDERBOLT」と銘打たれた1/144スケールのHGで、同シリーズでは主役級のMSを中心にラインナップが進んでいる。その特徴に挙げられるのは、宇宙世紀を描いた従来のガンダム作品とは一線を画す『サンダーボルト』独自のメカデザインを忠実に立体化している点であろう。作品のハードな世界観を表現するため、同シリーズは他のガンプラシリーズよりもシャープな造形が行われており、安全性に配慮した一般的なキットに比べて高年齢層に向けた性格が強いと言える。

また、MGではフルアーマー・ガンダムとサイコ・ザクの1stシーズン主役機が、Ver.Kaシリーズでキット化されている。緻密なメカ表現が特徴の同シリーズは、原作者である太田垣氏の独自解釈とこだわりが随所に盛り込まれた『サンダーボルト』のMSを再現するに相応しいブランドであろう。

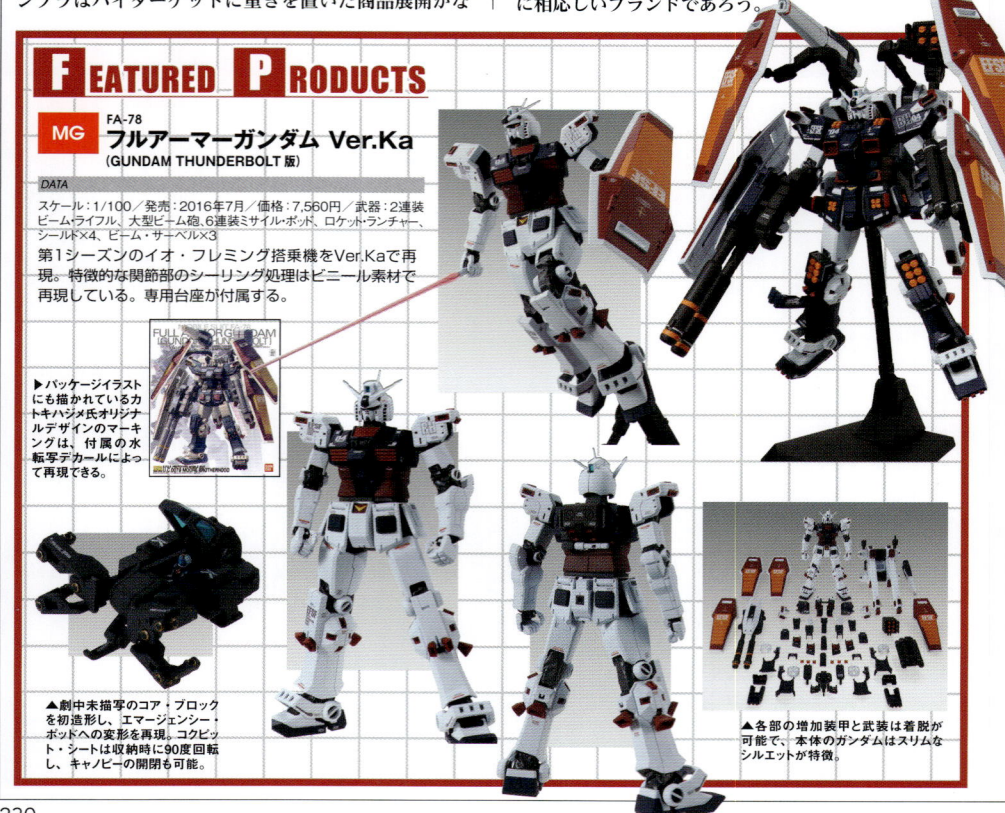

FEATURED PRODUCTS

MG FA-78
フルアーマーガンダム Ver.Ka
（GUNDAM THUNDERBOLT版）

DATA
スケール：1/100／発売：2016年7月／価格：7,560円／武器：2連装ビーム・ライフル、大型ビーム砲、6連装ミサイル・ポッド、ロケット・ランチャー、シールド×4、ビーム・サーベル×3
第1シーズンのイオ・フレミング搭乗機をVer.Kaで再現。特徴的な関節部のシーリング処理はビニール素材で再現している。専用台座が付属する。

▶パッケージイラストにも描かれているカトキハジメ氏オリジナルデザインのマーキングは、付属の水転写デカールによって再現できる。

▲劇中未描写のコア・ブロックを初造形し、エマージェンシー・ポッドへの変形を再現。コクピット・シートは収納時に90度回転し、キャノピーの開閉も可能。

▲各部の増加装甲と武装は着脱が可能で、本体のガンダムはスリムなシルエットが特徴。

■ 地球連邦軍

◀ランドセルのサブアームは差し替えによって展開を再現し、シールドを保持することができる。また、ランドセルに装備される武装やブースターは着脱が可能。

▶ポリキャップレスで特徴的な球体関節構造を再現。保持力は高く、大型の武装も安定して保持できる。

▼着脱可能な各種装備に加えて専用台座が付属する。

▲サブレッグは柔軟に可動し、飛行形態も再現可能。

◀劇中で用いた各種武装が付属。ビーム・サーベルは肩部に収納可能。

HG FA-78
フルアーマーガンダム
（GUNDAM THUNDERBOLT Ver.）

DATA

スケール：1/144／発売：2016年4月／価格：2,916円／武器：2連装ビーム・ライフル、ロケット・ランチャー、シールド×4、ビーム・サーベル×2他
アニメの劇中カラーをイメージした成形色などを採用したバリエーションキット。

HG RX-78AL
アトラスガンダム
（GUNDAM THUNDERBOLT Ver.）

DATA

スケール：1/144／発売：2017年3月／価格：2,484円／武器：レールガン、アサルトライフル×2、ブレードシールド、ビーム・サーベル×2
第2シーズンのイオの乗機であるガンダムタイプ試作MSを再現したHGキット。

▲サブアームの展開は差し替えで再現。ランドセル上部のエネルギーパックは着脱可能。

◀ビーム・スプレーガンなどの各種装備が付属。シールドは腕部に直接マウントもできる。

▶差し替え式の背部サブアームはビーム・ライフルやシールドの保持が可能。

▲劇中での使用が印象的なビーム・ジャベリンや各種ハンドパーツなどが付属する。

HG RGM-79
ジム （GUNDAM THUNDERBOLT Ver.）

DATA

スケール：1/144／発売：2016年5月／価格：1,944円／武器：2連装ビーム・ライフル、ビーム・スプレーガン、シールド×2
成形色やホイルシールにアニメイメージカラーを採用したHG「ジム（ガンダムサンダーボルト版）」のバリエーションキット。関節のシーリングをはじめとする特徴的なディテールを忠実に再現している。

▲アニメ版をイメージした変更に合わせ、パッケージイラストも刷新されている。

HG RX-79(GS)
陸戦型ガンダムＳ型
（GUNDAM THUNDERBOLT Ver.）

DATA

スケール：1/144／発売：2017年5月／価格：1,944円／武器：ビーム・ライフル、シールド×2、ビーム・サーベル×2、ビーム・ジャベリン
本シリーズのHG「ジム」をベースに、第2シーズンに登場する陸戦型ガンダムS型を再現。マーキングシールが付属する。

■ 地球連邦軍／ジオン公国軍

▶巨大なロケットブースターを精密に造形。接地時にブースターを支えるサポート・スタンドも付属する。

▲大型ランドセルや脚部装甲カバーは着脱式。脚部はR-1型の意匠も再現。

▲ビーム・バズーカをはじめとする多彩な武装が付属し、機体各部に装備が可能。

MG MS-06R
高機動型ザク
"サイコ・ザク" Ver.Ka
(GUNDAM THUNDERBOLT Ver.)

DATA
スケール：1/100／発売：2016年12月／価格：9,720円／武器：ビーム・バズーカ、ジャイアント・バズ×3、ザク・マシンガン×2、ヒート・ホーク×2、シュツルム・ファウスト×3

第1シーズン終盤でダリル・ローレンツが駆ったサイコ・ザクのVer.Kaキット。機体各部にバーニアを備える独特のディテールや、サブアームのギミックなどを忠実に再現している。

▼大型ランドセルのサブアームは差し替え展開式で、劇中のように各種武装の保持が可能。

▲▲豊富な付属武装が特徴のひとつ。パッケージイラストは刷新されている。

◀フル装備状態でもディスプレイが可能な専用台座が付属する。

HG MS-06R
高機動型ザク
"サイコ・ザク"
(GUNDAM THUNDERBOLT Ver.)

DATA
スケール：1/144／発売：2016年5月／価格：2,916円／武器：ジャイアント・バズ×2、ザク・マシンガン、ザク・バズーカ×3、ヒート・ホーク、シュツルム・ファウスト×4

HG「サイコ・ザク（ガンダムサンダーボルト版）」の成形色やホイルシールをアニメイメージカラーに刷新した新バージョンキット。

▲付属の武装は大型ランドセルにマウントが可能。

HG MS-06
量産型ザク＋ビッグ・ガン
(GUNDAM THUNDERBOLT Ver.)

DATA
スケール：1/144／発売：2016年4月／価格：4,104円／武器：ザク・バズーカ、ザク・マシンガン、ヒート・ホーク

アニメの劇中カラーをイメージした成形色を用いたHG「量産型ザク＋ビッグ・ガン（ガンダムサンダーボルト版）」のバリエーションキット。オリジナルマーキングシールが付属する。

▶ビッグ・ガンのカラーリングも劇中イメージに変更。

アニメ版のカラーリングで新規に描かれたパッケージイラスト。

◀2種類のザク・バズーカなど、豊富な武装が付属する。

HG MS-05
ザクⅠ "旧ザク"
(GUNDAM THUNDERBOLT Ver.)

DATA
スケール：1/144／発売：2016年6月／価格：1,944円／武器：ザク・バズーカ×2、ザク・マシンガン、ヒート・ホーク、クラッカー×2

第1シーズン3話に登場したザクⅠを劇中イメージのカラーリングで再現した、HG「ザクⅠ "旧ザク"（ガンダムサンダーボルト版）」の新バージョンキット。ランドセルのサブアームは差し替えで展開を再現し、武装を保持させることが可能。また、劇中のように、別売りキットのビッグ・ガンを持たせることもできる。

HG FA-78
フルアーマーガンダム
（ガンダムサンダーボルト版）

DATA

スケール：1/144／発売：2013年12月／価格：2,916円／武器：2連装ビーム・ライフル、ロケット・ランチャー、シールド×4、ビーム・サーベル×2他

完全新規造形で漫画版のフルアーマー・ガンダムを再現したHGキット。関節のシーリングなどのディテールも精巧に造形されている。

▶パッケージには原作者の太田垣康男氏による描き下ろしのボックスアートが用いられている。

HG RGM-79
ジム
（ガンダムサンダーボルト版）

DATA

スケール：1/144／発売：2013年12月／価格：1,944円／武器：2連装ビーム・ライフル、ビーム・スプレーガン、シールド×2

漫画版のジムをシャープな造形でキット化。完全新規設計により、各部のディテールと特徴的な構造を再現している。

▶パッケージのボックスアートは太田垣氏描き下ろしによる整備風景が用いられている。

▲パーツ差し替えによってサブアームのシールド展開を表現できる。

HG MS-06R
高機動型ザク
"サイコ・ザク"
（ガンダムサンダーボルト版）

DATA

スケール：1/144／発売：2014年2月／価格：2,916円／武器：ジャイアント・バズ×2、ザク・マシンガン、ザク・バズーカ×3、ヒート・ホーク他

多彩な増加装備によるボリューム感を再現した漫画版サイコ・ザクのHGキット。太田垣氏監修のマーキングデカールが付属する。

◀疾走感あふれるボックスアートは太田垣氏による描き下ろし。

▶特徴的な巨大兵器を精密なディテールで再現。左グリップは可動式。

▼デブリに潜んでビッグ・ガンで獲物を狙う量産型ザクを描いたボックスアートは、太田垣氏の描き下ろしによるもの。

▲ビッグ・ガンの脚部は可動式で、ビスとナットを用いて保持力が高められている。

HG MS-06
量産型ザク＋ビッグ・ガン
（ガンダムサンダーボルト版）

DATA

スケール：1/144／発売：2013年12月／価格：4,104円／武器：ザク・バズーカ、ザク・マシンガン、ヒート・ホーク

HGで再現された漫画版の量産型ザク（ザクⅡ）とビッグ・ガンのセット。量産型ザクを含めて完全新規造形で、『サンダーボルト』登場機の雰囲気を忠実に表現している。

HG MS-06
量産型ザク
（ガンダムサンダーボルト版）

DATA

スケール：1/144／価格：1,944円／発売：2014年2月／武器：ザク・バズーカ、ザク・マシンガン、ヒート・ホーク

同シリーズの「量産型ザク＋ビッグ・ガン」より、量産型ザクを単独で商品化。太田垣氏監修のマーキングシールが付属。

◀パッケージのボックスアートは太田垣氏による描き下ろし。

HG MS-05
ザクⅠ "旧ザク"
（ガンダムサンダーボルト版）

DATA

スケール：1/144／発売：2016年6月／価格：1,944円／武器：ザク・バズーカ×2、ザク・マシンガン、ヒート・ホーク、クラッカー×2

漫画版に登場する旧ザクをHGで再現。同シリーズのビッグ・ガンと組み合わせることも可能。

◀オレンジ基調のカラーリングが印象的な太田垣氏描き下ろしのボックスアート。

機動戦士ガンダム 鉄血のオルフェンズ　MOBILE SUIT GUNDAM IRON-BLOODED ORPHANS

2015

矛盾した平和を享受する世界で自己の生存と理想、希望を賭けて生き抜く少年少女たちの群像劇。地球圏重視の政策の下で貧困に苛まれる火星の少年達が、火星独立を志向するクーデリアの依頼で地球への護衛任務を請け負うところから物語が始まる。近年のテレビシリーズが若年層を意識したものが多かったのに対し、複雑な社会情勢を導入しながら展開される新たなガンダムシリーズとなった。
放送期間：2015年10月〜2016年3月（第1期）、2016年10月〜2017年4月（第2期）／各期全25話

HGで構造的な面白さと
プレイバリューを両立

「HG IRON-BLOODED ORPHANS」と名づけられた1/144シリーズ第一弾、ガンダムバルバトスはHGでは珍しく内部フレームを再現した構造となっている。これは本編のコンセプトでもある「段階的に進化するガンダム」を再現するために、設定として露出しているフレームをあえて内部構造として見せることで、よりリアルな外観を表現している。同時に「ガンダム」と呼ばれるMSはフレームが共通という設定から、キマリスやグシオンリベイク、キマリストルーパー等の「ガンダム」が同じフレームパーツを採用している。

また、ガンダムバルバトスは装備の換装で様々な状況に対応できるという設定をガンプラにも反映。敵味方の様々な武装を無改造で取り付けられる構造を採用し、別キットのパーツや武器セット「HG IRON-BLOODED ARMS」と連動して高いプレイバリューを実現した。さらに、各種キットを組み合わせることで、劇中に登場するガンダムバルバトスの全形態を完全に再現できるようになっている。

オリジナル展開となった
1/100スケールシリーズ

一方の1/100スケールでは、MGではなく『SEED』や『00』等と同様に1/100「鉄血のオルフェンズ」シリーズとして独自の展開を行った。同シリーズでは、HGでは叶わなかったフレームの再現や細かい色分け、ギミックなどを搭載。1/100というサイズ感を手軽に楽しめる仕様となっている。

なかでも「ガンダムグシオン／ガンダムグシオンリベイク」はフレーム構造を再現。外装との組み換えでふたつのタイプのMSとして楽しむことができる。これにより"フレームがガンダムタイプならどんな外装でもガンダム"という設定を体現している。

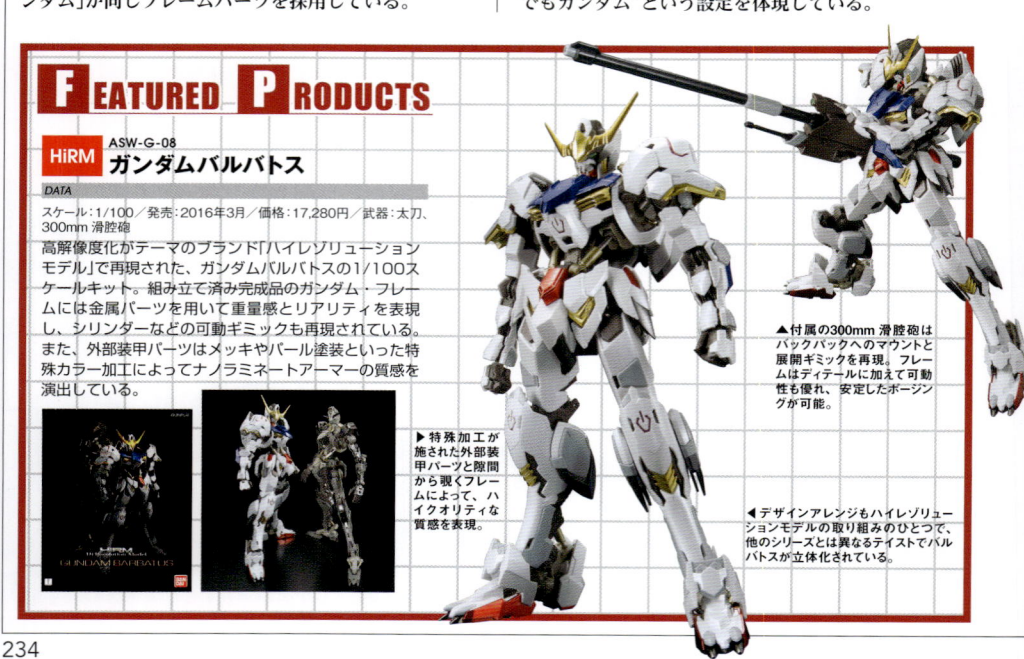

FEATURED **P**RODUCTS

HiRM　ASW-G-08
ガンダムバルバトス

DATA

スケール：1/100／発売：2016年3月／価格：17,280円／武器：太刀、300mm滑腔砲

高解像度化がテーマのブランド「ハイレゾリューションモデル」で再現された、ガンダムバルバトスの1/100スケールキット。組み立て済み完成品のガンダム・フレームには金属パーツを用いて重量感とリアリティを表現し、シリンダーなどの可動ギミックも再現されている。また、外部装甲パーツはメッキやパール塗装といった特殊カラー加工によってナノラミネートアーマーの質感を演出している。

▶特殊加工が施された外部装甲パーツと隙間から覗くフレームによって、ハイクオリティな質感を表現。

▲付属の300mm滑腔砲はバックパックへのマウントと展開ギミックを再現。フレームはディテールに加えて可動性も優れ、安定したポージングが可能。

◀デザインアレンジもハイレゾリューションモデルの取り組みのひとつで、他のシリーズとは異なるテイストでバルバトスが立体化されている。

■ 鉄華団

HG ASW-G-08 ガンダムバルバトス

DATA
スケール：1/144／発売：2015年10月／価格：1,080円／武器：メイス、太刀、ガントレット

1期の主役機を第1、第4形態のコンパチブル仕様で再現したHGキット。独特のプロポーションを忠実に造形し、一部の外装は劇中描写に沿った換装が可能となっている。

▶各部の大胆な可動構造によって躍動感あふれるアクションポーズを実現。

▶付属のメイスと太刀はジョイントパーツを用いてマウントできる。

1/100 ASW-G-08 ガンダムバルバトス

DATA
スケール：1/100／発売：2015年11月／価格：2,700円／武器：太刀、300mm滑腔砲

精密なディテールと作り易さを両立したガンダムスケールキット。エイハブ・リアクターを含むガンダム・フレームのディテールが劇中の設定通りに再現されている。

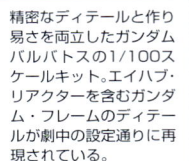

▲滑腔砲はスライド機構による収納・展開状態の変形が可能で、差し替え式のバックパック内アームに接続できる。

HG ASW-G-08 & JEE-M103 ガンダムバルバトス＆長距離輸送ブースタークタン参型

DATA
スケール：1/144／発売：2015年12月／価格：5,400円／武器：メイス、太刀、ガントレット、300mm滑腔砲×2

変形機構を備えた大型輸送機、クタン参型を全長370mmの大サイズで再現。セットのHG「ガンダムバルバトス」だけでなく、本作の一部HGキットとも連動でき、プラモデルオリジナルのギミックも搭載している。

▶300mm滑腔砲などは脱着が可能。2種類の角度を選択可能な専用台座が付属する。

HG ASW-G-08 ガンダムバルバトス 第6形態

DATA
スケール：1/144／発売：2016年2月／価格：1,512円／武器：大型特殊メイス、腕部迫撃砲×2、機関砲×2

1期終盤の最終形態を新規造形で再現したHGキット。パーツ差し替えで第5形態（地上戦仕様）を、別売りキットと連動させて第5形態を再現することも可能。

▶レンチメイスは先端部が開閉し、チェーンソーの刃を装着できる。

1/100 ASW-G-08 ガンダムバルバトス 第6形態

DATA
スケール：1/100／発売：2016年3月／価格：3,240円／武器：大型特殊メイス、メイス、腕部迫撃砲×2、機関砲×2

1/100「ガンダムバルバトス」と一部パーツを共用して第6形態を再現したキット。特徴的な肩部装甲は可動部を備え、腕部の動きを妨げない構造となっている。腰部地上用スラスターも柔軟に可動し、腕部の迫撃砲と機関砲は選択式。また、第5形態（地上戦仕様）への差し替えが可能で、別売りキットのパーツを用いて第5形態も再現できる。

▶上半身を中心に装備を追加したマッシブなプロポーションを忠実に再現している。

▶大型特殊メイス（レンチメイス）は先端部の開閉とチェーンソーの展開が可能。このほかに付属するメイスは先端のニードルが伸縮する。

■ 鉄華団／ギャラルホルン

HG ASW-G-11
ガンダムグシオンリベイク
DATA
スケール：1/144／発売：2016年1月／価格：1,296円／武器：ロングレンジライフル、シールド

1期に登場した鉄華団のガンダム・フレーム改修機をHGで再現。バックパック内蔵のサブアームは展開構造が再現されており、頭部は照準モードへの差し替えが可能。

▶ 腰部背面装甲は位置の調整が可能で、ジョイントパーツを介してシールドとして腕部に装着できる。

HG EB-06/tc
グレイズ改
DATA
スケール：1/144／発売：2015年11月／価格：1,080円／武器：ライフル、バトルアックス

鉄華団の鹵獲改修機を再現したHG「グレイズ」のバリエーションキット。上半身を中心とした改修部位のディテールを忠実に造形。頭部は外装が展開し、背部ブースターはフレキシブルに可動する。

▶ ベースキット譲りの柔軟な可動性が特徴で、付属のバトルアックスは腰部にマウントできる。

1/100 EB-06/tc
グレイズ改
DATA
スケール：1/100／発売：2016年6月／価格：3,240円／武器：ライフル、バズーカ砲、バトルアックス、バトルブレード

1/100「グレイズ（一般機/指揮官機）」をベースに、グレイズ改を1/100スケールで再現。各種武装のほか、別売りのベースキットと組み合わせてグレイズ（地上戦仕様）を再現できるカスタマイズパーツが付属する。

HG EB-06/tc2
流星号 （グレイズ改弐）
DATA
スケール：1/144／発売：2016年1月／価格：1,296円／武器：ライフル、ショートライフル、バトルアックス

グレイズ改にさらなる改修を施した機体をHG「グレイズ改」をベースに再現。印象的な赤のカラーリングを成形色で、頭部のノーズアートをシールで表現している。クタン参型のHGキットとの連動も可能。

HG ASW-G-66
ガンダムキマリス
DATA
スケール：1/144／発売：2016年1月／価格：1,296円／武器：グングニール、コンバットナイフ

ガンダム・フレームMSの1機、ガンダムキマリスのHGキット。西洋の騎士を思わせるフォルムを精巧に造形し、脚部高出力ブースターの展開や両肩部スラッシュディスクのギミックも再現している。

▶ 付属のコンバットナイフは折り畳みと背部へのマウントが可能。

1/100 ASW-G-66
ガンダムキマリス （ブースター装備）
DATA
スケール：1/100／発売：2016年3月／価格：3,240円／武器：グングニール、コンバットナイフ、スラッシュディスク×2

フル装備のガンダムキマリスの1/100スケールキット。ハイディテールで造形された外部装甲の内側には、設定通りのガンダム・フレームを精密に再現。脚部展開などのギミックも盛り込まれている。

HG ASW-G-66
ガンダムキマリストルーパー
DATA
スケール：1/144／発売：2016年3月／価格：1,512円／武器：デストロイヤー・ランス、キマリスサーベル、キマリスシールド

トルーパー装備に換装したガンダムキマリスの決戦仕様をHGで再現。トルーパー形態への変形を一部差し替えで実現し、腰部サブアームの展開も可能。各種武装のほか、ランナーレスの台座が付属する。

1/100 ASW-G-66
ガンダムキマリストルーパー
DATA
スケール：1/100／発売：2016年7月／価格：3,240円／武器：デストロイヤー・ランス、キマリスサーベル、キマリスシールド

トルーパー形態への変形を差し替えなしで実現した1/100スケールキット。ガンダム・フレームの再現に加え、描き下ろし設定画に基づく頭部などの精密なディテールを造形。ディスプレイベースが付属する。

HG EB-06 グレイズ（一般機／指揮官機）

DATA
スケール：1/144／発売：2015年10月／価格：1,080円／武器：ライフル、バトルアックス

ギャラルホルンの量産機を一般機と指揮官機のコンパチブル仕様で再現したHGキット。ブースター位置の変更で地上用と宇宙用を選択できる。各部の幅広い可動構造も特徴のひとつ。

1/100 EB-06 グレイズ（一般機／指揮官機）

DATA
スケール：1/100／発売：2015年12月／価格：3,240円／武器：ライフル（ショートライフル）、バトルアックス

パーツ差し替えで一般機と指揮官機を選択できるグレイズの1/100スケールキット。頭部装甲や脚部スラスターの展開といったギミックを搭載。

▶外装の内側にはグレイズ・フレームとエイハブ・リアクターを精巧に再現。

HG EB-05s シュヴァルベグレイズ（マクギリス機）

DATA
スケール：1/144／発売：2015年10月／価格：1,080円／武器：ライフル、バトルアックス、ワイヤークロー

マクギリス・ファリドが駆るグレイズのカスタム機をHGで再現。成形色でカラーリングを表現し、ワイヤークローや背部フライトユニットといった独自の機構を追加。

1/100 EB-05s シュヴァルベグレイズ（マクギリス機）

DATA
スケール：1/100／発売：2016年1月／価格：3,240円／武器：ライフル（ショートライフル）、バトルアックス、ワイヤークロー

1/100「グレイズ（一般機／指揮官機）」と一部パーツを共用し、シュヴァルベグレイズのマクギリス機を再現。1/100「ガンダムバルバトス」（別売り）との連動も可能。

HG EB-06rs グレイズリッター（カルタ機）

DATA
スケール：1/144／発売：2016年3月／価格：1,296円／武器：ライフル、バトルアックス、ナイトブレード

グレイズのバリエーションをカルタ・イシュー専用機仕様で再現したHGキット。ブレードアンテナなどのディテールを忠実に造形し、パーツ差し替えで宇宙と地上用の換装が可能。

◀専用武器のナイトブレードが付属し、腰部へのマウントが可能。

HG EB-AX2 グレイズアイン

1期のラストに登場した大型MSをHGシリーズでキット化。頭部の開閉や脚部スラスターの展開を再現し、肩部格納式機関銃の展開やドリルキック、スクリューパンチは差し替えで表現できる。

DATA
スケール：1/144／発売：2016年4月／価格：1,512円／武器：専用大型アックス×2、パイルバンカー×2、肩部格納式機関銃×2

◀各部関節の可動構造によって劇中さながらのアクションポーズが可能。

HG MS オプションセット1 & CGS モビルワーカー

DATA
スケール：1/144／発売：2015年10月／価格：648円／武器：バルバトス用滑腔砲、シュヴァルベグレイズ用ランス（ショートライフル）、グレイズ用シールド

HGフォーマットの各種武装とCGSが運用したモビルワーカーのセット。滑腔砲は折り畳み式で、ランスはショートライフルとの連結が再現されている。

▲同梱のCGSモビルワーカーは1/144スケールでHGキットに対応している。

HG MS オプションセット2 & CGS モビルワーカー（宇宙用）

DATA
スケール：1/144／発売：2015年11月／価格：648円／武器：バズーカ砲、輪胴式グレネードランチャー、四連式ロケットランチャー、地上用ブースターユニット

別売りのHGキットに対応したオプションパーツセット。バズーカ砲はマウント用の肩部パーツが付属し、CGSの宇宙用モビルワーカーも同梱されている。

HG MS オプションセット3 & ギャラルホルンモビルワーカー

DATA
スケール：1/144／発売：2016年1月／価格：648円／武器：ハルバード（ショートアックス）、グシオンアックス、グシオンチョッパー

近接武装とギャラルホルン仕様のモビルワーカーがセットになったHGキット。ハルバードはショートアックスに差し替えが可能。

◀グシオンアックスの先端のハンマーは鎖の差し替えで伸縮を再現できる。

HG MS オプションセット4 & ユニオンモビルワーカー

DATA
スケール：1/144／発売：2016年2月／価格：648円／武器：キマリスブースター、バトルブレード

ガンダムキマリス用高機動ブースターとグレイズのバトルブレード、ユニオンモビルワーカーのHGセット。キマリスブースターは各部が可動する。

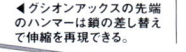

■ テイワズ／ブルワーズ／モンタークク商会

HG STH-14s 百里

DATA
スケール：1/144／発売：2015年11月／価格：1,296円／武器：ライフル×2、ナックルシールド×2

テイワズの高機動可変MSを再現したHGキット。独特のフォルムを忠実に造形し、良好な可動性と両立している。バックパック下部のカバーはナックルシールドとして腕部に装着できる。

飛行形態への変形を差し替えで再現。専用スタンドが付属する。

HG STH-05/AC 百錬（アミダ機）

DATA
スケール：1/144／発売：2015年12月／価格：1,296円／武器：アサルトライフル、ライフルカノン、片刃式ブレード、ナックルガード×2

アミダ・アルカ専用機のカラーリングを成形色で再現したHG「百錬」のカラーバリエーション。付属武装にアサルトライフルが追加されている。

HG ASW-G-11 ガンダム グシオン

DATA
スケール：1/144／発売：2015年12月／価格：1,296円／武器：グシオンハンマー、サブマシンガン

海賊組織ブルワーズが運用するガンダム・フレームMSのHGキット。重装甲を特徴とする独特のフォルムを精巧なディテールとともに造形し、付属武装として巨大なグシオンハンマーを再現している。

HG UGY-R41 マンロディ

DATA
スケール：1/144／発売：2015年12月／価格：1,080円／武器：サブマシンガン、ハンマーチョッパー

ブルワーズが所有する量産機のHGキット。丸みを帯びたプロポーションや各部の特徴的なディテールを精巧に再現。各部スラスターは可動式で、腰部背面には付属武装をマウントできる。

HG V08-1228 グリムゲルデ

DATA
スケール：1/144／発売：2016年2月／価格：1,296円／武器：ヴァルキュリアライフル、ヴァルキュリアシールド×2、ヴァルキュリアブレード×2

ヴァルキュリア・フレームMSのシャープなフォルムを忠実に再現したHGキット。頭部は開閉可能で、ヴァルキュリアブレードはヴァルキュリアシールドへの収納と展開が再現されている。

HG STH-05 百錬

DATA
スケール：1/144／発売：2015年11月／価格：1,080円／武器：ライフルカノン、片刃式ブレード、ナックルシールド×2

重厚なプロポーションが特徴のテイワズの主力MSをHGで再現。肩部の引き出し機構をはじめとする可動構造によって迫力あるポージングが可能で、各種武装のギミックも忠実に再現されている。

▲腰部サイドアーマーの一部を取り外して、ナックルガードとして装着することができる。

HG STH-05R 漏影

DATA
スケール：1/144／発売：2017年1月／価格：1,296円／武器：ハンドガン、ヘビークラブ

HG「百錬」とパーツを共用し、百錬の装甲を換装した地上戦仕様機を再現。各部アーマーや付属武装は新規造形で、ベースキット同様の柔軟な可動性を備える。ヘビークラブは腰部にマウント可能。

▲背部大型ブースターは可動式で、2種類のカバー展開構造も再現されている。

1/100 ASW-G-11 ガンダムグシオン／ガンダムグシオンリベイク

DATA
スケール：1/100／発売：2016年2月／価格：5,400円／武器：グシオンハンマー、サブマシンガン、手榴弾×2、ロングレンジライフル、グシオンリベイクハルバード（ショートアックス）、シールド

専用設計のガンダム・フレームを核に、2種類のガンダムを再現できるコンパチブルキット。グシオンリベイクの隠し腕などのギミックも再現されている。

1/100 V08-1228 グリムゲルデ

DATA
スケール：1/100／発売：2016年4月／価格：2,700円／武器：ヴァルキュリアライフル、ヴァルキュリアシールド×2、ヴァルキュリアブレード×2

精密なディテールで再現されたヴァルキュリア・フレームが特徴の1/100スケールキット。外装には大スケールならではのモールドやデザインを取り入れ、頭部や背部バーニアのギミックなども再現されている。

■ 鉄華団

HG ASW-G-08 ガンダムバルバトスルプス

DATA
スケール：1/144／発売：2016年10月／価格：1,080円／武器：ソードメイス

2期より登場の新主人公機、ガンダムバルバトスルプスを再現したHGキット。簡易的なフレーム構造を採用してディテールを表現し、肩パーツのスライド構造などによって高い可動性を確保している。

◀ 唯一の武器として長大なソードメイスが付属し、バックパックにマウントが可能。

フルメカニクス ASW-G-08 ガンダムバルバトスルプス

DATA
スケール：1/100／発売：2016年11月／価格：3,240円／武器：ソードメイス、腕部200mm砲×2

「フルメカニクス」と銘打たれたシリーズでガンダムバルバトスルプスをキット化。ガンダム・フレームの再現に加え、メカデザインを担当した鷲尾直広氏描き起こしのディテールを各部に追加。

フルメカニクス ASW-G-08 ガンダムバルバトスルプスレクス

DATA
スケール：1/100／発売：2017年2月／価格：3,456円／武器：超大型メイス、テイルブレード

描き起こしのディテールを追加してメカニカル感を演出した、フルメカニクス版バルバトスルプスレクス。精密に造形されたガンダム・フレームの可動構造により、劇中さながらのアクションポーズを実現している。

HG ASW-G-08 ガンダムバルバトスルプスレクス

DATA
スケール：1/144／発売：2017年2月／価格：1,512円／武器：超大型メイス、テイルブレード

2期後半に登場するガンダムバルバトスの最終形態をHGで再現。獰猛さを増したフォルムを、各部のフレーム構造とともに造形している。腕部にはサブアームの展開ギミックを内蔵し、別売りの武器を装備できる。

◀ 超大型メイスは腰部背面にマウントできる。テイルブレードはリード線で射出状態を再現。

▶ テイルブレードはリード線で可動が再現され、専用の台座も付属する。

HG ASW-G-11 ガンダムグシオンリベイクフルシティ

DATA
スケール：1/144／発売：2016年10月／価格：1,296円／武器：ナックルガード×2、シザース可変式リアアーマー

2期より登場するグシオンリベイク改修機のHGキット。重厚なプロポーションを忠実に造形し、サブアームの展開やリアアーマーの大型シザースへの変形といった特徴的なギミックを再現。

HG ASW-G-64 ガンダムフラウロス (流星号)

DATA
スケール：1/144／発売：2016年12月／価格：1,512円／武器：背部レールガン×2、フラウロス専用マシンガン×2

2期劇中で新たに鉄華団の戦力となったガンダム・フレームMSをHGでキット化。最大の特徴である砲撃モードへの変形をパーツ差し替えで再現し、流星号のカラーリングを成形色で表現している。

HG STH-16 イオフレーム獅電

DATA
スケール：1/144／発売：2016年11月／価格：1,296円／武器：バルチザン、ライフル、ガントレット、ライオットシールド

2期における鉄華団の新型量産機を再現したHGキット。イオ・フレーム機のディテールを各所に造形し、頭部バイザーの開閉を差し替えて再現。豊富な武装は機体各部に装備、マウントできる。

▲ 付属のバルチザンは柄が伸縮し、背部にマウントが可能。

■ ギャラルホルン

HG ASW-G-XX
ガンダム
ヴィダール

DATA
スケール：1/144／発売：
2016年12月／価格：1,296
円／武器：バーストサーベル、
ライフル、ハンドガン×2

仮面の男ヴィダールが駆るガンダム・フレームMSのHGキット。多彩な武装が特徴で、バーストサーベルは柄をサイドアーマーにマウント可能。足部ハンターエッジの展開構造も再現されている。

▲ハンドパーツは手首の角度が異なる2種類が付属する。ライフルはサイドアーマーにマウント可能。

HG ASW-G-66
ガンダムキマリス
ヴィダール

DATA
スケール：1/144／発売：2017年3月／
価格：1,512円／武器：ドリルランス、刀、
特殊KEP弾×2、ドリルニー

真の姿を取り戻したガンダムキマリスをHGでキット化。特徴的なフォルムや背部サブアームの構造などを再現。膝部のドリルニーは差し替え式で、刀はサイドアーマーにマウントが可能。

◀シールドと特殊KEP弾の差し替えでダインスレイヴ発射態勢を再現できる。

フルメカニクス ASW-G-XX
ガンダム
ヴィダール

DATA
スケール：1/100／発売：2016年12月／価格：3,240
円／武器：バーストサーベル（刃×6）、ライフル、ハンドガン×2

メカデザイン担当の形部一平氏が描き下ろしたディテールを盛り込んだ、フルメカニクス版ガンダムヴィダール。バーストサーベルはサイドアーマーのスライド展開による刃の交換が可能となっている。

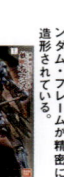

▶内部構造のイメージ。ガンダム・フレームが精密に造形されている。

フルメカニクス ASW-G-01
ガンダムバエル

DATA
スケール：1/100／発売：2017年3月／価格：3,456
円／武器：バエル・ソード×2

ガンダムバエルをフルメカニクスのハイエンド仕様で再現。鷲尾直広氏が描き下ろしたディテールを各所に追加し、劇中のアクションを再現する可動とギミックを盛り込んでいる。

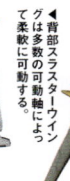

◀背部スラスターツインは多数の可動軸によって柔軟に可動する。

HG ASW-G-01
ガンダムバエル

DATA
スケール：1/144／発売：2017年3月／価格：1,512円／武器：バエル・ソード×2

ギャラルホルンを象徴するガンダム・フレームMSをHGで再現。翼状スラスターを備える独特のフォルムを忠実に造形し、バエル・ソードは腰部のブレードホルダーへの収納が可能。

▶内部にはガンダム・フレームが精密に再現されている。

HG EB-08s
モビルレギンレイズ
（ジュリエッタ機）

DATA
スケール：1/144／発売：2016年10月／価格：
1,296円／武器：ライフル（ショートライフル）、ガントレット×2、ジュリエッタ機専用ツインパイル×2

ギャラルホルンの最新鋭MSをジュリエッタ・ジュリス専用機仕様でHG化。頭部パーツの選択で指揮官機の再現が可能で、付属のツインパイルはアンカーの射出をリード線で表現できる。

◀肩の引き出し可動などにより多彩なポージングが可能。ガントレットは前腕部に装着できる。

HG EB-08jjc
レギンレイズジュリア

DATA
スケール：1/144／発売：2017年2月／価格：1,512円／
武器：ジュリアンソード（ソードモード、ウィップモード）×2

2期終盤でジュリエッタが搭乗した高機動試験機をHGで再現。両腕部のジュリアンソードは選択式で、ウィップモードを軟質素材で表現。脚部はパーツ組み換えで接地状態も再現できる。専用台座が付属する。

■ 傭兵／モンターク商会／テイワズ／夜明けの地平線団／その他

▶旧世代機らしい無骨なプロポーションを再現。背部ホッパーユニットは着脱が可能。

HG EB-04
ゲイレール

DATA
スケール：1/144／発売：2016年11月／価格：1,080円／武器：ライフル、シールドアックス

2期劇中で傭兵のガラン・モッサが用いた旧式機のHGキット。フレームの一部をHG「グレイズ（一般機／指揮官機）」と共用し、グレイズの前身にあたる機体のディテールを表現している。

HG V08Re-0526
ヘルムヴィーゲ・リンカー

DATA
スケール：1/144／発売：2017年1月／価格：1,296円／武器：ヴァルキュリアバスターソード（ショートクラブ）

グリムゲルデをヴァルキュリア・フレームの姉妹機に偽装した機体をHGで再現。ヴァルキュリアバスターソードは持ち手がスライド伸縮し、ショートクラブとの分割が可能。頭部の電撃角は可動する。

▶ヴァルキュリア・フレームの意匠が残る脚部などのディテールを再現。

▲両腕部回転ブレードは展開が可能で、バヨネットライフルを固定できる。

▶頭部形状と内部のセンサーを精巧に再現。付属の円月刀はバックパックへのマウントが可能。

HG STH-20
辟邪

DATA
スケール：1/144／発売：2017年1月／価格：1,080円／武器：バヨネットライフル、トビグチブレード

百里と百錬の特性を兼ね備えたテイワズの新型機を再現したHGキット。特徴のひとつである突撃形態への変形を差し替えによって再現している。付属武装は腰部背面にマウントが可能。

HG IPP-66305
ユーゴー

DATA
スケール：1/144／発売：2016年10月／価格：1,296円／武器：マシンガン、円月刀×2、アンカー射出クロー×2

武装組織、夜明けの地平線団が運用するヘキサ・フレームMSのHGキット。逆関節の脚部が特徴的なフォルムを忠実に造形し、アンカー射出クローはリード線を用いたアクションが可能である。

HG モビルアーマー
ハシュマル

DATA
スケール：1/144／発売：2016年12月／価格：4,104円／武器：超硬ワイヤーブレード、バルバトスルプス用新型太刀

2期で猛威を振るったハシュマルの大型HGキット。腕部の伸縮と収納構造を再現し、運動エネルギー弾発射装置や超硬ワイヤーブレードといった武装のギミックも設定通りに盛り込まれている。随伴機のプルーマ1体が付属する。

▲ハシュマル用の大型台座と、ワイヤーブレード兼用の台座が付属する。

▶頭部は差し替えで開閉し、ビーム兵器の発射を再現できるクリアエフェクトパーツが付属する。

■ その他

HG

MS オプションセット 5
& 鉄華団モビルワーカー

DATA

スケール：1/144／発売：2016年10月／価格：648円／武器：バスターソード、ロングライフル、ツインメイス×2、腕部200mm砲×2

各種武装と2期に登場する鉄華団の新たなモビルワーカーのセット。ガンダムバルバトスルプスの表情付き平手パーツやジョイントパーツも同梱されている。

▲バルバトスルプスの腕部200mm砲を中心としたセット内容。

▶鉄華団モビルワーカーは1/144スケール。腕部200mm砲は回転構造を備える。同梱のジョイントパーツで幅広いカスタマイズが可能。

HG

MS オプションセット 6
&HDモビルワーカー

DATA

スケール：1/144／発売：2016年11月／価格：648円／武器：マルチウェポンパック（ソードユニット）、ブレイディッドバッド、腕部ロケット砲×2

マルチウェポンパックをはじめとするオプション武装とHDモビルワーカーのセット。ガンダムバルバトスルプス用握り手パーツや獅電用追加バイザーなども付属する。

▲武装だけでなく換装用のアクセサリーも充実している。

▶マルチウェポンパックはソードユニットの着脱が可能。各種ジョイントパーツも同梱。

HG

MS オプションセット 7

DATA

スケール：1/144／発売：2016年12月／価格：648円／武器：大型レールガン、長距離レールガン、ショートバレルキャノン×2、アサルトナイフ×2

大型火器を中心とした各種武装のセット。長距離レールガンの給弾ベルトには軟質素材を使用。そのほか、ガンダムヴィダール用表情付き平手パーツとジョイントパーツが付属する。

▲これまでのセットとは異なりモビルワーカーは同梱されない。

▶大型レールガンは銃身がスライド展開し、バルバトスルプスのバックパックに接続可能。

▲ショートバレルキャノンは同梱のジョイントパーツを介して装備させることもできる。

HG

MS オプションセット 8
&SAU モビルワーカー

DATA

スケール：1/144／発売：2017年2月／価格：648円／武器：ランドメイス、ピッケル、変形メイス×2、クロウシールド

武器としても転用できるMS用作業工具などのオプション装備と、SAUモビルワーカーのセット。モビルレギンレイズ（ジュリエッタ専用機）の表情付き平手パーツとジョイントパーツも同梱されている。

▼変形メイスは先端部の爪が展開し、クロウシールドはクロウの折り畳みが可能。

▲無骨な近接戦闘用装備に特化したセット内容となっている。

▲SAUモビルワーカーは側部の機銃などまで精巧に再現されている。

HG

MS オプションセット 9

DATA

スケール：1/144／発売：2017年3月／価格：648円／武器：グシオンリベイクフルシティ用ライフル×2

別売りのHGキットを異なる仕様に組み替えられるカスタマイズパーツ類のセット。陸戦型グレイズ用ホバーユニットやマルチラック・バックパック、レッグブースターとして他のキットにも装備可能なランドマン・ロディの脚部などを同梱している。

▲バルバトスの未採用改修プランを再現できるパーツも付属。

▲▶HG「ゲイレール」との組み換えで姉妹機のゲイレール・シュヴァリエを再現可能なパーツを同梱。さらにクロウシールドを装備すればより設定に近づく。

機動戦士ガンダム 鉄血のオルフェンズ　月鋼

2016

MOBILE SUIT GUNDAM
IRON-BLOODED ORPHANS MSV

▲主武装のデモリッション・ナイフは
折り畳みと背部へのマウントが可能。

◀左腕部サブナックルは可動式で、ボックスアートのような状態も再現できる。

HG　ASW-G-29　ガンダムアスタロト

DATA
スケール：1/144／発売：2016年5月／価格：
1,080円／武器：デモリッション・ナイフ、ライフル、
ナイフ、腕部サブナックル

外伝『機動戦士ガンダム 鉄血のオルフェンズ月鋼』の主人公機、ガンダムアスタロトをHG化。内部にはガンダム・フレームが再現され、別売りキットと連動させたカスタマイズができる。

HG　ガンダムアスタロト　リナシメント

DATA
スケール：1/144／発売：2017年7月／価格：
1,944円／武器：デモリッション・ナイフ、アスタロト
用ライフル、ショートナイフ×2、サブナックル、バ
スタード・チョッパー、シールドアーム

『月鋼』2期主人公機のHGキット。左右非対称のフォルムを新規パーツで造形し、各種武装のギミックも再現。

▲ボックスアートに描かれたバスタード・チョッパーの結合ギミックを搭載。

▶肩部装甲とブースター尾翼を展開した飛行形態への変形ギミックが再現されている。

HG　ASW-G-29　ガンダムアスタロトオリジン

DATA
スケール：1/144／発売：2016年8月／価格：
1,512円／武器：γナノラミネートソード、スレッジハ
ンマー、ショットガン

ガンダムアスタロト本来の姿をHGで再現し、内部にはガンダム・フレームを造形。γナノラミネートソードはスレッジハンマーに収納可能で、右前腕部との連結ギミックも盛り込んでいる。

▲ボックスアートにも鮮やかな真紅の装甲は成形色で表現されている。

▲左右非対称のフォルムを再現。マイニングハンマーはサイドアーマーにマウントが可能。

HG　ASW-G-47　ガンダムヴヴァル

DATA
スケール：1/144／発売：2017年4月／価格：
1,512円／武器：マイニングハンマー、グレイブ、
ラウンドシールド

ガンダムアスタロトのライバル機をキット化。HGシリーズで初めて腕部のフレームを造形している。

▲パッケージイラストでも印象的な複眼状のフェイスを精巧に造形。

◀軽装状態のネイキット。ベイオネット・ライフルはベイオネット・ソードの展開を再現。

HG　ASW-G-71　ガンダムダンタリオン

DATA
スケール：1/144／発売：2017年6月／価格：
1,728円／武器：ベイオネット・ライフル（ベイオネット・ソード）、Tブースター

『月鋼』2期に登場するガンダム・フレームMSのHGキット。最大の特徴であるTブースターのハーフカウルTへの変形と換装を再現。フレームは肘関節が新規構造となっている。

▲巨大な腕が印象的なハーフカウルT装備状態を描いたボックスアート。

▲ハーフカウルTの換装時には、腕部を折り畳んでブースターパーツ内に収納する。ハーフカウルTのアームは柔軟に可動し、先端の指も開閉する。

▲大型バックパックのTブースターを大ボリュームで造形。Tブースターを支える専用台座が付属する。

ガンダムビルドファイターズ

GUNDAM BUILD FIGHTERS

> 舞台は近未来。ガンプラを遠隔操作して行われる「ガンプラバトル」を題材に、ビルダーのセイとファイターのレイジをはじめとする少年少女の友情や成長を描く。多くのガンダム作品に見られる政治、戦争、人の死などの要素はなく、純粋な競技として描かれた迫力あるアクションが人気となった。
> 放映期間：2013年10月～2014年3月／全25話

カスタマイズ前提の設計で広がったガンプラワールド

　ガンダムの映像作品としてはガンプラを主軸とした異色の作品だけに、多彩な商品展開がなされた。作品中で完全に明示されてはいないが、劇中の「ガンプラバトル」自体が1/144を標準スケールとしている（例外も存在）ので「ハイグレードビルドファイターズ（HGBF）」を中心に商品展開が行われた。

　HGBFシリーズ全体の特徴としては、劇中でも行われる改造を意識して共通のポリキャップを使用し、腕部や脚部の軸径も統一するなどして組換えが容易なように設計された点が挙げられる。また、ガンプラ35周年を記念してリリースされたREVIVEシリーズでも類似の設計を採用したため、シリーズの枠を超えた組換えも可能となっている。

　ガンプラのカスタマイズが重要な要素となる作品だけに、HGビルドカスタム（HGBC）シリーズとしてバックパックや武器セットなどが豊富に用意されている点も本シリーズの特徴である。また、他のHGシリーズにも対応するジョイントパーツが豊富に付属し、HGBF以外のHGキットを使ってユーザーが完全オリジナルの機体も作れるよう考慮されていた。

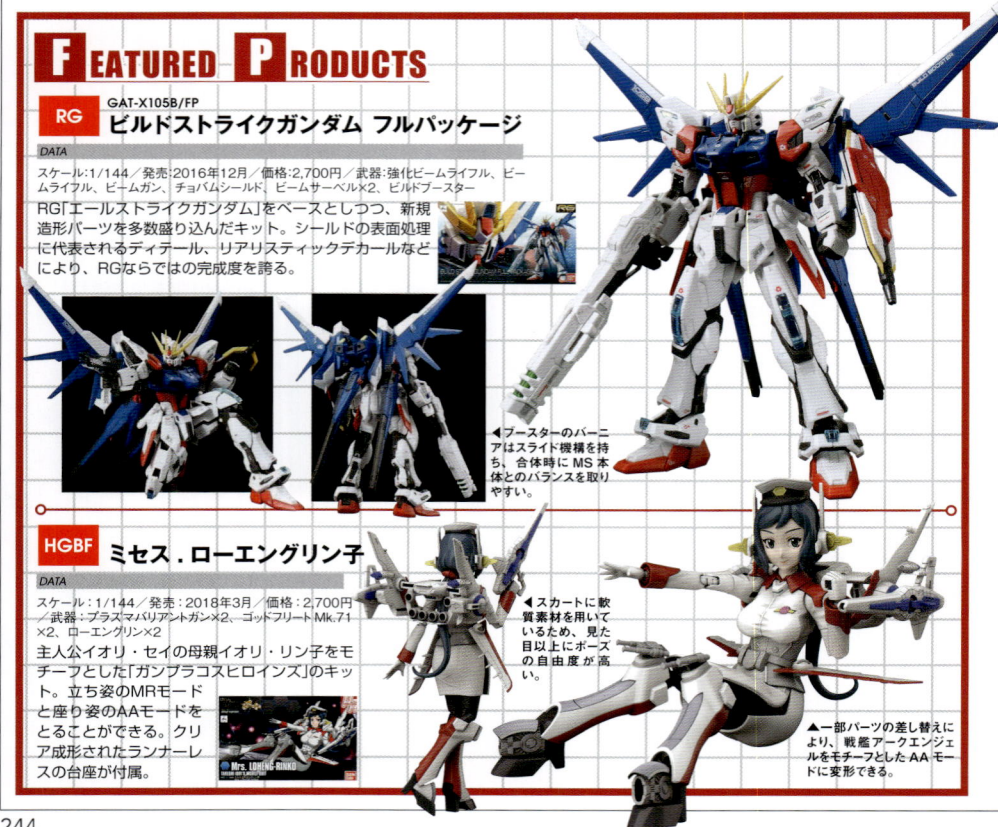

FEATURED PRODUCTS

RG　GAT-X105B/FP
ビルドストライクガンダム フルパッケージ

DATA
スケール：1/144／発売：2016年12月／価格：2,700円／武器：強化ビームライフル、ビームライフル、ビームガン、チョバムシールド、ビームサーベル×2、ビルドブースター

「RGエールストライクガンダム」をベースとしつつ、新規造形パーツを多彩に盛り込んだキット。シールドの表面処理に代表されるディテール、リアリスティックデカールなどにより、RGならではの完成度を誇る。

◀ブースターのバーニアはスライド機構を持ち、合体時にMS本体とのバランスを取りやすい。

HGBF　## ミセス．ローエングリン子

DATA
スケール：1/144／発売：2018年3月／価格：2,700円／武器：プラズマバリアントガン×2、ゴッドフリートMk.71×2、ローエングリン×2

主人公イオリ・セイの母親イオリ・リン子をモチーフとした「ガンプラコスヒロインズ」のキット。立ち姿のMRモードと座り姿のAAモードをとることができる。クリア成形されたランナーレスの台座が付属。

◀スカートに軟質素材を用いているため、見た目以上にポーズの自由度が高い。

▲一部パーツの差し替えにより、戦艦アークエンジェルをモチーフとしたAAモードに変形できる。

■ ガンプラ・ファイター

▶バージョンアップ版の強化ビームライフルなどの武器も充実。

▲ビームガンはビームライフルと強化ビームライフルへの組み換えを再現。

GAT-X105B/FP

MG ビルドストライクガンダム フルパッケージ

▲ビルドブースターは一部のMGモデルに接続可能。

DATA
スケール：1/100／発売：2014年1月／価格：4,536円／武器：ビームガン（強化ビームライフル、ビームライフル）、チョバムシールド、ビームサーベル×2、ビルドブースター

「セイがMGでビルドストライクガンダムを作ったら？」という仮定で、MG「エールストライクガンダム Ver.RM」を基に立体化。立ち姿のイオリ・セイ以下、フィギュア2種が付属する。

**HGBF GAT-X105B/FP
ビルドストライクガンダム フルパッケージ**

DATA
スケール：1/144／発売：2013年10月／価格：1,512円／武器：強化ビームライフル、ビームライフル、ビームガン、チョバムシールド、ビームサーベル×2、ビルドブースター

主人公機ビルドストライクガンダムとその支援機ビルドブースターがセットになったHGキット。ビルドブースターの大型ビームキャノンはグリップが展開し、手で構えたポーズをとることもできる。

HGBC ビルドブースター

DATA
スケール：1/144／発売：2013年10月／価格：540円／武器：――

ビルドブースター単体のキット。多彩なジョイントパーツが付属し、様々なHGシリーズのキットに接続することができる。

**HGBF MS-06R-AB
ザクアメイジング**

DATA
スケール：1/144／発売：2013年10月／価格：1,944円／武器：ロングライフル、ハンドガン、ロケットランチャー×2、ヒートナタ×2、ザクマシンガン、ザクバズーカ、ヒートホーク

主人公たちの好敵手ユウキ・タツヤ初期の愛機をHGで立体化。HGUC「高機動型ザク」をベースとしているため可動性は良好である。武器はアニメオリジナルに加えてベースキットのものも付属する。

**HGBF GX-9999
ガンダム X 魔王**

DATA
スケール：1/144／発売：2013年11月／価格：1,944円／武器：ビームサーベル、大型ビームソード、ミサイルポッド、バルカンポッド、シールドバスターライフル×2

ヤサカ・マオがガンダムXを基に制作したガンプラのHGモデル。リフレクトスラスターはホイルシールで質感を再現。バルカンポッドなどは肩・脚の開閉ラッチに接続する。

▲ハイパーサテライトキャノンは柔軟に可動。

◀スカートが分割されているため開脚も容易。

**HGBF XXXG-01Wf
ウイングガンダムフェニーチェ**

DATA
スケール：1/144／発売：2013年12月／価格：1,728円／武器：バスターライフルカスタム（バスターライフル、小型ライフル）、ビームレイピア、ビームマント

ウイングガンダムを基に制作された、リカルド・フェリーニのガンプラをHG化。アシンメトリーの特徴的なシルエットや武器の合体・分離ギミックなどが再現されている。

◀ビームマントはクリアパーツで再現している。

HGBC アメイジングブースター

DATA
スケール：1/144／発売：2013年10月／価格：756円／武器：ロングライフル、ハンドガン、ロケットランチャー×2、ヒートナタ×2

ザクアメイジングの支援機をキット化（HG「ザクアメイジング」はブースター単体の再現が不可）。付属装備は別売りの一部HGモデルにも対応する。

HGBC メテオホッパー

DATA
スケール：1/144／発売：2013年12月／価格：864円／武器：――

フェニーチェの一輪バイク型サポートメカを立体化。別売りのHG「ウイングガンダムフェニーチェ」などの一部キットを乗せることが可能。

■ ガンプラ・ファイター

HG RX-178B ビルドガンダム Mk-Ⅱ

DATA
スケール：1/144／発売：2013年11月／価格：1,944円／武器：ビームライフル Mk-Ⅱ×2、ムーバブルシールド×2、ビームサーベル×3、ビームライフル、ハイパーバズーカ、バルカンポッド、シールド、ビルドブースター Mk-Ⅱ

ガンダムMk-Ⅱを原型とする主人公チーム第2のガンプラをHGで立体化。ベースはHGUC「ガンダムMk-Ⅱ」で、ビームライフルMk-Ⅱはムーバブルシールドから外して手持ちも可能である。

▶劇中以上の重武装を再現。

HGBC ビルドブースター Mk-Ⅱ

DATA
スケール：1/144／発売：2013年11月／価格：1,944円／武器：ビームライフル Mk-Ⅱ×2、ムーバブルシールド×2

HG「ビルドガンダムMk-Ⅱ」付属の支援メカを単体でキット化。本体やムーバブルシールドは別売りのHGシリーズに取り付けることが可能である。

HG 侍ノ弐 戦国アストレイ頑駄無

DATA
スケール：1/144／発売：2013年12月／価格：1,944円／武器：サムライソード×2（菊一文字、虎徹）、鬼の盾

ニルス・ニールセンの「武者頑駄無」型ガンプラを、HG「ガンダムアストレイレッドフレーム（フライトユニット装備）」をベースに立体化。肩鎧のサブアームギミックも再現。

▲背部に搭載する『鬼の盾』は取り外して手に持たせることもできる。

HG KUMA-03 ベアッガイⅢ（さん）

DATA
スケール：1/144／発売：2013年12月／価格：1,944円／武器：ビームサーベル×2

コウサカ・チナが制作した『ぬいぐるみガンプラ』を、HGUC「アッガイ」をベースに立体化。可動式のリボンストライカーは別売りの一部HGキットにも接続可能である。

▶ビームサーベルの刃は口部にも装着可能。

MG RX-178B ビルドガンダム Mk-Ⅱ

DATA
スケール：1/100／発売：2014年3月／価格：5,400円／武器：ビームライフル Mk-Ⅱ×2、ムーバブルシールド×2、ビームサーベル×2、ビームライフル（エネルギーパック×3）、ハイパーバズーカ（カートリッジ×2）、バルカンポッド、シールド、ビルドブースター Mk-Ⅱ

MG「ガンダムMk-Ⅱ Ver.2.0」をベースにビルドガンダムMk-Ⅱを再現。ビルドブースターMk-Ⅱはジョイントパーツを用いてMG「ビルドストライクガンダム」（別売り）などに装着可能。

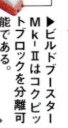
▶プロポーションはベースキット譲りで、可動性も高い。

◀ビルドブースターMk-Ⅱはコクピットブロックを分離可能である。

MG 侍ノ弐 戦国アストレイ頑駄無

DATA
スケール：1/100／発売：2014年2月／価格：5,400円／武器：サムライソード×2（菊一文字、虎徹）、鬼の盾

MG「ガンダムアストレイレッドフレーム改」をベースとし、高度なプロポーションとディテール、柔軟な可動性を実現した。ニルス・ニールセンのフィギュア2種が付属している。

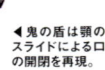

◀鬼の盾は顎のスライドによる口の開閉を再現。

HG NMX-004 キュベレイパピヨン

DATA
スケール：1/144／発売：2014年2月／価格：2,160円／武器：ランスビット、ファンネルビット×10、ビームサーベル×4

チーム「ネメシス」のアイラ・ユルキアイネンが操るガンプラをHG化。HGUC「キュベレイ」をベースに蝶を思わせるシルエットを再現。ランスビットはライフル状態も選択可能。

▶前後に分割された肩バインダーは柔軟に可動する。

◀スタービームライフルの変形・合体ギミックを再現している。

HG
GAT-X105B/ST
スタービルドストライクガンダム プラフスキーウイング

DATA
スケール：1/144／発売：2014年1月／価格：1,620円／武器：スタービームライフル、アブソーブシールド、ビームサーベル×2、ユニバースブースター

世界大会用の主人公機をHGで立体化。HG「ビルドストライクガンダム フルパッケージ」をベースに、ユニバースブースターへの変更や新規パーツの追加を行っている。専用台座が付属する。

▲プラフスキーウイングは可動式となっている。

HG
PPMS-18E
ケンプファーアメイジング

DATA
スケール：1/144／発売：2014年1月／価格：1,944円／武器：アメイジングピストル（アメイジングライフル、アメイジングロングレンジライフル）×2、アメイジングウェポンバインダー×2、アメイジングナイフ×2

3代目メイジン・カワグチが決勝大会で使用したガンプラを立体化。HGUC「ケンプファー」を基に、アメイジングウェポンバインダーが追加され、一部パーツも変更された。

各種武器の合体・収納ギミックを再現。

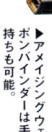

▲アメイジングウェポンバインダーは手持ちも可能。

HGBC
アメイジングウェポンバインダー

DATA
スケール：1/144／発売：2014年1月／価格：540円／武器：アメイジングピストル（アメイジングライフル、アメイジングロングレンジライフル）×2、アメイジングバインダー×2、アメイジングナイフ×2

HG「ケンプファーアメイジング」（別売り）に付属するものと同じ構成で、一部のHGUCキットに装備させることが可能となっている。

HGBC
ユニバースブースター プラフスキーパワーゲート

DATA
スケール：1/144／発売：2014年1月／価格：864円／武器：スタービームライフル、アブソーブシールド、ビームサーベル×2

ユニバースブースターの単体キット。プラフスキーパワーゲートが付属し、HG「スタービルドストライクガンダム」（別売り）との組み合わせでディスチャージシステムを再現可能である。

MG
UB-01
ユニバースブースター

DATA
スケール：1/100／発売：2014年3月／価格：3,024円／武器：スタービームライフル、アブソーブシールド

MG「ビルドストライクガンダム」（別売り）に対応するユニバースブースターや武器等のセット。プラフスキーウイングはクリア成形のABS樹脂やPET樹脂で再現されている。

▲プラフスキーパワーゲートは付属の台座にディスプレイが可能。

HG
RGM-79K9
ジムスナイパー K9

DATA
スケール：1/144／発売：2014年2月／価格：1,944円／武器：ビームスナイパーライフル、ビームガン×2、スナイパーライフル、ブルバップ・マシンガン、シールド、ビームサーベル×2、ヒートナイフ

レナート兄弟が使用するガンプラをHGUC「ジム・スナイパーⅡ」をベースにキット化。カメラ部を再現するホイルシールは、ノーマル状態とEXAMシステム発動状態の2種から選択できる。

◀武器はK9用だけでなく、ベースキットのものも付属する。

HGBC
K9 ドッグパック

DATA
スケール：1/144／発売：2014年2月／価格：864円／武器：ビームスナイパーライフル、ビームガン×2

HG「ジムスナイパー K9」に付属するサポートメカと武器の単体キット。別売りの一部HGキットにも接続可能で、他キットの武器に対応したジョイントが付属する。

▲3種8体のフィギュアが付属する。

■ ガンプラ・ファイター

HG PPGN-001 ガンダムアメイジングエクシア

DATA
スケール：1/144／発売：2014年8月／価格：1,944円／武器：アメイジングGNソード（ビームサーベル）、アメイジングGNブレイド、アメイジングGNシールド、トランザムブースター（トランザムGNブレイド×2）

HG「ガンダムエクシアダークマター」をベースに3代目メイジン・カワグチが準決勝で使用したガンプラをキット化。アメイジングGNソードをはじめとする武器のギミックを再現。

▲支援メカは HGBC「ダークマターブースター」の成形色変更版。武器の分離も再現した。

MG PPGN-001 ガンダムエクシアダークマター

ガンダムエクシアダークマターを、MG「ガンダムエクシア」をベースに立体化。ダークマターブースターは付属のジョイントパーツによって一部MGキットのバックパックとの交換が可能。

DATA
スケール：1/100／発売：2015年2月／価格：5,400円／武器：プロミネンスブレイド、ブライニクルブレイド、ダークマターライフル（ビームサーベル）、ダークマターブースター（ダークマターブレイド×2）

▲翼の一部はダークマターブレイドとして装備可能。

HG AC-01 ミスサザビー

DATA
スケール：1/144／発売：2014年3月／価格：3,240円／武器：スイートソード、スイートシールド、ビームサーベル

アイラ・ユルキアイネン自ら制作した新たなガンプラをHG化。ベースキットはHGUC「サザビー」で、脚部などのパーツや成形色が大きく変更されている。組み換え式の台座が付属。

▼サーベルは双刃式にも組み替えられる。ビーム刃は爪先にも装着可能。

▼多彩な武器とハンドパーツが付属する。

▲迫力ああるポージングが可能。

HG PPGN-001 ガンダムエクシアダークマター

DATA
スケール：1/144／発売：2014年3月／価格：1,944円／武器：プロミネンスブレイド、ブライニクルブレイド、ダークマターライフル（ビームサーベル）、ダークマターブースター（ダークマターブレイド×2）

HG「ガンダムエクシア」をベースに、決勝戦で3代目メイジン・カワグチが駆ったガンプラを再現。マスクは2種類から選択でき、2本のブレイドは腰部に装着が可能。

HGBC ダークマターブースター

DATA
スケール：1/144／発売：2014年3月／価格：648円／武器：ダークマターブレイド×2

HG「ガンダムエクシアダークマター」の支援メカの単体キット。付属ジョイントを用い、一部HGへの装着やストライカーとの合体が可能。

HG XXXG-01Wfr ガンダムフェニーチェリナーシタ

DATA
スケール：1/144／発売：2014年9月／価格：1,944円／武器：バスターライフルカスタム（バスターライフル、ハンドガン、ビームサーベル）、リナーシタウイングシールド、ビームサーベル、ビームマント×2

リカルド・フェリーニの新たなガンプラをHGで立体化。バスターライフルカスタムは分離・合体ギミックを再現し、ビームマントはクリアパーツで表現。

▲飛行形態への変形が可能。

MG XXXG-01Wfr ガンダムフェニーチェリナーシタ

DATA
スケール：1/100／発売：2015年6月／価格：5,184円／武器：バスターライフルカスタム（バスターライフル、ハンドガン、ビームサーベル）、リナーシタウイングシールド、ビームサーベル、ビームマント×2

MG「ウイングガンダム」をベースに、大幅に外装を変更してガンダムフェニーチェリナーシタを再現。飛行形態への変形も可能である。ディスプレイスタンドなどが付属する。

▲飛行形態にはロック機構を採用。

▲各武装を再現。

MG MS-07R-35 グフ R35

DATA
スケール:1/144／発売:2014年6月／価格:1,620円／武器:バルカンポッド×2、ヒートサーベル×2、ヒートロッド、シールド×2

ラルさんが制作したガンプラを、完全新造形でHG化。ヒートロッドはスチロール樹脂製で自由に曲げることができ、ヒートサーベルの刀身と腹部パネルはクリアパーツで再現。

◀ピースサインを含む4種のハンドパーツが付属。

▶スカルサテライトキャノンを差し替えて再現。

精細に再現した背面も器を連想させる推進を配置した背面も

HG XM-X9999 クロスボーンガンダム魔王

DATA
スケール:1/144／発売:2014年4月／価格:1,944円／武器:クロスボーンガン&ソード×2、ザンバスター（ビームザンバー、バスターガン）、ビームサーベル×2、ヒートナイフ×4

クロスボーン・ガンダムX1を基にヤサカ・マオが制作したガンプラをHG化。バックパックは、サブアーム付きのアームパックとリフレクターミラーユニットの二重構造となっている。

HGBC 祭ウェポン

DATA
スケール:1/144／発売:2013年12月／価格:648円／武器:斧、ジュッテ、コンボウ、ホコ、ナギナタ、火縄銃、クナイ×3、カギヅメ×2、ミズグモ×2、数珠、木槌

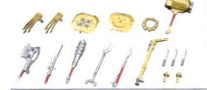

別売りの各種HGモデルに取り付けられる和風の武器セット。首に装着する数珠や、ミズグモを手持ち式にするジョイントパーツなども付属する。

HGBC ハイパーガンプラバトルウェポンズ

DATA
スケール:1/144／発売:2014年1月／価格:648円／武器:レールガン、バッティングラム、シザーソード、シールドニッパー、スプレーガン&カートリッジ、レドームヨーヨー×2

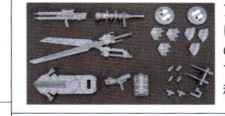

アニメ本編第13話「バトルウェポン」に登場する特殊武器のセット。別売りのHGシリーズモデル各種に装備可能である。装着用のジョイントパーツ4種が付属する。

HGBC ガンプラバトルアームアームズ

DATA
スケール:1/144／発売:2014年3月／価格:864円／武器:アックス、ソード、ミサイルランチャー×2、シールド、ブースター×2、スタビライザー×2、マルチマウント、ウエストアーマー、インテーク×2

別売りの各種HGモデルに対応したパーツセット。新規デザインの武器類とサブアームなどで構成されており、ジョイントアームパーツを用いた合体で劇中未登場の支援メカとなる。

◀▲ブースターやスタビライザー等のドレスアップパーツも同梱。

HGBC スカルウェポン

DATA
スケール:1/144／発売:2014年5月／価格:864円／武器:ピストル、ナイフ×2、サーベル、ナギナタ、フック×2、シールド

武器やバックパックを含む、各種HGキット用のパーツセット。ジョイントパーツを用いてパーツを組み合わせると、オリジナルの支援メカになる。専用の台座が付属する。

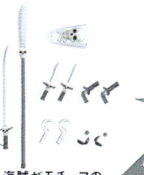

▲海賊がモチーフの武器類が付属する。

HGBC ヴァリュアブルポッド

DATA
スケール:1/144／発売:2014年5月／価格:864円／武器:ビームサーベル×2、シールド×2

別売りのHGUC「ギャン」と組み合わせてギャンバルカンを再現できる支援メカのキット。付属のジョイントパーツを用い、ギャン以外の一部HGキットにも装着可能。

▲ギャンバルカンに組み替えるための各種パーツも付属。

HGBC GP ベース

DATA
スケール:——／発売:2013年11月／価格:648円／武器:——

劇中のGPベースを再現したガンプラ用台座。アクションベース2と同じく、基本的にHGモデル用となっている。ガンプラを接続するアームは収納式で、GPベース単独で飾ることも可能。

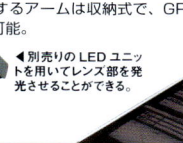

▲別売りのLEDユニットを用いてレンズ部を発光させることができる。

ガンダムビルドファイターズトライ

GUNDAM BUILD FIGHTERS TRY

物語の舞台は前作『ガンダムビルドファイターズ』から7年後。ガンプラバトルと出会い、その魅力に引き込まれていくカミキ・セカイを軸に、成長する少年少女たちの姿を描く。前作との相違点はガンプラバトルの形式が一新されて3人一組のチーム戦となったことで、従来のバトルに戦略的要素を加えた面白さが特徴。作品のテイストとしては前作をさらに進めた自由な展開で、新たなファンの獲得に大きく貢献することとなった。

放映期間：2014年10月～2015年4月／全25話

HGBFは前作を引継ぎ
プレイバリューを拡大

『ビルドファイターズトライ』のキット展開はHGBFを中心とし、ポリキャップの共通化や各部軸径の統一といった基本仕様も前シリーズを踏襲している。そのため、新旧のキットを組み合わせることもでき、シリーズのコンセプトである"組み合わせてカスタマイズする楽しみ"はさらに広がった。

また、前シリーズに引き続きオプションセットの「HG ビルドカスタム（HGBC）」も充実した展開を見せ、プレイバリューが拡大していくことになる。

ジャンルを超越して楽しむ
さらに"自由"な展開

『ビルドファイターズトライ』の特徴のひとつに、SDシリーズのガンプラが多く登場する点がある。主人公チームの一員であるホシノ・フミナをはじめ、劇中でSDモチーフのガンプラを操ったキャラクターは少なくない。それらは総じて独特のギミックを有し、劇中でも印象的な演出がなされた。商品としてのガンプラでは、それらのSDシリーズは「SDビルドファイターズ（SDBF）」としてキット化されている。勿論、劇中のギミックも忠実に再現され、高いプレイバリューがユーザーに喜ばれた。

また、特筆すべきキットとして「すーぱーふみな」が挙げられる。フミナをモデルにしたサカイ・ミナトの最高傑作として劇中に登場し、HGBFでキット化されたそれは、事実上の可動美少女フィギュアで発売当初から品薄状態が続く話題作となった。

このように本シリーズはこれまでのガンプラの常識を覆し、「ガンプラを使用した自由な模型シーン」という新たな価値観を提供することとなった。

FEATURED PRODUCTS

Figure riseBust フィギュアライズバスト ホシノ・フミナ

DATA
スケール：――／発売：2016年12月／価格：1,944円
フィギュアライズバストシリーズでフミナをキット化。アクションベースに対応したジョイントパーツが付属する。

▶ 腕パーツが別に付属し、パーツ選択で肩を出したスタイルを再現可能。

◀ フィギュアライズバストはキャラクター胸像の組み立て式フィギュアシリーズ。フミナは11番目のキットとなる。

◀ しなやかなボディラインや衣装の皺を精巧に再現。

▶ 瞳パーツにはレイヤードインジェクションを用い、瞳の陰影を4色の成形色で表現している。

Figure riseBust フィギュアライズバスト ホシノ・フミナ エンディング ver.

DATA
スケール：――／発売：2017年5月／価格：1,620円
第1クールのエンディングに登場するフミナをフィギュアライズバストで再現。付属のジョイントパーツを用いてアクションベースと連結し、セットでディスプレイもできる。

▲ エンディング映像のコスチュームを新規に造形している。

■ 聖鳳学園

▶クリア成形の多彩なバトルエフェクトパーツが付属。

▲関節の柔軟性が高く、次元覇王流の各種技を再現可能。

HGBF BG-011B
ビルドバーニングガンダム
DATA

スケール：1/144／発売：2014年10月／価格：1,512円／武器：――

主人公カミキ・セカイが操るガンプラをキット化。ポリキャップPC-002ABや多重関節などによってポージングの自由度は高い。機体各部のクリアパーツは青と赤の2種類を同梱。

SDBF SD-237
ウイニングガンダム
DATA

スケール：1/144／発売：2014年12月／価格：1,080円／武器：ビームマシンガン（ビームボウガン）、レドームシールド

ホシノ・フミナが選手権用に制作した、SDタイプのガンプラをキット化。ウイニングナックルやウイニングランチャーといった武器形態への分離・変形を再現している。

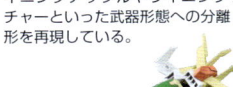

▶飛行形態（コアブースター）に変形。コアファイターも分離できる。

HG RGM-237C
パワードジムカーディガン
DATA

スケール：1/144／発売：2014年10月／価格：1,944円／武器：ビームマシンガン、大型ライフル×2、ガトリングガン×2、シールド×2、ビームサーベル×2

本編序盤でホシノ・フミナが使用した重装型ガンプラをHG化。HGUC「パワードジム」をベースに多数の新規パーツを追加し、2枚のシールドをアームで展開する構造を再現。

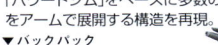

▼バックパックのサブアームを畳めば、格闘状態も再現できる。

▼ビームライフルは各ユニットに分割でき、組み換えが可能。

▶シールドはビームライフルのバイポッドにもなる。

HGBF LGZ-91
ライトニングガンダム
DATA

スケール：1/144／発売：2014年11月／価格：1,728円／武器：ビームライフル（ハンドガン）、シールド、ビームサーベル×2

セカイのチームメイト、コウサカ・ユウマの長距離狙撃用ガンプラをHG化。設定上の原型であるリ・ガズィから大きく様変わりしたデザインを、新規金型で立体化。

HGBC
ライトニングバックウェポンシステム
DATA

スケール：1/144／発売：2014年11月／価格：864円／武器：ビームキャノン×2、ミサイルポッド×2

別売りのHG「ライトニングガンダム」を飛行形態に変形可能とする支援メカのキット。武器は2種類を換装可能である。

▶ライトニングガンダム以外にも装備可能。

HGBC
ライトニングバックウェポンシステム Mk-Ⅱ
DATA

スケール：1/144／発売：2015年2月／価格：864円／武器：――

別売りのHG「ライトニングガンダム」に合体し、ライトニングガンダムフルバーニアンを再現できる支援メカのキット。

▶合体時には飛行形態にも変形できる。

HGBC
パワードアームズパワーダー
DATA

スケール：1/144／発売：2014年10月／価格：648円／武器：ビームマシンガン、大型ライフル×2、ガトリングガン×2、ミサイル×2

HG「パワードジムカーディガン」付属のバックパック、アーム、火器で構成されたキット。本キット独自のガトリングガン（のバレル）やミサイル、ジョイントパーツも同梱される。

■聖鳳学園／聖オデッサ学園

HGBF　KUMA-F
ベアッガイ F（ファミリー）

DATA

スケール：1/144／発売：2014年11月／
価格：1,944円／武器：ー

カミキ・ミライ作の親子ガンプラを、HG「ベアッガイⅢ」をベースに再現。ママガイとプチッガイのセットで、手つなぎジョイントが付属する。

HGBF　TBG-011B
トライバーニングガンダム

DATA

スケール：1/144／発売：2015年2月／価格：
1,944円／武器：ー

アニメ後期の主人公機を、HG「ビルドバーニングガンダム」をベースに再現。炎状のエフェクトパーツが充実しており、ハンドパーツは手首に可動部を持つ4種類8個が付属する。

▶飛行形態のメガコアブースター。コアファイターなどへの分離も可能。

▶最大の特徴と言えるREAL形態。手足は他形態で武器になる。

SDBF　SD-237S
スターウイニングガンダム

DATA

スケール：1/144／発売：2015年2月／価格：1,296円／武器：ビームマシンガン（マシンガン、ブレードパーツ）、スタークロス×2

アニメ後期のフミナのガンプラを、SDBF「ウイニングガンダム」をベースにキット化。SD、飛行、REALの各形態に変形できる。スタークロスなどの武器は組み換えが可能。

HG　MSZ-006LGT
ライトニング Z ガンダム

DATA

スケール：1/144／発売：2015年7月／価格：
2,376円／武器：ビームライフル、シールド

最終話のメイジン杯にユウマが出品したガンプラをHG化。シリンダーが露出した腹部等の特徴的な構造を精密に新規造形し、キャノン形態への変更も可能。

▶フレックスバースト発射形態を再現できる。

HGBF　KMK-B01
カミキバーニングガンダム

DATA

スケール：1/144／発売：2015年9月／価格：1,944円／武器：太刀

全国大会後にセカイが制作した、新たな格闘戦型のガンプラをHG化。HG「ビルドバーニングガンダム」から関節部やエフェクトパーツを受け継ぎつつ、外装を新規に造形している。

▲日輪を思わせる新規造形の青部エフェクトパーツが付属する。

HGBF　MS-09R-35
ドム R35

DATA

スケール：1/144／発売：2015年7月／価格：
1,944円／武器：多目的シールド×2

最終話でラルさんが使用した「ランバ・ラル専用ドム」のガンプラをHG化。HGUC「ドム／リック・ドム」をベースに、クローやブースターの各部構造を再現。

◀両腕の多目的シールドは3モードに変形可能。

HGBF　AMX-104GG
R・ギャギャ

DATA

スケール：1/144／発売：2014年12月／価格：1,944円／武器：ツインビームソード、ビームサーベル、シールド×2

"ギャン子"ことサカザキ・カオルコが操るガンプラを完全新規造形で立体化。シールドはアーム接続によって独自の可動範囲を持つ。

◀シールドはビームカッターを再現できる。

■ 成錬高専／宮里学院高校／ヤジマ商事

HGBF RX-79(G)Ez-SR1/2/3 ガンダム Ez-SR

DATA

スケール：1/144／発売：2014年11月／価格：1,944円／武器：ショートバレルビームライフル、ビームサーベル×2、電磁ナックル、180ミリキャノン、ミサイルランチャー、ビームライフル、シールド

都立成錬高専科学部のチーム「SRSC」のガンプラを、HGUC「ガンダムEz8」をベースに立体化。3つの仕様を選択できるコンパチキットで、各機を再現するパーツが付属する。

▶エリミネーターは180ミリキャノン等を装備。

▶イントルーダーは電磁ナックルなどを装備する。

▶レドームパーツが特徴のシャドウファントム。

HGBF MSN-001M 百万式（メガシキ）

DATA

スケール：1/144／発売：2014年12月／価格：1,944円／武器：ビームライフル、ビームソード×2、メガランチャー

ガンプラ心形流のサカイ・ミナトが制作し、宮里学園のスドウ・シュンスケが操るガンプラを再現したHGキット。ベースキットはHGUC「デルタガンダム」で、新規パーツを大量に追加している。

▶バックパックはメガフライヤー形態への変形が可能。

◀メガランチャー形態に変形したバックパックを装備できる。

HGBC メガライドランチャー

DATA

スケール：1/144／発売：2014年12月／価格：648円／武器：

HG「百万式」に付属するバックパック式支援メカの単品キット。別売りの一部HGモデルにも対応し、バックパックやメガランチャーとして装備できるほか、牽引状態を再現可能。

HGBC イージーアームズ

DATA

スケール：1/144／発売：2015年9月／価格：648円／武器：180ミリキャノン、ミサイルランチャー、ナックルガード×2

HG「ガンダムEz-SR」に付属する一部装備のセット。各種武器のほか、バックパックとブースターユニット×2、ジョイントパーツが付属する。

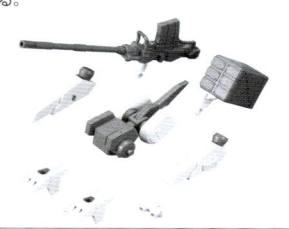

HGBF GT-9600-DV ガンダムレオパルド・ダ・ヴィンチ

DATA

スケール：1/144／発売：2015年8月／価格：1,944円／武器：ビームライフル、ハイパービームガトリング×2、ビームキャノン×2、ミサイルポッド×2

ガンダムレオパルドを基にスガ・アキラが制作したガンプラを、HGで立体化したキット。完全な新規造形モデルで、劇中未使用のものも含めて豊富な武器が付属し、機体各部の3mm穴に自由に装着できる。

◀各武器を2種ずつ装備することで劇中未登場の重武装形態を再現。

HGBF ハイモック

DATA

スケール：1/144／発売：2015年1月／価格：864円／武器：ビームライフル

ガンプラバトルの練習用無人機をHG化。各部のジョイント穴に別売りキットの武器やカスタムパーツを装備可能。前腕には1/100モデルを含む一部別売りキットのハンドパーツを接続できる。

HGBC モックアーミーセット

DATA

スケール：1/144／発売：2015年1月／価格：648円／武器：アックス、ロケットハンマー、ヒートカッター、ビームガトリング

1/144と1/100の両スケールのガンプラに対応した武器のセット。別売りのHG「ハイモック」に対応する無地の頭部パーツも付属している。

■ その他／ガンプラ学園

HGBF PF-78-3A ガンダムアメイジングレッドウォーリア

DATA

スケール：1/144／発売：2015年1月／価格：1,944円／武器：ハンドガン、ガンブレイド（ショート）、ガンブレイド（ロング）、ビームガトリング、ビームライフル甲、ビームライフル乙、センサーカメラ、E-PAC、グリップ、ハイパーバズーカ、シールド、ビームサーベル

漫画『プラモ狂四郎』のレッドウォーリアを基に、3代目メイジン・カワグチが制作したガンプラをHGで立体化。ハンドガンとビームライフル乙を中心とした武器の組み替えが可能。

▶様々に組み替えられる豊富な武装が特徴。

▲HGモデル同様、多彩な武器とその組み替えギミックを再現。

▶指関節も可動する柔軟な関節構造はベースキット譲り。

HGBC 紅ウェポン

DATA

スケール：1/144／発売：2015年1月／価格：648円／武器：ハンドガン、ガンブレイド（ショート）、ガンブレイド（ロング）、ビームガトリング、ビームライフル甲、ビームライフル乙、センサーカメラ、E-PAC、グリップ、ハイパーバズーカ

HGBF「アメイジングレッドウォーリア」に付属する、手持ち武器とその関連パーツのセット。アームパーツを用いることで、別売りの一部HGモデルに取り付け可能だ。

MG PF-78-3A ガンダムアメイジングレッドウォーリア

DATA

スケール：1/144／発売：2015年8月／価格：5,184円／武器：ハンドガン、ガンブレイド（ショート）、ガンブレイド（ロング）、ビームガトリング、ビームライフル甲、スーパーバーム、ビームライフル乙、ショートライフル、ハイパーバズーカ、シールド、ビームサーベル

アメイジングレッドウォーリアのMGキット。MG「ガンダムVer.2.0」をベースに、外装や武器類を新規造形で再現。同スケールのメイジン・カワグチのフィギュア2種が付属する。

SDBF SD-9071A 紅武者アメイジング

DATA

スケール：1/144／発売：2015年8月／価格：1,080円／武器：名刀・紅葵、苦無×2、ハイパー大筒（西洋新式連発銃）、炎輪甲×2

▼頭部アンテナは苦無として手にも装備できる。

レディ・カワグチが操るSDタイプのガンプラを立体化。ハイパー大筒を中心に各部パーツを組み合わせて武者クロスカノンを再現できる。

HG SF-01 すーぱーふみな

DATA

スケール：1/144／発売：2015年11月／価格：1,944円／武器：ビームマシンガン、大型ライフル×2、シールド×2、ビームサーベル×2

▲エプロン等は軟質素材製で関節の動きを邪魔しにくい仕様。

サカイ・ミナトがホシノ・フミナをモデルに制作した異色のガンプラをHG化。瞳はホイルシールとクリアパーツを組み合わせて立体的に表現されている。クリア成形の台座が付属。

HGBF RX-END ガンダムジエンド

DATA

スケール：1/144／発売：2015年5月／価格：2,376円／武器：ショットジエンド×2、イッカク（ツノワレ形態）

私立ガンプラ学園のアドウ・サーガが駆るオリジナルガンプラをHG化。ウイングやアームの可動によって4つの形態を再現でき、フィストジエンドは差し替えで展開する。

▼最終脱ガンダム形態のイッカクは差し替え式。

HGBF GN-9999 トランジェントガンダム

DATA

スケール：1/144／発売：2015年4月／価格：1,944円／武器：GNバルチザン×2

私立ガンプラ学園のキジマ・ウィルフリッドが制作したガンプラをHGで立体化。GNバルチザンに対応したものを含む3種3個のハンドパーツや、クリアブルー成形の台座が付属する。

◀GNバルチザンは矛先が開閉式で、格闘と射撃の両状態を再現可能である。

■ ガンプラ学園／天王寺学園／統立学園／グラナダ学園

HGBF ガンダムポータント
GNW-100P

DATA
スケール：1/144／発売：2015年3月／価格：1,944円／武器：GNピアスソード、GNスマッシュライフル、ビームサーベル×2

私立ガンプラ学園のキジマ・シアが操るガンプラをHG化したキットで、スリムかつ優美なシルエットを再現している。クリアグリーンで成形された付属台座は、3段階の角度調整が可能。

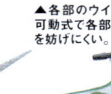

▲各部のウイングは可動式で各部の動きを妨げにくい。

◀ビームサーベルのクリアパーツは、長短2種が各2本ずつ付属する。

HGBC ポータントフライヤー

DATA
スケール：1/144／発売：2015年3月／価格：864円／武器：──

鳥型のバックパック兼用支援メカに、HG「ガンダムポータント」付属のウイング及びコンテナが同梱されたセット。

SDBF S×D×G ガンダム
SDG-R1/2/3

DATA
スケール：1/144／発売：2015年3月／価格：1,080円／武器：スパイク、シールド、クロー、ライフル

統立学園のシキ3兄弟が使用するSDタイプのガンプラを立体化。差し替えでスナイバルガンダム以下3機種を再現可能。同キット3体をスナイバル・ドラゴ・ギラに合体させることもできる。

▲3機が合体したスナイバル・ドラゴ・ギラ。

◀クロー装備のドラゴナーゲルガンダム。クローは背部や前腕にも装着可能。

▶ライフル装備のギラカノンガンダム。ライフルは頭部にも装着可能。

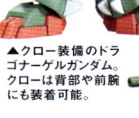

HGBF 最強機動 ガンダムトライオン3
(DATA)

DATA
スケール：1/144／発売：2015年6月／価格：3,024円／武器：超咆剣ハイパーミノフスキー、ビームサーベル×2

▶合体ギミックと可動を両立。

サカイ・ミナトが制作した天王寺学園の合体・変形式ガンプラをHG化。HGUC「ZZガンダム」をベースに、ソラトライオン、リクトライオン、ウミトライオンでの合体・変形を再現。

▲▶分離状態の各機は単独でディスプレイ可能。

HGBF ディナイアルガンダム
NK-13J

DATA
スケール：1/144／発売：2015年5月／価格：1,944円／武器：ビームサーベル×2

天山学園のファイター、イノセ・ジュンヤが操る格闘戦タイプのガンプラをHG化。新規造形を中心としつつ、一部パーツをHG「ビルドバーニングガンダム」から転用している。

▲ラメ入りのパープルクリアで成形されたエフェクトパーツが充実。

HG クロスボーン・ガンダム X1 フルクロス TYPE.GBFT
XM-X1

DATA
スケール：1/144／発売：2015年4月／価格：2,376円／武器：ムラマサ・ブラスター、ピーコック・スマッシャー、ザンバスター（ビーム・ザンバー、バスターガン）、ビームサーベル×2、ヒートダガー×4、ブランド・マーカー×2、ビーム・シールド

私立グラナダ学園のルーカス・メネシスが操るクロスボーン・ガンダムX1フルクロスを、アニメ仕様でHG化。HGUCの同名キットに増加パーツを追加している。

▶ベースキットの武器も付属。肩のスカルヘッドは手に装備することができる。

■ その他

HGBC ボールデンアームアームズ

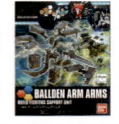

DATA
スケール：1/144／発売：2015年5月／価格：864円／武器：──

別売りの一部HGキットに対応する武装ユニット、ジョイント／アームのセット。パーツの組み替えにより飛行形態の支援機や強化パーツとしての合体形態に変形できる。ジョイントパーツは二軸、一軸、大中小のボールタイプと、様々な種類が数多く同梱されている。

HGBC ジャイアントガトリング

▼形状の異なる砲口パーツやグリップなどが同梱されている。

DATA
スケール：1/144／発売：2015年6月／価格：648円／武器：──

私立グラナダ学園がギラ・ドーガに装備させたガトリング砲のセット。ガトリング砲本体はパーツ分割式で、様々な形態に組み替えられる。三脚やジョイントパーツ、1/144用と1/100用のグリップが付属する。

HGBC 次元ビルドナックルズ「角」

▶形状は拳手と平手、武器持ちの手の3タイプ

DATA
スケール：1/144／発売：2015年7月／価格：648円／武器：──

地球連邦軍系のMSに多い、角張ったデザインのハンドパーツのセット。S/M/Lの3サイズと3パターンの形状で計36個を同梱し、各HGシリーズに対応。

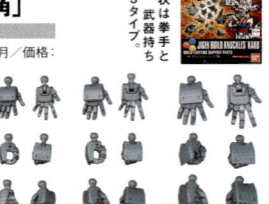

HGBC 次元ビルドナックルズ「丸」

▶手首には上下の可動構造が盛り込まれている。

DATA
スケール：1/144／発売：2015年7月／価格：648円／武器：──

HGシリーズに対応した丸指のハンドパーツセット。形状は拳手と平手、武器持ち手の3種で、S/M/Lの左右3サイズが2セット同梱されている。

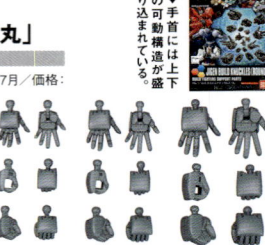

ガンダムビルドファイターズ　外伝シリーズ
GUNDAM BUILD FIGTHERS SIDESTORIES

『ガンダムビルドファイターズ／トライ』は本編の人気もあって、ホビー誌などで複数の外伝作品が展開されている。そのストーリーや形態は様々で、本編登場人物の過去を描いたコミックスや、オリジナルキャラクターにまつわるフォトストーリーなど、多様な物語を楽しむことができる。そして、キャラクターたちに並ぶ外伝の主役が、劇中に登場する多種多様なガンプラである。それらはHGシリーズでキット化が進められ、劇中同様のディテールやギミックを再現したプレイバリューの高いアイテムとしてシリーズの充実に一役買っている。

HGBF RX-93-ν2V Hi-νガンダムヴレイブ

DATA
スケール：1/144／発売：2015年2月／価格：2,592円／武器：ビームライフル、ビームサーベル×2、フィンファンネル×2、ブレード×2、シールドブースター、ハイパーバズーカ

外伝『ガンダムビルドファイターズA（アメイジング）』等に登場する、ユウキ・タツヤのガンプラをHG化。HGUC「Hi-νガンダム」をベースに、新規パーツを多数追加。シールドブースターやヴレイブブースター、着脱式のブレードといった独自装備を再現している。

▼ヴレイブブースターは本体から分離した支援機の状態を再現できる。

HGBF XXXG-00W0CV ウイングガンダムゼロ炎

DATA
スケール：1/144／発売：2015年3月／価格：1,944円／武器：ハイパーカレットグリッフ×2、ツインバスターライフル、ビームサーベル、ウイングシールド炎

外伝『ガンダムビルドファイターズ炎』等に登場する、主人公コウエン・ユウセイのガンプラをHG化。ベースキットはHGAC「ウイングガンダムゼロ」だが、関節以外は大半が新規造形となっている。「炎クリスタル」はクリアパーツで表現されている。

▼シールドなどの組み換えにより炎に変形オーバードモードが可能。

HGBF GN-10000 トランジェントガンダムグレイシャー

DATA
スケール：1/144／発売：2016年11月／価格：2,160円／武器：GN バルチザンⅡ×2

HGBF「トランジェントガンダム」をベースに、外伝『ガンダムビルドファイターズ炎トライ』に登場する改造ガンプラを再現。GNバルチザンⅡは分離と腕部への装着が可能。

▶全身に配したクリアパーツが特徴。ランナーレスの台座が付属する。

ガンダムビルドファイターズトライ　アイランド・ウォーズ

2016

GUNDAM BUILD FIGHTERS TRY ISLAND WARS

『ガンダムビルドファイターズトライ』の後日譚で、『ガンダムビルドファイターズ』の登場人物とも関係するエピソード。2016年8月にスペシャル番組としてテレビ放映され、後に『GMの逆襲』『バトローグ』と共に BD ／ DVD 化された。新型バトルシステムのテストのため、南の島に位置するニールセンラボに招待されたチーム「トライファイターズ」は謎の少女と出会う。直後、不具合が続いていた新型バトルシステムが暴走し、トライファイターズやシア、ギャン子らがガンプラバトルで対処に乗り出す。

新金型キットの登場と
HGBC による登場メカの再現

『アイランド・ウォーズ』でも HGBF と HGBC の2ブランドでガンプラが展開された。HGBF の主流が既存キットの仕様変更品という定石は破られていないものの、ZⅡにZZガンダムの機構を盛り込んだ HGBF「ZⅡ（ダブルゼッツー）」やジオン公国の国章型武器を持つ HGBF「ギャンスロット」のように、極めて個性的なメカがラインナップされている。中でも特記すべきキットが HGBF「スクランブルガンダム」で、なんと新金型による完全新造形の製品であった。

本作の HGBC の内、2点が作中登場メカを再現可能なキットだった点も特筆に価する。例えば HGBC「ザノーザンポッド」は別売りの HGCE「フォースインパルスガンダム」との組み合わせでインパルスジムのケイコ機とマヒル機を再現可能であり（設定色にするためには塗装が必要）、キット化がなされなかったメカニックも実質的にリリースされたと言えるだろう。

HGBF　MSZ-008X2
ZⅡ（ダブルゼッツー）

DATA

スケール：1/144／発売：2016年8月／価格：2,808円／武器：ハイパーロングライフル、ビームバズーカ×2、ビームサーベル×2

HGUC「ZⅡ」をベースとする可変キット。ほぼ全身に新規造形パーツが追加された。武器の追加を含む上半身の大ボリューム化と足部ピンヒールにより高重心のモデルとなっており、アクションベース2等の別売りディスプレイに特に適している。

▲ウェイブライダー形態の変形には専用パーツを使用。ハイパーロングライフルは先端に付属のビーム刃を接続可能。

HGBF　YMS-15KRT02
ギャンスロット

DATA

スケール：1/144／発売：2016年8月／価格：1,944円／武器：ランス、シールド、ビームサーベル

REVIVE版のHGUC「ギャン」が原型。頭部、胸部、バックパックなどが新規に造形され、より騎士的なシルエットを実現した。頭部の飾りやバックパックのビームマントはクリア成形のエフェクトパーツとなっている。

HGBF　BN-876
スクランブルガンダム

DATA

スケール：1/144／発売：2016年9月／価格：2,376円／武器：ビームライフル×2、ビームサーベル×2

『アイランド・ウォーズ』のHGBFの中で、唯一の新金型キット。各部の粒子フィールドはクリアパーツで再現した。飛行形態への変形に必要なパーツは胸部ジョイントのみ。

▼ GN ソードと GN ソードビットはクリアパーツを使用しており、『00』系ならではの仕上がりになっている。

▶ HG「ダブルオークアンタ」をベースとするだけあって、MS 本体の印象的かつシンプルなデザインが好プロポーションで再現されている。

HGBF GNT-0000SHIA ガンダムダブルオー シアクアンタ

DATA
スケール：1/144／発売：2016年9月／価格：1,728円／武器：GN ソード、GN ソードビット

HG「ダブルオークアンタ」を原型とするキット。ネコミミ型の構造体を持つ頭部の一部、GNバインダーを含む武器類、後腰などが新規に造形されている。

▲ GN バインダーは可動式であり、前方に構えたり、GN ソードビットを付けた状態で背中に展開しフライトフォームに移行させることができる。

◀▼腕部先端はディテール重視のものと、持ち手タイプのものから選択する。表情を再現するシールには怒りやウインクなどが含まれる。

HGBF KUMA-PP パパッガイ

DATA
スケール：1/144／発売：2017年2月／価格：1,944円／武器：ステッキ

HGBF「ベアッガイⅢ」を原型とするバリエーションキットのひとつ。成形色はグレー主体。新構成となったシールにはネクタイや蝶ネクタイが含まれ、選んで貼ることができる。

HGBF KUMA-P ベアッガイ P（プリティ）

DATA
スケール：1/144／発売：2016年9月／価格：1,944円／武器：プリティステッキ

HGBF「ベアッガイⅢ」をベースとするキット。成形色がピンク主体に変更された他、新規造形のLOVEストライカーが付属。LOVEストライカーの翼は基部が可動式となっている。

▲シルクハット（耳パーツと選択）、口髭、ステッキは新規に造形。ステッキは、腕部先端用のオプションである持ち手に装着できる。

▶ボールジョイント連結式の拡張パーツを用いることで、腕部の展張状態を再現可能となっている。

HGBC ギャ イースタンウェポンズ

DATA
スケール：1/144／発売：2016年8月／価格：648円／武器：ランス、ハイパーロングライフル、ビームバズーカ

HGBF「ZZ Ⅱ」とHGBF「ギャンスロット」に付属するものと同ész武器のセット。成形色がグレーのため塗装にも適している。

▲ランスは穂先パーツを変換することで、別売りキット付属のビーム刃用エフェクトパーツ（SB-6）を接続可能。ハイパーロングライフルは無換装で砲口にSB-6を装着できる。

HGBC ザ ノーザンポッド

DATA
スケール：1/144／発売：2016年8月／価格：648円／武器：—

別売りのHGCE「フォースインパルスガンダム」と組み合わせることで、インパルスジムのケイコ機とマヒル機を再現できるサポートメカと頭部2種のセット。

▲上の写真は、頭部を除くインパルスジム用パーツが合体したサポートメカ状態。分離させることでインパルスジム2機の武器、シールド、バックパックとして使用できる。

HGBC ライトニング バックウェポンシステム Mk-Ⅲ

DATA
スケール：1/144／発売：2016年9月／価格：864円／武器：—

別売りのHGBF「ライトニングガンダム」と合体することで、ライトニングストライダーを再現できるサポートメカのキット。合体時には飛行形態にも変形可能。

▲機首は手持ち武器になる他、HGBF「ライトニングガンダム」付属ビームライフルの強化パーツにもなる。

2016 ガンダムビルドファイターズ A-R

GUNDAM BUILD FIGHTERS A-R

『月刊ガンダムエース』誌連載の外伝的コミックで、『ガンダムビルドファイターズA』の直接的続編。タイトルの「A-R」は AMAZING READY ＝アメイジングレディの略。ユウキ・タツヤ（三代目メイジン・カワグチ）の成長と活躍を中心に、『ガンダムビルドファイターズ』本編の前後の時代を描く。『電撃ホビーウェブ』の『ガンダムビルドファイターズ D-R』は本作の連動企画である。

REVIVE版 HG ベースの
好プロポーションと可動性

『ガンダムビルドファイターズ A-R』のガンプラにHGBC モデルは存在せず、『ビルドファイターズ』シリーズからの連番で展開される HGBF のみがリリースされた。その HGBF も完全新造形のキットは発売されておらず、ラインナップは既存の HG モデルの仕様変更版で占められている。しかし、ベースキットの優秀さゆえに、良好なプロポーションと可動性も維持されている。

中でも HGBF「ルナゲイザーガンダム」は REVIVE 版の HGUC「百式」をベースとしており、極めて高い完成度を誇る。他の HGBF も、良キットとして知られる HGCE「ストライクフリーダムガンダム」や HGBF「ディナイアルガンダム」がベースとなっているため、プロポーションや可動性は当然のことギミックへの対応力も高いレベルに達している。追加パーツは『ビルドファイターズ』シリーズならではのマルチギミックを備えており、プレイバリューを高めることとなった。

HGBF GSX-40100 ルナゲイザーガンダム

DATA
スケール：1/144／発売：2017年1月／価格：2,160円／武器：ビームライフル

HGUC「百式」（REVIVE版）がベースのスターゲイザー風キット。ヴォワチュール・リュミエールのサブシステムON状態は、付属のホロシールで再現。

HGBF ZGMF-X10A-A アメージングストライクフリーダムガンダム

DATA
スケール：1/144／発売：2017年3月／価格：2,484円／武器：ビームライフル、ヴレイブドラグーン×2、ビームサーベル×2

HGCE「ストライクフリーダムガンダム」がベース。背部のヴレイブドラグーンは、ドラグーンシールドとして前腕に装備したり、ビームライフルに接続することが可能。

HGBF すーぱーふみな アクシズエンジェル ver.

DATA
スケール：1/144／発売：2017年3月／価格：2,376円／武器：ファンネル／ステッキ／ビームサーベル×2

HGBF「すーぱーふみな」をベースに、キュベレイ風の新造形パーツを追加。翼状のバインダーは可動式で、ハート型のシールドに移行できる。手持ち武器のファンネル／ステッキは接続状態と分離状態を選択可能。

▲構造上、重心が高いガンプラだが、付属台座を用いることで安定したディスプレイが可能。

HGBF NK-13S ガンダムシュバルツリッター

DATA
スケール：1/144／発売：2017年5月／価格：2,160円／武器：ヴィントドルヒ×2

HGBF「ディナイアルガンダム」がベース。黒主体の成形色と新規造形パーツにより重厚な印象となったが、ベースキットの特徴である柔軟な可動性は健在。

◀ウイングはバックパックから分離させることで、大型合体剣または二刀流の武器になる。

ガンダムビルドファイターズ　GM の逆襲

『ガンダムビルドファイターズ』終了後のエピソード。ネットで配信された他、『アイランド・ウォーズ』『バトローグ』と共に BD ／ DVD 化された。ヤジマスタジアム竣工記念式典の前日、エキシビジョン・バトルのため招待されたイオリ・セイやメイジン・カワグチの前にガンプラマフィアが出現。スタジアムに閉じ込められたセイたちは、ガンプラマフィアたちとのガンプラバトルに挑むことになる。

関節部の転用と新規造形の多用

『GM の逆襲』は『ビルドファイターズ』シリーズに属するため、ガンプラも HGBF と HGBC の2ラインで展開されている。本シリーズのガンプラの特徴としては、新規造形を多用しつつも、関節には過去のモデルを採り入れた例が目立つことがあるだろう。

その代表が HGBF「スターバーニングガンダム」と HGBF「GM/GM」で、共にほとんどのパーツを新規に造形しながら、関節部は評価の高い HGBF「ビルドバーニングガンダム」のものを転用。これにより両ガンプラは特徴的な外観を再現しつつ、高度な可動性を持ち合わせた良キットとなった。加えて HGBF「GM/GM」は3種の頭部とシンプルな形状、そして各部のジョイント穴によってカスタマイズの幅が極めて広く、『ビルドファイターズ』のテーマに則したキットとなっている。

HGBF　SB-011　スターバーニングガンダム

DATA
スケール：1/144／発売：2017年8月／価格：1,728円／武器：ビームライフル、シールド、ビームサーベル×2

関節などの一部にHGBF「ビルドバーニングガンダム」のパーツを転用しつつ、大半を新規造形としたキット。ビームライフルは折り畳み式。シールドは分割して両腕に装着できる。

▲可動性に定評があるHGBF「ビルドバーニングガンダム」の関節を用いており、ポージングの自由度が高い。

HGBF　忍ノ参　忍パルスガンダム

DATA
スケール：1/144／発売：2017年8月／価格：2,160円／武器：天空十字剣、幻影胡蝶剣×2、剛力圧塵（パワーアックス）、ビームサーベル

HGCE「フォースインパルスガンダム」をベースに、忍者風の新規造形パーツを盛り込んだキット。マント状パーツを組み替えると、天空十字剣を再現できる。

HGBF　RGMGM-79　GM／GM

DATA
スケール：1/144／発売：2017年8月／価格：1,728円／武器：ビームスプレーガン、シールド、ビームサーベル×2

大半のパーツを新規造形としたジム・タイプのガンプラ。80年代テイストのシルエットと、極めて広い可動範囲が特徴。頭部は通常のジム風、ジム・コマンド風、MSビット風の3種が付属する。各部にジョイント穴があるため、カスタマイズにも適する。

▲関節は HGBF「ビルドバーニングガンダム」のものを採用。シンプルな形状と相まって可動性に優れている。

HGBC　忍パルスビームズ

DATA
スケール：1/144／発売：2017年8月／価格：648円／武器：ー

16個（8種×2個）のビームエフェクトパーツが同梱されたセット。エフェクトパーツは主にビームサーベルの刀身用で、HGBF「忍パルスガンダム」（別売り）の口吻部ビームサーベルに適するものや、放電状の珍しいタイプもある。

HGBC　ジムジムウエポンズ

DATA
スケール：1/144／発売：2017年8月／価格：648円／武器：ビームスプレーガン、ビームピストル×2、各種拡張パーツ×11

パーツを組み合わせることで、多様な武器を再現できるセット。再現可能なのはビームピストル、ビームヘビーピストル、ビームライフル、ビームスナイパーライフル、ビームスナイパーライフル2、グレネードランチャー、マシンガン。

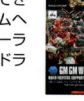

ガンダムビルドファイターズ　バトローグ

2017　　GUNDAM BUILD FIGHTERS BATTLOGUE

『ガンダムビルドファイターズ』と同『トライ』のサイドストーリー群からなるオムニバス型式のアニメ。ネットで配信され、後に『GMの逆襲』などと共にBD/DVD化された。AIとメイジン・カワグチの戦いを描いた「AIバトローグ」、ユウマとミナトが共闘する「敵の秘密工場を叩け!」、西遊記調の「ふみなとギャン子の大冒険」の他、「俺たちの戦争」、「ガンプラは最高だ!」の計5話で構成される。

『バトローグ』のガンプラもHGBFとHGBCの2ブランドで展開され、各キットのナンバリングは『ガンダムビルドファイターズ』からの連番となっている(『ビルドファイターズトライ』以降の系列作品と同じ)。

オムニバスという作品の形式上、多様なガンプラがリリースされる中、異彩を放っているのがヒロインとMSの意匠を併せ持つキットである。これは『トライ』のHGBF「すーぱーふみな」の系譜に属するフィギュア的性格のガンプラ群で、3話「ふみなとギャン子の大冒険」に登場する3体が発売された。

中でもHGBF「ういんぐふみな」は、より高度な可動性と再現性を持つうえ、アーマーの着脱と組み替えというギミックを備えており、フィギュア的ガンプラは新世代に入ったと言っていいだろう。

HG「ガンダム Gセルフ(大気圏用パック装備型)」が発売。「ガンダム Gのレコンギスタ」シリーズがスタート。

HGBF　GAT-105B/GC　ビルドストライク ギャラクシーコスモス

DATA
スケール:1/144／発売:2018年2月／価格:1,944円／武器:ビームライフル、コスモシールド、ビームサーベル×2

HGBF「スタービルドストライクガンダム プラフスキーウイング」をベースとするキット。肩・脚部のクリアパーツと背部の翼群を展開することで、スターシステムの発動状態を再現できる。

▲ギャラクシーブースターの翼の展開パターンにより、様々なモードを再現可能。MS・ブースター双方対応の台座が付属。

HGBC　ギャラクシーブースター

DATA
スケール:1/144／発売:2018年2月／価格:864円／武器:ー

HGBF「ビルドストライクギャラクシーコスモス」付属のサポートメカの単体キット。12枚の翼は独立可動式。ジョイントパーツと台座が付属する。

HGBF　チナッガイ

DATA
スケール:1/144／発売:2017年7月／価格:2,346円／武器:ー

コウサカ・チナとベアッガイIIIの意匠を併せ持つキット。胸部と脚部関節はKPS、肩部フリルとエプロンは軟質素材で、見た目以上に可動範囲が広い。

▶パーツの着脱と差し替えて、ベアッガイIIIの被り物を外した状態を再現可能。カチューシャは通常のものと熊耳タイプの2種が付属している。

HGBF　WF-01　ういにんぐふみな

DATA
スケール:1/144／発売:2017年9月／価格:2,592円／武器:ビームマシンガン

HGBF「すーぱーふみな」とは異なる完全新規のキット。瞳には、3種から選べる瞳シールの上にクリアパーツを被せる方式を採用。

◀ふみな素体を覆う着脱式のアーマーパーツは「SDすたーういにんぐがんだむ」に組み替えることができる。

HGBF　HG-01　はいぱーギャン子

DATA
スケール:1/144／発売:2017年8月／価格:2,592円／武器:ビームサーベル×2、ミサイルシールド×2

サカザキ・カオルコとギャンの意匠を持つキット。独特な髪留めと制服も再現されている。

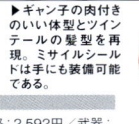

▶ギャン子の肉付きのいい体型とツインテールの髪型を再現。ミサイルシールドは手にも装備可能である。

▶新規パーツ、ビームライフル乙、ビームガトリングガンの砲身などを組み合わせるとロングメガランチャーになる。

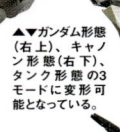

▲ガンダム形態（右上）、キャノン形態（右下）、タンク形態の3モードに変形可能となっている。

HGBF PF-73-3BL
ガンダムライトニングブラックウォーリア

DATA
スケール：1/144／発売：2017年9月／価格：1,944円／武器：ロングバレルライフル、ハンドガン、ガンブレイド（ショート）、ガンブレイド（ロング）、ビームライフル（甲）、ビームライフル（乙）、ビームガトリングガン、ハイパーバズーカ、シールド

HGBF「ガンダムアメイジングレッドウォーリア」の成形色を変更し、武器を追加したキット。成形色は黒と金。

HGBF CB-9696G/C/T
リバーシブルガンダム

DATA
スケール：1/144／発売：2017年10月／価格：1,944円／武器：GNビームピストル×2、GNドラゴンクロー×2、大型GNビームサーベル×2

HG「リボーンズガンダム」をベースに、多数の新規パーツを追加。新規造形のGNドラゴンクローは各蛇腹の接合部にボールジョイント状のポリキャップを使用しており、柔軟に可動する。

HGBF GN-006/SA
ケルディムガンダムサーガ TYPE.GBF

DATA
スケール：1/144／発売：2017年11月／価格：1,944円／武器：GNアサルトカービン、GNサブマシンガン×2、GNビームピストル×2、GNビームピストルII×2、GNスモールシールド

HG 00シリーズ「ケルディムガンダム」の成形色を変更し、新規造形の武器や額部パーツなどを追加したキット。説明書での記述はないものの、ベースキットの武器も付属している。

◀MS本体はアドヴァンスドジンクスに近い形状。サーベルはGNスマートガンにも装着できる。

◀後腰のGNミサイルコンテナは新規造形で開閉可能。GNビームピストルは脚部ボックスに内蔵できる。

HGBF GNX-611T/G
ストライカージンクス

DATA
スケール：1/144／発売：2018年1月／価格：2,160円／武器：GNスマートガン、GNディスチャージャー、GNディフェンスロッド×2、GNビームサーベル×2

HG「ジンクス」をベースに、新規造形の着脱式アーマーや武器を追加したキット。GNディフェンスロッドは可動アームを介して背部バックに接続されており、自由に動かすことができる。

HGBC バリスティックウェポンズ

DATA
スケール：1/144／発売：2017年10月／価格：648円／武器：Wビームトマホーク、ライフル、バズーカ、ファンネルポッド、ファンネル×3

ジオン系MSに適した武器のセット。推奨キットはHG GUNDAM THE ORIGINブランドのザク系キットで、『バトローグ』登場のバリスティックザクに近い状態を再現することも可能。

◀Wビームトマホークは折り畳んだ収納状態でHGキットに懸架できる他、2本の柄を接続し延長状態にすることもできる。

HGBC 24th センチュリーウェポンズ

DATA
スケール：1/144／発売：2017年11月／価格：648円／武器：GNビームピストル、GNサブマシンガン、GNアサルトライフル、GNロングライフル（GNショートライフルと選択式）、バスターソード

『機動戦士ガンダム00』シリーズのHGモデルに適した武器のセット。GNビームピストルを含む3つの武器は、HGBF「ケルディムガンダムサーガ TYPE.GBF」付属のものと同型。

◀GNロングライフルはGNショートライフルに差し替え換装可能。バスターソードはGNバスターソードIIを思わせる形状。

2018 ガンダムビルドダイバーズ　GUNDAM BUILD DIVERS

『ガンダムビルドファイターズ』シリーズの流れを汲む、ガンプラを扱った TV シリーズ。電脳仮想空間で行われるネットワークゲーム「ガンプラバトル・ネクサスオンライン（GBN）」に魅せられた中学生ミカミ・リクは、友人のヒダカ・ユキオらと部隊システム「フォース」を結成し GBN に挑戦する。GBN 内の住人「ダイバー」となったリクたちは数々の強敵、そして謎の少女サラと出会うことになる。

拡張パーツやサポートメカをキット化した HGBC などが平行してリリースされている。ガンプラの「ビルド」（改造を含む製作）を前面に押し出した作品であるため、HGBD の大半は既存の HG キットの仕様変更品で占められている。これは『ガンダムビルドファイターズ』シリーズと同じ傾向である。

HGBD が特異なのは『ガンダムビルドファイターズ』シリーズでのガンプラ化がなかった『機動戦士ガンダム AGE』や『ガンダム Ｇのレコンギスタ』、プレミアムバンダイ限定商品由来のキットがリリースされている点。ガンプラがテーマの作品だからこそその世界観に囚われないシリーズ展開だと言えよう。

「ビルド」を意識した既存キットの利用

『ガンダムビルドダイバーズ』のガンプラは「HG BUILD DIVERS（HGBD）」を主軸に展開され、同シリーズの

HGBD GM-0000DVR
ダブルオーダイバー

DATA
スケール：1/144／発売：2018年4月／価格：1,080円／武器：GN ソードⅡ×2

HG「ダブルオーガンダム」の仕様を変更したキット。ベースキットとあまり違いがないように見えるが、ヘルメット、胸部、背部、腰部、肩部、前腕、脚部などが新規に造形された。

HGBD AGE-ⅡMG
ガンダム AGE Ⅱマグナム

DATA
スケール：1/144／発売：2018年3月／価格：1,944円／武器：ハイパードッズライフルマグナム、F ファンネル×4、シグルシールド、ビームサーベル×2

HG「ガンダムAGE-2 ノーマル」をベースとするキット。差し替えによりフェニックスモードに変形可能である。Fファンネルやシグルシールドのエッジはクリアパーツで再現。

▲肩のＦファンネルは取り外して手に装備できる他、HGBC「ダイバーギア」（別売り）などにディスプレイ可能である。

HGBD RGM-86RBM
ジムⅢビームマスター

DATA
スケール：1/144／発売：2018年4月／価格：1,944円／武器：チェンジリングライフル、ビームライフル、バスターバインダー×2、ミサイルポッド×2、大型ミサイルランチャー×2、ビームサーベル×2

HGUC「ジムⅢ」を基に成形色や武器などを変更。武器以外では頭部、脚部、バックパックなどに新規造形パーツを含む。色分けが特殊になるがベースキットのシールドも組むことができる。

▲バスターバインダーはチェンジリングライフルと連結できる他、腰から外して手持ちにすることも可能。腰に装着時は3箇所から接続位置を選べる。

HGBD
グリモアレッドベレー

DATA
スケール：1/144／発売：2018年4月／価格：1,944円／武器：組み換え可能なアサルトライフル、ミニモア×2、シールド、プラズマナイフ×3

HG「グリモア」をベースに、組み換え可能なアサルトライフル、展開式の脚部シザークロウなどの機構を追加。ランドセルに支援メカ「ミニモア」を2機搭載。

▲ペンギンがモチーフのキュートなスタイルを再現。付属の「プチカプル」を胴体内に収納可能となっている。

▶刀身をクリア成形としたGN オーガソードは、2本とも後腰にマウント可能となっている。

HGBD モモカプル

DATA
スケール：1/144／発売：2018年5月／価格：1,944円／武器：─

『∀ガンダム』登場のカプルを改造したという設定のガンプラ。HGBD唯一の完全新造形モデルである（2018年5月現在）。頭部、胸部、肩のフタを閉鎖して胴体を球形にできる。

HGBD オーガ刃 - X

DATA
スケール：1/144／発売：2018年5月／価格：2,160円／武器：GN オーガソード×2

プレミアムバンダイ限定のHG「ジンクスⅣ TYPE.GPB」をベースに、力強いフォルムを再現。GNビームショルダータックルとGNニードルストレート用のエフェクトパーツが付属。

HGBD セラヴィーガンダム シェヘラザード

DATA
スケール：1/144／発売：2018年5月／価格：2,376円／武器：GN フィジカルバズーカ、GN コンテナビーム×4

HG「セラヴィーガンダム」ベースの重量級キット。増加装備は手足などに装備可能である。

▲ MS 本体は頭部側面や足部などが新規に造形された。増加装備は着脱式で、サポートメカへの変形などのギミックに対応する。

◀バックパック、肘、膝、ギラーガギラテイルにクリアパーツを用いた独特なシルエット。

HGBD 煌・ギラーガ

DATA
スケール：1/144／発売：2018年6月／価格：1,944円／武器：ギラーガギラスピア、ギラーガギラテイル

HG「ギラーガ」に多数の新規パーツを追加。ギラーガギラテイルはリード線の内蔵により節ごとに可動し、鞭状武器として手に装備できる。

▲頭部と肩の換装により様々なタイプに換装可能。バックパックは外装パーツを外すとジョイント穴が露出。

▲ベースパーツや支柱パーツだけでなく、多数のジョイントパーツやサポートパーツが付属しており、様々なディスプレイ方法に対応できる。

HGBD リーオー NPD

DATA
スケール：1/144／発売：2018年6月／価格：1,296円／武器：銃、盾、ビームサーベル×2

HGAC「リーオー」をベースに、GBNの無人機型ガンプラを再現。頭部は4種、肩は3種が付属し、任意の組み合わせが可能となっている。

HGBC ダイバーギア

DATA
スケール：─／発売：2018年4月／価格：756円／武器：─

GBN用端末「ダイバーギア」の意匠を採り入れたディスプレイベース。1/144スケールのガンプラに対応（一部未対応）、2体の同時ディスプレイが可能な他、ファンネル類の発射状態も再現できる。支柱用の穴は3つを備える。

HGBC チェンジリングライフル

DATA
スケール：1/144／発売：2018年4月／価格：648円
／武器：チェンジリングライフル、銃先パーツ各種

HGBD「ジムⅢ ビームマスター」付属のチェンジリングライフルと、その前半部分を換装可能な銃先パーツのセット。

HGBC ダイバーエースユニット

DATA
スケール：1/144／発売：2018年5月／価格：756円／武器：GNダイバーソード×2、スーパーGNソードⅡ用パーツ×2

HG「ダブルオーダイバー」をダブルオーダイバーエースに換装可能な装備のセット。

▲バックパック、GNドライヴ換装パーツ、膝部増加パーツなどを含む。バックパックは付属ジョイントを用いて一部HGキットに装備可能だ。

HGBC ティルトローターパック

DATA
スケール：1/144／発売：2018年5月／価格：864円／武器：チェーンソー×2、ミサイルポッド

ツインローター型バックパック。「グリモアレッドベレー」用の強化パーツも付属。

▶珍しいミリタリー仕様のオプション装備。3mm径のジョイント穴を持つ一部キットに装備可能。

HGBC スピニングブラスター

DATA
スケール：1/144／発売：2018年6月／価格：648円／武器：

ブラスター基部とキャノン／ソードパーツを合体させることで、2種の変形武器になる。非合体状態での装備も可能だ。

HGBC プトレマイオスアームズ

DATA
スケール：1/144／発売：2018年6月／価格：972円／武器：

HGBF「セラヴィーガンダムシェヘラザード」付属のジョイントA〜Dのセット。プトレマイオス風の支援メカにもなる。

ハロプラ ハロ ティーヴァレッド

DATA
スケール：―／発売：2018年4月／価格：540円／武器：

「ハロ ベーシックグリーン」の成形色を鮮やかな赤に変更した。

▶『SEED DESTINY』のミーア・キャンベルのハロを思わせる成形色が特徴的。

ハロプラ ハロ シューティングオレンジ

DATA
スケール：―／発売：2018年4月／価格：540円／武器：

成形色はロックオン・ストラトスのハロを連想させるオレンジ。

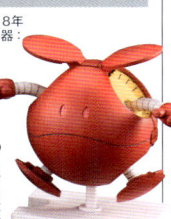

ハロプラ ハロ ベーシックグリーン

DATA
スケール：―／発売：2018年4月／価格：540円／武器：―

GBNの初期アバターでもあるペットロボ「ハロ」のガンプラ。手足の展開／収納状態を選んで組み立てる。台座にはパーツ類を収納可能。

ハロプラ ハロ モモハロ

DATA
スケール：―／発売：2018年5月／価格：648円／武器：

ヒロイン、ヤシロ・モモカの初期アバターをハロプラで立体化。

▶特徴的な「猫耳」は可動式。基本仕様は他のハロプラシリーズと同じである。

ハロプラ ハロ コントロールブルー

DATA
スケール：―／発売：2018年6月／価格：540円／武器：

成形色は青。シリーズ共通の台座はプチッガイ用とも連結可能。

ハロプラ ハロ ハッピーイエロー

DATA
スケール：―／発売：2018年7月／価格：540円／武器：―

イエローの成形色のハロプラ。基本仕様はシリーズ共通である。

HG プチッガイ/きゃらっがいシリーズ　　PETIT'GGUY

単品展開した熊型サポートメカ

『ガンダムビルドファイターズトライ』登場のガンプラ「ベアッガイF（ファミリー）」のサポートメカ「プチッガイ」は、愛くるしい外見と劇中のしぐさからマスコット的メカとして人気を集めた。こうした中、HGBF「ベアッガイF」の付属品だったプチッガイは、「HG PRTIT' GGUY（HGPG）」ブランドで単品販売とバリエーション展開が開始され、多様なカラーバリエーションが誕生。頭部にキャラクターの造形を採り入れた「きゃらっがい」シリーズも発売されている。

HGPG　プチッガイ　バーニングレッド

DATA
スケール：1/144／発売：2015年5月／価格：540円／武器：━

赤い成形色のプチッガイ単体キット。チェアストライカーと台座が付属する。

HGPG　プチッガイ　ライトニングブルー

DATA
スケール：1/144／発売：2015年5月／価格：540円／武器：━

成形色はコウサカ・ユウマをイメージした青。他はバーニングレッドと同仕様。

HGPG　プチッガイ　ウイニングイエロー

DATA
スケール：1/144／発売：2015年5月／武器：━

成形色はホシノ・フミナをイメージした黄色。他はバーニングレッドと同仕様。

HGPG　プチッガイ　フューチャーピンク

DATA
スケール：1/144／発売：2015年5月／価格：540円／武器：━

成形色をピンクとしたバリエーションキット。バーニングレッド、ライトニングブルー、ウイニングイエローと共にディスプレイすれば、アニメのEDで踊るシーンを再現可能となる。

HGPG　プチッガイ　ミルクホワイト

DATA
スケール：1/144／発売：2016年7月／価格：540円／武器：━

1年以上の期間をおいて発売されたHGPGモデル。成形色以外は、先行したHGPG「プチッガイ」シリーズと同じ。本体と台座の成形色は白およびアイボリー、リボンはスカイブルーである。

HGPG　プチッガイ　チャチャチャブラウン

DATA
スケール：1/144／発売：2016年7月／価格：540円／武器：━

ブラウンの成形色のバリエーションキット。連結可能なパズルピース型台座、HGPB「ベアッガイF」（別売り）に対応した手つなぎパーツ、チェアストライカーといった付属品は他モデルと同じ。

HGPG　プチッガイ　パンダッガイ

DATA
スケール：1/144／発売：2016年8月／価格：648円／武器：━

パンダがモチーフのバリエーションキット。成形色は白黒のツートンカラー。パンダの顔を再現するため顔部の形状が変更された他、様々な表情を演出するシールとサササーベルが付属する。

HGPG　プチッガイ　サーフグリーン＆ギター

DATA
スケール：1/144／発売：2016年10月／価格：594円／武器：━

成形色をグリーンとし、首かけ式のギターを追加したバリエーションキット。HGPB「プチッガイ」としては初めて楽器パーツが追加されたキットであり、シリーズに新たな方向性を与えた。

HGPG　プチッガイ　ラパパンパープル＆ドラム

DATA
スケール：1/144／発売：2016年10月／価格：594円／武器：━

ドラム状のパーツと2本のドラムスティックが追加されたバリエーションキット。本体の成形色はパープル。スティックを両手に装着することで、ドラムを叩くポーズをとることが可能だ。

HGPG プチッガイ ストレイブラック&キャットコス

DATA
スケール：1/144／発売：2016年12月／価格：594円／武器：—

黒猫風のコスプレをしたプチッガイのキット。ヒゲ付きの口周り、三角形の耳、長い尻尾といった猫調のパーツは新規に造形されている。通常のプチッガイと同じパーツも付属し、差し替えが可能である。

HGPG プチッガイ ワンワンホワイト&ドッグコス

DATA
スケール：1/144／発売：2016年12月／価格：594円／武器：—

白い犬のコスプレをしたプチッガイのキット。新規造形のたれ耳、への字口がモールドされた口周り、尻尾により、犬風の外見を再現している。通常形状のプチッガイとしても組み立てることができる。

HGPG プチッガイ ビタースィート&チョコレート

DATA
スケール：1/144／発売：2017年2月／価格：594円／武器：—

ライトブラウン系の成形色を採用したバリエーションキット。新規造形のチョコレート型パーツが付属し、それに貼るシール（チョコレートの包み紙）も同梱された。リボンと台座の成形色はブラウン。

HGPG プチッガイ ソーダポップブルー&アイスキャンディー

DATA
スケール：1/144／発売：2017年2月／価格：594円／武器：—

アイスキャンディーを手にしたバリエーションキット。成形色は、ソーダ味のアイスキャンディーをイメージしたライトブルー。新規造形のアイスキャンディー型パーツは角が欠けており、食べかけを表現。

HGPG プチッガイ プリティインピンク&プチプチッガイ

DATA
スケール：1/144／発売：2017年3月／価格：594円／武器：—

新規造形のプチプチッガイ（約25mm）が付属するバリエーションキット。成形色は鮮やかなピンク。プチプチッガイはプチッガイの手に持たせたり、ジョイントパーツを使って背中に接続したりできる。

HGPG プチッガイ ラスティオレンジ&プラカード

DATA
スケール：1/144／発売：2017年5月／価格：540円／武器：—

オレンジカラーで成形されたプチッガイとプラカードのセット。付属シールを貼ることで、プラカードはメッセージボードになる。プラカードの柄は長短2種が付属し、ジョイントを介して手に接続可能。

HGPG プチッガイ サフェーサーグレー&プラカード

DATA
スケール：1/144／発売：2017年5月／価格：540円／武器：—

HGPG「プチッガイ ラスティオレンジ&プラカード」の成形色をグレー系に変更したバリエーションキット。パズルピース型の付属台座には、付属プラカードを立てるための穴が四隅に設けられている。

HGPG プチッガイ ダイバーズブルー&プラカード

DATA
スケール：1/144／発売：2018年4月／価格：540円／武器：—

HGPG「プチッガイ ラスティオレンジ&プラカード」の成形色を鮮やかなブルーに変更したバリエーションキット。成形色のブルーは『ガンダムビルドダイバーズ』の作品ロゴをイメージしたものである。

HGPG プチッガイ 刹那・F・セイエイブルー＆プラカード

DATA
スケール：1/144／発売：2017年11月／価格：540円／武器：─

『機動戦士ガンダム00』10周年に合わせて発売されたキット。成形色は刹那・F・セイエイのパイロットスーツをイメージしたブルー。付属シールには、プラカード用の名セリフや組織マークなどを含む。

HGPG プチッガイ ロックオン・ストラトスグリーン＆プラカード

DATA
スケール：1/144／発売：2017年12月／価格：540円／武器：─

『機動戦士ガンダム00』10周年に合わせて発売されたバリエーションキットのひとつ。成形色はロックオン・ストラトスのパイロットスーツをイメージしたグリーン。劇中の名セリフを含むシールが付属。

HGPG プチッガイ グラハム・エーカーホワイト＆プラカード

DATA
スケール：1/144／発売：2017年12月／価格：540円／武器：─

『機動戦士ガンダム00』10周年に合わせて発売されたガンダムマイスターカラーのキットのひとつ。成形色にグラハム・エーカーのパイロットスーツをイメージした白を採用。プラカードや名セリフを含むシールが付属する。

HGPG プチッガイ アレルヤ・ハプティズムオレンジ＆プラカード

DATA
スケール：1/144／発売：2018年1月／価格：540円／武器：─

アレルヤ・ハプティズムのパイロットスーツをイメージした、ガンダムマイスターカラーのプチッガイ。成形色はアレルヤのオレンジ。胴体をパイロットスーツ風に仕上げるシールなどが付属している。

HGPG プチッガイ ティエリア・アーデパープル＆プラカード

DATA
スケール：1/144／発売：2018年2月／価格：540円／武器：─

ティエリア・アーデのパイロットスーツをイメージした、ガンダムマイスターカラーのキット。成形色はパープル系。名セリフのシールがティエリア用であることを除けば、他は同シリーズと同じ仕様。

HGPG プチッガイ きゃらっがいフミナ

DATA
スケール：1/144／発売：2017年6月／価格：972円／武器：─

フミナに変身したプチッガイのキット。フミナの顔、前髪、ポニーテールが造形されている他、瞳を再現するシールが付属している。フミナカラーのプチッガイに組み替え可能。ポニーテールは可動式だ。

HGPG プチッガイ きゃらっがいギャン子

DATA
スケール：1/144／発売：2017年6月／価格：972円／武器：─

ギャン子に変身したプチッガイのキット。前髪、顔、ギャンシールド風の髪止めを含むツインテールなどが新規に造形された。瞳はシールで再現。ギャン子カラーのプチッガイに組み替え可能となっている。

HGPG プチッガイ きゃらっがいモモ

DATA
スケール：1/144／発売：2018年5月／価格：972円／武器：─

『ガンダムビルドダイバーズ』のヒロインであるモモのきゃらっがい。モモの顔だけでなく、特徴的なポニーテールも新規に造形されている。頭部パーツの差し替えで、モモカラーのプチッガイを再現可能。

アレンジ・ミックスされた
キットのリリース拡大

40年の節目を迎えようとしている2018年においても、ガンプラのリリースはとどまるところを知らない。テレビアニメ『ガンダムビルドダイバーズ』とその外伝、劇場作品『機動戦士ガンダム NT（ナラティブ）』、コミック『機動戦士 MOON ガンダム』など、新たなガンダム作品が次々発表されているうえ、旧作のメカも新フォーマットで商品化され続けているためである。

矢継ぎ早のリリースを可能としている一因が『ビルドダイバーズ』に顕著な、元デザインのアレンジ・ミックス商品の展開拡大にあろう。この傾向は『ガンダムビルドファイターズ』シリーズから顕著化したもので、「既存のガンプラを改造したオリジナルのガンプラ」という劇中の設定を活かしたものである。実際の商品開発においても、既存キットの一部金型の変更やパーツの追加などによ

り、新製品を送り出している。

平行して RG「サザビー」や MG「ジェガン」といった完全新設計の製品も多数リリースされており、完全新規の商品とアレンジ・ミックスの商品が併売される形で、今後もガンプラの裾野は広がり続けていくだろう。

革新的な成形技術を用いた
全身フィギュアキット

2018年上半期、ユーザーを震撼させた商品に、キャラクターを立体化した「FigureriseLABO」の第1弾「ホシノ・フミナ」がある。これまでも FigureriseBust やガンプラコスヒロインズといったフィギュア的ガンプラは存在したが、FigureriseLABO は非可動の全身モデルとなっている。FigureriseBust で採用されたレイヤードインジェクションを更に発展させた多色多層造形とその透過により、肌の微妙な色合いを表現した点が特徴だ。第2弾は未発表だが新技術の投入が予想される。

FEATURED **P**RODUCTS

■ ガンダムビルドファイターズ
GUNDAM BUILD FIGHTERS

Figure riseLABO ホシノ・フミナ

DATA

スケール：—／発売：2018年6月／価格：5,940円／武器：—

部品の重なり＝レイヤードの研究進化により、成形色の厚みによる透け具合で頬のチーク、お腹のシャドウ、脚の血色をそれぞれ再現している。水着部分はエナメルのような光沢ある成形表現により、よりリアルな質感が追求され、シールなしでの色彩表現を実現。揺れる水面と水しぶきをリアルに再現した、クリアの専用台座が付属する。

HG　ジム・ガードカスタム

DATA
スケール：1/144／発売：2018年7月／価格：1,944円／武器：ガーディアン・シールド、ビーム・ダガー×2、ビーム・スプレガン

『機動戦士ガンダム THE ORIGIN MSD』に登場するジム・ガードカスタムを立体化。頭部バイザーは可動し、バイザーダウンを再現可能。大型のガーディアン・シールドに加えて両腕に装備されているビーム・ダガーも付属する。

■ 機動戦士ガンダム 逆襲のシャア
MOBILE SUIT GUNDAM CHAR'S COUNTERATTACK

RG　サザビー

DATA
スケール：1/144／発売：2018年8月／価格：4,860円／武器：ビーム・ショット・ライフル、ビーム・トマホーク、ビーム・サーベル×2、シールド、ファンネル×6、ミサイル

機体設定上の機構はもちろん、劇中のポージングを再現できる様々な可動ギミック、そしてRGならではの実機実証によりオリジナルギミックまでを1/144スケールに凝縮。腕部のシリンダー、ファンネル等の武装なども再現している。

■ 機動戦士ガンダム 逆襲のシャア
MOBILE SUIT GUNDAM CHAR'S COUNTERATTACK

RE/100　ヤクト・ドーガ（ギュネイ・ガス機）

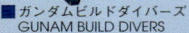

DATA
スケール：1/100／発売：2018年9月／価格：4,860円／武器：ビーム・アサルトライフル、ビームサーベル、ファンネル×6、シールド、ファンネル用ディスプレイアーム×6

プロポーションは劇中のイメージを踏襲しながらも、密度感を高める為に細かなディテールを追加。サブスラスターのファンネルはすべて個別に取り外し可能。また、展開状態のファンネル6基すべてをディスプレイできるオリジナル支柱も付属。

■ 機動戦士ガンダム NT（ナラティブ）
MOBILE SUIT GUNDAM NT

HGUC　ユニコーンガンダム3号機 フェネクス（デストロイモード）（ナラティブ Ver.）

DATA
スケール：1/144／発売：2018年6月／価格：3,024円／武器：アームド・アーマー×2、ビーム・マグナム

金色の機体カラーはメタリック成形色で再現され、組み立てるだけでゴールドの輝く質感を実現。尾のように伸びた新型パーツはアームド・アーマーに接続でき、ブロックごとに可動し、根元もボールジョイントで自由に可動する。

■ ガンダムビルドダイバーズ
GUNAM BUILD DIVERS

HGBD　ガンダムダブルオーダイバーエース

DATA
スケール：1/144／発売：2018年7月／価格：2,160円／武器：GN ダイバーソード×2、スーパーGN ソードⅡ×2、バックパック

『ガンダムビルドダイバーズ』の主役機。ガンダムダブルオーダイバーにカスタムユニットを装着したフル装備状態を再現。ボーナスパーツとして頭部の色分け用に2色のクリアランナーが付属。側頭部のグリーン、額の赤の再現が可能となっている。

■ ガンダムビルドダイバーズ
GUNAM BUILD DIVERS

HGBD　ガンダムダブルオースカイ

DATA
スケール：1/144／発売：2018年8月／価格：1,620円／武器：ビームライフル、ビームサーベル×2、バスターソード、ロングライフル

ダブルオーダイバーエースに大改修を施し、新たに生まれ変わった主人公機。GNドライヴにデスティニーのウイングユニットを組み込んだ「スカイドライヴユニット」の形状も一新。バスターソードとロングライフルはスカイドライヴユニットに懸架させることもできる。

HGUC　バイアラン

DATA
スケール：1/144／発売：2018年7月／価格：2,808円／武器：ビーム・サーベル×2

新規構造のMS内部フレームの立体化が実現。裏打ちパーツの色再現に至るまでディテールを追求し、頭部は新規造形でZ版バイアランを再現している。

■ 機動戦士ガンダム 逆襲のシャア
MOBILE SUIT GUNDAM CHAR'S COUNTERATTACK

MG　ジェガン

DATA
スケール：1/100／発売：2018年7月／価格：4,320円／武器：ビーム・ライフル、ビーム・サーベル×2、シールド

完全新規造形のMS内部フレームを採用し、すっしりと安定感のあるジェガンをMG化。量産機を象徴する内部骨格を組み立てるだけで再現できる。左右4種類ずつのハンドパーツが付属し、ライフルを構えるポーズからアクシズに取りつく名シーンまで再現可能。

■ 機動戦士 MOON ガンダム
MOBILE SUIT MOON GUNDAM

HGUC　ムーンガンダム

DATA
スケール：1/144／発売：2018年9月／価格：3,240円／武器：サイコ・プレート、ビーム・トマホーク、ビーム・ライフル、バタフライ・エッジ×2

サザビーへとつながる『機動戦士MOONガンダム』主役機をキット化。バックパックのアームを展開して「サイコ・プレート」の懸架が可能。サイコ・プレートは分離、組み替え構築を搭載。腕、脚の各所はHGを超えた高い可動域を実現している。

■ ガンダムビルドダイバーズ
GUNAM BUILD DIVERS

HGBD　ガルバルディリベイク

DATA
スケール：1/144／発売：2018年7月／価格：2,376円／武器：ハンマープライヤー（仮）、シールドライフル（仮）、ナックルガード（仮）、榴弾砲（仮）

ガルバルディβをカスタマイズしたガンプラ。2種類の大型格闘武器を装備し、バックパックに射撃武器を装備。小型の専用シールドも付属する。

■ ガンダムビルドダイバーズ
GUNAM BUILD DIVERS

HGBD　ガンダムジーエンアルトロン

DATA
スケール：1/144／発売：2018年7月／価格：1,944円／武器：ジーエンシールド、ツインジーエンハング×2

両肩に虎と狼の意匠のパーツを追加したカスタムガンプラ。両肩のツインジーエンハングは原作のアルトロンと同様に伸縮可能。付属のジョイントパーツで肩のパーツを手に持たせ、武器とすることもできる。

■ ガンダムビルドダイバーズ
GUNAM BUILD DIVERS

HGBD　ガンダムダブルオースカイ（ハイヤーザンスカイフェイズ）

DATA
スケール：1/144／発売：2018年8月／価格×2,376円／武器：ビームライフル、ビームサーベル×2、バスターソード、ロングライフル、エフェクトパーツ一式

一時的にさらなる性能強化を果たしたダブルオースカイのカラーリングを再現。劇中でのシーンを再現できるエフェクトパーツが付属する。

■ ガンダムビルドダイバーズ GUNAM BUILD DIVERS

HGBD ガンダムアストレイ ノーネイム

DATA
スケール：1/144／発売：2018年8月／価格：1,944円／武器：ノーネイムライフル、ガントレットセイバー、ビーム刃

複合装備「ノーネイムライフル」は防御形態の「Dエクステンション」、遠距離攻撃用射撃モード「Bスマートガン」、さらにはバックパックモードなどの各形態を再現可能。右腕に装備可能なガントレットセイバー、遠隔操兵器ブレイドラグーンも再現している。

■ ガンダムビルドダイバーズ GUNAM BUILD DIVERS

HGBD インパルスガンダム アルク

DATA
スケール：1/144／発売：2018年9月／価格：2,052円／武器：ライフル（仮）、エネルギータンク（仮）×2

変形・分離・合体ができるギミック満載の仕様となっており、特徴的なライフルも付属する。エネルギータンクは背部へのマウント、ライフルへの装着が可能。

■ ガンダムビルドダイバーズ GUNAM BUILD DIVERS

HGBD 関連商品 A（仮称）

DATA
スケール：1/144／発売：2018年9月／価格：2,592円／武器：シールド（仮）×2種、ライフル（仮）×2種

3種の表情パーツが付属。差し替えで様々な表情を楽しめる。付属のライフルは、リード線により劇中イメージを再現。

■ ガンダムビルドダイバーズ GUNAM BUILD DIVERS

HGBD ジェガン ブラストマスター

DATA
スケール：1/144／発売：2018年9月／価格：2,160円／武器：サテライトキャノン×2、ライフル（仮）×2、ビームサーベル×2

特徴的な背部の武器はバレルの展開、砲身の伸縮、グリップの展開等様々なギミック搭載。バックパックのパーツの差し替えにより、一部HG 1/144 シリーズにも装備が可能となっている。

■ ガンダムビルドダイバーズ GUNAM BUILD DIVERS

HGBD インパルスガンダム ランシエ

DATA
スケール：1/144／発売：2018年9月／価格：2,052円／武器：ランス（仮）、シールド（仮）、水中航行用ブースター

変形・分離・合体ができるギミック満載の仕様。特徴的なランス、シールドの他、背部にマウント可能な水中航行用ブースターも付属する。

■ 機動戦士ガンダム 00V 戦記 MOBILE SUIT GUNDAM00V

MG ダブルオー クアンタ フルセイバー

DATA
スケール：1/100／発売：2018年9月／価格：5,940円／武器：GNソードIVフルセイバー、GNガンブレイド×3、GNソード V、GNソードビット、GNシールド

多彩な機構を備えた武装「GNソードIVフルセイバー」を新規パーツで再現。GNコンデンサーを搭載し、GNソードIVとの接続部分を備えた背面部も新規造形としている。海老川兼武氏の描いたビジュアルをイメージした頭部アンテナが新規造形で付属する。

■ ガンダムビルドダイバーズ GUNAM BUILD DIVERS

HGBC マシンライダー

DATA
スケール：1/144／発売：2018年8月／価格：1,296円／武器：フロントカウルパーツ×3

バイク形態とライドメカ形態に変形するビルドカスタム。アイディア次第で様々なガンプラが搭乗可能となっている。フロントカウル部分は3パターンが付属する。

■ ガンダムビルドダイバーズ GUNAM BUILD DIVERS

HGBC スカイハイ ウイングス

DATA
スケール：1/144／発売：2018年8月／価格：864円／武器：ウイング（大小）×各1

様々な機体のバックパックに接続できる白く輝く大小2種類の翼パーツ。多様な機種に対応するジョイントパーツが付属。

■ ガンダムビルドダイバーズ GUNAM BUILD DIVERS

HGBC バインダーガン

DATA
スケール：1/144／発売：2018年7月／価格：648円／武器：バインダーパーツ（大小）×各2、ガンパーツ、ジョイントパーツ一式

組み合わせ次第で様々なオプションパーツとなる。バインダー部分に取っ手を付けることでブレードモードとガンモードに変化、さらにすべてを合体させると大型ライフルになる。

■ ガンダムビルドダイバーズ GUNAM BUILD DIVERS

HGBC ビルドハンズ「角」SML(仮)／ビルドハンズ(丸)SML(仮)

DATA
スケール：1/144／発売：2018年8月／価格：648円／武器：——

汎用性の高い「次元ビルドナックルズ[角／丸]」にモールドを追加してパワーアップ。ジーエンアルトロンなど、格闘系ガンプラに最適なパーツとなっている。

■ ガンダムビルドダイバーズ GUNAM BUILD DIVERS

HGBC ノーネイム ライフル

DATA
スケール：1/144／発売：2018年9月／価格：864円／武器：——

ガンダムアストレイノーネイムの装備パーツが「ノーネイムライフル」としてHGBCに登場。防御モード、遠距離攻撃用射撃モード、バックパックモードの各形態を再現する。

SDガンダム クロスシルエット ゼータガンダム

DATA
発売：2018年8月／価格：1,080円／武器：ビーム・ライフル、シールド（グレネードランチャー）、ビーム・サーベル

特徴的なカラーリングを再現。別売りの「SDガンダム クロスシルエットフレーム」と組み合わせることにより、高頭身化と可動性向上が可能。さらにSDガンダム クロスシルエット「ザクII」と組み合わせれば「Zザク」も登場できる。

SDガンダム クロスシルエット ザクII

DATA
発売：2018年7月／価格：864円／武器：ザク・マシンガン、ザク・バズーカ、ミサイルポッド×2、ヒート・ホーク

グレーカラーのフレームを採用。モノアイはクリアで表現され、レールにより可動する。ザク・マシンガンをはじめとする武器が付属し、ヒート・ホークは刀身をクリアパーツで再現されている。

「ガンプラ」三十八年の歩み

ガンプラ画報
The GUNPLA Chronicles
The History of GUNDAM Plastic Models Produced by BANDAI 1980-2018

2018年8月9日　初版第1刷発行

編　　　集	メガロマニア
編 集 協 力	髙村泰稔
執　　　筆	坂口徳仁　杉山和繁　石井誠　線香亭無暗　邪道
デ ザ イ ン	株式会社 ACQUA
協 力・監 修	株式会社 BANDAI SPIRITS ホビー事業部 サンライズ
制　　　作	藤井宣宏（竹書房）
発 行 人	後藤明信
発 行 所	株式会社竹書房 〒102-0072 東京都千代田区飯田橋 2-7-3 電話：03-3264-1576（代表） 　　　03-3234-6301（編集） 竹書房ホームページ　http://www.takeshobo.co.jp
印 刷 所	株式会社シナノ

B.MEDIA BOOKS SPECIAL
ISBN978-4-8019-0675-4 C0076
Printed in Japan

もうひとつの
ガンプラワールド。
ＳＤガンダムの魅力を凝縮。

SD
GUNDAM
1987 ▶▶▶ 2018

SD ガンダムシリーズ　SD GUNDAM SERIES

SD ガンダムシリーズ初映像作品は、1988年公開の「機動戦士ガンダム 逆襲のシャア」と同時上映された「機動戦士 SD ガンダム」。その後、「機動戦士 SD ガンダム」はシリーズ化され、「SD ガンダム外伝」や「SD ガンダム戦記」を含め、OVA や劇場版アニメが数多く公開されている。テレビシリーズとしては、日本 TV アニメ史上初のフル3DCG で作成された『SD ガンダムフォース』が2003年から2004年にかけてアメリカ、日本で放送されている。2010年には『SD ガンダム三国伝 Brave Battle Warriors』が放送開始。三国伝は当初からアニメとして作成されたガンダムフォースと違い、20周年記念シリーズとして発表された BB 戦士の「SD ガンダム三国伝」からの派生であり、長い SD ガンダムの歴史において関連商品から TV アニメ化に至った初の作品となっている。

SD ガンダムというコンテンツにおける商品展開は、最初の商品シリーズであるガシャポン、元祖 SD ガンダムや BB 戦士に代表される組み立てキット、そしてカードダスと、大きく分けて三つのカテゴリーが存在する。その中で SD ガンダム創生から、2018年現在まで途切れなく展開が続いているのは BB 戦士のみである。その販売個数は累計で実に1億5000万個以上になる。

SD ガンダムは1985年半ばにガシャポンで発売された『ガシャポン戦士シリーズ SD ガンダムワールド』が最初の商品シリーズである。それから2年後の1987年5月にシリーズ展開が始まったのが、本項で取り扱う BB 戦士となる。

BB 戦士はガンダムを「ガンダマン」、ゼータガンダムを「ゼータマン」とするなど、元のモビルスーツをモチーフとした固有のキャラクターとしてシリーズをスタート。同時期にバンダイ発行の新製品紹介誌「模型情報」で、「BB 戦士スナイバルゲーム」を漫画展開し、BB 戦士を使った遊びを提唱している。しかしこの路線は No.6で中断。No.7からは「元モビルスーツを SD 化したキット」とコンセプトを改めてリスタートを図っている。「ガンダマン」などで付属していた BB 弾を実際に発射できる武器（BB 戦士の名前の由来）は、矢など BB 弾ではない物を飛ばすスプリングギミックへと変更され

ていった。また、イラストレーターに今石進氏を起用し、パッケージをアメコミ風に一新。同氏は説明書に付属する漫画「コミックワールド」も手がけている。コミックワールドは BB 戦士には無くてはならない要素となり、後に単行本化されるに至っている。

BB 戦士にとって大きな転機となったのは No.17「ムシャガンダム」。元々は『プラモ狂四郎』に登場したキャラだが、これを SD 化して BB 戦士にラインナップ。鎧兜を外した軽装タイプ、ポリパーツの導入、兜を飛ばすスプリングギミックなど意欲的な商品仕様の「ムシャガンダム」は、累計販売数300万個を越える大ヒットとなった。これを契機に、武者ガンダムを中心としたオリジナルストーリー「SD 戦国伝」が作られ、BB 戦士の中核を担っていくこととなる。

SD 戦国伝の物語的な広がりと共に、BB 戦士はキットとしても進化を果たしていく。No.23「ムシャゼータガンダム」ではメッキパーツを導入し、No.46では BB 戦士初の大型キットとして「豪華頑駄無大将軍」がラインナップ。この頃になるとレギュラーサイズの価格帯は当初の300円から500円へと値上がりこそしたが、ホイルシール等での消費者にとって

手軽、かつ見栄えのする色分けや、合体・変形などのギミックが次々に導入されていく。No.100を越えた辺りからはバンダイの超技術システムインジェクションを BB 戦士で採用し、ポリキャップや関節構造の見直しによる可動範囲の拡張を実現するなど、BB 戦士としてのブランド、仕様を確立していった。

数多くあるガンプラの中で BB 戦士にのみ導入された技術としては「輝羅鋼（キラハガネ）」があげられる。輝羅鋼ではインモールド成形を用いてひとつのパーツに多色のメッキが施されており、非常に豪華で美しい仕上がりになっている。この技術は、現在プラモデルに転用するのが難しく、近年再販された際には「輝羅鋼極彩」としてシールで代用されている。

■BB戦士ナンバリングシリーズ

　BB戦士の基本となる通し番号でナンバリングされた商品は、2016年5月現在No.400まで発売されている。本項ではその全ての画像を掲載している。番号順に画像を見ていくとラインナップがノーマルからSD戦国伝中心へ移っていく人気の流れ、SDとしてのスタイル変化、技術の向上などが感じられるのではないだろうか。

　ナンバリングについては画像右上に三桁で表記している。それぞれのカテゴリーについては、画像左上に便宜上の区分として、ノーマルMSのSD化を囲、SD戦国伝系列を囲、外伝・G-ARMS・三国伝等を囲と表記している。

分類 — BB — 001 — 番号

商品名 — ガンダマン
販売月 — 1987年5月　300円 — 価格（税抜）

2015年6月　HGUC「RX-77-2 ガンキャノン」（REVIVE版）が発売。「HGUC」シリーズを最新技術で新生させる「REVIVE」シリーズがスタート。

囲 001	囲 002	囲 003	囲 004	囲 005	囲 006
ガンダマン	ゼータマン2	ドラクン	ザックン	ゼータマン	ドン
1987年5月 300円	1987年5月 300円	1987年6月 300円	1987年6月 300円	1987年8月 300円	1987年8月 300円

囲 007	囲 008	囲 009	囲 010	囲 011	囲 012
νガンダム	サザビー	ヤクト・ドーガ	ジェガン	リ・ガズィ	ギラ・ドーガ
1988年5月 300円	1988年5月 300円	1988年6月 300円	1988年6月 300円	1988年7月 300円	1988年7月 300円

囲 013	囲 014	囲 015	囲 016	囲 017
ガンダム Mk-Ⅱ	ザクⅢ（ドダイ改つき）	ゲルググ	ジオング	ムシャガンダム
1988年8月 300円	1988年8月 300円	1988年9月 300円	1988年9月 300円	

囲 018	囲 019	囲 020	囲 021	
バウンド・ドッグ	フルアーマーダブルゼータガンダム	パーフェクトガンダム	ゼータプラス	ムシャガンダム
1988年12月 300円	1989年1月 300円	1989年1月 300円	1989年1月 300円	1988年12月 300円

囲 022	囲 023	囲 024	囲 025	囲 026
	ムシャゼータガンダム	ムシャガンダム Mk-Ⅱ	ガンキャノン	ムシャダブルゼータガンダム
Sガンダム	1989年3月 300円	1989年4月 300円	1989年5月 300円	1989年5月 300円
1989年3月 300円				

囲 027	囲 028	囲 029	囲 030
ムシャニューガンダム	Gアーマー	ジョニーライデンザクⅡ	ムシャカゲガンダム
1989年6月 300円	1989年7月 500円	1989年7月 300円	1989年8月 300円

囲 031	囲 032	囲 033	囲 034	囲 035	囲 036
ムシャカゲゼータ	ムシャカゲダブルゼータ	カゲニンジャシャザク	ムシャドム	ムシャドライセン	ムシャサイコガンダム
1989年8月 300円	1989年8月 300円	1989年8月 300円	1989年8月 300円	1989年8月 300円	1989年7月 300円

037 BB ガンダム NT-1 1989年8月 300円	**038** 武 武者百士貴 1989年8月 400円	**039** 武 闇将軍 1989年9月 500円	**040** BB ケンプファー 1989年9月 300円
041 武 将ガンダム 1989年10月 500円	**042** 武 殺駆三兄弟 1989年10月 500円		
043 他 ナイトガンダム 1989年11月 500円	**044** 武 頑駄無大将軍 1989年11月 500円	**045** 武 闇皇帝 1989年11月 500円	**047** 武 農丸頑駄無 （天地大河スペシャル） 1989年12月 500円
046 武 豪華頑駄無大将軍 1989年11月 1800円			
048 他 サタンガンダム 1990年1月 500円	**049** 他 ナイトサザビー 1990年1月 500円	**050** 武 武者風雷主 1990年3月 500円	**051** 武 武者荒烈駆主 1990年4月 500円
052 武 武者江須 1990年5月 500円	**053** 武 武者百士鬼改 1990年5月 500円	**054** 武 二代目将頑駄無 1990年6月 500円	**055** 武 信玄頑駄無 1990年9月 400円
056 武 謙信頑駄無 1990年9月 400円	**057** 武 武者連飛威 1990年6月 400円		
058 武 疾風の仁宇 1990年7月 500円	**059** 他 コマンドガンダム 1990年7月 500円	**060** 武 武者望悪 1990年7月 400円	**061** 武 密林の摩亜屈 1990年8月 500円
062 武 火炎の駄舞留精太 1990年9月 500円	**063** 武 巨山の斎胡 1990年9月 500円		
064 武 武者砕虎魔亜屈 1990年10月 500円	**065** 武 若殺駆頭 1990年10月 500円	**066** 武 頑駄無副将軍 1990年11月 500円	**067** 他 三代目頑駄無大将軍 1990年11月 800円
069 武 DX バーサルナイトガンダム 1990年11月 2200円			
068 他 キャプテンガンダム 1990年11月 500円	**070** 他 ガンセイヴァー Z 1990年11月 500円	**071** 他 アルガスナイト Z 1990年12月 500円	**072** 他 バーサルナイトガンダム 1990年12月 800円
073 武 新荒烈駆主 1990年3月 800円	**074** BB ガンダム F91 1990年3月 500円	**075** 武 鳳凰頑駄無 1990年4月 500円	**076** 武 雷頑駄無 1990年5月 500円
077 武 武神頑駄無 1990年5月 500円	**078** 他 皇騎士ガンダム 1990年6月 500円		

No.	名称	発売年月	価格
079 武	初代頑駄無大将軍	1990年7月	800円
080 武	獅頑駄無	1990年7月	500円
081 他	鎧騎士ガンダム F90	1990年7月	500円
082 他	スペリオルランダー	1990年7月	500円
083 武	龍頑駄無	1990年8月	500円
084 他	Ｖコマンドガンダム	1990年8月	500円
085 武	犀頑駄無	1990年8月	500円
086 他	麗騎士	1990年8月	500円
087 武	影荒烈駆主	1990年9月	500円
088 武	武者聖威武装	1990年9月	800円
089 武	隼頑駄無	1990年9月	500円
090 武	龍将飛将	1990年11月	500円
091 武	豪華初代頑駄無大将軍	1990年11月	2500円
092 他	灼騎士 F91	1990年11月	500円
093 武	黒魔神闇皇帝	1990年12月	800円
094 武	四代目頑駄無大将軍	1990年12月	1000円
095 他	キングガンダムⅡ世	1990年12月	800円
096 BB	ガンダムF90 P/V-TYPE	1992年2月	500円
097 武	白龍頑駄無	1992年2月	500円
098 武	青龍頑駄無	1992年3月	500円
099 武	赤龍頑駄無	1992年4月	500円
100 武	千生大将軍	1992年5月	1000円
101 武	武者衛府弓銃壱	1992年5月	500円
102 武	武者激闘頑駄無	1992年6月	500円
103 武	武者完全武装頑駄無	1992年7月	500円
104 武	阿修羅頑駄無	1992年8月	500円
105 武	仁王頑駄無	1992年9月	500円
106 武	不知火頑駄無	1992年10月	500円
107 武	頑駄無大光帝	1992年11月	2600円
108 武	雷帝千生神将軍	1993年1月	1000円
109 武	烈光頑駄無	1993年2月	500円
110 武	轟天頑駄無	1993年3月	1500円
111 武	烈破頑駄無	1993年4月	500円
112 武	烈空頑駄無	1993年5月	500円
113 武	風車の百式とうっかりざくれろ	1993年6月	500円
114 武	飛天頑駄無超将軍	1993年6月	500円
115 武	頑駄無白龍大帝	1993年7月	500円
116 武	頑駄無阿修羅王	1993年8月	500円

2015年10月　HG「ガンダムバルバトス」が発売。「機動戦士ガンダム 鉄血のオルフェンズ」シリーズがスタート。

No.	区分	名称	発売	価格
117	他	機甲神エルガイヤー	1993年7月	800円
118	武	武者頑星刃	1993年9月	500円
119	武	頑駄無真駆参	1993年10月	500円
120	他	新世大将軍	1993年11月	2000円
121	他	超機甲神ガンジェネシス	1993年12月	800円
122	武	大牙頑駄無超将軍	1993年12月	1000円
123	武	荒鬼頑駄無	1994年2月	500円
124	BB	V-ダッシュガンダム	1994年3月	500円
125	武	雷鳴頑駄無	1994年3月	500円
126	武	武者飛駆鳥	1994年4月	1000円
127	武	獣王頑駄無	1994年5月	500円
130	武	機動武者大鋼	1994年7月	1500円
128	武	天地頑駄無	1994年6月	500円
129	BB	V2アサルトバスターガンダム	1994年5月	800円
131		覇道武者魔殺駆	1994年7月	1500円
132	BB	シャイニングガンダム	1994年7月	500円
133	武	千力頑駄無	1994年8月	500円
134	BB	ドラゴンガンダム	1994年8月	500円
135	武	爆流頑駄無	1994年9月	500円
136	BB	ガンダムマックスター	1994年9月	500円
137	武	鉄斗羅頑駄無	1994年10月	500円
138	BB	G ガンダム	1994年10月	500円
139	武	飛駆鳥大将軍	1994年10月	2500円
140	他	聖龍機マルスドラグーン	1994年12月	800円
141	武	武者號斗丸	1995年2月	500円
142	武	鉄機武者鋼丸	1995年3月	1000円
143	武	輝龍頑駄無	1995年4月	500円
144	武	武者真紅主	1995年4月	500円
145	武	武者鴬主	1995年5月	500円
146	武	武者冒流刀	1995年6月	500円
147	武	機動武神天鎧王	1995年7月	1500円
153	武	超機動大将軍	1995年10月	2500円
148	他	ウイングガンダム	1995年7月	800円
149	他	シェンロンガンダム	1995年8月	800円
150	武	魔星大将軍	1995年8月	1000円
151	武	武零斗頑駄無	1995年9月	500円
152	武	羽荒斗頑駄無	1995年10月	500円
154	他	ウイングガンダム0	1995年11月	800円
155	他	ガンダムエピオン	1995年11月	800円

No.	名称	発売年月	価格
156	—	—	—
157	雷龍頑駄無	1996年2月	500円
158	天零頑駄無	1996年3月	1000円
159	獣破頑駄無	1996年4月	500円
160	砕牙頑駄無	1996年5月	500円
161	百烈将頑駄無	1996年5月	500円
162	鉄機武者爆進丸	1995年12月	1000円
164	頑駄無闇元帥	1996年6月	500円
165	頑駄無轟炎王	1996年8月	1500円
163	武者刀流義守	1996年9月	500円
—	武威凰大将軍	1996年7月	2000円
166	新鳳頑駄無	1996年9月	500円
168	大旋鬼頑駄無	1996年11月	500円
169	撃流破頑駄無	1996年12月	500円
170	武者紅零斗丸	1997年1月	500円
167			
171	鉄機武者真星勢多	1997年2月	500円
172	豪剣頑駄無	1997年3月	1000円
173	鉄機将飛閃	1997年4月	500円
174	烈龍頑駄無	1997年5月	500円
—	輝神大将軍獅龍凰	1996年11月	3000円
175	爆炎頑駄無	1997年6月	500円
176	天界武将戦刃丸	1997年7月	1000円
177	烈風頑駄無	1997年8月	500円
178	魔刃頑駄無	1997年9月	500円
179	魂武者闘刃丸	1997年10月	500円
180	刕覇大将軍	1997年11月	2000円
181	武者頑駄無零壱	1998年1月	500円
182	剛覇頑駄無	1998年2月	500円
183	頑駄無流星王	1998年3月	500円
184	迅風頑駄無	1998年4月	500円
185	爆熱頑駄無	1998年5月	500円
186	蒼雷頑駄無	1998年6月	500円
187	剣聖頑駄無	1998年7月	1000円
188	碁聖頑駄無	1998年8月	500円
189	紅蓮頑駄無	1998年9月	500円
190	魁斬頑駄無	1998年10月	500円
191	天星大将軍	1998年11月	2000円
192	武者ウイングゼロ	1999年1月	500円
193	ガンダム GP01Fb	1999年2月	500円
194	武者ナタク	1999年3月	500円
195	武者ヘビーアームズ	1999年4月	500円
196	武者サンドロック	1999年5月	500円
197	武者デスサイズ	1999年7月	500円

200 BB
RX-78-2ガンダム
1999年11月 500円

198 BB
ゼータガンダム
1999年8月 500円

199 武
ファーストガンダム大将軍
1999年10月 1000円

201 武
武者ターンエーガンダム
2000年1月 500円

202 BB
ガンダム GP02A
2000年1月 800円

203 BB
ウイングガンダムゼロ
カスタム
2000年3月 500円

204 武
武者マスターガンダム
2000年3月 500円

205 武
武者ブルーガンダム
2000年3月 500円

206 武
武者ガーベラガンダム
2000年4月 500円

207 BB
ガンダム GP03D
2000年6月 1000円

208 武
武者ガンダムマークⅣ
2000年6月 500円

209 BB
νガンダム（HWS 装備型仕様）
2000年8月 500円

210 武
機兵伝説 騎士ガンダム
2000年10月 500円

211 武
聖龍騎士ゼータガンダム
2000年10月 500円

212 BB
ダブルゼータガンダム
2000年10月 800円

213 武
機兵伝説 武者ガンダム
2000年11月 1000円

214 武
機兵伝説 騎士ウイング
ガンダムゼロ
2001年1月 500円

215 武
機兵伝説 武者ウイング
ガンダム
2001年3月 500円

216 BB
ジ・オ
2001年4月 800円

217 BB
ガンダム Mk-Ⅱ
（ティターンズ）
2001年6月 500円

218 BB
ザクⅡ F 型
2001年7月 500円

219 武
武者丸
2001年7月 500円

220 武
斗機丸零参
2001年8月 500円

221 BB
ガンタンク
2001年8月 500円

222 武
鎧丸
2001年10月 500円

223 武
武王頑駄無
2001年11月 500円

224 BB
ノイエ・ジール
2001年11月 800円

225 BB
ガンキャノン
2001年11月 500円

226 武
機王頑駄無
2001年12月 500円

227 BB
スーパーガンダム
2001年12月 800円

228 武
劧王頑駄無
2002年1月 500円

229 武
鎧王頑駄無
2002年2月 800円

230 武
爆王頑駄無
2002年3月 500円

231 BB
ザクⅡ S 型
2002年3月 500円

236 BB
パーフェクトガンダム
2002年7月 1000円

232 武
若神丸
2002年4月 500円

233 武
斧雷丸
2002年5月 500円

234 BB
ジオング（パーフェクト仕様）
2002年5月 800円

武 235 時防流覇利丸 2002年7月 500円

武 237 撃鱗将頑駄無 2002年8月 500円

BB 238 ゴッグ＆アッガイ＆ゾック 2002年8月 1500円

武 240 神武兜頑駄無 2002年10月 1000円

BB 242 G ガンダム 2002年12月 600円

BB 239 シャイニングガンダム 2002年9月 600円

武 241 零覇利法師 2002年11月 500円

武 243 光斧雷頑駄無 2003年1月 500円

武 244 號號将頑駄無 2003年2月 500円

BB 245 デビルガンダム 2003年2月 800円

BB 246 ストライクガンダム 2003年2月 500円

武 247 破牙丸 2003年3月 500円

BB 248 ガンダムアストレイ 2003年4月 500円

武 249 武侍丸 2003年4月 500円

武 250 鉄板丸 2003年5月 500円

BB 251 フルアーマーガンダム 2003年6月 1000円

武 252 神槍丸 2003年7月 500円

武 253 努貫丸 2003年8月 500円

武 254 蒼天丸＆紅天丸 2003年8月 800円

武 255 武者○秘将軍 2003年9月 500円

武 256 円従烏賊と火威獣丸 2003年10月 500円

BB 257 フリーダムガンダム 2003年11月 500円

武 260 超将軍闘我 2004年2月 500円

BB 261 イージスガンダム 2004年2月 500円

他 262 ヘビーウェポン・キャプテンガンダム 2004年3月 500円

BB 259 ストライクガンダム ストライカーウェポンシステム 2004年1月 1000円

他 263 ザッパーザク（重武装型） 2004年5月 500円

BB 264 ブリッツガンダム 2004年5月 500円

武 258 鳳凰似帝大将軍 2003年12月 1500円

武 265 少年武者烈丸 2004年6月 300円

武 266 炎の武人 武者頑駄無爆熱丸 2004年7月 500円

267 武
烈火武者頑駄無
2004年8月　500円

268 BB
ジャスティスガンダム
2004年9月　600円

269 武
武者頑駄無爆心丸
2004年10月　500円

270 武
少年剣士嵐丸
2004年10月　300円

271 武
疾風剣豪精太
2004年10月　500円

272 他
ハイパーキャプテンガンダム
2004年11月　500円

273 BB
ガンダム RX-78NT-1
2004年11月　500円

274 武
少年法師霧丸
2004年12月　300円

275 武
龍神導師仁宇
2004年12月　500円

276 BB
デュエルガンダム アサルトシュラウド
2005年2月　600円

277 武
幼年軍師雷丸
2005年2月　500円

278 武
剛熱機械師駄舞留精太
2005年3月　800円

279 武
隠密忍者農丸
2005年4月　600円

280 BB
フォースインパルスガンダム
2005年6月　600円

281 BB
ガナーザクウォーリア(ルナマリア・ホーク専用機)
2005年7月　600円

283 武
機動武者烈火大綱
2005年9月　1800円

TSU.AGENCY-SUNRISE-TX

282 武
天翔狩人摩亜屈
2005年8月　600円

284 武
鉄機武者斎胡
2005年10月　1200円

285 武
ブレイズザクファントム(レイ・ザ・バレル専用機)
2005年11月　600円

286 武
頑駄無大将軍[頑駄無異歩流武版]
2005年12月　1200円

287 武
黒龍頑駄無
2006年2月　600円

288 BB
ストライクフリーダムガンダム
2006年3月　600円

289 武
白鳳頑駄無
2006年4月　600円

290 BB
デスティニーガンダム
2006年5月　800円

291 武
赤獅子頑駄無
2006年6月　600円

292 武
青狼頑駄無
2006年8月　600円

293 BB
ストライクノワールガンダム
2006年12月　600円

294 BB
ヴェルデバスターガンダム
2007年4月　600円

295 BB
ブルデュエルガンダム
2007年5月　600円

296 BB
ブレイズザクウォーリア
2007年7月　600円

297 BB
スターゲイザーガンダム
2007年8月　600円

298 BB
ブレイズザクファントム(ハイネ・ヴェステンフルス専用機)
2007年8月　600円

299 BB
ガンダムアストレイ ゴールドフレーム
2007年9月　1000円

300
劉備ガンダム
2007年6月　500円

301 他
張飛ガンダム
2007年6月　500円

302 他
関羽ガンダム
2007年6月　500円

303 他
司馬懿サザビー
2007年8月　500円

304 他
曹操ガンダム
2007年10月　500円

305 孫権ガンダム
2007年11月 500円

306 呂布トールギス・赤兎馬・天玉鎧
2007年11月 2000円

307 夏候惇ギロス
2008年2月 500円

308 孔明リ・ガズィ
2008年4月 600円

309 夏侯淵ダラス
2008年5月 600円

310 関平ガンダム
2008年6月 600円

311 超雲ガンダム・飛影閃
2008年7月 1000円

312 呂蒙ディジェ・甘寧ケンプファー　轟強襲水軍
2008年8月 1800円

313 ガンダムエクシア
2008年8月 600円

314 張遼ゲルググ
2008年9月 600円

315 周瑜ヒャクシキ
2008年10月 600円

316 ダブルオーガンダム
2008年10月 600円

317 周倉ドーベンウルフ
2008年11月 600円

318 翔烈帝劉備ガンダム・龍輝宝・的盧
2008年12月 2000円

319 陸遜ゼータプラス
2009年1月 600円

320 張郃ザクⅢ
2009年2月 600円

322 ダブルオーライザー
2009年4月 1000円

321 馬超ブルーディスティニー
2009年3月 600円

323 黄忠ガンダム
2009年4月 600円

324 部隊兵
2009年4月 400円

325 徐晃サーペント
2009年5月 600円

326 孫尚香ガーベラ
2009年5月 600円

327 曹丕ガンダム
2009年6月 600円

328 白銀流星馬
2009年6月 300円

329 RX-78-2ガンダム（アニメーションカラー）
2009年7月 800円

330 天翔竜孔明νガンダム
2009年7月 1200円

331 武田信玄頑駄無
2009年7月 600円

332 上杉謙信頑駄無
2009年7月 600円

333 0ガンダム（実戦配備型）
2009年8月 600円

334 ガンダムエクシアリペアⅡ
2009年8月 800円

335 阿修羅王 孟獲ガンダム・祝融ガンダム・巨神象セット
2009年8月 2000円

336 南方牙隊
2009年8月 500円

337 劉封ガンダム
2009年8月 600円

338 周泰ガンダム
2009年8月 600円

339 直江兼続頑駄無
2009年8月 600円

340 太史慈ドム
2009年9月 600円

341 荀彧ガンダム
2009年9月　600円

342 許褚ガンダム
2009年9月　600円

343 真田幸村頑駄無
2009年9月　600円

344

345 姜維ガンダム F91
2009年10月　600円

346 丁奉ガンダム
2009年10月　600円

347 馬岱ガンダム
2009年11月　600円

348 馬謖ガンダム
2009年11月　600円

織田信長頑駄無
2009年9月　1000円

349 孫策サイサリスガンダム
2009年11月　600円

350 伊達正宗頑駄無
2009年11月　600円

351 轟大帝孫権ガンダム・
虎燐魄
2009年12月　1200円

353 楽進ガンダム
2009年12月　600円

354 豊臣秀吉頑駄無
2009年12月　1000円

352 戦神合身 蚩尤ガンダム
2009年12月　3800円

355 徳川家康頑駄無
2010年1月　1000円

356 郭嘉ヴァサーゴ
2010年1月　600円

357 玄武装 呂布トールギス
2010年1月　1000円

358 厳顔ガンダム
2010年1月　600円

359 凌統ガンダム
2010年1月　600円

360 ユニコーンガンダム
2010年2月　1000円

361 于禁ガンダム
2010年2月　600円

362 天璣鵬 司馬懿サザビー
2010年2月　600円

363 張苞ガンダム
2010年3月　600円

364 ダブルオークアンタ
2010年12月　800円

365 シナンジュ
2011年3月　1000円

366 ウイングガンダム EW
1989年8月　300円

367 クシャトリヤ
2011年8月　1000円

370 騎士ガンダム
2012年4月　1000円

368 ダブルオーセブンソード /G
2011年9月　800円

369 ガンダム AGE-1
ノーマル・タイタス・スパロー
2012年3月　1000円

371 ガンダム AGE-2
ノーマル・ダブルバレット
2012年5月　1000円

372 ガンダム AGE-3
ノーマル・フォートレス・オービタル
2012年7月　1200円

373 武者頑駄無
2012年7月　1000円

374 ガンダムレギルス
2012年9月　1000円

375 コマンドガンダム
2012年10月　1000円

376 ガンダム AGE-FX
2012年11月　1000円

武 **377**

武者號斗丸
2012年12月 1000円

他 **378**

魔竜剣士ゼロガンダム
2013年1月 1000円

BB **379**

デルタプラス
2013年2月 1200円

BB **380**

バンシィ
2013年3月 1200円

武 **381**

殺駆頭(闇将軍)
2013年4月 1000円

BB **382**
サザビー
2013年5月 1000円

他 **383**
ストライク劉備ガンダム
2013年6月 1400円

BB **384**

Hi-νガンダム
2013年7月 1200円

BB **386**

ミガンダム
2013年12月 1500円

BB **387**
νガンダム
2014年1月 1200円

BB **388**

ビルドストライクガンダム フルパッケージ
2014年3月 600円

他 **385**
騎士ユニコーンガンダム
2013年11月 1000円

BB **389**
戦国アストレイ頑駄無
2014年4月 600円

BB **390**

フルアーマー・ユニコーンガンダム
2014年4月 1500円

BB **392**
ネオ・ジオング
2014年6月 2000円

BB **394**

ユニコーンガンダム3号機フェネクス
2014年9月 1200円

BB **391**
ユニコーンガンダム2号機バンシィ・ノルン
2014年5月 1200円

他 **393**

フルアーマー騎士ガンダム
2014年7月 1200円

武 **395**

二代目頑駄無大将軍
2014年10月 1500円

BB **396**
ビルドバーニングガンダム
2014年12月 600円

武 **397**

武者飛駆鳥
2015年1月 1200円

BB **398**
ライトニングガンダム
2015年4月 600円

他 **399**

バーサル騎士ガンダム
2015年8月 1500円

他 **400**

騎士スペリオルドラゴン
2016年5月 2500円

2017年4月

「GUNPLA EVOLUTION PROJECT」第二弾モデルとして、新技術&新金型で製作されたHGUC「MSZ-006 Zガンダム」が登場。

401 BB
ガンダムバルバトス DX
2016年8月　1200円

402 BB
ガンダムバルバトスルプス DX
2017年1月　1200円

403 武
真駆参大将軍
2017年5月　1800円

404 武
武者頑駄無真悪参
2017年11月　1300円

405 他
胡軫ギャン & 部隊兵(董卓軍)
2018年2月　1000円

406 他
公孫サンイージーエイト & 四神鬼甲戦車
2018年2月　1600円

407 他
董卓ザク & 部隊兵(董卓軍)
2018年2月　1400円

408 他
袁術ズサ & 天鎧装
2018年2月　1000円

409 他
袁紹バウ & 玉璽
2018年2月　900円

410 他
典韋アッシマー カクアシュタロン
攻城兵器セット & 合体武装6種(甲)
2018年2月　2900円

411 他
黄蓋グフ & 合体武装6種(乙)
2018年2月　1000円

412 他
貂蝉キュベレイ & 武将座
2018年2月　1000円

SDEX スタンダードシリーズ

「SDガンダム EX スタンダード（エクスタンダード）」は、従来の「BB戦士」とは異なる新たなシリーズである。これは、2015年に海外で先行して展開していたものが、日本に逆輸入された形となっている。

その特徴としては、第一に従来キットから大幅に拡大された可動域が挙げられる。本シリーズでは、パーツ点数を極力抑えつつ、関節構造の改良などによって可動性の向上が図られている。これにより、従来のキットでは難しかった様々なポージングが可能となった。

また、プロポーションの洗練も特徴のひとつで、SDキットとしてのテイストを保ちながらも、頭と胴を小さくし四肢を伸長することでスタイルが大きく様変わりしている。

さらに、HGシリーズとの互換性を備え、SDBFを踏襲したパーツ交換・組み換えギミックを採用。武器などのパーツを組み合わせてオリジナルの装備を作ることも可能で、自由なカスタマイズを楽しむことができる。

SDEX スタンダード 001
RX-78-2 ガンダム

DATA
発売：2016年7月／価格：648円

EXスタンダードシリーズ第1弾としてRX-78-2 ガンダムがラインナップ。ビーム・ライフルとビーム・サーベル、シールドが付属し、アンテナやランドセルと組み合わせたカスタマイズが可能。

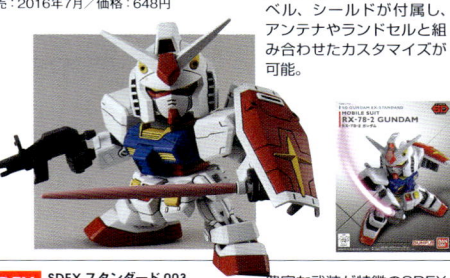

SDEX スタンダード 002
エールストライクガンダム

DATA
発売：2016年7月／価格：648円

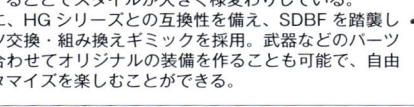
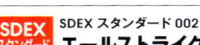

エールストライカー装備のストライクガンダムをSDEX化。57mm高エネルギービームライフルと対ビームシールドが付属。エールストライカーは分割して組み換えに利用できる。

SDEX スタンダード 003
ガンダムエクシア

DATA
発売：2016年7月／価格：648円

豊富な武装が特徴のSDEX版ガンダムエクシア。GNソード、GNロングブレイド、GNショートブレイド、GNシールドが付属し、GNドライブもカスタマイズギミックに組み込める。

SDEX スタンダード 004
ウィングガンダムゼロ EW

DATA
発売：2016年7月／価格：648円

ウイングガンダムゼロEWをSDEXで立体化。付属武装は一体成形のツインバスターライフルのみだが、背部ウイングと同梱のジョイントパーツをカスタマイズに用いることが可能。

SDEX スタンダード 005
ユニコーンガンダム
（デストロイモード）

DATA
発売：2016年7月／価格：648円

ユニコーンガンダムのデストロイモードを再現したSDEXキット。サイコフレームは赤いクリアパーツで表現。ビーム・マグナムとシールドが付属し、アンテナとバックパックも組み替えが可能。

SDEX スタンダード 006
ストライクフリーダムガンダム

DATA
発売：2016年7月／価格：648円

ストライクフリーダムガンダムをSDEXで再現。付属の高エネルギービームライフルは連結でき、腰部レールガンは可動式。スーパードラグーンは4パーツ構成で組み換え可能。

SDEX スタンダード 007
ガンダムアストレイ レッドフレーム

DATA
発売：2016年7月／価格：648円

ガンダムアストレイレッドフレームのSDEXキット。ガーベラ・ストレートは鞘に収納可能で、シールドも付属する。各種武装はバックパックと合わせてカスタマイズできる。

SDEX スタンダード 008
ダブルオーガンダム

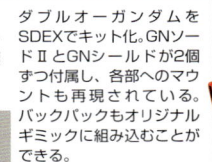

DATA
発売：2016年7月／価格：648円

ダブルオーガンダムをSDEXでキット化。GNソードIIとGNシールドが2個ずつ付属し、各部へのマウントも再現されている。バックパックもオリジナルギミックに組み込むことができる。

SDEX スタンダード 009
デスティニーガンダム

DATA
発売2017年3月／価格：648円

高エネルギービームライフルとアロンダイトビームソード、高エネルギー長射程ビーム砲が付属。背部ウイングは上部パーツが可動し、カスタマイズに用いることもできる。

SDEX スタンダード 011
トライバーニングガンダム

DATA
発売2017年3月／価格：648円

劇中描写を再現したエフェクトパーツが付属する、トライバーニングガンダムのSDEXキット。通常の握り手に加え、表情が付いた平手パーツも付属。エフェクトパーツは組み替えてカスタマイズが可能。

SDEX スタンダード 012
ガンダムデスサイズヘル EW

DATA
発売2017年3月／価格：648円

EW版ガンダムデスサイズヘルをSDEXで再現。付属のビームシザースは両手で保持することも可能。背部のアクティブクロークは3パーツに分割でき、アンテナとともにビームシザースと組み合わせることができる。

SDEX スタンダード 013
シナンジュ

DATA
発売2017年3月／価格：648円

シナンジュを再現したSDEXキット。ビーム・ライフルとシールドが付属する。バックパックはフレキシブル・スラスターの着脱が可能で、肩パーツと合わせてオリジナルギミックに用いることができる。

SDEX スタンダード 015
ユニコーンガンダム 2 号機 バンシィ・ノルン
（デストロイ・モード）

DATA
発売2017年3月／価格：648円

サイコフレームをオレンジのクリアパーツで再現したバンシィ・ノルンのSDEXキット。ビーム・マグナムとリボルビング・ランチャー、アームド・アーマー2種（DE、XC）が付属する。アンテナの左右パーツもカスタマイズに使用できる。

SD ガンダム クロスシルエットシリーズ

　共有フレームを採用した新世代 SD ガンダムのガンプラ。共有フレームと各 MS の外装を組み合わせることで、低頭身 SD や高頭身 SD などのプロポーションを再現可能な「クロスシルエットシステム」が用いられている。

　共有フレームは SD（スーパーディフォルメ）フレームと CS（クロスシルエット）フレームの2タイプ。SD フレームはゲーム『SD ガンダムワールド ガチャポン戦士 スクランブルウォーズ』などに登場する、旧来の低頭身に近いスタイルの SD ガンダムを再現できる。CS フレームはゲーム『SD ガンダム G GENERATION』シリーズやガンプラ「SDEX スタンダード」シリーズを想起させる、頭身が高めのスタイルの SD ガンダムを組み立てることが可能となっている。

　各キットには SD フレームと各 MS の外装が同梱され（一部商品は CS フレームも同梱）、CS フレームは別売される。

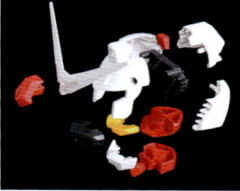

▲▶ SD／CS フレームに外装を装着することで完成。右の写真は、SD フレームに「RX-78-2 ガンダム」の外装を組み合わせた例で、部位ごとに分割された外装が見て取れる。外装はイロプラで、成形色に近い色分けがなされている。

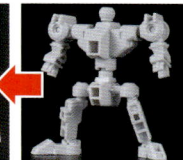

SDガンダム クロスシルエット　RX-78-2 ガンダム

DATA

発売：2018年6月／価格：864円

SDフレームと、精細なディテールが施された「RX-78-2 ガンダム」の外装のセット。瞳の有無は差し替えで選択できる。武器はビーム・ライフル、ビーム・サーベル、シールドが付属する。

SDガンダム クロスシルエット　RX-78-2 ガンダム & クロスシルエットフレーム セット

DATA

発売：2018年6月／価格：1,512円

SDフレームと外装に、CSフレームを加えたセット商品。2018年6月現在、CSフレームと外装が同梱された唯一のガンプラである。頭身が異なる2形態をキット単体で再現できる。

▲上が SD フレームを、下が CS フレームを用いた組み立て例。CS フレームの脚の長さが際立つ。頭部は胴体上のボールジョイントに、ハンドパーツは腕部先端の凹部分に接続する（ハンドパーツの基部がボールジョイントになっている）。SD ガンダムのガンプラとしては関節の可動範囲が広く、ビーム・ライフルを両手で構えることも可能。

SDガンダム クロスシルエット　クロスボーン・ガンダム X1

DATA

発売：2018年7月／価格：864円

SDフレームとクロスボーン・ガンダムX1の外装のキット。背部のXスラスターは可動式。差し替えで、最大可動状態を再現できる。武器は各モードを再現可能なザンバスターやブランドマーカーが付属。

SDガンダム クロスシルエット　ナイチンゲール

DATA

発売：2018年6月／価格：1,512円

グレーの成形色のSDフレームと、ナイチンゲールの外装が同梱された商品。SDでは初のキット化となる。クリアパーツで再現されたモノアイは可動式。肩のファンネルは着脱可能である。付属武器は大型メガ・ビーム・ライフル、シールドなど。

SDガンダム クロスシルエット　クロスシルエットフレーム [ホワイト]

DATA

発売：2018年6月／価格：648円

CSフレームの単体商品。SDフレームより手足が長く、全高は1cmほど高くなっている。別売の「SDガンダム クロスシルエット」シリーズのキットを、高頭身版に換装可能。成形色はホワイトで、ジム・タイプの頭部が付属。成形色がグレーのモデルも発売予定だ。

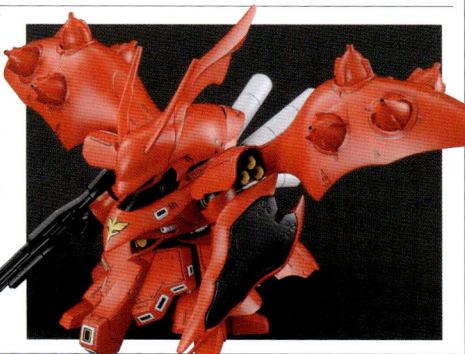

SD ガンダム G ジェネレーションシリーズ

　Playstation 用ソフト「SD ガンダム G ジェネレーション」の発売を受けて、1999年から展開が始まったシリーズ。通常の BB 戦士とは別枠扱いとされており、独自の通し番号が振られている。スタート当初は BB 戦士からの流用＋追加パーツで展開されていたが、No.29からは新規造形も投入されるようになった。全63種類。

販売月	No.	商品名	価格
1999年6月	1	νガンダム（ファンネル付）	400円
1999年6月	2	サザビー（フル装備型）	400円
1999年6月	3	クェス専用ヤクト・ドーガ	400円
1999年6月	4	ジェガン（武装強化型）	400円
1999年6月	5	リ・ガズィ・カスタム	400円
1999年6月	6	ギラ・ドーガ改	400円
1999年6月	7	フルアーマーガンダム Mk-Ⅱ	400円
1999年6月	8	ザクⅢ改	400円
1999年6月	9	ジョニーライデン ゲルググ	400円
1999年6月	10	ジオング決戦仕様	400円
1999年6月	11	ゲーツバウンド・ドック	400円
1999年6月	12	ZZ ガンダム＆ FXA-08R メガライダー	400円
1999年6月	13	パーフェクトガンダム（フル装備型）	400円
1999年6月	14	アムロ専用ゼータプラス	400円
1999年6月	15	S ガンダム＆ FF-X7-Bst コアブースター	400円
1999年6月	16	ガンキャノン（フル装備型）	400円
1999年6月	17	ザクⅡ（フル装備型）	400円
1999年6月	18	ジムカスタム	400円
1999年6月	19	ケンプファー（完全武装型）	400円
1999年11月	20	ガンダム（G アーマー仕様）	500円
1999年11月	21	ガンダム F91（V.S.B.R. 可動タイプ）	500円
1999年11月	22	ガンダム F90 A/P/V タイプ	500円
1999年11月	23	V ガンダム（フル装備型）	500円
1999年11月	24	V2ガンダム（フル装備型）	800円
1999年11月	25	シャイニングガンダム（シャイニングフィンガーモード）	500円
1999年11月	26	ドラゴンガンダム（ドラゴンクローモード）	500円
1999年11月	27	ガンダムマックスター（ファイティングナックルモード）	500円
1999年11月	28	G ガンダム（ゴッドフィンガーモード）	500円
2000年2月	29	ガンダムエックス	400円
2000年2月	30	シャア専用ズゴック	400円
2000年2月	31	ガンダム Mk-Ⅳ	400円
2000年2月	32	グフカスタム（B3グフ）	400円
2000年2月	33	ガンダムジェミナス01	400円
2000年3月	34	ウイングガンダム	500円
2000年3月	35	ガンダムデスサイズ	400円
2000年3月	36	ガンダムヘビーアームズ	400円
2000年3月	37	ガンダムサンドロック	400円
2000年3月	38	シェンロンガンダム	400円
2000年4月	39	Ez-8 ガンダムイージーエイト	400円
2000年4月	40	ターンエーガンダム	400円
2000年4月	41	ウイングガンダムゼロ	500円
2000年4月	42	ドム	400円
2000年5月	43	量産型ズゴック	400円
2000年6月	44	ガンダムダブルエックス	400円
2000年6月	45	ガンダムレオパルド	400円
2000年6月	46	ガンダムエアマスター	400円
2000年6月	47	ガンダムエピオン	400円
2000年8月	48	トールギス	400円
2000年8月	49	百式	400円
2000年9月	50	ガンダムアクエリアス	400円
2000年10月	51	ガンダム GP04	400円
2000年10月	52	ガンダムブルーディスティニー3号機	400円

販売月	No.	商品名	価格
2000年11月	53	クィンマンサ	400円
2000年11月	54	グフ	400円
2000年12月	55	マグアナック	400円
2001年1月	56	ビグザム	400円
2001年2月	57	NT 専用モビルアーマー	400円
2001年3月	58	マスターガンダム	400円
2001年4月	59	クロスボーンガンダム X1	400円
2001年5月	60	キュベレイ	400円
2001年9月	61	ガンダムブルーディスティニー1号機	400円
2001年10月	62	百式＆メガ・バズーカ・ランチャー	800円
2002年1月	63	クロスボーンガンダム X2	400円

▲ No.50 ガンダムアクエリアス

▲ No.59 クロスボーンガンダム X1

SD ガンダム三国伝 Brave Battle Warriors

　2010年から放送されたテレビアニメ「SD ガンダム三国伝 BraveBattleWarriors」のプラモデルシリーズ。BB 戦士としての三国伝とは別枠の扱いとなっており、独自の通し番号が振られている。BB 戦士からの流用＋追加パーツでの構成が多いが、アニメに合わせて一部新規造形のキットも投入されている。全46種類。

販売月	No.	商品名	価格
2010年2月	1	真 劉備ガンダム	600円
2010年2月	2	真 張飛ガンダム	600円
2010年2月	3	真 関羽ガンダム	600円
2010年2月	4	真 胡軫ギャン	600円
2010年4月	5	真 曹操ガンダム	600円
2010年4月	6	真 孫権ガンダム	600円
2010年4月	7	真 郡隊兵	400円
2010年4月	8	真 白銀流星馬	300円
2010年4月	9	真 公孫瓚イージーエイト	600円
2010年4月	10	真 三国伝 三位一体セット	2000円
2010年5月	11	真 董卓ズゴック	1000円
2010年5月	12	真 呂布トールギス・赤兎馬・天玉鎧 真武	2000円
2010年5月	13	真 夏侯惇ギロス	600円
2010年5月	14	真 夏侯淵ダラス	600円
2010年6月	15	真 司馬懿サザビー	600円
2010年6月	16	真 孫尚香ガーベラ	600円
2010年6月	17	真 孫策サイサリスガンダム	600円
2010年7月	18	真 龍装 劉備ガンダム	600円
2010年7月	19	真 雷装 張飛ガンダム	600円
2010年7月	20	真 鬼牙装 関羽ガンダム	600円
2010年8月	21	真 豪華装 龍凰 劉備ガンダム	3800円
2010年8月	22	真 紅蓮装 曹操ガンダム・絶影	1600円
2010年8月	23	真 猛虎装 孫策ガンダム	600円
2010年8月	24	真 袁術ズサ	600円

販売月	No.	商品名	価格
2010年8月	25	真 大史慈ドム	600円
2010年8月	26	真 徐晃サーベント	600円
2010年8月	27	真 周倉ドーベンウルフ	600円
2010年9月	28	真 陸遜ゼータプラス	600円
2010年9月	29	真 猛虎装 孫権ガンダム・天玉鎧 弩虎	1600円
2010年10月	30	真 袁紹バウ	600円
2010年10月	31	真 典韋アッシマー・賈詡アシュタロン 攻城兵器セット	2500円
2010年10月	32	真 周瑜ヒャクシキ	600円
2010年10月	33	真 趙雲ガンダム・飛影閃	1000円
2010年10月	34	真 張遼ゲルググ	600円
2010年11月	35	真 呂蒙ディジェ・甘寧ケンプファー 強襲水軍セット	1800円
2010年11月	36	真 三国伝 三位一体セット 龍帝剣覚醒版	2000円
2010年11月	37	真 郭嘉ヴァサーゴ	600円
2010年12月	38	真 紅蓮装 曹操ガンダム・天玉鎧 炎鳳	1800円
2010年12月	39	真 孔明リ・ガズィ	600円
2010年12月	40	真 関平ガンダム	600円
2010年12月	41	真 張郃ザクIII	600円
2011年1月	42	真 翔烈帝 龍装 劉備ガンダム 龍輝宝・的盧	2500円
2011年1月	43	真 黄蓋グフ	600円
2011年2月	44	真 紅蓮装 曹操ガンダム VS 猛虎装 孫権ガンダム 赤壁の戦いセット	2500円
2011年3月	45	真 豪華 翔烈帝 龍装 劉備ガンダム	4000円
2011年3月	46	真 翔烈帝 龍装 劉備ガンダム・天玉鎧 蒼龍	3500円

▲ No.30 真 袁紹バウ

▲ No.24 真 袁術ズサ

■ SD ガンダムちーびー戦士

　1992年から展開された BB 戦士の弟分にあたるシリーズ。「ちーびーフレーム」というポリ製の骨格フレームを採用しており、キット間での差し替えが容易にできるようになっている。300円の低価格キットながら、変形ができたり、BB 戦士やガシャポン戦士との連動があり、プレイバリューは高い。全14種類。

販売月	No.	商品名	価格
1992年5月	1	ガンファイヤー Jr.	300円
1992年6月	2	灼熱戦士ガンダム F91Jr.	300円
1992年7月	3	キャプテンガンダム FFJr.	300円
1992年8月	4	騎士ガンダム GP01Jr.	300円
1992年10月	5	スターガンダム GP01Jr.	300円
1992年11月	6	騎士ガンダム GP03Jr.	300円
1993年1月	7	超竜守護神フォーミュランダー Jr.	300円
1993年3月	8	キャプテンフォーミュラー91Jr.	300円
1993年5月	9	キャプテンネオガンダム Jr.	300円
1993年6月	10	殿様ガンダム EXJr.	300円
1993年11月	SP1	クリスタル戦士ガンダムナイツ	1000円

販売月	No.	商品名	価格
1994年2月	SP2	クリスタル戦士ガンダムフォーミュラーズ	1000円
1994年3月	SP3	クリスタル戦士ガンダムコマンダーズ	1000円
1994年12月	11	聖竜騎士ゼロガンダム Jr.	300円

■ SD ガンダム戦国英雄

　1994年から1998年にかけてコミックボンボンで連載された「プラモウォーズ」に登場したキャラクターを立体化。この頃の BB 戦士は500円～1000円程度と子供にはやや高額な商品が続いており、その中で本シリーズは入門キット的な位置づけの安価なキットとしてリリースされている。2体共にコンパチキットになっており、それぞれ3種類組み換えが可能。全2種類。

販売月	No.	商品名	価格
1996年7月	1	ムシャガンダムシン	300円
1996年12月	2	ムシャガンダムガイ	300円

■ SD ガンダムフォース

　2004年に放送されたテレビアニメ「SD ガンダムフォース」のプラモデルシリーズ。BB 戦士とは規格そのものが違うが、SD ガンダムのプラモデルとしては同義と捉える向きがある。ギミックや可動を極力減らし、構造を簡略化する事で低年齢層向けらしい低価格を実現している。全11種類。

販売月	No.	商品名	価格
2004年1月	1	キャプテンガンダム	300円
2004年1月	2	ザッパーザク	300円
2004年2月	3	武者頑駄無 爆熱丸	300円
2004年2月	4	翼の騎士ゼロ	300円
2004年3月	5	嵐の騎士トールギス	300円
2004年3月	6	ガンダイバー	300円
2004年4月	7	ガンイーグル	300円
2004年5月	8	グラップラーグフ	300円
2004年6月	9	闇の騎士デスサイズ	400円
2004年8月	10	武者頑駄無騎馬王丸	500円
2004年12月	11	SD ガンダムフォース VS ダークアクシズ	1500円

▲ No.09 闇の騎士デスサイズ

▲ No.10 武者頑駄無騎馬王丸

限定品（店頭販売分のみ）

　BB戦士にはコミックボンボンなどで懸賞プレゼントされたキットが多数あるが、この項目では店頭で販売された限定品に限っている。パワーアップ武器や既存キットのメッキ版、クリア版、シリーズを一つにまとめたいわゆる大箱など、BB戦士の限定品は数が多い。色変更的な限定品以外は、映画前売りチケット、漫画、映像メディアなどに付属している。中でも「真 貂蝉キュベレイ」は流用無しの完全新規造形だが、Blu-ray BOXにのみ付属という他に類を見ない販売方法がとられている。

■ BB戦士限定・セット品

販売月	商品名	価格
1989年12月	強化武具セット	400円
1990年4月	天翔の神器	200円
1990年4月	麒麟の神器	200円
1990年4月	青龍の神器	200円
1991年	ガンダムF91チケットスペシャル 劇場公開作品「機動戦士ガンダムF91」前売りチケット付属	1200円
1991年3月	天下統一編 導きの巻	1200円
1991年12月	天下統一編 二代目頑駄無大将軍	800円
1992年7月	黄金の英雄 初代頑駄無大将軍	1600円
1992年7月	黄金の英雄 二代目頑駄無大将軍	1000円
1992年7月	黄金の英雄 三代目頑駄無大将軍	1600円
1992年7月	黄金の英雄 四代目頑駄無大将軍	2000円
1992年7月	黄金の英雄 キングガンダムII世	1600円
1992年7月	黄金の英雄 ガンダムF90PV	1000円
1992年12月	地上最強10体セット	7100円
1993年1月	伝説の大将軍編 導きの巻	600円
1993年12月	白鋼四大将軍の陣	3800円
1993年12月	伝説の大将軍編最終決戦7体セット	6000円
1994年12月	集結頑駄無軍団 10体セット	8500円
1995年12月	超機動大将軍最強対決8体セット	7500円
1996年8月	轟炎武威大将軍	3500円
1996年12月	獅龍凰出陣頑駄無6体セット	6000円
1996年12月	武者號斗丸 フルカラーメッキバージョン PS用ゲーム「新SD戦国伝機動武者大戦限定版」付属	6800円
2000年8月	RX-78-2ガンダム LIMITED EDITION	9980円
2002年12月	Go!Go! 豪華秘伝 武者バトル最強チーム	2800円
2007年11月	バーサル騎士ガンダム（ホワイトパール成形） DVD「SDガンダムコレクションボックス」付属	24000円

■ Gジェネレーションシリーズセット品

販売月	商品名	価格
2000年8月	Gジェネレーションシャア専用MSコレクション	2000円
200年11月	Gジェネレーションゼータガンダム MSコレクション	1800円
2001年8月	Gジェネレーションキュベレイトリプルコレクション	2000円
2002年3月	SDガンダムV作戦セット	1500円
2008年3月	逆襲のシャアセット	3000円
2008年3月	ストライクフリーダムガンダムVS デスティニーガンダム	1500円
2009年9月	ゼータガンダム＆νガンダム（HWS仕様）	1500円
2009年11月	Gガンダム＆ウイングガンダム ゼロカスタム	1500円
2010年1月	フリーダムガンダム＆ガンダムエクシア	1500円
2010年4月	ガンダムRX-78NT-1＆ガンダムGP01Fb	1500円
2010年7月	ストライクガンダム＆ フォースインパルスガンダム	1500円

■ 三国伝／BBW限定・セット品

販売月	商品名	価格
2007年12月	三国伝 桃園の誓いセット	1800円
2008年4月	曹操ガンダム・司馬懿サザビー～官渡の奇跡～	1200円
2008年12月	孔明リ・ガズィ・趙雲ガンダム～赤壁の爆炎～	1200円
2009年3月	孫権ガンダム・周瑜ヒャクシキ～赤壁の轟砲～	1600円
2009年3月	孔明リ・ガズィ・周瑜ヒャクシキ ～レッドクリフカラー～	1200円
2009年3月	機駕太傅 司馬懿サザビー	1000円
2009年6月	機武帝 曹操ガンダム・徐晃サーペント・曹丕ガンダム	1800円
2009年9月	呂布トールギス・赤兎馬・天玉鎧 ～三璃紗最強・暴将・戦馬、神器セット～	2000円
2009年11月	五誇将ガンダム・龍姫宝セット	3500円
2010年6月	劉備ガンダム雪山装備・張世平ジム 漫画「SD三国伝BraveBattleWarriors創世記」一巻付属	1200円
2010年12月	真 項羽ターンX VS 劉邦劉備ガンダム DS用ゲーム「SDガンダム三国伝BraveBattleWarriors 真三璃紗大戦」の同梱版に付属	5980円
2011年1月	魯粛マークIII 漫画「SD三国伝BraveBattleWarriors創世記」二巻付属	1300円
2011年6月	真 貂蝉キュベレイ 「SDガンダム三国伝BraveBattleWarriors コレクションボックス」付属	35000円

▲強化武具セット

▲伝説の大将軍編 導きの巻

▲機駕太傅 司馬懿サザビー

▲真 貂蝉キュベレイ